Schiedsrichtermanipulationen aus wirtschaftsstrafrechtlicher Sicht

Europäische Hochschulschriften

European University Studies

Publications Universitaires Européennes

Reihe II **Rechtswissenschaft**

Series II Law

Série II Droit

Band/Volume **5929**

Eva-Maria Hoyler

Schiedsrichtermanipulationen aus wirtschaftsstrafrechtlicher Sicht

PL ACADEMIC RESEARCH

Bibliografische Information der Deutschen Nationalbibliothek
Die Deutsche Nationalbibliothek verzeichnet diese Publikation in der Deutschen Nationalbibliografie; detaillierte bibliografische Daten sind im Internet über http://dnb.d-nb.de abrufbar.

Zugl.: Hamburg, Bucerius Law School, Diss., 2015

H 360
ISSN 0531-7312
ISBN 978-3-631-67196-2 (Print)
E-ISBN 978-3-653-06699-9 (E-PDF)
E-ISBN 978-3-631-70350-2 (EPUB)
E-ISBN 978-3-631-70351-9 (MOBI)
DOI 10.3726/b11248

PL Academic Research ist ein Imprint der Peter Lang GmbH.
Peter Lang – Frankfurt am Main · Bern · Bruxelles · New York · Oxford · Warszawa · Wien

Diese Publikation wurde begutachtet.

www.peterlang.com

Inhaltsübersicht

Inhaltsverzeichnis

Meinem Vater

Vorwort

Die ersten Worte dieser Danksagung gelten meinem Doktorvater Professor Erich Samson. Seine beeindruckende Persönlichkeit war es, die mich dazu bewog, im Wirtschaftsstrafrecht zu promovieren. Wer ihn erlebt hat, weiß um die Sogwirkung, die er auf sein Umfeld ausübte. Professor Samson begleitete die Entstehung der Arbeit durch wertvolle Anregungen, bereichernde Streitgespräche und kritische Hinweise. Ich bin sehr dankbar für die Möglichkeit, bei und von ihm gelernt zu haben.

Nach dem Scheiden meines Doktorvaters im Juni 2014 übernahmen Professor Thomas Rönnau und Professor Karsten Gaede die Begutachtung mit einer Selbstverständlichkeit, die mich mit großer Dankbarkeit erfüllte. Sie ermöglichten, dass die Abhandlung als Dissertation an der Bucerius Law School – Hochschule für Rechtswissenschaft – angenommen wurde und das Promotionsverfahren mit der mündlichen Prüfung am 21. Oktober 2015 seinen Abschluss fand.

Mein größter Dank gilt aber meinen Eltern. Sie eröffneten mir unentwegt die Möglichkeit, Neues auszuprobieren und für mich zu entdecken. Ihre Liebe und ihr grenzenloses Vertrauen haben mich beflügelt, jedes meiner Ziele mit Verve anzugehen. Mit ihrer Weltoffenheit und Toleranz waren und sind sie mir Vorbilder.

Mein Vater hat jeden meiner Schritte wachsam mitverfolgt und liebevoll begleitet. So auch die Einreichung der vorliegenden Arbeit, deren endgültige Fassung er leider nie in Händen wird halten können. Ihm ist die Arbeit gewidmet.

Berlin, im Dezember 2015

§ 1 Einführung und Problemaufriss

Wir schreiben das Jahr 1975. Der Deutsche Fußball-Bund deckt am Anfang des Jahrzehnts den sog. *Bundesligaskandal* auf, in dessen Verlauf der ehemalige Vorstandsvorsitzende des Sportvereins D. S. C. Arminia Bielefeld Verlust- und Siegesprämien[1] an vereinsfremde Spieler gezahlt hatte, um durch diese Geldzuwendungen die Ergebnisse der sportlichen Wettkämpfe im Sinne „seines“ Vereins zu beeinflussen. Das Landgericht Bielefeld sprach den angeklagten ehemaligen Vorstandsvorsitzenden des Sportvereins D. S. C. Arminia Bielefeld vom Anklagevorwurf strafbarer Untreue frei,[2] nachdem drei Jahre zuvor eine Untreuestrafbarkeit von demselben Gericht, wenn auch einer anderen Strafkammer, bejaht wurde.[3] Grund für die Neubeurteilung des Falles war eine zwischenzeitlich eingelegte Revision des Angeklagten, die – über eine vollumfängliche Aufhebung des Ersturteils durch den BGH – in eine Zurückverweisung zur Neuverhandlung mündete.[4] Ein düsteres Kapitel sporthistorischer Vergangenheit[5] wurde geschlossen.

Wir schreiben das Jahr 2005. Der Ex-Fußball-Schiedsrichter *Hoyzer* gesteht, in dieser Funktion mehrere Spiele, soweit ihm möglich, zu Gunsten der ihm zuvor benannten Mannschaften „verpfiffen“ zu haben; seine Komplizen hatten in Gewinnerwartung auf die entsprechenden Spiele gewettet.[6] Das Landgericht Berlin verurteilte Hoyzer wegen Beihilfe zum (Wett-)Betrug.[7] Die Verurteilung hatte auch vor dem BGH Bestand.[8] Während also in den Siebzigerjahren der Untreuetatbestand in das Visier der strafjustiziellen Aufmerksamkeit gelangte,

---

1 Verlustprämien werden vereinsfremden Spielern dafür gegeben, dass sie die Mannschaft des Zuwendungs-Gewährenden gewinnen lassen. Siegesprämien werden vereinsfremden Spielern dafür gewährt, dass sie gegen dritte Mannschaften gewinnen; Hintergrund dessen ist die Absicht, den dritten Mannschaften Verlustpunkten zuzufügen, um so den Verein des Vorteilsgewährenden vor dem Abstieg zu bewahren; vgl. dazu *Triffterer*, NJW 1975, 612.

2 LG Bielefeld, JZ 1977, 692 f.

3 LG Bielefeld, Urteil vom 07.02.1974 – Az S 1/73 (Ia).

4 BGH NJW 1975, 1234 f. (*Bundesligaskandal*).

5 Formulierung in Anlehnung an *Bringewat*, JZ 1977, 667.

6 Sehr ausführlich und mit zahlreichen Details aus der Prozessgeschichte *Hilpert*, Sportrecht und Sportrechtsprechung, S. 210 f.

7 LG Berlin, Urteil vom 17.11.2005–68 Js 451/05 KLs.

8 BGHSt 51, 165 f. (*Hoyzer*) = NJW 2007, 782 f.

stand nunmehr der Betrugstatbestand im Fokus. Ein weiteres düsteres Kapitel sporthistorischer Geschichte.[9]

Wir schreiben das Jahr 2011. Die Debatte um die Reinheit des Sports entbrennt in einer neuen Facette: Das Landgericht Kiel eröffnet das Hauptverfahren gegen den ehemaligen Geschäftsführer und den ehemaligen Trainer des *THW Kiel*, welche verdächtigt werden, die Schiedsrichter einer Champions-League-Finalpartie durch Gewährung eines hohen fünfstelligen Betrages aus dem Vereinsvermögen manipuliert zu haben, um diese, soweit ihnen möglich, in kritischen Situationen günstig für „ihre" Vereinsmannschaft entscheiden zu lassen. Der THW Kiel gewann in der betreffenden Saison das Finale und wurde Champions-League-Sieger. Im Fokus des Landgerichts standen – insoweit wenig überraschend – der Betrugs- und der Untreuetatbestand. Unerwartet kam demgegenüber der Hinweis des Landgerichts Kiel im Zwischenverfahren, eine Strafbarkeit wegen Bestechung im geschäftlichen Verkehr (§ 299 Abs. 2 StGB) zu erwägen.[10] Letztendlich erfolgte im Jahre 2012 mangels zu führenden Tatnachweises ein – mittelweile rechtskräftiger[11] – Freispruch der Angeklagten.[12] Ein weiteres düsteres Kapitel sporthistorischer Vergangenheit.

Doch wäre statt eines Freispruchs aus tatsächlichen nicht vielmehr ein Freispruch aus Rechtsgründen geboten gewesen? Anliegen der vorliegenden Abhandlung ist es zu untersuchen, inwiefern Schmiergeldgewährungen an Schiedsrichter im Profisport durch Geschäftsführer von Sportvereinen ohne Beteiligung von Wettanbietern wirtschaftsstrafrechtliche Relevanz aufweisen.

A. Untersuchungsgegenstand

Gegen Manipulationen durch Zuwendungen an Schiedsrichter im Bereich des Profisports mangelt es bis dato an einem spezifischen strafrechtlichen Schutzmechanismus.[13] Ausdruck dieses Befundes ist die seitens der Rechtsprechung vorgenommene extensive Auslegung und Anwendung bestehender Strafnormen, insbesondere des Betrugstatbestandes, wie sie etwa im Falle *Hoyzer* im

9 Eingehend zum Sachverhalt des *Bundesligaskandals* und des Falls *Hoyzer*: *Hilpert*, Sportrecht, S. 209–231.

10 Zum Gang des Verfahrens *Krack*, ZIS 2011, 475 und hier noch unter § 1 C.

11 S. *beck-aktuell-Redaktion*, becklink 1023748 sowie das Urteil des BGH vom 28.11.2012 – 5 StR 328/12.

12 LG Kiel, Urteil vom 26.01.2012 – 5 KLs 1/10.

13 Wabnitz/Janovsky-*Bannenberg*, Handbuch Wirtschaftsstrafrecht, Kap. 10 Rn. 137.

Bereich des Täuschungsbegriffs oder unter Rückgriff auf die Konstruktion des Quotenschadens erfolgte.

Der Weg zur Annahme eines Quotenschadens ist jedoch dann abgeschnitten, wenn keine Wettbüros in das Manipulationsgeschehen involviert sind, sondern es allein um die „nackte" Manipulation des Sportgeschehens durch Tätigung von Zuwendungen an Schiedsrichter geht. Ob in diesen Fällen im Hinblick auf die Vermögensdelikte des Betruges und der Untreue dennoch ein Vermögensschaden vorliegt, ist hochproblematisch: Zu bedenken ist insbesondere, dass mit den manipulationsbedingten Vermögensabflüssen die Aussicht auf nicht unerhebliche Vermögenszuflüsse in Form von Preisgeldern und Einnahmen aus Vermarktungsgeschäften einhergeht.

Sofern sich herausstellt, dass die Vermögensdelikte nicht eingreifen, wird die Beantwortung der Frage nach einer Erfassung des durchaus zu missbilligenden Manipulationsverhaltens durch andere strafrechtliche Vorschriften umso dringlicher. Insofern ist von besonderem Interesse, inwiefern sich der durch das Landgericht Kiel vorgeschlagene Weg einer Pönalisierung derartiger Schiedsrichtermanipulationen durch den Tatbestand der Bestechung im geschäftlichen Verkehr (§ 299 Abs. 2 StGB) als gangbar erweist.

Auf dem Boden des geltenden Rechts ist diesbezüglich die Notwendigkeit zu diagnostizieren, zwischen der Natur des sportlichen Wettbewerbes auf dem Spielfeld bzw. im Stadion – dem fortan sog. sportlichen Wettbewerb – einerseits und dem Wettbewerb außerhalb des Spielfeldes andererseits zu differenzieren: Der sportliche Wettbewerb ist allein an ideellen Werten orientiert. Oberster sport-ethischer Grundsatz ist der sog. Fairnessgedanke.[14] Sein Inhalt ist nicht einfach zu konturieren, wobei er am ehesten als „Symbiose aus Chancengleichheit, Vorhersehbarkeit, Ausgewogenheit, Richtigkeit und Gerechtigkeit sportlichen Handelns und sportrechtlicher Maßstäbe"[15] zu verstehen ist. Als Sieger soll hervorgehen, wer ehrenhaft und ausschließlich unter natürlichem Leistungseinsatz der Leistungsstärkste ist.

Der Wettbewerb außerhalb des unmittelbaren Sportgeschehens betrifft demgegenüber denjenigen Bereich, der kommerzialisiert ist: Die Kommerzialisierung des Profisports findet ihren Ausdruck nämlich nicht in dem Spielgeschehen auf dem Platz als solchem – dieses unterscheidet sich (abgesehen von der spieltechnischen Qualität) nicht wesentlich vom dem Spiel zwischen Amateuren –;

14 Dazu Fritzweiler/Pfister-*Pfister*, Praxishandbuch Sportrecht, Einf. Rn. 24; Fritzweiler/Pfister-*Summerer*, ebd., Teil 2 Rn. 13.

15 Fritzweiler/Pfister-*Summerer*, Praxishandbuch Sportrecht, Teil 2 Rn. 13.

ihren Ausdruck findet die Kommerzialisierung des Sportes in denjenigen Bereichen, die – quasi als Annex – dem Profisport anhaften: zu denken ist an Werbe-, Sponsorenverträge, Zuschauereinnahmen aus Eintrittskarten- und Fan-Artikel-Verkäufen.[16] Der Wettbewerb in diesen (fortan sog.) Annex-Bereichen ist wirtschaftlicher Wettbewerb.

Diese Dichotomie des Wettbewerbs im Profisport – sportlicher Wettbewerb einerseits, wirtschaftlicher Wettbewerb andererseits – ist kein phänomenologisches Gedankenspiel. Zwar sind beide Wettbewerbsformen Ausprägungen ein und desselben realen, in der menschlichen Natur verankerten Phänomens[17], welches allgegenwärtig und als „Existenzkampf menschlicher Individuen [...] prinzipiell unausrottbar"[18] ist. Trotz ihres gemeinsamen Ursprungs in einem derart abstrakt verstandenen allgemeinen Wettbewerb – *Rittner* bezeichnet ihn plastisch als sog. Fundamentalwettbewerb[19] –, bestehen zwischen ihnen dennoch erhebliche – im einzelnen noch aufzuzeigende – Differenzen, die eine Gleichstellung der Wettbewerbsausprägungen verbieten. Schon aus diesem, aber auch aus weiteren noch darzulegenden Gründen wird eine Anwendung des Tatbestandes der Bestechung im geschäftlichen Verkehr[20] auf Sachverhaltskonstellationen der vorliegend untersuchten Art ausscheiden müssen.

Die Praktikabilität der Differenzierung zwischen sportlichem und wirtschaftlichem Wettbewerb mag auf den ersten Blick zweifelhaft erscheinen, besteht doch ein enger Zusammenhang zwischen dem sportlichen und dem wirtschaftlichen Wettbewerb im Profisport, der als sog. Interdependenz-Relation gekennzeichnet werden kann: So sichert etwa ein Sieg in der Champions League höhere Werbeeinnahmen, bessere Sendezeiten und dadurch lukrativere Fernseh- und Radioverträge, steigende Zuschauerzahlen, wachsende Einnahmen aus Fan-Artikel-Verkäufen und lukrativere Sponsorenverträge. Manipuliert der homo sapiens im Bereich des Sports, so zeitigt dieses Verhalten Auswirkungen auf den homo athleticus als Akteur im sportlichen Wettbewerb, zeitigt aber zugleich im

16 Vgl. zur Kommerzialisierung des Profisports *Raupach*, SpuRt 2008, 241 f.

17 Vgl. *Röper*, Die Konkurrenz und ihre Fehlentwicklungen, S. 21; *Knöpfle*, Der Rechtsbegriff „Wettbewerb", S. 1; *Rittner*, in: FS Kraft, S. 519, 521.

18 *Rittner*, in: FS Kraft, S. 519, 521 m. w. N.

19 *Rittner*, in: FS Kraft, S. 519, 521.

20 Da vorliegend nur Tathandlungen seitens des Geschäftsführers von Sportvereinen untersucht werden, ist nur auf die Bestechung (§ 299 Abs. 2 StGB), nicht auch die Bestechlichkeit im geschäftlichen Verkehr (§ 299 Abs. 1 StGB) einzugehen. Rechtlich ergeben sich aufgrund des spiegelbildlichen Tatbestandsaufbaus keine relevanten Unterschiede.

Hinblick auf die finanziellen Folgen auch Auswirkungen auf den homo oeconomicus als Akteur im wirtschaftlichen Wettbewerb. Insofern haben Manipulationen im Profisport – mit *Bannenberg* – eine „doppelte Angriffsrichtung“:[21] sie verändern einerseits die relativen Erfolgschancen der manipulierenden Partei, verdrängen den einzig zulässigen Parameter zur Bemessung sportlicher Leistungsstärke und zerstören die Offenheit des Ausgangs des sportlichen Wettkampfes, sie bescheren dem manipulierenden Verein aber andererseits hohe wirtschaftliche Vorteile. Auf derartige mittelbare finanzielle Folgewirkungen kommt es jedoch – wie noch zu zeigen ist – für § 299 StGB nicht an, soll doch durch die Vorteilsgewährung unmittelbar – und dies ist entscheidend – der sportliche Wettbewerb beeinflusst werden.

Die doppelte Angriffsrichtung von Schiedsrichtermanipulationen im Profisport mag aber de lege ferenda gewinnbringend sein. Die Frage nach der Strafwürdigkeit, der Strafbedürftigkeit und der Effizienz einer spezifischen strafrechtlichen Gegensteuerung bewegt sich im Einzelnen allerdings außerhalb des Erkenntnisbereichs der vorliegenden Abhandlung, verweist sie doch in den Bereich der Rechtspolitik.[22]

B. Erkenntnisziel, methodischer Ansatz und Gang der Untersuchung

Die vorliegende Abhandlung unternimmt den Versuch, zu analysieren, inwiefern Manipulationen durch finanzielle Zuwendungen an Schiedsrichter im Profisport durch Strafvorschriften begegnet werden kann, sofern diese sich nicht im Kontext von Sportwetten bewegen. Dabei wird methodisch der eingangs dargelegte, dem Urteil des Landgerichts Kiel zugrunde liegende Sachverhalt zum Ausgangspunkt der theoretischen Problemlösung genommen. Die (sogleich unter C.) folgende Darlegung des konkreten Sachverhalts gestattet eine möglichst praxisnahe Analyse derartiger Manipulationskonstellationen. Überdies ermöglicht der Rückgriff auf einen konkreten Sachverhalt eine bessere Veranschaulichung der abstrakt aufgeworfenen Frage nach der grundsätzlichen Strafbarkeit von Geschäftsführern von Sportvereinen im Profisport durch Einsatz von Vereinsmitteln zu Schiedsrichtermanipulationszwecken. Im Zuge der umfassenden rechtlichen Würdigung (unter

---

21 Wabnitz/Janovsky-*Bannenberg*, Handbuch Wirtschaftsstrafrecht, Kap. 10 Rn. 137; *dies./Rössner*, in: Korruption im Sport, S. 214, 221.

22 Vgl. dazu den Ausblick unter § 5 und die darin enthaltenen Nachweise zu Pönalisierungsvorschlägen de lege ferenda in Fn. 758.

§ 2 bis § 4) ist auch auf ausgewählte, geringfügig modifizierte Fallkonstellationen einzugehen.

Während der Blick zunächst (unter § 2 und § 3) auf die Vermögensdelikte des Betruges und der Untreue gelenkt wird, erfolgt anschließend (unter § 4) die Betrachtung des Tatbestandes der Bestechung im geschäftlichen Verkehr. Diese Beschränkung der betrachteten Delikte erfolgt im Sinne einer Bündelung der Leseraufmerksamkeit auf Tatbestände des Kernstrafrechts. Ausgeklammert werden typische Begleittaten von Korruptionsdelikten, etwa „Buchführungsdelikte" wie § 331 HGB oder der Tatbestand der Steuerhinterziehung gemäß § 370 AO. Zudem wird eine etwaige Versuchsstrafbarkeit bewusst ausgeklammert. Im Sinne einer Konzentration der Leseraufmerksamkeit auf die problematische Essenz liegt es auch, wenn allein Fragestellungen nachgegangen wird, die genuin mit den betrachteten Konstellationen der Schiedsrichtermanipulation zusammenhängen. Fragen, die kein Spezifikum derartiger Schiedsrichterbeeinflussungen sind, sondern unter diversen Sachverhalten konstruiert werden können – etwa: Fragen rund um etwaige tatbestandsausschließende Einverständnisse, rechtfertigende Einwilligungen oder Irrtümer –, werden in diesem Sinne bewusst ausgeklammert. In sachlicher Hinsicht werden auch Implikationen auf das nationale Recht außer Betracht gelassen, die sich aus Akten der europäischen Union – etwa dem Rahmenbeschluss 2003/568/JI des Rates vom 22. Juli 2003 zur Bekämpfung der Bestechung im privaten Sektor – ergeben könnten. Die vorliegende Arbeit bewegt sich allein auf dem Boden deutschen Strafrechts. Sie verfolgt auch keinen rechtsvergleichenden Ansatz.

Überdies sind auch in personeller Hinsicht Einschränkungen vorzunehmen, die notwendig sind, um die Aufmerksamkeit des Lesers auf die zentralen Problemkreise der betrugsstrafrechtlichen Erfassung von Schiedsrichtermanipulationen durch Vereinsfunktionäre zu lenken: Untersucht wird eine Betrugsstrafbarkeit gegenüber und zulasten des ausrichtenden Verbandes, des Preisspenders und des gegnerischen Vereins. Nicht untersucht wird eine etwaige Betrugsstrafbarkeit gegenüber und zulasten nicht unmittelbar an dem genuinen sportlichen Geschehen Beteiligten, etwa gegenüber und zulasten der Zuschauer des manipulierten Spiels oder der Vertragspartner von Vermarktungsverträgen (etwa: Sponsoren) bzw. Verwertungsverträgen (etwa: Fernsehsender).

Ebenfalls nicht beleuchtet wird, inwiefern das Binnenrechtsverhältnis zwischen – einerseits – dem Geschäftsführer und „seinem" Sportverein sowie – andererseits – zwischen dem Schiedsrichter und seinem Geschäftsherren betrugsstrafrechtlich abgesichert wird, sodass etwa Fragen nach einer Anstiftung des Schiedsrichters nicht behandelt werden. Inwiefern das Innenverhältnis zwischen dem Geschäftsführer und seinem Treugeber strafrechtlich abgesichert ist, bildet allein Gegenstand der Ausführungen zum Untreuetatbestand.

Im Einzelnen werden vor allem die jeweils problematischen objektiven Tatbestandsmerkmale einer näheren Betrachtung unterzogen. Für Merkmale des subjektiven Tatbestandes werden hingegen allenfalls abstrakte Leitlinien zur Beurteilung im konkreten Einzelfall vorgegeben: Im Rahmen der vorliegenden abstrakten Abhandlung kann die einzelfallabhängige richterliche Überzeugungsbildung naturgemäß nicht geleistet werden.

Maßstab der vorliegenden Untersuchung ist allein staatliches Recht.[23] Lebensweltlich betrachtet werden allein Schiedsrichtermanipulationen in Mannschaftssportarten wie etwa dem (im Fall des Landgerichts Kiel betroffenen) Profi-Handball oder dem Profi-Fußball beleuchtet. Die in diesen Sportarten anzutreffenden Wettbewerbe sind typischerweise internationale Mehrstufenwettbewerbe wie etwa die (im Fall des Landgericht Kiel betroffene) Handball-Champions-League. Rechtlich betrachtet, bestehen mannigfaltige Möglichkeiten, derartige Mehrstufenwettbewerbe zu organisieren und auszurichten. Der vorliegenden Abhandlung ist folgendes rechtliche Umfeld zugrunde gelegt, welches – als Grundfall herangezogen – eine sachgerechte Lösung auch anderer rechtlicher Konstruktionsvarianten ermöglicht: Es wird davon ausgegangen, dass jeder teilnehmende Sportverein eine Vereinbarung in Form eines „Teilnahmevertrages" mit dem wettkampfausrichtenden Verband eingeht. Dieser verpflichtet als Austauschgeschäft die Sportvereine zur Teilnahme am Wettkampf und den ausrichtenden Verband zur Organisation und Durchführung des Wettkampfes sowie zur Auszahlung eines Antrittsgeldes nach Teilnahme. Zudem besteht eine weitere Rechtsbeziehung zum Preisspender, der für den Erst-, Zweit- und Drittplatzierten (der Höhe nach gestaffelte) Preisgelder auslobt. Auf andere Rechtsbeziehungen (etwa zu Sponsoren, Werbekunden, Zuschauern) kommt es hingegen vorliegend, wie ausgeführt, nicht an, sind sie doch nicht unmittelbar am Sportgeschehen beteiligt.

Das Erkenntnisziel, den methodischen Ansatz und den Gang der Abhandlung samt Setzungen in rechtlicher und tatsächlicher Hinsicht vorangeschickt, sei nun – der rechtlichen Untersuchung vorangestellt – ein typisches Fallbeispiel für Schiedsrichtermanipulationen im Profisport geschildert.

---

23 Eingehend zum „Fußballstrafrecht" des Deutschen Fußball-Bundes (DFB) etwa: *Hilpert*, Das Fußballstrafrecht des DFB.

C. Schilderung einer typischen Fallgestaltung

Der zum Ausgangspunkt der vorliegenden Abhandlung genommene Fall hat in der Medienöffentlichkeit einige Aufmerksamkeit erhalten. Der langersehnte erste Sieg des THW Kiel in der Champions League im Jahre 2007 wurde überschattet von dem aufkommenden Verdacht, dass „nachgeholfen worden" sein könnte. Der damalige Geschäftsführer und der damalige Trainer des THW Kiel standen im Verdacht, in der Saison 2006/2007 die Finalpartie zu Gunsten ihres Vereins durch Gewährung hoher fünfstelliger Geldbeträge an die Schiedsrichter beeinflusst zu haben, um endlich in der Champions League obsiegen zu können. Wetteinsätze auf das konkrete Spiel wurden nicht bekannt. Damit hatte das Landgericht Kiel – gerade nachdem durch die Entscheidung des BGH in der Sache *Hoyzer* im November 2006 die hitzige Debatte um die Strafbarkeit von Schiedsrichtermanipulationen unter Beteiligung von Wettanbietern zumindest in der Praxis abgekühlt war – einen Fall zu bewältigen, der es ihm verwehrte, unter Rückgriff auf den vom BGH entwickelten „Quotenschaden" das (offenbar erwünschte) Ergebnis einer strafrechtlichen Pönalisierung von Schiedsrichtermanipulationen zu erzielen.

Die Staatsanwaltschaft Kiel erhob – gegenüber dem für die Zwecke der vorliegenden Abhandlung allein interessierenden ehemaligen Geschäftsführer – Anklage einerseits wegen Betruges zulasten der die Champions League ausrichtenden Europäischen Handballföderation (im Folgenden: EHF) sowie zulasten des unterliegenden gegnerischen Sportvereins, und andererseits wegen Untreue zu Lasten des THW Kiel, wurde doch die zugewendete Summe aus dessen Vereinsmitteln bewirkt.[24]

Seitens *Krack*, der die – soweit ersichtlich – bislang einzige Auseinandersetzung mit dem landgerichtlichen Urteil in der Literatur geliefert hat, wurde die gerichtlich im Zwischenverfahren angedeutete Bejahung der Untreue und Ablehnung des Betruges als „im Bereich des für möglich Gehaltenen" liegend einstuft. Der seitens des Gerichts erfolgte Hinweis darauf, dass eine Bewertung des Tatgeschehens als Bestechung im geschäftlichen Verkehr in Betracht komme,

24 Zum Gang des Verfahrens vor dem LG Kiel s. *Krack*, ZIS 2011, 475. Angeklagt wurden zudem auch weitere betrugs- und untreuerelevante Tathandlungen, die aber für die Zwecke der vorliegenden Beleuchtung von Schiedsrichtermanipulationen irrelevant sind. Von einer Darstellung des Randdelikts des ebenfalls angeklagten § 331 HGB wird – wie bereits dargelegt – abgesehen.

habe hingegen „sehr überrascht".[25] Schlussendlich erfolgte ein Freispruch der Angeklagten aus tatsächlichen Gründen.

Der Gerichtsprozess zog sich über mehr als vier Monate, in dem das Gericht versuchte, die „Indizien, Lügen, Gerüchte, Halbwahrheiten, persönlichen Animositäten und wirtschaftlichen Interessen"[26] zu ordnen. Siebzehn Zeugen sagten aus, darunter Rechtsanwälte, Funktionäre der Europäischen Handballföderation, Funktionäre anderer Handball-Bundesligisten und Schiedsrichter. Zwar stand nach glaubhafter Sachverständigeneinschätzung fest, dass das in Rede stehende Champions-League-Finale unter „sportlich korrekten Bedingungen" stattgefunden und „nicht manipuliert worden" sei, dennoch nährten die sich widersprechenden Aussagen und die ungeklärten Fragen auch seitens des Gerichts Zweifel an der Haltlosigkeit der Vorwürfe:

> „Die Frage, warum der für den THW Kiel in Diensten stehende Kroate [N. V.] unmittelbar vor dem Finalrückspiel 56.400 Euro von den Kielern erhielt, davon 45.000 abhob und nach Warschau flog, ist weiterhin ungeklärt. In Warschau wohnte Endspiel-Schiedsrichter [M. B.]. [Die Verteidigung sagte, N. V.] sei seit zehn Jahren Scout beim THW gewesen und habe für zahlreiche Tipps 92.000 Euro bekommen [...]. Daran hat das Gericht Zweifel, aber für eine mögliche Geldübergabe in Warschau gibt es keinerlei Beweis."

(Vorläufiger) Schlusspunkt der „quälend langsam voranschreitenden Wahrheitssuche"[27] war der Freispruch der beiden Angeklagten in Ermangelung eines zu führenden Tatnachweises.[28] Der Vorsitzende der großen Strafkammer wird zitiert: „Die Kammer sei nicht von der Schuld der Angeklagten überzeugt, allerdings auch nicht von der Unschuld."[29]

Die auf den Freispruch hin von der Staatsanwaltschaft Kiel eingelegte Revision intendierte eine vollständige Aufhebung und Neuverhandlung der Sache, die neben der Schiedsrichtermanipulation noch weitere Tathandlungen umfasste. Nach einer Teilrücknahme wurde jedoch der Freispruch bezüglich des – vorliegend

---

25 Alle Zitate aus *Krack*, ZIS 2011, 475.

26 So wird der Vorsitzende Richter von der ZEIT vom 26.01.2012 zitiert. Abrufbar unter http://www.zeit.de/sport/2012-01/handball-thw-kiel-freispruch (letzter Abruf: 08.12.2015). Daraus auch die weiteren Informationen in diesem Absatz sowie das nächste Zitat.

27 FAZ vom 21.12.2011, abrufbar unter http://www.faz.net/aktuell/sport/mehr-sport/manipulationspro zess-um-thw-kiel-verraeterisches-schreiben-11573355.html (letzter Abruf: 08.12.2015).

28 LG Kiel, Urteil vom 26.01.2012 – 5 KLs 1/10.

29 S. Nachweis dazu in Fn. 26.

allein interessierenden – Vorwurfs der Spielmanipulation rechtskräftig.[30] Die Frage, ob Schmiergeldgewährungen an Schiedsrichter im Profisport durch Geschäftsführer von Sportvereinen ohne Beteiligung von Wettanbietern de lege lata strafrechtliche Relevanz aufweisen, wurde höchstrichterlich nicht geklärt. Sie bildet den Gegenstand der nun folgenden Analyse.

30 S. bereits oben Fn. 11.

§ 2 Manipulation von Schiedsrichtern im Lichte des Betrugstatbestandes

Werden Manipulationen von Schiedsrichtern unter dem Blickwinkel des Betruges untersucht, ergeben sich zahlreiche denkbare Anknüpfungspunkte für Tathandlungen, die den Tatbestand erfüllen könnten. Erst nach Beleuchtung der diversen in Betracht kommenden Tathandlungen wird es möglich sein zu beurteilen, ob und inwieweit der Betrugstatbestand in Konstellationen der Manipulation von Schiedsrichtern einzugreifen geeignet ist. Wie eingangs erläutert, werden vorliegend gerade keine Konstellationen untersucht, in denen Wettanbieter beteiligt sind, sodass die Problematik einer Erfassung der Manipulation über eine Betrugsstrafbarkeit nicht mittels eines Rückgriffes auf die im Fall *Hoyzer* ausgeführte Konstruktion des sog. Quotenschadens gelöst werden kann.[31]

Die Subsumtion der Fälle von Schiedsrichtermanipulationen unter den Betrugstatbestand wird an nahezu jedem Tatbestandsmerkmal Schwierigkeiten bereiten. Methodisch wird dabei derart vorgegangen, dass das Vorliegen des jeweiligen Tatbestandsmerkmales getrennt für den ausrichtenden Verband, den Preisspender und den gegnerischen Verein beurteilt wird. Die derart personell ausdifferenzierte Untersuchung orientiert sich zwar an dem eingangs geschilderten Realgeschehen, verlässt dieses aber auch durch Vornahme geringfügiger Modifikationen, um so darlegen zu können, weshalb der Betrugstatbestand in aller Regel kein probates Mittel zur strafrechtlichen Erfassung derartiger Fälle von Schiedsrichtermanipulationen ist. Erst diese umfassende Prüfung kann belegen, dass die sich ergebende Straflosigkeit von Schiedsrichtermanipulationen durch Vereinsfunktionäre im sportlichen Wettbewerb kein Zufallsprodukt der konkreten Fallkonstellation darstellt, sondern dass die Straflosigkeit notwendige Folge der systemischen Struktur des Betrugstatbestandes ist.

Zentrale Problemstellung der nachfolgenden Untersuchung ist dabei das Spannungsverhältnis zwischen einem Schutze des Sportethos und dem durch den Betrugstatbestand gewährleisteten Vermögensschutz. Die Durchsetzbarkeit sportethischer Schutzzwecke mithilfe des Betrugstatbestandes wird an mehreren Stellen der nachstehenden Ausführungen virulent werden. Scheinen die ethischen Werte des Sportes und die monetären Werte des wirtschaftlichen Wettbewerbes auf der einen Seite auseinanderzuklaffen, so scheinen sie doch auf

31 Zur Unanwendbarkeit der *Hoyzer*-Rechtsprechung noch unter § 2 A. III. 2. a).

der anderen Seite eng verwoben zu sein. Ein professioneller Sportbetrieb ist ohne wirtschaftliche Annexgeschäfte, wie etwa Vermarktungs- und Verwertungsgeschäfte, nicht denkbar. Eine vorläufige Betrugssubsumtion der vorliegenden Fallgestaltung der Manipulation von Schiedsrichtern mit anschließender Auszahlung der Erst-Platzierten-Prämie an den manipulierenden Verein könnte bei unbefangener Betrachtungsweise etwa wie folgt verlaufen: Der manipulierende Verein (bzw. sein Vertretungsorgan) spiegelt dem (Vertreter des) Preisspender(s) vor, dass er die Schiedsrichter nicht manipuliert habe und damit die Offenheit des Ausgangs des Spiels nicht beeinträchtigt habe; dies ruft beim Vertreter des Preisspenders eine korrespondierende Fehlvorstellung hervor; geleitet von dieser Fehlvorstellung zahlt er die Sieger-Prämie an den Sieger-Verein aus und erleidet einen Schaden, wollte er doch nur an den ehrlichen Gewinner auszahlen; Spiegelbild des Vermögensabflusses auf Seiten des Preisspenders ist der Vermögenszufluss auf Seiten des bestechenden Sieger-Vereins.

Entsprechend konstruierbar erscheint auch ein täuschungsbedingter Irrtum des sportlichen Gegners, der es nach manipulationsbedingt verlorenem Spiel irrtumsbedingt unterlässt, den eigentlich ihm, als fairem Kontrahenten, zustehenden Anspruch auf die Sieger-Prämie geltend zu machen, wodurch er einen Vermögensschaden erleidet. Dem Verlust auf Seiten des unterliegenden Vereins korrespondiert der Vermögenszufluss auf Seiten des manipulierenden gegnerischen Vereins. Eine solche Subsumtion könnte damit prima facie einen Betrugsschutz ermöglichen.

Ob sich ein derartiges sportethisch anstößiges Verhalten tatsächlich mit den Mitteln des Betrugstatbestandes – etwa nach der soeben aufgezeigten Subsumtionsweise – sanktionieren lässt, ist Gegenstand der nachstehenden Ausführungen. Zweifel ergeben sich gerade vor dem Hintergrund, dass nach mittlerweile ganz überwiegend konsentierter Auffassung der Betrugstatbestand allein dem Schutze des Vermögens dient, nicht darüber hinausgehend auch etwa Treu und Glauben[32] schützt, einem Recht auf Wahrheit[33] zur Durchsetzung verhelfen will oder gar dem Schutze fremden Vertrauens[34] zu dienen bestimmt ist.

---

32 So etwa *Mezger/Blei*, Strafrecht II, S. 167 (Aufrechterhaltung von Wahrheit und von Treu und Glauben); *Sauer*, BT, S. 72 (gegenseitiges Vertrauen der Rechtsgenossen bzw. Redlichkeit bzw. Treu und Glauben; s. dort für weitere Nachweise); *Borst*, JW 1935, 1221 f. (Treu und Glauben, Wahrheit); *Kempermann*, ZStW 57 (1938), 126, 145 f.

33 *Mezger/Blei*, Strafrecht II, S. 167 (Aufrechterhaltung von Wahrheit und von Treu und Glauben); *Borst*, JW 1935, 1221 f. (Wahrheit, Treu und Glauben).

34 *Kohlrausch*, in: FS Schlegelberger, S. 203, 222.

A. Betrugsrechtliche Beurteilung von Schiedsrichtermanipulationen durch Geschäftsführer von Sportvereinen

Um zulasten des Geschäftsführers eine Betrugsstrafbarkeit anzunehmen, müsste dieser in der Absicht, sich oder einem Dritten (hier also „seinem" Verein) einen rechtswidrigen Vermögensvorteil zu verschaffen, das Vermögen eines anderen (hier: des ausrichtenden Verbandes, des Preisspenders oder des gegnerischen Vereins) dadurch beschädigt haben, dass er durch Täuschung über Tatsachen einen Irrtum erregte oder unterhielt.

I. Tathandlung: Täuschung über Tatsachen

Den ersten Schritt bei der Untersuchung des Vorliegens einer Betrugsstrafbarkeit bildet die Frage nach dem Vorliegen einer geeigneten Tathandlung. Eine tatbestandsrelevante Täuschung über Tatsachen erfordert, dass der Täter falsche Tatsachen vorgespiegelt oder wahre Tatsachen entstellt oder unterdrückt (s. § 263 Abs. 1 StGB), kurz: über Tatsachen täuscht.[35] Dabei wird die Täuschung als ein Verhalten definiert, welches durch Einwirkung auf das intellektuelle Vorstellungbild einer anderen natürlichen Person deren Irreführung dient.[36]

Wie bereits dargelegt, kommen als Anknüpfungspunkt für eine betrugsrelevante Tathandlung des Geschäftsführers diverse Verhaltensweisen gegenüber unterschiedlichen Adressaten in Betracht. Während der äußere Rahmen der Gliederung der nachstehenden Ausführungen zum Täuschungsmerkmal personell orientiert ist und somit nach den möglichen Täuschungsadressaten in Form natürlicher Personen differenziert (unter 1. bis 3.), orientiert sich die Binnenstruktur an sachlichen Anknüpfungspunkten: letztere ist gekoppelt an die diversen, gegenüber den jeweiligen Personen in Betracht kommenden tathandlungsbezogenen Anknüpfungspunkte. So ist etwa in sachlicher Hinsicht genauer zu betrachten, inwiefern die Vornahme der Manipulationshandlung selbst, d. h. die Zuwendungsgewährung an den Schiedsrichter, einen tauglichen

---

35 So die allgemeine verwendete Formel, die – ohne, dass sich etwas in der Sache ändert – auf eine genaue Zuordnung unter die gesetzlich genannten Tathandlungen verzichten kann (LK-*Tiedemann*, StGB, § 263 Rn. 7; vgl. auch *Küper/Zopfs*, BT, Rn. 478 f.).

36 Statt vieler nur S/S-*Perron*, StGB, § 263 Rn. 11; *Lackner/Kühl*, StGB, § 263 Rn. 6, 18 f.; *Wessels/Hillenkamp*, BT II, Rn. 490. In praxi ist auf die genaue Ermittlung des Getäuschten, des Irrenden und des Verfügenden zu achten, müssen diese doch der Tatbestandsstruktur nach personenidentisch sein. Im Rahmen der vorliegenden Abhandlung wird nur generalisierend vom „Vertreter" gesprochen.

Anknüpfungspunkt für eine Betrugsstrafbarkeit des Vereinsfunktionärs bildet. Zu untersuchen ist aber auch, ob eine Täuschungshandlung nicht im Zeitpunkt der Mannschaftsmeldung, des Antreten-Lassens zu der konkret durch die Zuwendungsgewährung betroffenen Spielpartie oder der Unterzeichnung des Spielberichtsbogens zu erkennen ist. Als letztmöglicher Zeitpunkt ist schließlich zu beleuchten, ob in der Entgegennahme des Antrittsgeldes bzw. der Sieger-Prämie[37] ein Anknüpfungspunkt für das Vorliegen einer betrugsrelevanten Täuschung zu sehen ist.

1. Täuschung gegenüber dem (Vertreter des) ausrichtenden Verband(es)

Zunächst ist zu klären, ob eine Täuschungshandlung durch den Vereinsfunktionär gegenüber dem Vertreter des den sportlichen Wettkampf ausrichtenden Verbandes vorliegt. Innerhalb der so personell vorgezeichneten Prüfung ist sachlich nach den soeben erläuterten diversen tathandlungsbezogenen Anknüpfungspunkten zu differenzieren (a) bis e)).

a) Erster Anknüpfungspunkt: Die Zuwendungsgewährung

Als erster möglicher Anknüpfungspunkt zur Begründung einer Betrugsstrafbarkeit des Geschäftsführers eines Sportvereins gegenüber dem den Sportwettbewerb ausrichtenden Verband kommt die Manipulationshandlung als solche, d.h. die Gewährung der Geldsumme, in Betracht. Bedenken, ob diese Anknüpfung als solche eine Betrugsstrafbarkeit wegen einer ausdrücklichen Täuschung auszulösen vermag, ergeben sich bei Betrachtung der oben bereits dargestellten Definition des Täuschungsbegriffs. Danach soll gerade ein Täterverhalten erforderlich sein, welches auf das intellektuelle Vorstellungsbild des Täuschungsopfers

---

37 Die Sieger-Prämie ist diejenige Prämie, die der Erst-Platzierte eines Sportwettkampfes erhält.
Die nachstehenden Ausführungen gehen vom Bestehen folgender zwei Rechtsverhältnisse jedes teilnehmenden Sportvereins aus: *Zum einen* besteht ein Rechtsverhältnis zwischen dem Sportverein und dem *ausrichtenden Verband*. Dieser sog. Teilnahmevertrag verpflichtet den Sportverein und dessen Sportmannschaft zur Teilnahme an dem bestimmten Wettbewerb; der ausrichtenden Verband ist im Gegenzug zur Organisation des Wettbewerbes und zur Zahlung eines sog. Antrittsgeldes nach der Wettkampfteilnahme verpflichtet (zum Teilnahmevertrag noch näher unter § 2 A. I. 1. b)). *Zum zweiten* besteht ein Rechtsverhältnis zwischen dem Sportverein und dem sog. Preisspender. Dieser lobt für die ersten drei Platzierungen im Wettbewerb bestimmte Summen, sog. Siegprämien, aus. Rechtlich gesehen, handelt es sich dabei richtigerweise um ein Preisausschreiben i. S. v. § 661 BGB. S. dazu noch unter § 2 A. III. 2.

einwirkt[38]. Tätigt der Vereinsfunktionär eine manipulative Zuwendung an den Schiedsrichter, so wirkt er – jedenfalls im Zeitpunkt der Gewährung – nicht auf das intellektuelle Vorstellungsbild des Täuschungsopfers, etwa: des Vertreters des ausrichtenden Verbandes, ein, sondern allein auf reale Umstände, allein auf Tatsachen. Diese bloße Einwirkung auf das Bezugsobjekt des intellektuellen Vorstellungsbildes (sog. Objektmanipulation)[39] ist von der Einwirkung auf das intellektuelle Vorstellungsbild des Opfers zu unterscheiden; erstere erfüllt nach dem herrschenden Verständnis den Täuschungsbegriff nicht.[40]

Gegen die herrschende Auffassung und damit die Notwendigkeit nach einer Einwirkung auf die Opfervorstellung macht sich im Wesentlichen *Arzt*[41] stark, nach dessen Ansicht den Täuschungsbegriff eine jede irrtumsherbeiführende Handlung auszufüllen vermag; eine täterseitige Einwirkung gerade auf die Opfervorstellung soll nicht erforderlich sein. Nach *Arzt* sollen auch reine Objektmanipulationen einen betrugsrelevanten Anknüpfungspunkt für eine Strafbarkeit bilden.[42]

---

38 S/S-*Perron*, StGB, § 263 Rn. 11.

39 Hier wohl besser *Subjektmanipulation*.

40 So S/S-*Perron*, StGB, § 263 Rn. 37, 44; SK-*Hoyer*, StGB, § 263 Rn. 24; LK-*Lackner*, StGB, 10. Auflage, § 263 Rn. 18; *Gauger*, Die Dogmatik der konkludenten Täuschung, S. 51 f., 55; *Eser*, Strafrecht IV, S. 119 Rn. 53; *Rengier*, BT I, § 13 Rn. 10; *Welzel*, Strafrecht, S. 266; *Wessels/Hillenkamp*, BT II, Rn. 510; *Hansen*, Jura 1990, 510, 515; *Samson*, JA 1978, 469, 472.

41 Arzt/Weber-*Arzt*, BT, § 20 Rn. 46 f.; *Mitsch*, BT II/1, § 7 Rn. 52; wohl auch *Krey/Hellmann/Heinrich*, BT II, Rn. 499.

42 Der Unterschied zum herrschenden Verständnis sei veranschaulicht anhand des sog. *Silo-Falles* (nach *Samson*, Strafrecht II, S. 183; vgl. auch MüKo-*Hefendehl*, StGB, § 263 Rn. 90): Der Käufer von Weizen geht davon aus, im Silo seien die von ihm zu erwerbenden 500 Säcke Weizen gelagert. Entfernt nun der Verkäufer heimlich 50 der Säcke, so wird die Vorstellung des Käufers nicht infolge einer Einwirkung des Täters gerade auf das *Vorstellungsbild* des Käufers falsch, sondern allein aufgrund der *Tatsachenveränderung*. Es wird seitens des Täters nicht auf die Psyche des Opfers eingewirkt, sodass die *herrschende Ansicht*, die eine Einwirkung gerade auf die Opferpsyche für erforderlich hält, eine betrugsrelevante Täuschungshandlung verneint. S. auch den *Preisschild-Fall* (Beispiel aus LK-*Tiedemann*, StGB, § 263 Rn. 23): Das bloße Austauschen von Preisschildern kann nach der weiten Auslegung von *Arzt* als betrugsrelevante Täuschung in Betracht kommen, sofern das Austauschen einen Irrtum beim Opfer herbeiführt. Nach herrschender Ansicht wird die bloße Einwirkung auf die Wirklichkeit durch Vertauschen von Preisschildern erst dann zu einer betrugsrelevanten Täuschung, wenn auf die Opfervorstellung eingewirkt wird. Dies ist der Fall, wenn die Ware nach dem Vertauschen der Preisetiketten an der Kasse zum Bezahlen vorgelegt wird, das und das Opfer davon ausgeht, die Ware koste den ausgewiesenen Preis und deshalb einem Fehlschluss unterliegt.

Gegen *Arzt* und für die enge Auslegung der herrschenden Meinung spricht indes das Wesen des Betruges als Kommunikationsdelikt.[43] Erforderlich ist eine Situation, in welcher Informationen (sei es aktiv oder passiv) vermittelt werden.[44] Insofern können durchaus auch Manipulationen mit und an Gegenständen zu einer Pönalisierung durch den Betrugstatbestand führen – dies allerdings nur, wenn die Tatsachenmanipulation dem Opfer zur Kenntnis gebracht wird, d. h. nicht allein auf den Bezugsgegenstand der Opfervorstellung, sondern auf die Opfervorstellung selbst eingewirkt wird.[45]

Dieses Ergebnis der herrschenden Meinung lässt sich teleologisch begründen, wird der Betrug doch als Selbstschädigungsdelikt angesehen. Diesem Charakter des Betrugstatbestandes wird nur dann entsprochen, wenn der Mechanismus des Selbstschutzes des Opfers durch den Täter durch listiges Verhalten geschickt überwunden wird und der Selbstschädigungsprozess in Gang gesetzt wird. Dies ist wiederum nur dann der Fall, wenn die Objektmanipulation in das Bewusstsein des Opfers gelangt, eine Einwirkung auf das Vorstellungsbild erfolgt und das Opfer beginnt, selbstschädigend tätig zu werden.[46] Erst unter diesen Voraussetzungen kommt das Wesen des Betruges als Vertypung mittelbarer Täterschaft zum Ausdruck.[47]

---

43 So die ganz herrschende Meinung, s. etwa: BGHSt 51, 165, 170 (*Hoyzer*); MüKo-*Hefendehl*, StGB, § 263 Rn. 25, 91; Satzger/Schmitt/Widmaier-*Satzger*, StGB, § 263 Rn. 30; LK-*Tiedemann*, StGB, vor § 263 Rn. 3; *ebd.*, § 263 Rn. 4, 22; *Rengier*, BT I, § 13 Rn. 10 f. Vgl. auch S/S-*Perron*, StGB, § 263 Rn. 11, 12, 14/15; *Kindhäuser*, in: FS Tiedemann, S. 579, 580.

44 NK-*Kindhäuser*, StGB, § 263 Rn. 106. Ähnlich *Gauger*, Die Dogmatik der konkludenten Täuschung, S. 54, der eine Einwirkung auf das Vorstellungsbild mit einem Informationszufluss, die bloße Objektmanipulation mit einem Informationsdefizit vergleicht.

45 S. SK-*Hoyer*, StGB, § 263 Rn. 24; *Gauger*, Die Dogmatik der konkludenten Täuschung, S. 55.

46 *Gauger*, Die Dogmatik der konkludenten Täuschung, S. 55.

47 NK-*Kindhäuser*, StGB, § 263 Rn. 45; *ders.*, in: FS Bemmann, S. 339 f. Gegen die Auffassung von *Arzt* spricht aus systematischer Sicht das Bestehen der erst nach dem Betrugstatbestand eingefügten Sondertatbestände innerhalb des 22. Abschnitts des StGB, die bloße Objektmanipulationen unter Strafe stellen und deren Normierung anderenfalls nicht nötig gewesen wäre (so §§ 264, 264a, 265b StGB; § 263a Var. 1 und 4 StGB). S. LK-*Tiedemann*, vor § 263 Rn. 45 und *Gauger*, Die Dogmatik der konkludenten Täuschung, S. 55 (in Fn. 153). Die legislative Entschließung zu einer bloß fragmentarischen Inkriminierung ist vom Rechtsanwender zu akzeptieren, mag sie ihm auch höchst unerwünscht sein. *Gauger* warnt überdies vor der Gefahr der Verwischung der Grenzen zwischen Selbst- und Fremdschädigung, s. *ders.*, Die Dogmatik der konkludenten Täuschung, S. 54.

Der Ansicht von *Arzt* ist somit nicht zu folgen. Zur Annahme einer betrugsrelevanten Täuschung ist vielmehr erforderlich, dass eine täterseitige Einwirkung gerade auf die Opfervorstellung erfolgt, nicht hingegen nur auf das Bezugsobjekt der Opfervorstellung. Für reine Objektmanipulationen folgt daraus, dass sie dem Täuschungsbegriff[48] nicht unterfallen.

Die bloße Zuwendungsgewährung seitens des Geschäftsführers ist mithin nicht tatbestandsrelevant.

b) Zweiter Anknüpfungspunkt: Die Meldung der Mannschaft

Aus diesem Grunde ist nun, nach Herausstellung der fehlenden Betrugsrelevanz *reiner* Objektmanipulationen, zu untersuchen, inwieweit dem Opfer die manipulierte Tatsache derart zur Kenntnis gebracht wurde, dass von einer Einwirkung auf sein intellektuelles Vorstellungbild die Rede sein kann. Der Chronologie des Ablaufs sportlicher Wettbewerbe folgend ist zunächst an die Meldung der Mannschaft anzuknüpfen.

Die Meldung der Mannschaft stellt die verbindliche Zusage eines Vereins gegenüber dem wettbewerbsausrichtenden Verband dar, an diesem teilnehmen zu wollen. In der Mannschaftsmeldung liegt der Abschluss des sog. Teilnahmevertrages. Der Teilnahmevertrag ist ein schuldrechtlicher Vertrag i. S. v. § 311 Abs. 1 BGB zwischen dem Rechtsträger der jeweilig teilnehmenden Vereinsmannschaft und dem wettbewerbsausrichtenden Verband. Die Hauptleistungspflicht besteht in der Erbringung der vertraglich vereinbarten sportlichen Leistung in ihrer Eigenart und Technik, d.h. unter Einhaltung des Verbandsregelwerks sowie in der Erbringung der sportlichen Höchstleistung im Rahmen der Leistungsfähigkeit des Sportlers. Als gegenseitiger Austauschvertrag besteht die Hauptleistungspflicht des Sportveranstalters in der Beschäftigungspflicht (d.h. in der Erbringung der Organisationsleistung) und in einer Vergütungspflicht (typischerweise in Form der Verpflichtung zur Zahlung eines Antrittsgeldes nach Wettkampfteilnahme).[49]

---

48 Nicht eingegangen wird näher auf Ansichten, die zwar im Ergebnis auf Linie der herrschenden Meinung liegen, aber einen anderen Begründungsweg (etwa über eine Verneinung des Kausalitäts- oder Irrtumsmerkmals) einschlagen. Zu den Ansichten von *Eser* und *Cramer* S. *Gauger*, Die Dogmatik der konkludenten Täuschung, S. 52 f., auch m. w. N.

49 Zu Teilnahmeverträgen (dort als Sportleistungsverträge bezeichnet) ausführlich Fritzweiler/Pfister-*Fritzweiler*, Praxishandbuch Sportrecht, 3. Teil Rn. 7 f. Die Verpflichtung zur Einhaltung des Regelwerks des jeweiligen Verbandes wird sich, neben der schuldrechtlichen Vereinbarung, typischerweise auch aus der bestehenden Vereins- bzw.

Die Mannschaftsmeldung erfolgt – vor allem bei zeitlich gestreckten Mehrstufenwettbewerben im Gegensatz zu sportlichen Einzelbegegnungen – zeitlich weit im Vorfeld des tatsächlichen Aufeinandertreffens der beteiligten Sportmannschaften auf dem Spielfeld. Diese zeitliche Streckung zwischen Meldung und Spiel macht es notwendig, zwischen drei Fallgruppen zu unterscheiden: Zunächst die Fallgruppe der (im relevanten Meldungszeitpunkt) bereits vorgenommenen Schiedsrichtermanipulation (dazu unter bb)); zum zweiten die Fallgruppe der (im Meldungszeitpunkt) lediglich geplanten, aber noch nicht realisierten Schiedsrichtermanipulation; schließlich diejenige Konstellation, in der (im Meldungszeitpunkt) weder eine Zuwendung weder bereits erfolgt noch bereits anvisiert ist. Die Fallgruppenbildung ist aus betrugsrechtlichen wie auch tatsächlichen Gründen sinnvoll, was nun einführend darzustellen ist.

aa) Relevanz der Fallgruppenbildung in rechtlicher sowie phänomenologischer Hinsicht

In *betrugsrechtlicher* Hinsicht sind die Fallgruppen der bereits erfolgten Manipulation und diejenige des dahingehend gebildeten Vorsatzes von Bedeutung, was daran liegt, dass in der dritten der erforderliche Tatvorsatz insgesamt fehlt.

Betrachtet man allein die ersten beiden Fallgruppen, so zeigt sich der Unterschied darin, über welche Tatsache getäuscht worden sein könnte: In der ersten Fallgruppe ist an das Nicht-Vorliegen einer Tatsache anzuknüpfen (sog. Negativtatsache), wohingegen in der zweiten Fallgruppe allenfalls an eine Absicht angeknüpft werden könnte. In rechtlicher Hinsicht, d. h. für die Frage nach dem Vorliegen eines betrugsrelevanten Täuschungsverhaltens, macht es im Ergebnis keinen Unterschied, ob an die Negativtatsache oder an die bloß gebildete Absicht angeknüpft wird: Nach heute ganz herrschend konsentierter Ansicht kann nämlich auch über eine innere Absicht getäuscht werden. Zwar scheint es prima facie schwierig, den offenkundigen Zukunftsbezug des Vorsatzes mit dem definitorisch erforderlichen Gegenwarts- oder Vergangenheitsbezug von täuschungsrelevanten Tatsachen in Einklang zu bringen;[50] bei präziser Betrachtung

---

Verbandsmitgliedschaft ergeben, vgl. ebd., 3. Teil Rn. 12. Die vertragliche Nebenpflicht, die schutzwürdigen Interessen des Vertragspartners zu wahren, verpflichten den Sportler insbesondere zur Führung eines soliden Lebenswandels, s. *ebd.*, 3. Teil Rn. 35 f. Es sind aber auch andere Ausgestaltungen denkbar, etwa diejenige, wonach die Sportler (an Stelle der Auszahlung eines Antrittsgeldes) platzierungsabhängig an Vermarktungseinnahmen beteiligt werden, vgl. ebd., 3. Teil Rn. 38.

50 Zur Erinnerung: Tatsachen sind konkrete Vorgänge oder Zustände der Vergangenheit oder Gegenwart, die dem Beweis zugänglich sind, s. S/S-Perron, StGB, § 263 Rn. 8.

beinhaltet allerdings der Umstand, künftig nicht manipulieren zu wollen, durchaus einen Gegenwartsbezug: Der Umstand, künftig nicht manipulieren zu wollen, ist nämlich Gegenstand eines sich gegenwärtig manifestierenden Vorsatzes. Demzufolge ist anerkannt, dass auch derartige sog. innere Tatsachen (z. B. Absichten, Gefühle, Überzeugungen) tauglicher Gegenstand von Täuschungen sein können, wenn sie in Beziehung zu äußeren Vorgängen oder Zuständen der Vergangenheit oder Gegenwart gesetzt sind.[51] Da sich die innere Absicht des Vereinsfunktionärs, künftig nicht manipulieren zu wollen, auf ein Realgeschehen (nämlich den sportlichen Wettkampf) bezieht, ist es also dogmatisch möglich, an diese innere Negativtatsache anzuknüpfen. An dem Ergebnis des Vorliegens einer konkludenten Täuschung ändert sich mithin unabhängig davon nichts, ob man – wie vorliegend – an die Negativtatsache (Nicht-Manipulation) oder an die innere Negativtatsache (keine Absicht, künftig zu manipulieren) anknüpft.

Die Fallgruppenbildung ist aber auch in phänomenologischer Hinsicht sinnvoll, was die Untersuchung der sich dahinter verbergenden Sachverhaltskonstellationen offenbart:

Der Zeitpunkt der Meldung, der vorliegend als zeitlicher Anknüpfungspunkt für eine Täuschungshandlung untersucht wird, liegt – die Chronologie sportlicher Wettbewerbe betrachtend – in der Regel weit im Vorfeld des eigentlichen sportlichen Geschehens[52] und überdies auch weit im Vorfeld der Bekanntgabe der Nominierung der Schiedsrichter seitens des ausrichtenden Verbandes.[53] Dennoch sind Sachverhaltskonstellationen denkbar, in denen eine derart frühzeitige Schiedsrichtermanipulation Sportakteuren sinnvoll erscheinen mag:[54]

---

51 So die ganz h. M., vgl. LK-*Tiedemann*, StGB, § 263 Rn. 12. Allerdings werden bis heute Bedenken im Hinblick auf den Bestimmtheitsgrundsatz sowie die Gefahr einer verbotenen Auslegung zulasten des Täters geäußert, vgl. S/S-*Perron*, StGB, § 263 Rn. 8.

52 Dies gilt zwar nur in abgemildertem Maße für Einzelbegegnungen (wie etwa im Super-Cup), in umso stärkerem Maße indes für Mehrstufenwettbewerbe.

53 Der Fall einer pauschalen Manipulation aller dem Verband zur Verfügung stehenden Schiedsrichter ist zwar theoretisch bildbar, aber (schon aus monetären Gründen) praktisch fernliegend.

54 Ein unbefangener Betrachter würde doch vielmehr davon ausgehen, dass die Notwendigkeit einer Schiedsrichtermanipulation sich erst in Abhängigkeit der eigenen Leistungsstärke gegenüber anderen Mannschaften, also erst im Verlauf des Mehrstufenwettbewerbes zeigt: Während zu Beginn der Qualifikationsrunde noch völlig offen ist, wie gut die eigene Mannschaft im Vergleich zu anderen positioniert ist – ob sie also aus eigener (sportlicher) Kraft in der Lage ist, zu siegen –, kann die Frage nach der eigenen Positionierung im Wettkampf in der Halbfinalrunde etwa bereits dergestalt

So liegt der Fall etwa, wenn die Leistungsschwäche der eigenen Mannschaft von Beginn des Wettbewerbes an feststeht, etwa infolge des Ausfalls zahlreicher guter Spieler oder schlechter psychologischer Verfassung der Mannschaft.

Denkbar ist die feststehende Notwendigkeit einer Schiedsrichtermanipulation aber auch und vor allem in einem sportlichen Umfeld, in welchem Manipulationen üblich sind, also in einem sog. allseits-manipulierenden Umfeld:[55] So erscheint es – in Anbetracht der sich mehrenden Manipulations(verdachts)fälle, seien es Dopingskandale, seien es Schiedsrichtermanipulationen – möglich, dass Manipulationen im Profisport nicht mehr bloße Ausnahmen darstellen. Es ist denkbar, dass Schiedsrichter nicht nur seitens einer Mannschaft, sondern seitens aller Mannschaften bestochen werden. Würde nämlich eine einzelne Mannschaft in einem derart grundsätzlich manipulierenden Umfeld nicht bestechen, so hätte sie (infolge der Zuwendungen aller anderen) keine Chance mehr darauf, unter ausschließlichem Einsatz ihrer sportlichen Leistungskraft zu gewinnen, da der Schiedsrichter stets parteiisch zugunsten der Schmierenden entscheiden würde. In einem derartigen sportlichen Umfeld wird also eine jede Mannschaft – insbesondere aber die sportlich überlegene – Schiedsrichterzuwendungen tätigen: Sie kann durch ihre Zuwendung den Effekt einer Zuwendung seitens ihrer Kontrahenten aufwiegen und ausgleichen und sich gegen das Risiko einer anderweitigen Einflussnahme auf den Schiedsrichter absichern: Erst infolge der allseitigen Zuwendungen findet der Schiedsrichter wieder zum status quo ante, ergo: zur Unparteilichkeit, zurück. Dies gilt freilich nur insoweit, als sich die Zuwendungen der Höhe nach entsprechen: Erst die allseitige und gleichhohe Zuwendung stellt den einem jedem Sportwettkampf grundsätzlich immanenten Charakter der Chancengleichheit wieder her, schafft also ein level playing field,[56] In einem derartigen allseits manipulierenden Umfeld steht also ab initio für die – mit dem sportlichen Umfeld bestens vertrauten – Geschäftsführer die Notwendigkeit einer Schiedsrichtermanipulation fest, wenn der Verein sportlich obsiegen soll.

---

feststehen, dass die potentiellen Gegner als unschlagbar erscheinen und daher allein eine Einflussnahme auf das Spiel „Rettung“ verspricht.

55 Terminologie und Ideen aus einem Gespräch mit Professor Samson, auch im Folgenden.

56 Die Fälle allseitig gleichhoher Zuwendungen dürften realiter nicht allzu häufig vorkommen. Entsprechen sich die Zuwendungshöhen nicht, so gleicht der Fall der allseitigen Zuwendungsgewährung dem Fall der nur einseitigen Zuwendungsgewährung: Der Schiedsrichter wird seine Spielleitungsentscheidungen – sofern er sich beeinflussen lässt – parteiisch zugunsten des Meistbietenden treffen.

Schließlich steht die Notwendigkeit einer Schiedsrichtermanipulation auch in solchen Fällen bereits lange im Vorfeld der eigentlichen Begegnung fest, in denen die Schiedsrichtermanipulation nicht zu rein sportlichen Zwecken (d.h. um zu siegen), sondern zu außer-sportlichen Zwecken (damit klassischen Fällen der Beteiligung von Wettanbietern) erfolgen soll:[57] In Fällen der Manipulation zu außer-sportlichen Zwecken steht allein das eigene Gewinnstreben des wettenden Täters im Vordergrund, welches er zu maximieren sucht. Der Gewinn der Sportwette hängt (vereinfacht gesagt) allein von dem Ausgang des zugrundeliegenden Sportspiels ab. Dabei wird der Wetteinsatz des Wettenden um einen Multiplikator vervielfacht, der im Vorfeld seitens des Wettanbieters berechnet wird und die Gewinnwahrscheinlichkeit gleichsam „einpreist". Will der Wettende seinen Einsatz also maximal vervielfachen, so wird er versuchen, die – seitens des Wettanbieters – kalkulierte Gewinnwahrscheinlichkeit zulasten des Wettanbieters zu verfälschen, indem er die eigene reale Gewinnwahrscheinlichkeit zu eigenen Gunsten steigert. Dieses Ziel erreicht der Wettende, indem er mittels Schiedsrichtermanipulation auf den Spielverlauf Einfluss nimmt: Der Schiedsrichter verspricht alles ihm Mögliche zur Erreichung des Ergebnisses zu tun, auf welches der Wettende gesetzt hat. Will der Wettende also seinem Streben nach Gewinnmaximierung bestmöglich entsprechen, so steht für ihn von Beginn des Wettkampfes an fest, dass die Zuwendungsgewährung ein dafür notwendiger Zwischenschritt ist, schirmt sie ihn doch weitgehend vor dem Risiko ab, dass der gewünschte Endstand nicht erreicht wird. Insoweit sind Fälle der Manipulation zu außer-sportlichen Zwecken anders gelagert als Manipulationen zu sportlichen Zwecken, bei denen sich die Notwendigkeit einer Zuwendungsgewährung – jedenfalls abseits der soeben dargestellten Ausnahmefälle – erst im Verlauf des sportlichen Wettkampfes in Abhängigkeit von der sportlichen Leistungsstärke der beteiligten Mannschaften herausstellt.

Die bereits lange im Vorfeld der sportlichen Begegnung (etwa im Zeitpunkt der Mannschaftsmeldung zum Wettbewerb) feststehende Notwendigkeit einer Schiedsrichtermanipulation kann sich mithin aus einem Strauß von Gründen ergeben.

Die phänomenologische und betrugsrechtliche Relevanz der Fallgruppe der im Meldungszeitpunkt bereits erfolgten Manipulation und der im Meldungszeitpunkt lediglich beabsichtigten Manipulation dargelegt, ist nunmehr in die

57 Wettbetrugskonstellationen werden an dieser Stelle nur geschildert, um die Relevanz der Fallgruppenbindung zu komplettieren; sie, bleiben aber im Übrigen – ausweislich des Themas der vorliegenden Abhandlung und § 1 – unbeleuchtet.

rechtliche Betrachtung einzusteigen. Ergeben sich – wie bereits dargelegt – in betrugsrechtlicher Hinsicht für die Fallgruppen abgesehen von der zu wählenden täuschungsrelevanten Tatsache keine Unterschiede, so wird für die weiteren Ausführungen angenommen, dass die Zuwendungsgewährung an den Schiedsrichter im Zeitpunkt der Meldung bereits erfolgt sei, sodass an die Negativtatsache anzuknüpfen ist.[58]

bb) Im Meldungszeitpunkt bereits erfolgte Zuwendungsgewährung

Ob im Meldungszeitpunkt eine Täuschungshandlung seitens des Vereinsfunktionärs gegenüber dem ausrichtenden Verband erfolgte, ist abhängig von Verständnis und Inhalt des Täuschungsbegriffs, der daher aus diesem Grund zunächst in Erinnerung gerufen sei: Täuschung ist ein Verhalten, welches – nach der vorliegend für vorzugswürdig gehaltenen Ansicht – durch Einwirkung auf das intellektuelle Opfer-Vorstellungsbild zur Irreführung objektiv geeignet und subjektiv bestimmt ist.[59] Täuschungsgegenstand des Betrugstatbestandes sind ausschließlich Tatsachen. Tatsachen sind konkrete Vorgänge oder Zustände der Vergangenheit oder Gegenwart, die dem Beweis zugänglich sind.[60] Bevor das als Täuschungshandlung in Betracht kommende Verhalten des Vereinsgeschäftsführers untersucht wird (unter (2)), ist vorab (sogleich unter (1)) zu prüfen, die Anknüpfung an welche Tatsache als Täuschungsgegenstand in Konstellationen der vorliegend untersuchten Art in Betracht kommt.

(1) Der Täuschungsgegenstand

Über welche Tatsache der Geschäftsführer getäuscht haben könnte, ist nicht ganz einfach zu beantworten, was daran liegt, dass der Täuschungsgegenstand, d. h. die relevante Tatsache, einerseits hinreichend allgemein gefasst sein muss, andererseits aber die notwendige Bestimmtheit nicht vermissen lassen darf. Für Zwecke des präzise zu wählenden Täuschungsgegenstandes kann daher nicht an den schwierig zu konturierenden und normativ aufgeladenen Begriff der „sportlichen Fairness" angeknüpft werden:[61] Der Fairnessgedanke ist als oberster

---

58 Da sich keine für das rechtliche Ergebnis maßgeblichen Divergenzen ergeben, wurde der Einfachheit der Darstellung der Vorzug eingeräumt: Die Darstellung unter Anknüpfung an eine Negativtatsache ist semantisch einfacher als diejenige unter Anknüpfung an eine innere Negativtatsache.

59 Vgl. statt vieler nur S/S-*Perron*, StGB, § 263 Rn. 11.

60 Statt vieler nur S/S-*Perron*, StGB, § 263 Rn. 8.

61 Fritzweiler/Pfister-*Pfister*, Praxishandbuch Sportrecht, Einf. Rn. 24; Fritzweiler/Pfister-*Summerer*, ebd., 2. Teil Rn. 13.

Grundsatz jeder Sportausübung[62] eine „Symbiose aus Chancengleichheit, Vorhersehbarkeit, Ausgewogenheit, Richtigkeit und Gerechtigkeit sportlichen Handelns und sportrechtlicher Maßstäbe"[63]. Als solche könne er auf mannigfaltige Art und Weise ausgelegt werden: Der Fairnessgedanke könnte etwa streng formalistisch ausgelegt werden, sodass jede Übertretung sportlich erlaubter Verhaltensweisen (etwa: eines spieltechnischen Fouls) als unfair zu betrachten wäre. Der Fairnessbegriff könnte aber auch materiell beurteilt werden: Es wäre dann danach zu differenzieren, ob sich eine Handlung als spiel-adäquat präsentiert, da sie Teil des spielimmanenten Verhaltens ist, oder ob sich die Handlung als spiel-inadäquat präsentiert, da sie sich nicht mehr als „endogen", sondern als „exogener Eingriff" in das Spielgeschehen präsentiert. Dies könnte etwa der Fall beim Doping eines Sportlers oder bei der Schiedsrichtermanipulation sein, da dann der Wettbewerb durch unsportliche Hilfsmittel beeinflusst wird.

Diese Deutungsmöglichkeiten beantworten indes nicht alle Fragen: Unklar ist, ob nur „fair" ein Verhalten ist, welches von Zuwendungsangeboten und Zuwendungsgewährung gänzlich absieht oder wie ein Verhalten zu bewerten ist, bei dem das in Aussicht gestellte Geld den Schiedsrichter nie erreicht oder er das angebotene Geld ausschlägt. Ist die Gewährung einer Manipulationssumme auch dann als „unfair" zu bewerten, wenn es in der konkreten Sportart und dem konkreten Wettbewerb allseits üblich ist, Schiedsrichter zu schmieren und nur durch die allseitige Manipulation die Chancengleichheit der Mannschaften auf dem Spielfeld wiederhergestellt werden kann?[64]

Die generalklauselartige Definition des Fairnessbegriffs, die zahlreiche Deutungsmöglichkeiten zulässt, offenbart, dass sich der Fairnessbegriff an dieser Stelle, d.h. im Rahmen der Festlegung des Täuschungsgegenstandes, nicht als Anknüpfungspunkt eignet.[65] Kann an diesen schwerlich zu konturierenden und normativ aufgeladenen Begriff im Rahmen der Festlegung des Täuschungsgegenstandes nicht angeknüpft werden, so ist daraus der Schluss zu ziehen, dass

---

62 Ebenso Fritzweiler/Pfister-*Pfister*, Praxishandbuch Sportrecht, Einf. Rn. 24.

63 Wörtlich Fritzweiler/Pfister-*Summerer*, Praxishandbuch Sportrecht, 2. Teil Rn. 13; s. auch *Faber*, Doping, S. 62 f.; *Mestwerdt*, Doping, S. 141 f.

64 Dazu bereits oben unter § 2 A. I. 1. b) aa) und Fn. 55.

65 Anders ist hingegen die Relevanz „fairer" sportlicher Teilnahme für die Frage zu bewerten, ob eine Schiedsrichtermanipulation die Geschäftsgrundlage des Teilnahmevertrages an dem manipulierten Sportwettkampf entfallen lässt (s. dazu unter A. I. 1. b) bb) (b) (bb) (ccc)). Anders als hier geht es dort um die Ermittlung des Erklärungswertes des Geschäftsführerverhaltens, nicht hingegen um die Festlegung eines möglichst trennscharf zu wählenden Täuschungsgegenstandes.

als Täuschungsgegenstand an eine Tatsache angeknüpft werden sollte, die allein durch ein Realgeschehen umschreibbar und möglichst wertungsfrei ist. Nur so kann gewährleistet werden, dass der gewählte Tatsachenbegriff nicht zu unbestimmt, zu weit ist.

Als geeignete Tatsache kommt etwa die Nicht-Manipulation von Schiedsrichtern in Betracht: Zu fragen ist, ob der Geschäftsführer durch seine Anwesenheit während des manipulierten Spiels darüber getäuscht hat, die Schiedsrichter nicht durch die Gewährung einer finanziellen Zuwendung zwecks Bevorzugung der Vereinsmannschaft in kritischen Spielsituationen manipuliert zu haben. Als Zustand der Vergangenheit, der dem Beweis zugänglich ist, kommt diese sog. Negativtatsache[66] der Nicht-Mani-pulation der Schiedsrichter als tauglicher Täuschungsgegenstand, in Betracht.

Auf die Frage, ob die Manipulation des Schiedsrichters kausal für den Sieg war (kausale bzw. non-kausale Manipulation) oder ob die Manipulation insgesamt erfolglos war,[67] kommt es hingegen schon deshalb nicht an, da diese Geschehensentwicklung dem hier untersuchten Zeitpunkt der Mannschaftsmeldung zeitlich erst nachfolgt.

Im weiteren Verlauf der Abhandlung wird folglich an die Negativtatsache der Nicht-Manipulation des Schiedsrichters als relevantem Täuschungsgegenstand angeknüpft.

(2) Das Täuschungsverhalten

Die betrugsrechtlich relevante Tatsache als „Nicht-Manipulation der Schiedsrichter" herausgestellt, bedarf nun näherer Betrachtung das Verhalten des Vereinsfunktionärs, mittels dessen er eine betrugsrelevante Täuschung gegenüber dem Vertreter des ausrichtenden Verbandes vorgenommen haben könnte. Täuschungen können durch ausdrückliches oder konkludentes (aktives) Tun oder Unterlassen begangen werden.

---

66 „Negativtatsache" ist die Behauptung, ein bestimmter tatsächlicher Umstand sei gerade nicht gegeben, s. BGHSt 51, 165, 169, 171 (*Hoyzer*); *Fischer*, StGB, § 263 Rn. 22.

67 Terminologie und Idee zu dieser Differenzierung aus einem Gespräch mit Professor Samson. Eine solche Anknüpfung läge etwa dann vor, wenn man als Tatsache auf die Frage nach der „objektiven sportlichen Korrektheit" des Spielverlaufs abstellte. Konstellationen der nicht-kausalen (Manipulation nicht kausal für Sieg) und der erfolglosen (trotz Manipulation kein Sieg) Manipulation könnten – mangels Tatsache, über die getäuscht wurde – nicht erfasst werden. Überdies ist es sinnvoll, einen Tatsachenbegriff zu wählen, der von Nachweisschwierigkeiten im Hinblick auf die Frage nach der Kausalität der gewährten Zuwendung für das konkrete Spielergebnis befreit ist.

(a) Ausdrückliche Täuschung im Meldungszeitpunkt

Eine ausdrückliche Täuschung ist anzunehmen, wenn explizit eine unwahre Erklärung zu einem bestimmten Bedeutungsinhalt abgegeben wird, die auf die Opfervorstellung einwirkt.[68] Dabei kann der Erklärungsgehalt insbesondere[69] durch Verwendung von Erklärungszeichen erteilt werden, d. h. verbal, gestisch oder schriftlich. Entscheidend ist, dass sich der Täuschende Zeichen bedient, denen nach der Parteivereinbarung oder der Verkehrssitte ein bestimmter Erklärungswert zukommt. Dies ist etwa der Fall, wenn der Geschäftsführer ein Schriftstück unterzeichnet, woraus hervorgeht, er selbst habe nicht manipuliert.

(b) Vorliegen einer konkludenten Täuschung im Meldungszeitpunkt

Wurde die Tatsache, die Schiedsrichter nicht manipuliert zu haben, nicht zum ausdrücklichen Kommunikationsgegenstand zwischen dem Vereinsfunktionär und der Organisatorin gemacht, so könnte dennoch eine Täuschung – und zwar in Gestalt einer konkludenten Täuschung[70] – gegeben sein.

(aa) Notwendigkeit eines Erklärungswertes

Eine konkludente Täuschung liegt nach der höchstrichterlichen Rechtsprechung und den weit überwiegenden Stimmen in der Literatur vor, wenn der Täter zwar nicht expressis verbis täuscht, die unwahre Tatsache aber durch sein Verhalten ausdrückt, sie gleichsam schlüssig miterklärt und dadurch auf das Vorstellungbild des Opfers einwirkt.[71] Erforderlich ist danach das Vorliegen eines Erklärungswertes – eine einschränkende Auslegung, die nicht überall Anklang findet: *Bockelmann* sieht als Täuschungsverhalten jede Irrtumsverursachung im

---

68 SK-*Hoyer*, StGB, § 263 Rn. 27.

69 Nicht näher eingegangen wird – wegen starker Einzelfallabhängigkeit – auf ausdrückliches Täuschungsverhalten, bei welchem die Fehlinformation zwar nicht mit Erklärungszeichen vermittelt wird, aus welchem das Opfer aber in der konkreten Situation nur einen bestimmten (unwahren) Erklärungsgehalt folgern kann. Anhand eines Fallbeispiels *Samson*, Strafrecht II, S. 181, 188 f.

70 Die Abgrenzung zwischen konkludenter Täuschung und Täuschung durch Unterlassen fällt oftmals schwer. Unzulässig ist der Rückschluss „Wo ein Irrtum ist, ist auch eine Täuschung“ (so aber *Mahnkopf/Sonnberg*, NStZ 1997, 187; wie hier S. nur *Fischer*, StGB, § 263 Rn. 21a).

71 BGHSt 51, 165, 169, 170 (*Hoyzer*); S/S-*Perron*, StGB, § 263 Rn. 14/15; *Kindhäuser*, BT II, § 27 Rn. 14.

Sinne der Äquivalenztheorie an, verlangt aber darüber hinaus kein derartiges einschränkendes Element.[72, 73]

Problematisch an der Ansicht von *Bockelmann* erscheint zum einen, dass Fragen der Täuschung und des Irrtums vermengt werden. Vor allem führt sein weites Verständnis zu einer weitgehenden Bejahung von konkludenten Täuschungshandlungen, was zu einem – nicht mehr wünschenswerten – Ausmaß an Opferschutz in Form einer uferlosen Strafbarkeitsausdehnung führt. Pointiert schreibt *Samson*:[74] Der Ansatz von *Bockelmann* führt letztlich zu einer strafrechtlichen Sanktionierung eines jeden Informationsgefälles zwischen Vertragsparteien, das zu einem Irrtum führt. Er ist demzufolge nicht im Stande, die Grenze zwischen marktwirtschaftlich notwendiger und erwünschter Geschäftstüchtigkeit und strafbarem Verhalten sachgerecht auszutarieren.

Mit dem herrschenden Erfordernis eines Erklärungswertes ist auch nicht gemeint, dass stets eine ausdrückliche Erklärung zu erfolgen hat. Der Betrug ist kein Äußerungsdelikt in dem Sinne. Erforderlich ist vielmehr eine Informationsvermittlung[75] mittels Kommunikation, was den Betrug als sog. Kommunikationsdelikt[76] kennzeichnet. Diese Informationsvermittlung kann auch konkludent erfolgen.

Durch das Erfordernis eines Erklärungswertes schafft es der Ansatz der herrschenden Meinung, eine sachgerechte[77] Eingrenzung der strafwürdigen Fälle zu ermöglichen: Zur Ermittlung des Erklärungswertes ist eine Auslegung des Gesamtverhaltens des Täters nach der Verkehrsanschauung erforderlich, welche nicht nur faktische, sondern auch normative Gesichtspunkte berücksichtigt.

Zudem wird durch das Erfordernis eines Erklärungswertes nicht nur eine Abgrenzung der Täuschung durch Tun (sei es ausdrücklich, sei es konkludent) von Täuschungen durch Unterlassen – jedenfalls theoretisch (die praktische

---

72 *Bockelmann*, NJW 1961 1934, 1936; *ders.*, in: FS E. Schmidt, S. 437, 439.

73 Auf die Ansicht von *Lackner*, der einschränkende Elemente durchaus verlangt, einen Erklärungswert aber nicht für zwingend erforderlich hält, wird vorliegend nicht näher eingegangen, da *Lackner* ein von der heute herrschenden Meinung grundlegend abweichendes dogmatisches Verständnis hat (wie hier und ausführlicher *Gauger*, Die Dogmatik der konkludenten Täuschung, S. 60). Insbesondere ist mit *Samson* vor einer Subjektivierung des objektiven Tatbestandes zu warnen, wenn von *Lackner* auch für die objektive Tatseite eine Vornahme der Täuschungshandlung in Täuschungsabsicht verlangt wird, s. *Samson*, Strafrecht II, S. 184 f.

74 *Samson*, Strafrecht II, S. 202.

75 NK-*Kindhäuser*, StGB, § 263 Rn. 106.

76 LK-*Tiedemann*, StGB, § 263 Rn. 4.

77 S/S-*Perron*, StGB, § 263 Rn. 14/15: Schaffung sachgerechter Leitlinien statt reiner Kasuistik.

Handhabung gestaltet sich mitunter schwierig) – gewährleistet; vielmehr gewährleistet das Erfordernis eines Erklärungswertes überdies, dass der Täuschung durch Unterlassen ein Anwendungsbereich verbleibt, dass also der Anwendungsbereich der konkludenten Täuschung nicht übermäßig ausgedehnt wird. Es gilt im Hinblick auf die besonderen Anforderungen des § 13 StGB und das verfassungsrechtliche Bestimmtheitsgebot vor einer normativen Überfrachtung faktischen Geschehens zu warnen.[78]

An dieser Stelle kommt es jedoch auf die Auswirkungen der Ansichten im Ergebnis nicht an, ist doch dem Verhalten des Vereinsfunktionärs durchaus ein – nach der engsten Ansicht erforderlicher – Erklärungswert zu entnehmen: Erklärt wird jedenfalls der Teilnahmewille des Sportvereins an dem konkreten sportlichen Wettbewerb. Allerdings ist zu klären, ob der Geschäftsführer – über den bloßen Teilnahmewillen hinausgehend – dem ausrichtenden Verband gegenüber auch miterklärt, er habe die Schiedsrichter nicht durch eine Zuwendungsgewährung manipuliert.

(bb) Die Ermittlung des Erklärungswertes des Täterverhaltens

Der Erklärungswert ergibt sich aus einer Betrachtung des Täterhandelns im Lichte des Kontextes, in welchem es sich abspielt. Zur Ermittlung des Erklärungsgehaltes ist – wie soeben angedeutet – das Täterverhalten nach der Verkehrsanschauung auszulegen.[79] Es kommt entscheidend auf den dem Erklärenden bekannten

78 Vgl. BGHSt 51, 165, 170 (*Hoyzer*); LK-*Tiedemann*, StGB, § 263 Rn. 28; ähnliche Diktion auch in *Jahn/Maier*, JuS 2007, 215, 217. Eindringlich vor einer Übernormativierung warnend *Hohmann*, NJ 2007, 131, 132 f.: Eine (vor)schnell angenommene konkludente Täuschung birgt die Gefahr, dass rein faktisches Verhalten im Wege einer Auslegung über-normativiert wird, faktisches Geschehen also – unter Umständen allein im Hinblick darauf, das etwaig gewollte Ergebnis einer Strafbarkeit zu realisieren – überfrachtet wird. Besonders bedenklich ist dies dann, wenn es an einer Garantenstellung des Täters fehlt: In diesen Fällen kommt der Abgrenzungsfrage zwischen Tun und Unterlassen strafbarkeitsentscheidende Bedeutung zu. Die Situation ist für den Rechtsanwender dabei deshalb besonders prekär, da die Abgrenzungskriterien zwischen konkludentem Tun und Unterlassen überaus unklar sind. Die Abgrenzungsfrage gehört bis heute zu den ungelösten Problemen der Strafrechtsdogmatik, eine Präzisierung der Abgrenzung erscheint nach S/S-*Perron*, StGB, § 263 Rn. 14/15 gar „wegen der Natur der Sache unmöglich"; vgl. auch *Pawlik*, Das unerlaubte Verhalten beim Betrug, S. 99 f.; Vogel, in: GS Keller, S. 313, 324; *Maaß*, GA 1984, 268 f.

79 BGHSt 47, 1, 3 (*Insertionsofferten*); 51, 165, 169 f. (*Hoyzer*); S/S-*Perron*, StGB, § 263 Rn. 14/15; *Lackner/Kühl*, StGB, § 263 Rn. 7; *Küper/Zopfs*, BT, Rn. 481 f.; *Mitsch*, BT II/1, § 7 Rn. 26; *Wessels/Hillenkamp*, BT II, Rn. 496; *Triffterer*, JuS 1971, 181 f.

Empfängerhorizont, d.h. auf die dem Erklärenden erkennbare Erwartung der Beteiligten an.[80] Im Rahmen der Auslegung nach der Verkehrsanschauung ist danach zu fragen, ob andere aufgrund der Kommunikation zwischen Täter und Opfer von einem bestimmten Sachverhalt ausgehen dürfen.[81] Neben den faktischen Umständen sind auch normative Umstände zu berücksichtigen.[82] Die Verkehrsanschauung wird gespeist aus den im jeweiligen Verkehrskreis herrschenden Anschauungen. Zu berücksichtigen sind auch die Besonderheiten des konkreten Geschäftstyps und die Risikoverteilung zwischen den Parteien.[83] Im Rahmen der Auslegung ist überdies zu beachten, dass „ein Minimum an Redlichkeit im Geschäftsverkehr verbürgt bleiben“[84] muss.

Die notwendige Normativierung im Rahmen der Auslegung erfolgt durch Berücksichtigung der objektiven Maßstäbe der beteiligten Verkehrskreise, wobei die gesetzliche oder vertragliche Risikoverteilung zwischen den Parteien eine wesentliche Rolle spielt. Ein lebensweltliches Geschehen kann im Rahmen der Konkludenz nur über ein Scharnier (betrugs-)rechtliche Relevanz erlangen: als dieses Scharnier, eingebettet in die „Auslegung nach der Verkehrsanschauung“, dienen vor allem die normativen Wertungen aus zugrunde liegenden vertraglichen Beziehungen oder gesetzlichen Regelungen.

---

80 BGHSt 51, 165, 170 (*Hoyzer*); S/S-*Perron*, StGB, § 263 Rn. 14/15; LK-*Tiedemann*, StGB, § 263 Rn. 30.

81 S/S-*Perron*, StGB, § 263 Rn. 14/15.

82 Die Unterschiede zwischen *faktischen* und *normativen* Ansichten fallen damit letztlich marginal aus, sind doch beide auf einen gewissen Grad an Normativierung angewiesen. Die Meinungsdivergenzen werden von *Tiedemann* als bloßer „Streit um Worte“ und die „Setzung von Schwerpunkten“ bezeichnet. Auf eine nähere Darstellung der Ansichten wird daher vorliegend verzichtet. S. LK-*Tiedemann*, StGB, § 263 Rn. 30; ähnlich S/S-*Perron*, StGB, § 263 Rn. 14/15.

83 Nach herrschender Ansicht bildet die Risikoverteilung zwischen den Geschäftspartnern nur einen unter vielen Gesichtspunkten im Rahmen der Auslegung des Täterverhaltens nach der Verkehrsanschauung, s. S/S-*Perron*, StGB,§ 263 Rn. 14/15. A. A. etwa LK-*Lackner*, StGB, 10. Auflage,§ 263 Rn. 28 f. (ihm folgend: *Maaß*, JuS 1984, 25, 26), der nicht danach fragt, ob der Täter durch sein Verhalten etwas miterklärt, sondern danach, ob dem Verhalten ein Erklärungswert zu unterstellen ist. Maßgebliche Bedeutung soll dabei der Risikoverteilung zwischen den Geschäftspartnern bzw. der Verteilung des sog. Orientierungsrisikos (SK-*Hoyer*, StGB, § 263 Rn. 42) zukommen. Auf die Ansicht von *Lackner* ist aufgrund seines dogmatisch grundlegend von der herrschenden Meinung abweichenden Verständnisses und Ansatzes nicht näher einzugehen, s. dazu bereits Fn. 73.

84 S/S-*Perron*, StGB, § 263 Rn. 14/15.

So darf sich der Vertragspartner eines Vertragsschließenden darauf verlassen, dass der Vertragsschließende erfüllungswillig und erfüllungsfähig ist; seinem Verhalten wird ein dahingehender Erklärungswert beigemessen. Entsprechend wohnt dem Verhalten eines Vertragspartners bei Vertragseingehung der Erklärungswert inne, er habe den Vertragsgegenstand oder die Geschäftsgrundlage nicht vorsätzlich manipuliert.

(aaa) Erster Erklärungswert: Erfüllungswilligkeit und Erfüllungsfähigkeit

In der Meldung der Mannschaft liegt der Abschluss eines Teilnahmevertrages zwischen dem ausrichtenden Verband und dem Sportverein, in Vertretung dessen der Geschäftsführer handelt. Den Erklärungen der Parteien bei Vertragsabschluss wird nach ständiger Rechtsprechung von der Verkehrsanschauung der Erklärungswert beigemessen, der vertraglich Verpflichtete sei im Zeitpunkt der Eingehung erfüllungswillig und erfüllungsfähig.[85] Da der vertraglich Verpflichtete, der Sportverein, im Hinblick auf die geschuldete Vertragsleistung erfüllungswillig und erfüllungsfähig war, scheidet eine Anknüpfung an diesen Erklärungswert zur Annahme einer Täuschungshandlung aus.[86]

(bbb) Zweiter Erklärungswert: Keine Manipulation des Vertragsgegenstandes

Allerdings könnte dem Vertragsabschluss der Erklärungswert zu entnehmen sein, der Vertragsgegenstand sei nicht – weder vom Vertragspartner noch vom Vertreter des Vertragspartners – vorsätzlich manipuliert worden.

---

85 So die ständige Rechtsprechung seit BGHSt 15, 24, 26; BGH NJW 1954, 1414 f. Mit weiteren Nachweisen S/S-*Perron*, StGB, § 263 Rn. 16a; *Fischer*, StGB, § 263 Rn. 22, 33; NK-*Kindhäuser*, StGB, § 263 Rn. 125; *Lackner/Kühl*, StGB, § 263 Rn. 9; LK-*Tiedemann*, StGB, § 263 Rn. 38; *Wessels/Hillenkamp*, BT II, Rn. 498.

86 Anders liegt der Fall, wenn sich ein gedopter Einzelsportler (selbst Vertragspartner des ausrichtenden Verbandes) zum Wettkampf meldet: In diesem Fall liegt in der Eingehung der vertraglichen Verpflichtung durch den Sportler die *schlüssige* Erklärung, er wolle seinen Teilnahmevertrag ordnungsgemäß erfüllen (so auch *Cherkeh/Momsen*, NJW 2001, 1745, 1748; vgl. *Fischer*, StGB, § 263 Rn. 35a). Auf eine *ausdrückliche* Täuschung ist demgegenüber abzustellen, wenn vertragliche Klauseln über eine Dopingfreiheit bestehen und seitens des Sportlers wahrheitswidrig als eingehalten unterzeichnet werden, oder etwa eine dahingehende Nachfrage seitens des Veranstalters wahrheitswidrig beantwortet wird. Dem gleichgestellt sind die Fälle, in denen sich ein im Zeitpunkt der Meldung ungedopter, aber bereits zum Doping im Zeitpunkt des Stattfindens des sportlichen Wettkampfs fest entschlossener Sportler zum Wettbewerb meldet.

Zwar wird grundsätzlich nichts über die Mangelfreiheit des Vertragsgegenstandes erklärt, obliegt doch die Sorge zur eigenen Information einer jeden Vertragspartei selbst. Eine Umkehr dieses Regel-Ausnahme-Verhältnisses erfolgt nur unter besonderen Umständen. Grund dafür ist, dass in einer marktwirtschaftlichen Ordnung die Ausnutzung von Informationsasymmetrien nicht nur als legitim einordnet[87] und positiv bewertet[88] wird, sondern dass die Ausnutzung von Wissensvorsprüngen ihr vielmehr als elementarer Wesenszug anhaftet.[89] Insofern ist es Aufgabe des Betrugsstrafrechts, die schwierige Grenzziehung zwischen noch erlaubter Geschäftstüchtigkeit und strafbarem betrügerischem Verhalten zu vollziehen.[90]

Trägt eine jede Partei ihr eigenes Informationsrisiko, so besteht bei einem Austauschvertrag grundsätzlich folgende Risikoteilung: Der Schuldner einer jeden Leistung trägt das Risiko, dass seine Leistungspflicht besteht und dass seine Leistung die geschuldete nicht übersteigt;[91] der Gläubiger der Leistung trägt hingegen das Risiko der Mängelfreiheit der Sache.[92] Eine Überwälzung des Informationsrisikos auf die andere Vertragspartei kann nur ausnahmsweise und – als Abweichung vom Grundsatz – nur unter besonderen Voraussetzungen erfolgen. So ist eine konkludente Täuschung etwa angenommen worden beim Verkauf von Gegenständen mit vorsätzlich manipulativ überdeckten Mängeln.[93] Grund für die Überwälzung des Informationsrisikos war in diesen Fällen, dass zwischen den Vertragsparteien ein „Minimum an Redlichkeit im Geschäftsverkehr"[94] verbürgt bleiben muss, sodass gegenüber derjenigen Partei, die das Informationsrisiko trägt, keine vorsätzlich falschen Angaben gemacht werden dürfen bzw. dass keine verborgenen manipulativen Eingriffe in den Vertragsgegenstand vorgenommen werden dürfen.[95] Darf sich der Vertragspartner auf das Fehlen derartiger Umstände verlassen, so ist folglich dem Verhalten seines Vertragspartners

---

87 Arzt/Weber-*Arzt*, BT, § 20 Rn. 7.

88 *Pawlik*, Das unerlaubte Verhalten beim Betrug, S. 71.

89 LK-*Tiedemann*, StGB, vor § 263 Rn. 35.

90 Verkompliziert wird diese Grenzziehung durch die Anerkennung der Möglichkeit konkludenter Täuschungen, MüKo-*Hefendehl*, StGB, § 263 Rn. 25; LK-*Tiedemann*, StGB, vor § 263 Rn. 35; s. auch *Wittig*, Das tatbestandsmäßige Verhalten des Betrugs, S. 196, die *Kühne* zitiert (für Nachweise siehe dort); vgl. auch *Vogel*, in: GS Keller, S. 314 f.

91 BGHSt 39, 392, 398; *Fischer*, StGB, § 263 Rn. 36.

92 Vgl. *Fischer*, StGB, § 263 Rn. 35; S/S-*Perron*, StGB, § 263 Rn. 17b.

93 Vgl. *Fischer*, StGB, § 263 Rn. 35; S/S-*Perron*, StGB, § 263 Rn. 16d.

94 S. bereits Fn. 84.

95 Insgesamt dazu S/S-*Perron*, StGB, § 263 Rn. 14/15 und 16e.

der konkludente Erklärungswert zu entnehmen, er habe weder vorsätzliche Falschangeben gemacht noch manipulative Eingriffe in den Vertragsgegenstand vorgenommen.[96]

Steht fest, dass seitens des Nicht-Risikotragenden keine manipulativen Eingriffe in den Vertragsgegenstand vorgenommen werden dürfen, da er anderenfalls konkludent täuscht, ist für die Frage, ob sich der Geschäftsführer eines Sportvereins durch Mannschaftsmeldung nach Vornahme einer Manipulation strafbar macht, entscheidend, ob die Manipulation von Schiedsrichtern eine Manipulation des Vertragsgegenstandes gerade des Teilnahmevertrages darstellt. Vertragsgegenstand desselben ist – wie eingangs dargestellt[97] – die Erbringung sportlicher Leistungen durch die Sportler. Vertragsgegenstand ist hingegen nicht die Erbringung von Leistungen durch den Schiedsrichter, welche allein Vertragsgegenstand des Vertragsverhältnisses des Schiedsrichters mit seinem Arbeitgeber ist. Insofern stellt die beabsichtigte Manipulation des Schiedsrichters durch Gewährung finanzieller Zuwendungen zwar durchaus einen manipulativen Eingriff in das sportliche Geschehen dar – ein manipulativer Eingriff in den Vertragsgegenstand des Teilnahmevertrages zwischen den teilnehmenden Vereinen und dem ausrichtenden Verband ist damit allerdings nicht verbunden. Im Zeitpunkt der Mannschaftsmeldung scheidet daher auch unter diesem Gesichtspunkt die Annahme einer konkludenten Täuschung über Tatsachen aus.

(ccc) Dritter Erklärungswert: Keine Manipulation der Geschäftsgrundlage

Allerdings könnte der Mannschaftsmeldung der Erklärungswert zu entnehmen sein, dass der vertragsschließende Vertreter nicht die dem abgeschlossenen Vertrag zugrundeliegende Geschäftsgrundlage vorsätzlich manipuliert habe.

Da nach der Verkehrssitte ein „Minimum an Redlichkeit im Geschäftsverkehr verbürgt bleiben“[98] muss, erklärt jedenfalls die Vertragspartei – neben der Nicht-Manipulation des Vertragsgegenstandes[99] – die Nicht-Manipulation der Geschäftsgrundlage des abgeschlossenen Vertrages.[100] Übertragen auf die vorliegend

---

96 Vgl. LK-*Tiedemann*, StGB, § 263 Rn. 37.

97 S. oben unter § 2 A. I. 1. b).

98 S. Fn. 84.

99 Die Fälle der Manipulation der Geschäftsgrundlage und die Fälle der Manipulation des Vertragsgegenstandes liegen wertungsmäßig eng beieinander: Der Vertragsgegenstand gehört zu den *essentialia negotii*, die Geschäftsgrundlage bildet das Fundament, auf dem der Vertrag fußt.

100 Vgl. BGHSt 51, 165, 171 f. (*Hoyzer*); *Fischer*, StGB, § 263 Rn. 30 ff; LK-*Tiedemann*, StGB, § 263 Rn. 31.

betrachteten Fälle der Schiedsrichtermanipulation ist jedoch allein entscheidend, inwiefern nicht auch der vertreterseitig abgegebenen Willenserklärung ein Erklärungsgehalt dahingehend entnommen werden kann, er habe die Geschäftsgrundlage nicht vorsätzlich manipuliert. Insbesondere ist daher zu untersuchen, inwiefern in der Zuwendungsgewährung an einen Schiedsrichter eine Manipulation der Geschäftsgrundlage des Teilnahmevertrages zu sehen ist.

Geschäftsgrundlage eines Vertrages sind – nach dem hier maßgeblichen strafrechtlichen Verständnis – diejenigen Umstände, die von den Vertragsschließenden erkennbar als Voraussetzung für den Vertragsschluss betrachtet werden.[101] Um zwecks Veranschaulichung einige Beispiele aus der Rechtsprechung aufzugreifen: Zur Geschäftsgrundlage eines Risikogeschäfts (beispielsweise eines Wett- oder Spielvertrages) gehört etwa das Vorhandensein der typischen vertraglichen Risikosituation. Daher liegt eine konkludente Täuschung in dem Abschluss eines Spielvertrages unter Ausschaltung des Zufalls[102] sowie unter Verminderung der Gewinnchancen durch manipulative Eingriffe[103] oder durch das Zurückhalten des Hauptgewinnloses[104]. Eine konkludente Täuschung liegt nach der Rechtsprechung auch vor beim Abschluss einer Wette unter manipulativer Beeinflussung des zugrundeliegenden Realgeschehens, auf welches die Wette platziert wird: Platziert der Täter eine Wette auf einen sportlichen Wettkampf, so ist dem Verhalten die konkludente Erklärung zu entnehmen, der Wettende werde den Ausgang des Spiels nicht (im Fall *Hoyzer*) durch Schiedsrichtermanipulation[105] oder (im *Jockey*-Fall) durch die Manipulation von Rennreitern[106] beeinflussen.

---

101 Definition in Anlehnung an NK-*Kindhäuser*, StGB, § 263 Rn. 132.

102 OLG Karlsruhe Justiz 1970, 265 f. (*Spielvertrag*); BayObLG NJW 1993, 8 f. (*Roulette*).

103 OLG Hamm NJW 1957, 1162 f. (*Spielautomat*).

104 RGSt 62, 393, 394; BGHSt 8, 289, 291 (*Gewinnlos*).

105 BGH 51, 171 f. (*Hoyzer*). Aus der Fülle von wissenschaftlichen Abhandlungen: *Engländer*, JR 2007, 471, 477 f.; *Feinendegen*, NJW 2007, 782, 787 f.; *Gaede*, HRRS 2007, 18 f.; *Hohmann*, NJ 2007, 131 f.; *Jahn/Maier*, JuS 2007, 215 f.; *Krack*, ZIS 2007, 103 f.; *Kubiciel*, HRRS 2007, 68 f.; *Radtke*, Jura 2007, 445 f.; *Reinhart*, SpuRt 2007, 52 f.; *Rönnau/Soyka*, NStZ 2009, 12 f.; *Saliger/Rönnau/Kirch-Heim*, NStZ 2007, 361 f. Zur Vorinstanz (LG Berlin): *Schlösser*, NStZ 2005, 423 f.; *Valerius*, SpuRt 2005, 90, 92. Vgl. S/S-*Carmer/Perron*, StGB, § 263 Rn. 16e m. w. N.

106 BGHSt 29, 165 f. (*Rennwette bzw. Jockeyfall*). Zustimmend *Fischer*, StGB, § 263 Rn. 32; NK-*Kindhäuser*, StGB, § 263 Rn. 133; *Lackner/Kühl*, StGB, § 263 Rn. 9. A. A. *Klimke*, JZ 1980, 581, 582; *Schlösser*, NStZ 2005, 423, 425 f. (Auch in der Rechtsprechung) heftig umstritten sind Spätwetten-Konstellationen: Entgegen RGSt 62, 415 verneinte BGHSt 16, 120 f. eine konkludente Täuschung beim Abschluss einer Wette über den

Der Abschluss des Teilnahmevertrages erfolgt im Hinblick auf die spätere Mannschaftsteilnahme des vertraglich gebundenen Sportvereins am geplanten Wettbewerb. Dieser sportliche Wettbewerb soll nach den typischen Teilnahmevertragsregelungen unter reinem und bestmöglichem Einsatz der sportlichen Leistungskraft der Sportler bestritten werden. Daraus ergibt sich wiederum, dass beide Vertragsparteien von dem Stattfinden eines sportlichen Wettbewerbes ausgehen, in dem allein sportliche Leistungsparameter über Sieg und Niederlage entscheiden. Über die Einhaltung des sportlich fairen Ablaufs wachen Schiedsrichter. Aus ihrer Funktion als überwachender Instanz folgt, dass alle am Sportleben Beteiligten von einer Neutralität des Schiedsrichters ausgehen. Sie gehen mithin davon aus, dass der Schiedsrichter nicht manipuliert ist, seine Entscheidung also allein unter Beachtung der anerkannten Spielregeln der konkreten Sportart und den anerkannten Regeln des Sports trifft. Eine Schiedsrichtermanipulation verhindert die Leistungsbemessung anhand rein sportlicher Kriterien, vernichtet die Chancengleichheit der sportlichen Kontrahenten und hebelt somit den Grundwert des Sportlebens, den Fairnessgedanken, aus. Im Zeitpunkt der Schiedsrichtermanipulation entfällt mit der Möglichkeit eines rein sportlichen Kräftemessens die Grundlage, auf der der Teilnahmevertrag fußt. Denn werden – mit der grundlegenden Missachtung des Fairnessgebotes – die Grundfesten des Sports derart erschüttert, dass das Wesen sportlichen Wettbewerbs negiert und konterkariert wird, so entfällt mit der Möglichkeit eines fairen sportlichen Wettbewerbs zugleich die Grundlage all derjenigen Rechtsgeschäfte, die auf dem Stattfinden eines regelkonformen Wettkampfes fußen. Zu diesen Geschäften gehört unzweifelhaft auch der Teilnahmevertrag: Er verpflichtet die Sportler ja gerade zur Erbringung von sportlichen Höchstleistungen unter Beachtung aller anerkannten Regeln des Sports.

Die Besonderheit der vorliegenden Konstellation ist, dass nicht der Täuschende selbst Vertragspartei ist, sondern bloßer Vertreter der Vertragspartei. Insofern ist zu klären, inwiefern auch dem Verhalten eines Vertreters bei Vertragseingehung der Erklärungswert entnommen werden kann, er habe die Geschäftsgrundlage des für den Vertretenen abgeschlossenen Teilnahmevertrag nicht vorsätzlich manipuliert.

Der als strafrechtliche Zurechnungsnorm zunächst ins Auge springende § 14 StGB erweist sich für die vorliegende Frage bei Lektüre des Normwortlautes als unanwendbar, wird durch diesen doch gerade der umgekehrte Fall einer Zurechnung von dem Vertretenen an den Vertreter geregelt.

Ausgang eines sportlichen Wettrennens bei Kenntnis des Wettenden von dessen Ausgang; die Wettplatzierung enthalte nicht die Erklärung, den Ausgang der Wette nicht bereits zu kennen. Das BGH-Urteil ablehnend: *Ordemann*, MDR 1962, 623, 624; *Mittelbach*, JR 1961, 506, 507; *Bockelmann*, NJW 1961, 1934, 1935.

Fruchtbar kann allerdings die zivilrechtliche Zurechnungsnorm des § 31 BGB gemacht werden.[107] Danach ist für die Zurechnung bei außerrechtsgeschäftlichem Handeln entscheidend, dass die schädigende Handlung (i. e. die Zuwendungsgewährung) seitens des Vertreters gerade „in Ausführung der ihm zustehenden Verrichtungen" vorgenommen wird, was von dem Umfang der Geschäftsführungsbefugnis abhängt.[108] Das Organ darf sich dabei – in den Worten des BGH in Zivilsachen – nicht

> „so sehr außerhalb seines Aufgabenbereiches stell(en), dass ein innerer Zusammenhang zwischen dem Handeln und dem allgemeinen Rahmen der ihm übertragenen Obliegenheiten nicht mehr erkennbar und daher der Schluss geboten ist, dass das Vorstandsmitglied nur bei Gelegenheit, nicht aber in Ausführung der ihm zustehenden Verrichtungen gehandelt habe".[109]

Zwischen der schädigenden Handlung und dem Aufgabenkreis muss also ein „innerer", ein sachlicher, nicht bloß zeitlicher oder örtlicher Zusammenhang bestehen.[110] Das Organ muss gerade in „vereinsamtlicher"[111] Eigenschaft, nicht als Privatperson gehandelt haben, was dann der Fall sein soll, wenn sich das Amt des Vertreters auf die Art oder den Ablauf der in Rede stehenden Handlung ausgewirkt hat.[112] Wenn das Amt hingegen ohne Einfluss auf die Manipulationshandlung seitens des Geschäftsführers geblieben ist, dann handelt der Geschäftsführer wie ein Privater, wie jeder andere, sodass es an dem erforderlichen „engen objektiven Zusammenhang" zu seiner Stellung im Verein fehlt.[113]

Legt man diesen Strauß an Kriterien an, um zu beurteilen, ob die Manipulationshandlung des Geschäftsführers bei Verrichtung seiner organschaftlichen Tätigkeiten oder aber bei Gelegenheit erfolgte, so ist zunächst festzuhalten, dass der Umstand, dass eine Straftat (etwa ein Betrug) vorliegen könnte, den Zurechnungszusammenhang nicht notwendigerweise unterbricht.[114]

---

107 Zum Handeln in amtlicher Eigenschaft im Rahmen von § 31 BGB S. MüKo-*Reuter*, BGB, § 31 Rn. 33 f., auch m. w. N.

108 Bamberger/Roth-*Schöpflin*, BGB, § 31 Rn. 18.

109 So wörtlich BGHZ 98, 148, 152; Bamberger/Roth-*Schöpflin*, BGB, § 31 Rn. 18.

110 Palandt-*Ellenberger*, BGB, § 31 Rn. 10; MüKo-*Reuter*, BGB, § 31 Rn. 33; Bamberger/Roth-*Schöpflin*, BGB, § 31 Rn. 17.

111 Bamberger/Roth-*Schöpflin*, BGB, § 31 Rn. 17.

112 MüKo-*Reuter*, BGB, § 31 Rn. 33.

113 MüKo-*Reuter*, BGB, § 31 Rn. 33.

114 Bamberger/Roth-*Schöpflin*, BGB, § 31 Rn. 17 („betrügerisches Verhalten"); s. auch BGH NJW 1980, 115.

Das Vorliegen eines Zurechnungszusammenhangs wird vielmehr gestützt durch den Umstand, dass der Geschäftsführer mit der Zuwendungsgewährung nur zum Besten „seines" Vereines handeln wollen wird, indem er das satzungsmäßige Ziel des sportlichen Reüssierens zu realisieren sucht.

Die Realisierung der Zuwendungsgewährung wird dabei maßgeblich durch das Sonderwissen des Geschäftsführers, welches gerade mit seiner Stellung als organschaftlicher Vertreter des Sportvereins verbunden ist, erleichtert: Nicht nur wird er typischerweise frühzeitig von den Namen der nominierten Schiedsrichter Kenntnis erlangen; auch wird er die nötigen Kontakte (gegebenenfalls zu Mittelsmännern) haben, um eine verschleierte Geldübergabe zu organisieren.

Schließlich wenden bestechende Geschäftsführer in aller Regel keine Summen aus ihrem Privatvermögen zu, sondern bedienen sich aus der Vereinskasse. Auch insoweit handelt der bestechende Geschäftsführer also nicht „bei Gelegenheit" und „als Privater", sondern gerade in „vereinsamtlicher Eigenschaft".

Zusammenfassend ist also an dieser Stelle festzuhalten, dass der Mannschaftsmeldung durch den Geschäftsführer zugleich der Erklärungswert zu entnehmen ist, er habe die Geschäftsgrundlage des Teilnahmevertrages nicht durch Gewährung einer Geldsumme an den nominierten Schiedsrichter vorsätzlich manipuliert. Der Eingehung eines Vertrages durch einen (organschaftlichen) Vertreter ist der stillschweigend miterklärte Erklärungswert zu entnehmen, dass er keine vorsätzliche Manipulation der Geschäftsgrundlage begangen habe.

(cc) Der Topos der Vermögensrelevanz

Allerdings ergeben sich Schwierigkeiten aus demjenigen Umstand, dass die Manipulation der Geschäftsgrundlage des Teilnahmevertrages darin begründet liegt, dass ein Schiedsrichter bestochen wurde und damit letztlich das Fairnessgebot verletzt wurde.

Der Betrugstatbestand ist ein Delikt, welches nach heutzutage nahezu einhellig konsentierter Auffassung ausschließlich dem Vermögensschutz dient. Das Fairnessgebot hingegen dient als solches allein dem Schutze der Reinheit des Sports und damit einer Zielsetzung, die im Grundsatz nicht-vermögensrechtlicher Art ist. Sein nicht-vermögensrechtlicher Schutzzweck zeigt sich etwa daran, dass das Fairnessgebot nicht nur zwischen Profivereinen gilt, sondern ein allgemeiner sportlicher Kodex ist, der stets – sowohl beim Spiel in der Freizeit zwischen Amateuren als auch im kommerzialisierten Profisportbereich – Geltung beansprucht. Dem Fairnessgebot liegt allein der Gedanke zu Grunde, den Sportbetrieb frei von leistungsfremden Parametern zu halten. Würde man nun eine Täuschung seitens des Geschäftsführers über die Nicht-Manipulation von

Schiedsrichtern betrugsrechtlich sanktionieren, so würde man – jedenfalls auf den ersten Blick – den Verstoß gegen die nicht-vermögensrechtliche Verbotsnorm „Manipuliere Schiedsrichter nicht!" bzw. das nicht-vermögensrechtliche Fairnessgebot unter den Schutzschirm eines Vermögensdelikts stellen.

Es ist daher anzudenken, im Bereich konkludenter Täuschungen im Wege einer teleologisch einschränkenden Auslegung solche „herauszufiltern", denen es an einer „Vermögensrelevanz" fehlt. Dabei ist als „vermögensrelevant" nicht jeder Umstand anzusehen, der – in den Worten *Tiedemanns* – „eine Vermögensverfügung beeinflussen kann".[115] Denn so verstanden würde an die Stelle eines Mehrgewinns aus dem Einsatz eines teleologischen Filters allein das – im Tatbestand bereits enthaltene – allgemeine Kausalitätserfordernis treten. Nach dem soeben angedeuteten Gedanken (fortan sog. Schutzzweckgedanke) ist vielmehr eine Parallelität der Schutzzwecke des Betrugstatbestandes und derjenigen Norm, die die Sanktionswürdigkeit der Täuschungshandlung begründet, erforderlich: Die durch die Tathandlung für das geschützte Rechtsgut begründete Gefahr muss durch die Verletzung einer Norm entstanden sein, die gerade dem Schutz des verletzten Rechtsgutes dient.[116] Denn anderenfalls realisiert sich in dem Erfolg nicht diejenige Gefahr, vor der der Betrugstatbestand zu schützen bestimmt ist, sondern eine andere Gefahr, nämlich diejenige, der durch das Fairnessgebot und der daraus ableitbaren Verbotsnorm des „manipuliere die Schiedsrichter nicht" begegnet werden soll.[117] Die Nähe der Überlegungen zur Lehre von der objektiven Zurechnung ist nicht zu verkennen: Danach ist ein Erfolg dem Täter nur dann zuzurechnen, wenn das Verhalten des Täters ein rechtlich relevantes Risiko gesetzt hat, welches sich im konkreten Erfolg realisiert.[118] Die „rechtliche Relevanz" eines Risikos ist dabei stets im Zusammenhang mit dem konkret geprüften Tatbestand zu sehen: „rechtlich relevant" bedeutet „tatbestandlich relevant",[119] und „tatbestandlich relevant" ist dabei wiederum nur dasjenige Risiko, welches vom Schutzzweck des Tatbestandes umfasst wird und somit „rechtsgutsrelevant" ist.[120]

Für eine Berücksichtigung des Schutzzweckgedankens im Bereich konkludenter Täuschungen lassen sich insbesondere zwei systematische Argumente

---

115 Mit dieser Kritik LK-*Tiedemann*, StGB, § 263 Rn. 27, der das Kriterium der Vermögensrelevanz insgesamt ablehnt.

116 *Kühl*, AT, § 4 Rn. 45, auch m. w. N.

117 Vgl. *Kühl*, AT, § 4 Rn. 74.

118 Vgl. *Kühl*, AT, § 4 Rn. 43; S/S-*Eisele*, StGB, vor §§ 13 f. Rn. 93.

119 Vgl. *Kühl*, AT, § 4 Rn. 43.

120 *Roxin*, in: GS Kaufmann, S. 237, 239; S/S-*Eisele*, StGB, vor §§ 13 f. Rn. 91 f.

anführen: Zunächst führt das Ausscheiden vermögensirrelevanter Täuschungen bereits auf Täuschungsebene zu einem willkommenen Gleichlauf der Auslegung der Delikte des § 263 StGB mit denjenigen der §§ 264, 264a, 265b StGB.[121]

Weitaus gewichtiger – und daher näher auszuführen – ist aber das zweite Argument: Auch im Bereich der Täuschung durch Unterlassen wird über die Garantenstellung ein derartiger Schutzzweckzusammenhang eingeführt. Die strukturellen Ähnlichkeiten der konkludenten Täuschung und der Täuschung durch Unterlassen[122] führen dazu, dass eine Gleichstellung der Täuschungen im Hinblick auf die Schutzzweckgedanken wünschenswert erscheint. Dieser Gedanke soll nun entfaltet und begründet werden.

Zunächst zu der Geltung des Schutzzweckgedankens im Rahmen der Täuschung durch Unterlassen: Wie für jede Deliktsverwirklichung durch Unterlassen außerhalb des Bereichs echter Unterlassensdelikte sind auch für Täuschungen durch Unterlassen die besonderen Voraussetzungen des § 13 StGB zu beachten. Insbesondere ist danach als Unterlassenstäter nur strafbar, wer „rechtlich dafür einzustehen hat, dass der Erfolg nicht eintritt"; es ist erforderlich, dass den Täter eine rechtliche Einstandspflicht dafür trifft, das Opfer vor gerade dem tatbestandsmäßigen Erfolg, d. h. gerade vor tatbestandsmäßigen Schädigungen zu bewahren.[123] Wenn der Täter aber vom Recht gerade „auf Posten gestellt" sein muss, um tatbestandsmäßige Schädigungen vom Opfer abzuwenden, so ist – auf den Betrugstatbestand bezogen – eine Aufklärungspflicht erforderlich, die das Opfer vor Vermögensschädigungen,[124] genauer: vor täuschungs- und irrtumsbedingten

---

121 Vgl. LK-*Tiedemann*, StGB, § 263 Rn. 27, der dem Kriterium der Vermögensrelevanz selbst ablehnend gegenübersteht.

122 Vgl. LK-*Tiedemann*, StGB, § 263 Rn. 29.

123 Vgl. S/S-*Stree/Bosch*, StGB, § 13 Rn. 7.

124 Die Aufklärungspflicht muss nach ganz h. M. dem Vermögensschutz dienen: KG JR 1984, 292; OLG Saarbrücken NJW 2007, 2868, 2869; S/S-*Perron*, StGB, § 263 Rn. 19 („Eine betrugsspezifische Garantenstellung setzt demnach eine besondere Pflichtenstellung des Täters zum Schutz des Opfers vor vermögensschädigenden Fehlvorstellungen voraus."); Dölling/Duttge/Rössner-*Duttge*, StGB, § 263 Rn. 17 („vermögensrelevante Tatsachen"); *Lackner/Kühl*, StGB, § 263 Rn. 12; Satzger/Schmitt/Widmaier-*Satzger*, StGB, § 263 Rn. 48; LK-*Tiedemann*, StGB, § 263 Rn. 51; *Maaß*, Betrug verübt durch Schweigen, S. 23 f. („vermögensbezogene Aufklärungspflicht"); *Rengier*, BT I, § 13 Rn. 29 („Aufklärungspflichten, die entsprechend dem Schutzzweck des § 263 dem Vermögensschutz dienen müssen"); vgl. *Wessels/Hillenkamp*, BT II, Rn. 503.

Vermögensschädigungen bewahrt.[125] Nicht ausreichend ist hingegen eine Aufklärungspflicht des Täters, die allein der Irrtumsbeseitigung „um der Wahrheit willen“[126] dient;[127] nicht ausreichend ist auch eine bloß allgemeine Fürsorge- und allgemeine Schadensabwendungspflicht,[128] da anderenfalls eine zu weitgehende Pönalisierung zivilrechtlicher Pflichtverletzungen droht.[129] Im Bereich der Täuschung durch Unterlassen ist anerkannt, dass die Frage nach der Vermögensrelevanz einer vertraglichen oder gesetzlichen Bestimmung ein, wenn nicht gar – mit *Hefendehl* – „das entscheidende Problem“[130] darstellt.

Nun bleibt noch, die strukturell-normativen Ähnlichkeiten der Täuschungsarten herauszustellen, die den Boden für ihre Gleichbehandlung im Hinblick auf den Schutzzweckgedanken bereitet. Die nur graduellen Unterschiede und damit die wertungsmäßige Nähe zwischen den Täuschungsmodi der Konkludenz und des Unterlassens deuten sich bereits im Hinblick auf die Abgrenzungsschwierigkeiten zwischen Tun (genauer: konkludentem Tun) und Unterlassen an, die zur Herausbildung einer großen Anzahl von Abgrenzungstheorien geführt haben.

Überdies zeigt sich die strukturelle Verwandtschaft zwischen Konkludenz und Unterlassen aber auch darin, dass eine konkludente Täuschung vom „Hineinlesen“

---

125 Sehr klar NK-*Kindhäuser*, StGB, § 263 Rn. 148: „Die Garantenpflicht bezieht sich also weder auf die isolierte Verhinderung eines Irrtums – dies griffe zu kurz – noch auf die Verhinderung einer Vermögensminderung – dies ginge zu weit –, sondern allein auf die Verhinderung einer Vermögensminderung im Zustand der Irrtumsbefangenheit“.

126 S/S-*Perron*, StGB, § 263 Rn. 19.

127 Vgl. LK-*Tiedemann*, StGB, § 263 Rn. 51.

128 Dölling/Duttge/Rössner-*Duttge*, StGB, § 263 Rn. 17.

129 SK-*Hoyer*, StGB, § 263 Rn. 56. So die Mindestanforderung an eine Garantenstellung konturiert, ist umstritten, ob die Aufklärungspflicht im Rahmen einer Täuschung durch Unterlassen einer fremdnützigen Vermögensbetreuungspflicht i. S. v. § 266 StGB gleichkommt oder in ihr enthalten ist (dafür: *Samson/Horn*, NJW 1970, 593, 596; *Samson*, JA 1978, 469, 473; SK-*Hoyer*, StGB, § 263 Rn. 56; *Lüderssen*, in: FS Kohlmann, S. 177, 180 f.; *Noak*, MedR 2002, 76, 78; *Seelmann*, NJW 1980, 2547; *ders.*, NJW 1981, 2132): Die Befürworter einer dahingehenden Anforderung versuchen durch ihren Vorschlag der Gefahr zu begegnen, die restriktive Handhabung der Untreue durch eine zu weitgehende Bejahung von Aufklärungspflichten im Rahmen des Betrugstatbestandes zu unterlaufen (s. etwa *Maaß*, Betrug verübt durch Schweigen, S. 26). Die Gegenansicht argumentiert mit der konzeptionellen Verschiedenartigkeit und daraus folgenden Unvergleichbarkeit der Tatbestände (so S/S-*Perron*, StGB, § 263 Rn. 19; kritisch auch *Pawlik*, Das unerlaubte Handeln beim Betrug, S. 112 (in Fn. 284)).

130 Vgl. MüKo-*Hefendehl*, StGB, § 263 Rn. 162.

eines konkludent miterklärten Erklärungsgehaltes lebt und damit im Kern ein partielles Unterlassen darstellt:[131] Das „berechtigte Hineinlesen eines stillschweigend mitgeteilten Erklärungswertes" zur Statuierung einer konkludenten Täuschung liegt wertungsmäßig sehr nahe bei der Situation des vollständigen Unterlassens, bei der nicht nur ein Erklärungsgehalt partiell, sondern der gesamte, berechtigterweise in Form einer Aufklärung erwartete Erklärungsgehalt unterlassen wird.[132]

Die konstatierte strukturelle und normative Vergleichbarkeit schlägt sich auch nieder in der Ähnlichkeit derjenigen Maßstäbe, die zur Ermittlung eben dieses (partiell oder insgesamt) hineinzulesenden Erklärungswertes angelegt werden: In beiden Fällen kommt es auf eine Auslegung nach der Verkehrsanschauung der beteiligten Verkehrskreise bzw. auf eine normative Rückführung auf rechtliche Normen und Wertungen an. Insofern erstaunt es keineswegs, dass die Maßstäbe als „mindestens verwandt"[133], „zumindest teilweise ähnlich"[134] oder sogar als identisch[135] bezeichnet werden.[136]

Die dargelegten normativ-strukturellen Ähnlichkeiten zwischen Konkludenz und Unterlassen sprechen dafür, den einschränkenden Schutzzweckgedanken auch im Bereich der konkludenten Täuschung einzuführen, mithin vermögensirrelevante konkludente Täuschungen aus dem Täuschungsbegriff auszuscheiden.[137] Die endgültige Beantwortung dieser Frage kann aber dahinstehen,

131 *Ellmer*, Betrug und Opfermitverantwortung, S. 100 f.

132 Vgl. MüKo-*Hefendehl*, StGB, § 263 Rn. 25; LK-*Tiedemann*, StGB, § 263 Rn. 22.

133 *Volk*, JuS 1981, 880; zustimmend auch Arzt/Weber-*Arzt*, BT, § 20 Rn. 44.

134 LK-*Tiedemann*, StGB, § 263 Rn. 29. *Ellmer*, Betrug und Opfermitverantwortung, S. 101: „nicht unähnlich".

135 *Vogel*, in: GS Keller, S. 322 f.

136 In diesem Sinne ist die Ausführung *Lackners* zu deuten, der „Grund" für die Annahme von Konkludenz liege „häufig in einer rechtlich begründeten Aufklärungspflicht des Täters" (LK-*Lackner*, StGB, 10. Auflage, § 263 Rn. 53); nicht intendiert wurde von *Lackner* hingegen, auch für konkludente Täuschungen das Vorliegen einer Aufklärungspflicht zu verlangen (LK-*Tiedemann*, StGB, § 263 Rn. 29). Aufklärungspflichten sind damit zwar für die Frage nach dem Vorliegen einer konkludenten Täuschung nicht ausschlaggebend; ihnen kommt aber durchaus Indizcharakter zu (*ebd.*, § 263 Rn. 30). Denn, in den Worten von *Arzt*, zusammengefasst: „Wir bejahen stillschweigendes Tun dort, wo wir sonst Aufklärung nach garantenähnlichen Regeln erwarten würden" (so wörtlich Arzt/Weber-*Arzt*, BT, § 20 Rn. 44).

137 Zweifel erheben sich vor allem vor dem Hintergrund, dass eine (womöglich hinreichende) Beschränkung des Betrugstatbestandes auf vermögensrelevante Sachverhalte durch die Tatbestandsmerkmale der Vermögensverfügung und des

wenn vorliegend – trotz des Verstoßes gegen das prima facie allein nicht-vermögensrechtliche Fairnessgebot bzw. Schiedsrichtermanipulationsverbot – sehr wohl eine vermögensrelevante konkludente Täuschungshandlung vorliegt. Ein grundsätzlich nicht-vermögensrechtlicher Umstand kann nämlich etwa durch explizite Parteivereinbarung oder aber durch Auslegung des Vertrages durchaus einen vermögensrechtlichen Charakter erhalten. So kann etwa das grundsätzlich nicht-vermögensrechtliche Ziel der Einhaltung des Fairnessgebotes dann eine Vermögensrelevanz erhalten, wenn die sportliche Leistung nicht nur „um ihrer selbst" Willen (wie etwa beim Spiel unter Freunden in der Freizeit) erbracht wird, sondern im Gegenzug für die Erbringung sportlich fairer Leistungen finanzielle Zusagen – seien es Antrittsgeldes, seien es Gewinnprämien – gegeben werden. In diesen Fällen ergibt sich aus dem Gesamtinhalt des Vertrages, dass die Einhaltung der Fairness für das Gegenüber ein Faktor ist, von dem er die Erbringung seiner finanziellen Leistung abhängig macht. Damit erhält aber ein grundsätzlich nicht-vermögensrechtlicher Umstand vorliegend eine Vermögensrelevanz.

In Anbetracht dieses Umstandes steht also fest, dass die in der Mannschaftsmeldung liegende konkludente Täuschung des Geschäftsführers über die Manipulationsfreiheit der Geschäftsgrundlage (und damit im Kern über die sportliche Fairness des Wettbewerbes) über die Auslegung des Teilnahmevertrages Vermögens- und damit Betrugsrelevanz erhält. Die Frage, ob für die Annahme einer konkludenten Täuschung stets eine Vermögensrelevanz erforderlich ist, kann daher vorliegend – ist die Voraussetzung doch erfüllt – dahinstehen.

Vermögensschadens erfolgen kann (so LK-*Tiedemann*, StGB, § 263 Rn. 27. Allerdings sind dessen Ausführungen unklar, warnt er doch einerseits vor einer Vorverlagerung von Fragen des Vermögens- bzw. Schadensbegriffs, will aber andererseits vermögensirrelevante bzw. – wie er sie nennt – „dispositionsirrelevante" Täuschungen „jedenfalls und spätestens" über die Kausalitätsmerkmale ausscheiden, ebd., § 263 Rn. 8).
Andererseits darf nicht verkannt werden, dass ein jedes Tatbestandsmerkmal in systematisch-teleologischem Zusammenhang zum tatbestandlich geschützten Rechtsgut zu sehen ist. Das strafrechtlich geschützte Schutzgut fließt als Fundament der Norm zugleich in die Auslegung eines jeden Tatbestandsmerkmals ein. Im Rahmen des vorliegend untersuchten Betrugstatbestandes entstünde ein funktionaler Zusammenhang zwischen den Tatbestandsmerkmalen der Täuschung, des Irrtums, der Verfügung und des Schadens (vgl. LK-*Tiedemann*, StGB, § 263 Rn. 27).

(dd) Zwischenergebnis zur konkludenten Täuschung im Meldungszeitpunkt

Es ist somit festzuhalten, dass in der Mannschaftsmeldung eine konkludente Täuschung über die Nicht-Manipulation der Schiedsrichter seitens des Geschäftsführers liegt.

(3) Ergebnis zur Täuschung im Meldungszeitpunkt

Die Betrachtungen zum Vorliegen einer Täuschung gegenüber dem (Vertreter des) ausrichtenden Verband(es) haben ergeben, dass im Zeitpunkt der Meldung der Mannschaft zwei Anknüpfungspunkte als Täuschungsgegenstand in Betracht kommen:

In Konstellationen, in denen die Zuwendungsgewährung im Zeitpunkt der Meldung noch nicht erfolgt ist, kann eine Täuschung überhaupt nur dann angenommen werden, wenn im Meldungszeitpunkt bereits die Absicht gebildet ist, den Schiedsrichter künftig manipulieren zu wollen. Als Täuschungsgegenstand ist dann auf eine sog. innere Negativ-Tatsache abzustellen.

In Konstellationen, in denen die Zuwendungsgewährung bereits im Meldungszeitpunkt erfolgt ist, kommt eine Täuschung hingegen allein unter Anknüpfung an die Negativ-Tatsache in Betracht, den Schiedsrichter nicht bestochen zu haben.

Anzunehmen ist in beiden Konstellationen jedenfalls das Vorliegen einer konkludenten Täuschung über die (ggfs. innere) Negativ-Tatsache, die Geschäftsgrundlage des zustande gekommenen Teilnahmevertrages nicht vorsätzlich manipulieren zu wollen bzw. diese nicht bereits vorsätzlich manipuliert zu haben.

c) Dritter Anknüpfungspunkt: Das Antreten-Lassen zum Spiel

Neben den soeben untersuchten Anknüpfungspunkten für eine Täuschungshandlung des Geschäftsführers eines Sportvereins gegenüber dem den Wettbewerb ausrichtenden Verband in Form der Vornahme der Manipulationshandlung als solcher und in Form der Mannschaftsmeldung kommt weiterhin eine Anknüpfung an die Wettkampfteilnahme der Mannschaft als solche in Betracht, d. h. an das Antreten-Lassen der Mannschaft zu der konkret durch die Zuwendungsgewährung betroffenen Spielpartie.

Lebensweltlich betrachtet hat im Zeitpunkt des Antretens der Mannschaft im Stadion die Manipulationshandlung zumeist bereits stattgefunden, sodass allenfalls eine konkludente Täuschung oder eine Täuschung durch Unterlassen über die Negativ-Tatsache der Nicht-Manipulation des Schiedsrichters in Betracht kommt.

aa) Konkludente Täuschung durch Antreten-Lassen

Zunächst ist danach zu fragen, inwieweit dem Antreten-Lassen der Mannschaft zu der konkret betroffenen Spielpartie überhaupt ein Erklärungswert innewohnt und damit eine konkludente Täuschung in Betracht kommt.

Das Erscheinen einer Mannschaft auf dem Spielfeld stellt als solches ein rein faktisches Verhalten dar: es soll „gespielt“, nicht „rechtsgeschäftlich erklärt“ werden. Anders könnte dies für das Antreten-Lassen durch den Geschäftsführer aussehen: In seinem Geschehen-Lassen könnte der Erklärungswert liegen, die Geschäftsgrundlage des Teilnahmevertrages sei nicht seinerseits vorsätzlich manipuliert worden.

Dagegen spricht aber, dass die Anwesenheit des Geschäftsführers während des Spiels im Stadion auswirkungslos hinzu- oder hinweggedacht werden. Offenbar sollen also rechtlich relevante Erklärungen, zwecks deren Abgabe und Empfang der nicht selbst handlungsfähige Verein der Mitwirkung seines Geschäftsführers bedarf, nicht getätigt werden.

Zudem liegt in dem Antreten-Lassen allein der (faktische) Vollzug der bereits weit im zeitlichen Vorfeld zustande gekommenen rechtlichen Vereinbarung. Während die rechtlichen Rahmenbedingungen (spätestens) mit der Meldung der Mannschaft festgezurrt wurden, erfolgt nun die faktische Ausführung des Vertragsinhaltes auf dem Spielfeld.

Insofern ist also festzuhalten, dass das Antreten-Lassen seitens des Geschäftsführers rein faktische Verhaltensweisen darstellen, denen kein Erklärungswert innewohnt.

bb) Täuschung durch Unterlassen durch Antreten-Lassen zum Spiel

Insofern ist es allein denkbar, in dem Antreten-Lassen der Mannschaft zu dem seitens des Geschäftsführers manipulierten Spiel eine Täuschung durch Unterlassen zu erblicken.[138]

Im Rahmen der Täuschung durch Unterlassen wird die gebotene Aufklärung – und damit der erwartete Erklärungsgehalt bzw. die erwartete Kommunikationsbeziehung – pflichtwidrig unterlassen und dadurch auf das Vorstellungsbild des Opfers eingewirkt.[139] Es ist folglich zu untersuchen, ob in dem Antreten-Lassen der Mannschaft zum Spiel eine Täuschung seitens des Geschäftsführers

---

138 Die Möglichkeit eines Betruges durch Unterlassen ist heute ganz herrschend anerkannt (vgl. S/S-*Perron*, StGB, § 263 Rn. 18, auch m. w. N. zu abweichenden Ansichten).

139 Vgl. MüKo-*Hefendehl*, StGB, § 263 Rn. 91; LK-*Tiedemann*, StGB, § 263 Rn. 22.

dadurch erblickt werden kann, dass er die Vertreter des ausrichtenden Verbandes in diesem Zeitpunkt nicht über die bereits seinerseits vorgenommene Schiedsrichtermanipulation aufklärte.

Dieses Unterlassen ist aber nur dann strafrechtlich relevant, wenn dem Geschäftsführer die Vornahme der Rettungshandlung, d. h. die Aufklärung, physisch-real möglich war, sie mit an Sicherheit grenzender Wahrscheinlichkeit zur Erfolgsabwendung geführt hätte und den Geschäftsführer überdies, ausweislich des § 13 StGB, eine rechtliche Einstandspflicht dafür traf, dass der Erfolg nicht eintritt (sog. Handlungsäquivalenz[140]).[141] Die Funktion der Garantenstellung ist es, aus der Gesamtheit der in Betracht kommenden Unterlassens-Täter gerade denjenigen herauszufiltern, der nicht nur physisch-real mit an Sicherheit grenzender Wahrscheinlichkeit zur Erfolgsabwendung in der Lage war, sondern gerade denjenigen, dessen Aufgabe die Erfolgsabwendung war. Die Garantenstellung ist somit die Quelle der Erfolgsabwendungspflicht[142] und daher für die Unterlassensstrafbarkeit von zentraler Bedeutung.

Für den Betrugstatbestand bedeutet dies, dass aus dem zugrundeliegenden Verhältnis gerade den Täter eine besondere Einstandspflicht zum Schutze gerade des Opfers und zum Schutze gerade vor täuschungs- und irrtumsbedingten vermögensschädigenden Verfügungen treffen muss. Nicht sanktioniert wird hingegen die Verletzung einer bloß sittlichen Aufklärungspflicht, die Verletzung einer Aufklärungspflicht bloß „um der Wahrheit willen"[143] oder die Verletzung einer Aufklärungspflicht um „der Reinheit des Sports willen".

Die Garantenstellung als die zentrale Weichenstellung für eine Unterlassensstrafbarkeit herausgestellt, ist nun fallbezogen und systematisiert nach ihrem möglichen Entstehungsgrund[144] zu untersuchen, ob der Geschäftsführer eines Sportvereins Garant für das Vermögen des ausrichtenden Verbandes ist.

---

140 Begrifflichkeit in Abgrenzung zur Modalitätenäquivalenz, s. etwa: NK-*Kindhäuser*, StGB, § 263 Rn. 154.

141 Zu den Voraussetzungen einer Täuschung durch Unterlassen NK-*Kindhäuser*, StGB, § 263 Rn. 152.

142 *Gropp*, AT, § 11 Rn. 24.

143 S/S-*Perron*, StGB, § 263 Rn. 19.

144 Die Prüfung orientiert sich somit an der im Rahmen des Betrugstatbestandes herrschend vertretenen sog. formellen Pflichtenlehre (vgl. MüKo-*Hefendehl*, StGB, § 263 Rn. 136. Unter Rückgriff auf diese auch die Darstellungen in: S/S-*Perron*, StGB, § 263 Rn. 19 ff.; LK-*Tiedemann*, StGB, § 263 Rn. 53 ff. Ablehnend *Roxin*, AT II, § 32 Rn. 10 ff.). Gegen eine Systematisierung nach der Schutzrichtung der jeweiligen Garantenstellung (Beschützergarant mit Obhutspflicht für das Opfer; Überwachergarant mit Sicherungspflicht für Dritte, dafür etwa *Kühl*, AT, § 18 Rn. 44 ff)

(1) Die Garantenstellung aus vertraglicher bzw. tatsächlicher Übernahme

Eine Garantenstellung des Vertretungsorgans einer Gesellschaft könnte sich zunächst aus vertraglicher bzw. gesetzlicher Übernahme ergeben. Dabei trifft die vertragliche Verpflichtung aus dem Teilnahmevertrag zunächst nur den Sportverein als solchen, sodass zunächst einmal allenfalls dieser selbst Garant ist. Ob eine Überwälzung der Garantenpflicht auf das Vertretungsorgan aus § 14 StGB folgt oder ob dieser auf die Begehung von Allgemeindelikten durch Unterlassen keine Anwendung findet,[145] kann aber dahinstehen, wenn der Teilnahmevertrag schon die Anforderungen, die an eine Garantenstellung aus vertraglicher bzw. tatsächlicher Übernahme gestellt werden, nicht erfüllt.

Zur Begründung einer Garantenpflicht reichen nach heutiger Ansicht allgemeine Austauschverträge, die sich allein auf den gegenseitigen Leistungsaustausch beschränken, nicht aus; erforderlich ist das Vorliegen besonderer Umstände – wie etwa die Vereinbarung gegenseitiger Informations- und Beratungspflichten, das Bestehen eines besonderen Vertrauensverhältnisses[146], besonderer Sachkunde[147] oder langjähriger Geschäftsverbindung.[148,149]

Ein besonderer Umstand im Sinne einer „langjährigen Geschäftsbeziehung“ liegt auch dann nicht vor, wenn ein Sportverein bereits mehrfach an dem betreffenden Wettbewerb teilgenommen hat. Denn eine „langjährige Geschäftsbeziehung“ bezeichnet mit dem BGH nicht nur eine extensive (zeitliche) Dimension, sondern überdies eine intensive (inhaltliche) Dimension: Entscheidend ist allein die Enge der Geschäftsbeziehung, deren besondere Vertrauenskomponente über die zeitliche Dauer der geschäftlichen Zusammenarbeit gewachsen ist.[150] Während sich im geschäftlichen Bereich Vertrauen zwischen Geschäftspartnern

---

spricht – worauf *Kühl* selbst hinweist – dass auch diese Differenzierung nicht ohne Berücksichtigung der zugrunde liegenden Entstehungsgründe auskommt (vgl. *Kühl*, AT, § 18 Rn. 46), sodass im Kern nur eine weitere Unterscheidung, jedoch ohne stichhaltigen Mehrgewinn, eingeführt wird.

145 Vgl. von Heintschel-Heinegg-*Momsen*, StGB, § 14 Rn. 23.

146 Vgl. *Fischer*, StGB, § 263 Rn. 45 f.; NK-*Kindhäuser*, StGB, § 263 Rn. 160.

147 MüKo-*Hefendehl*, StGB, § 263 Rn. 167 f.

148 Vgl. S/S-*Perron*, StGB, § 263 Rn. 22; MüKo-*Hefendehl*, StGB, § 263 Rn. 168, 175; NK-*Kindhäuser*, StGB, § 263 Rn. 161.

149 Grund dafür ist, dass gewöhnliche Austauschverträge den Regelfall bilden, wonach grundsätzlich eine jede Partei für die eigene Information Sorge zu tragen hat. Erst das Vorliegen besonderer Umstände rechtfertigt das Vertrauen des Vertragspartners auf eine (von der Regel abweichende) Aufklärungspflicht und macht es schutzwürdig.

150 BGH wistra, 1992, 298; MüKo-*Hefendehl*, StGB, § 263 Rn. 168, 175.

über die Zeit verfestigt und intensiviert, ist die bloße wiederholte Teilnahme an einem sportlichen Wettbewerb kein Grund für die Entstehung besonderen Vertrauens zwischen Verein und Organisatorin. Zum einen liegt dies daran, dass der „Verein" im Sinne seiner Funktionäre und seiner eingesetzten Spieler einem (häufigen) Wandel unterliegt und daher schon eine Kontinuität persönlichen Vertrauens fehlt. Zum zweiten, und dies ist vor allem entscheidend, basiert das im Sportwesen entgegengebrachte besondere Vertrauen der Beteiligten untereinander nicht auf den geschlossenen Verträgen und nicht auf individuell geschaffenen Vertrauenstatbeständen, sondern auf dem einer jeden Sportausübung immanenten Fairnessgedanken. Diese Abstraktheit des Fairnessgedankens von den im Einzelfall zu Grunde liegenden (Sportleistungs-) Verträgen zeigt sich etwa, wenn man letztere (im Sinne der conditio-sine-qua-non-Formel) hinwegdenkt: der Fairnessgedanke besteht nicht nur bei nichtigen Teilnahmeverträgen, sondern auch in einem sportlichen Umfeld, welches von Anfang als „vertragslos" intendiert ist, etwa dem Sportspiel unter Amateuren. Der Fairnessgedanke, nicht auch eine auf langjähriger Geschäftsbeziehung basierende besondere Vertrauensstellung aus dem Teilnahmevertrag ist also ursächlich für das gesteigerte Vertrauen der Vertragsparteien in die gegenseitige Loyalität- und Rücksichtnahme. Dies allerdings genügt den Anforderungen nicht, die an die Annahme einer rechtlichen Einstandspflicht für die Erfolgsabwendung aus vertraglicher Übernahme gestellt werden.

Ein besonderer Umstand könnte allenfalls darin gesehen werden, dass der Teilnahmevertrag letztlich der Ermöglichung eines sportlichen Wettbewerbes und damit eines gemeinsamen sportlichen Events dient. Man könnte argumentieren, dass sich durch den Vollzug des Teilnahmevertrages ein gleichgerichtetes und gemeinsames Interesse aller teilnehmenden Sportvereine verwirkliche. In Parallelwertung zu personengesellschaftsrechtlichen Verhältnissen, bei denen auch ein gemeinsamer Gesellschaftszweck verfolgt wird, so könnte man argumentieren, seien auch Sportleistungsverträge geeignet, eine Garantenstellung zu begründen.

Dieser Argumentation einer Gleichstellung von Personengesellschaftsvertrag und Teilnahmevertrag ist indes aus folgendem Grund entgegenzutreten: Während es im Personengesellschaftsrecht maßgeblich auf die Personen der Gesellschafter, ihre gemeinsame Zwecksetzung und gemeinsame Zielerreichung ankommt, ist die konkrete Person des Sportvereins für den abgeschlossenen Teilnahmevertrag von nur sekundärer Bedeutung. Dies zeigt sich in der praktischen Handhabung der gesellschaftsrechtlichen Treuepflicht im Gegensatz zum Fairnessgebot: Der Inhalt und die Intensität der gesellschaftsrechtlichen Treuepflicht verändern sich in Abhängigkeit von der Art des ausgeübten Rechts bzw.

der Art des zu Grunde liegenden Rechtsverhältnisses;[151] das Maß, in welchem Personengesellschafter bei der Ausübung ihrer Rechte auf die Belange der Gesellschaft und der Mitgesellschafter Rücksicht zu nehmen haben,[152] variiert. Der Fairnessgrundsatz ist hingegen eher die Proklamierung einer sportlichen Idee und als solche unabhängig von dem konkret verpflichteten Sportler.[153]

Festgehalten werden kann mithin an dieser Stelle, dass der Teilnahmevertrag (als allgemeiner Austauschvertrag) nicht als Begründungsbasis für eine Garantenstellung herangezogen werden kann.[154]

(2) Die Garantenstellung aus Ingerenz

Eine Garantenstellung gerade für den die Manipulation vornehmenden Geschäftsführer könnte sich indes aus ingerentem Vorverhalten ergeben.

Wer durch sein Vorverhalten die nahe Gefahr für den Eintritt eines schädigenden Erfolges schafft (im Rahmen des Betrugstatbestandes also einer irrtumsbedingten schädigenden Vermögensdisposition), ist verpflichtet, die drohenden Schäden nach Kräften abzuwenden, da er sich anderenfalls wegen garantepflichtwidrigen Unterlassens der Schadensverhinderung strafbar machen kann.[155] Für ein solches Vorverhalten reicht allerdings nicht schon jeder Kausalbeitrag aus[156] – ein derartig weites Verständnis führte zu einer nicht wünschenswerten, überaus weitgehenden Verhaltensinkriminierung, [157] die der Filterfunktion der Garantenstellung nicht gerecht würde. Zur Einschränkung der in Betracht kommenden Vorverhalten werden auf Seiten des Schrifttums zahlreiche Vorschläge unterbreitet,[158] wobei überwiegend auf ein pflichtwidriges, wenn auch nicht

151 Vgl. zu relevanten Umständen MüKo-*Ulmer/Schäfer*, BGB, § 705 Rn. 224.

152 Vgl. zur Treuepflicht MüKo-*Ulmer/Schäfer*, BGB, § 705 Rn. 221 f.

153 Vgl. Fritzweiler/Pfister-*Summerer*, Praxishandbuch Sportrecht, 2. Teil Rn. 13.

154 Die Herleitung einer Garantenstellung aus § 242 BGB ist im Hinblick auf das strafrechtliche Bestimmtheitsgebot insgesamt abzulehnen, wie hier SK-*Hoyer*, StGB, § 263 Rn. 56, 61; *Krey/Hellmann/Heinrich*, BT II, Rn. 517; *Küper/Zopfs*, BT, Rn. 484; *Mitsch*, BT II/1, § 7 Rn. 28; *Otto*, BT, § 51 Rn. 20; *Wessels/Hillenkamp*, BT II, Rn. 506. Einschränkend inzwischen auch die Rechtsprechung, s. etwa BGH wistra 1988, 262, 263; BGHSt 39, 392, 400 f.; OLG Celle; NStZ-RR 2010, 207, 208; OLG Stuttgart NStZ 2003, 554, 555.

155 Statt vieler BGHSt 2, 279, 283; 25, 218, 220 f.; S/S-*Stree/Bosch*, StGB, § 13 Rn. 32.

156 Vgl. OLG Stuttgart NJW 1986, 1767, 1768; OLG Oldenburg NJW 1961, 1938.

157 BGH NJW 1954, 1047; BGHSt 25, 218, 220.

158 Statt vieler S/S-*Stree/Bosch*, StGB, § 13 Rn. 32 f. und *Kühl*, AT, § 18 Rn. 9.

notwendigerweise schuldhaftes Vorverhalten abgestellt wird[159], teilweise aber sogar gerechtfertigtes Verhalten eine Garantenpflicht auszulösen vermögen soll[160].

Als in Betracht kommendes Vorverhalten ist vorliegend die Schmiergeldzahlung an die Schiedsrichter anzusehen. Die Pflichtwidrigkeit derselben ergibt sich für den Geschäftsführer eines Sportvereins zwar nicht unmittelbar aus verbandsrechtlichen Verbotsnormen, ist er doch durch das Verbandsrecht als sportlicher Extraneus nicht unmittelbar gebunden. Die Pflichtwidrigkeit seiner Handlung ergibt sich allerdings aus dem Verstoß gegen die ihn treffende Pflicht zur Wahrung der Interessen „seines" Sportvereins. Insbesondere kann nicht argumentiert werden, alle teilnehmenden Sportmannschaften manipulierten, sodass die Zuwendung sozialadäquat bzw. sportadäquat sei. Anderenfalls würden Schutzbehauptungen Tür und Tor geöffnet.

Allerdings ist Folgendes zu bedenken: Tatbestandsmäßig kann für eine Täuschung durch Unterlassen nur ein Vorverhalten sein, welches bereits einen Rechtsgutsbezug aufweist.[161] Die Manipulation muss also bereits in der Absicht vorgenommen werden, das betrugsrechtlich geschützte Vermögen des ausrichtenden Verbandes zu schädigen. Damit ist zweierlei erforderlich: Zum einen muss eine Schädigung des Vermögens des potentiellen Opfers überhaupt möglich sein – hingegen fehlt es an dem erforderlichen Rechtsgutsbezug des Vorverhaltens, wenn die Manipulationshandlung in einem grundsätzlich manipulierenden Umfeld stattfindet und damit die Gewährung der Zuwendung die verbandsrechtlich gewollte Chancengleichheit auf dem Spielfeld nur wiederherstellt.[162] Zweitens ist ein Schutzzweckzusammenhang dergestalt erforderlich, dass der Schutzzweck derjenigen Norm, welche das Vorverhalten zu einem pflichtwidrigen Vorverhalten macht, den vermögensrechtlichen Schutzzweck des Betrugstatbestandes teilt. Auf den Fall angewandt müsste der Schutzzweck derjenigen Norm, die die Vereine zur Einhaltung der sportlichen Fairness zwingt bzw. ein Manipulationsverbot anordnet, gerade in dem Schutz des tatbestandlich geschützten Rechtsguts, hier also des Vermögens des Opfers, liegen.[163] Das Fairnessgebot „als solches" bzw. das Manipulationsverbot „als solches" dient zwar im Grundsatz – wie bereits ausgeführt – allein der Reinheit des Sports. Anders ist es aber, wenn das Fairnessgebot und Manipulationsverbot in ein Vertragswerk

---

159 Statt vieler nur S/S-*Stree/Bosch*, StGB, § 13 Rn. 35; *Welzel*, Strafrecht, S. 154.

160 *Herzberg*, JuS 1971, 74, 76.

161 MüKo-*Hefendehl*, StGB, § 263 Rn. 165.

162 S. dazu bereits oben unter § 2 A. I. 1. b) aa) und Fn. 55.

163 LK-*Tiedemann*, StGB, § 263 Rn. 51 (m. w. N. in Fn. 107).

inkorporiert sind, welche die vermögensrechtliche Relevanz der Regeleinhaltung (entweder explizit oder aber durch Auslegung ermittelbar) klarstellen. So liegt der Fall insbesondere dann, wenn etwa die Auszahlung eines Antrittsgeldes nur für den Fall einer „die Verbandsregeln wahrenden Teilnahme" (oder vergleichbaren Formulierungen) versprochen wird. Die Vermögensrelevanz der unterlassenen Aufklärung über die Regelwidrigkeit der Teilnahme wird folglich durch die Koppelung der Antrittsgeldzahlung an die Regelkonformität der Teilnahme verdeutlicht.

Insofern ist vorliegend festzuhalten, dass in der Person des Geschäftsführers eine Garantenstellung aus Ingerenz gegenüber dem Vermögen des ausrichtenden Verbandes besteht.

cc) Ergebnis zur Täuschung beim Antreten-Lassen

Es ist folglich festzuhalten, dass im Zeitpunkt des Antreten-Lassens der Sportmannschaft mangels Erklärungswertes keine konkludente, sondern nur eine Täuschung durch Unterlassen in Betracht kommt. Infolge der Zuwendungsgewährung ist der Geschäftsführer aus vorangegangenem pflichtwidrigem Tun garantenpflichtig. Dabei ergibt sich die für eine Unterlassensstrafbarkeit notwendige Vermögensrelevanz der unterlassenen Aufklärung aus der (im Teilnahmevertrag erfolgenden) Koppelung der Auszahlung des Antrittsgeldes an eine regelkonforme Spielteilnahme. Im Zeitpunkt des Antreten-Lassens liegt folglich in der unterlassenen Aufklärung über die zuvor erfolgte Schiedsrichtermanipulation eine Täuschung durch Unterlassen.

d) Vierter Anknüpfungspunkt: Die Gegenzeichnung des Spielberichtsbogens

Nun, nach Beleuchtung der Fragen, ob in der Vornahme der Manipulation als solcher, der Mannschaftsmeldung oder dem Antreten-Lassen der Mannschaft zum Wettkampf eine Täuschungshandlung des Geschäftsführers gegenüber dem ausrichtenden Verband zu erblicken ist, verbleibt – neben der Untersuchung des Vorliegens einer Täuschung durch Entgegennahme des Antrittsgeldes (dazu sogleich unter e)) – zu prüfen, ob eine Täuschungshandlung in der Unterzeichnung des sog. Spielberichtsbogens gesehen werden kann.

Der Spielberichtsbogen ist ein Formular, in welchem der Schiedsrichter der Partie zunächst die Namen der Spieler, des Kampfgerichts, des Schiedsrichters, der Trainer, Datum sowie Zeit und Ort der Spiel-Austragung der Partie vermerkt. Weiterhin sind der Name des Spielers und die Spielminute verzeichnet, in welcher er ein Tor erzielt, Verwarnungen durch gelbe und rote Karten sowie Berichte über sonstige Unregelmäßigkeiten. In diesen Spielberichtsbogen, seitens des Schiedsrichter ausgefertigt und unterschrieben, muss nach der Partie seitens eines jeden teilnehmenden Vereins durch einen Vertreter Einsicht genommen und dieser gegengezeichnet werden.[164]

Um die Frage nach dem Vorliegen einer konkludenten Täuschungshandlung seitens des Geschäftsführers beantworten zu können, ist das Täterverhalten – wie ausgeführt – nach der Verkehrsauffassung der beteiligten Verkehrsauffassung zu beurteilen, wobei der jeweilige Geschäftstypus und die Risikoverteilung zwischen den Parteien entscheidend sind.[165] Die Verkehrsauffassung, d.h. das Verständnis der Verkehrskreise, wird dabei maßgeblich von den in der zu beurteilenden Situation maßgeblichen rechtlichen Normen geprägt. Solche sind etwa, wie von *Ferragina*[166] treffend herausgearbeitet, Bestimmungen, die den Geschehensablauf von sportlichen Wettbewerben erläutern. So etwa – und diese seien hier exemplarisch herangezogen, da sie sich in jedem Profisport in verwandter Form wiederfinden – die Durchführungsbestimmungen des Deutschen Fußballbundes (DFB) zur Spielordnung für Bundesligaspiele:[167] In deren § 28 Absatz 3 Satz 2 ist auch eine Auslegungshilfe für die vorliegend zu beurteilende Problemstellung zu finden: „[Die Vereine] bestätigen [mit ihrer Gegenzeichnung, *Anm. d. Verf.*], dass sie von allen Eintragungen auf dem Spielbericht Kenntnis genommen haben."

Wenn aber in der Unterschrift des Vereinsfunktionärs unter dem Spielberichtsbogen nach den Durchführungsbestimmungen nur das Zeugnis von der Kenntnisnahme vom Inhalt der Eintragungen liegt, so ist es – mit *Ferragina*[168] – verfehlt, wenn *Paringer*[169] und *Triffterer*[170] wie folgt subsumieren: Sind in dem Spielberichtsbogen keine sportlichen Unregelmäßigkeiten (etwa: Manipulationen) vermerkt, so habe der Spielberichtsbogen den objektiven Erklärungswert, das Ergebnis der Partie sei nicht zu beanstanden. Dies stimme jedoch, nach Vornahme einer Manipulationshandlung, nicht mehr mit der Wirklichkeit überein. Der Spielleiter und damit der DFB würden darüber getäuscht, das Spiel sei den sportlichen Statuten gemäß ausgetragen worden und das Ergebnis sei

164 S. dazu § 28 der Durchführungsbestimmungen des DFB (abrufbar unter http://www.dfb.de/fileadmin/_dfbdam/27994-07_Durchfuehrungsbestimmungen.pdf (letzter Abruf: 08.12.2015) sowie *Ferragina*, Betrügereien im Profifußball, S. 45.

165 S/S-*Perron*, StGB, § 263 Rn. 14/15.

166 Treffend hierzu *Ferragina*, Betrügereien im Profifußball, S. 43 f.

167 S. Fn. 164.

168 *Ferragina*, Betrügereien im Profifußball, S. 45 f.

169 Vgl. dazu *Paringer*, Korruption im Profifußball, S. 170, 108 f.

170 *Triffterer*, NJW 1975, 612, 614 f.

unter sportrechtlichen Gesichtspunkten nicht zu beanstanden.[171] Nach Ansicht von *Paringer* und *Triffterer* liegt in der Gegenzeichnung also nicht nur die bloße Bestätigung der Kenntnisnahme von den Schiedsrichter-Eintragungen, sondern überdies die Erklärung, das Spiel habe nach bestem Wissen und Gewissen der Unterzeichnenden objektiv korrekt stattgefunden.

Dieser Erklärungswert ist indes – unter Rückgriff auf § 28 der Durchführungsvorschriften des DFB und mit *Ferragina*[172] – gerade nicht zu entnehmen. Mit der Unterschrift wird lediglich die Kenntnisnahme von allen Eintragungen im Spielberichtsbogen bestätigt.

Dies lässt sich auch teleologisch stützen: Der Spielberichtsbogen dient dazu, die dokumentierten Spielbeobachtungen des Schiedsrichters festzuhalten und den Vereinen die Möglichkeit zu eröffnen, Bedenken gegen diese Spielbeobachtungen durch Einsprüche auf dem Spielberichtsbogen zu vermerken. Darüber hinausgehende Erklärungswerte sind der Unterschrift des Vereinsfunktionärs hingegen nicht zu entnehmen. Alles andere käme – mangels Rückführbarkeit auf normative Regelungen – einer ergebnisorientierten Überinterpretation des Geschehensablaufs gleich, welche es zu vermeiden gilt.[173]

Der Unterschrift des Vereinsfunktionärs unter den Spielberichtsbogen kann mithin unter keinen Umständen ein Erklärungswert dahingehend entnommen werden, er habe die Schiedsrichter der Partie nicht bestochen. Die Annahme einer Täuschungshandlung unter diesem Gesichtspunkt scheidet mithin aus.[174]

e) Fünfter Anknüpfungspunkt: Die Entgegennahme des Antrittsgeldes

Schließlich könnte eine Täuschungshandlung des Geschäftsführers darin zu erblicken sein, dass er das seitens des ausrichtenden Verbandes nach der Wettkampfteilnahme der Sportler ausgeschüttete Antrittsgeld entgegennimmt. Ob und bejahendenfalls welcher Erklärungswert dem Realakt der reinen Entgegennahme einer zwecks Vertragserfüllung erbrachten Leistung zu entnehmen ist, ergibt sich durch Auslegung des Gesamtverhaltens des Täters nach der Verkehrsanschauung unter Berücksichtigung der Risikoverteilung zwischen den Parteien bzw. des Geschäftstypus.[175]

---

171 Vgl. dazu *Paringer*, Korruption im Profifußball, S. 170, 108 f.; *Triffterer*, NJW 1975, 612, 614 f.

172 So auch *Ferragina*, Betrügereien im Profifußball, S. 45.

173 So auch *Ferragina*, Betrügereien im Profifußball, S. 45 und 46. Dazu bereits oben in Fn. 78.

174 So auch *Ferragina*, Betrügereien im Profifußball, S. 46.

175 S/S-*Perron*, StGB, § 263 Rn. 14/15.

So könnte man meinen, dass der Empfänger mit der bloßen Entgegennahme einer Leistung zum Ausdruck bringe, die Leistung sei geschuldet, und er sei überdies berechtigt, sie zu behalten, was im Falle einer erfolgten Schiedsrichtermanipulation möglicherweise abzulehnen sein könnte.

Ein dahingehender Erklärungswert ist indes der bloßen Entgegennahme einer Leistung nach herrschender Ansicht nicht zu entnehmen.[176] Grund dafür ist, dass es nach der gewöhnlichen Risikoverteilung zwischen den Parteien grundsätzlich dem Schuldner einer Leistung (hier: dem ausrichtendem Verband) obliegt zu überprüfen, ob seine Leistungspflicht tatsächlich besteht.[177] Ein anderes kann sich dann ergeben, wenn der Gläubiger die Leistung nicht bloß hinnimmt, sondern aktiv einfordert, da in diesen Fällen der Erklärungswert zu entnehmen sein kann, Inhaber eines vollwertigen Anspruchs zu sein.[178] Wird das Antrittsgeld hingegen nicht aktiv eingefordert, sondern lediglich entgegengenommen, so ist das Vorliegen eines Erklärungswertes abzulehnen.[179]

f) Ergebnis zur Täuschung des (Vertreters des) ausrichtenden Verbands

Im Rahmen der Untersuchung des ersten Tatbestandsmerkmales des Betruges wurde, personell differenzierend, zunächst der (Vertreter des) ausrichtende(n) Verband(es) als Täuschungsadressat in den Blick genommen. Die sachlich nach Anknüpfungspunkten differenzierende nähere Subsumtion hat ergeben, dass eine Täuschung weder unter Anknüpfung an die Vornahme der Manipulationshandlung noch unter Anknüpfung an die Gegenzeichnung des Spielberichtsbogens oder an die Entgegenannahme des Antrittsgeldes anzunehmen ist.

Allerdings liegt in der Meldung der Mannschaft eine konkludente Täuschung über die (innere) Negativ-Tatsache der Nicht-Manipulation der Schiedsrichter: Dem Vertragsabschluss durch einen Vertreter ist der Erklärungswert zu

---

176 Vgl. BGH JZ 1989, 550; OLG Köln NJW 1987, 2527, 2528; S/S-*Perron*, StGB, § 263 Rn. 17a; LK-*Tiedemann*, StGB, § 263 Rn. 39; *Küper/Zopfs*, BT, Rn. 482; *Wessels/Hillenkamp*, BT II, Rn. 514; *Pawlik*, in: FS Lampe, S. 689, 705 f.; *Joerden*, JZ 1988, 101, 103. Ebenso *Lackner/Kühl*, StGB, § 263 Rn. 9, auch m. w. N., der indes besonders darauf hinweist, dass dem nicht so im Falle des Anforderns einer nicht geschuldeten Leistung ist.

177 BGHSt 39, 392, 398.

178 *Lackner/Kühl*, StGB, § 263 Rn. 9.

179 Im Übrigen könnte diese konkludente Täuschung für die Verfügung in Form der Antrittsgeldausschüttung auch nicht mehr kausal werden. Ein weiteres Eingehen auf diese Fallgruppe kann daher unterbleiben. In diesem Sinne auch (zu Dopingkonstellationen) *Cherkeh*, Betrug verübt durch Doping im Sport, S. 95 f.

entnehmen, er habe weder bisher noch werde er künftig die Geschäftsgrundlage des abgeschlossenen Vertrages manipulieren. Übertragen auf die vorliegend untersuchten Fallkonstellationen: Der Meldung der Mannschaft durch ihren Geschäftsführer und damit der Eingehung des Teilnahmevertrages ist der stillschweigende Erklärungswert zu entnehmen, die Offenheit des Spielausgangs sei weder bisher noch werde sie künftig manipuliert werden. Die (gegebenenfalls für erforderlich gehaltene) Vermögensrelevanz der Täuschung ergibt sich dabei aus der Koppelung der Antrittsgeldauszahlung an eine regelkonforme Teilnahme, welche in dem eingegangenen Teilnahmevertrag zum Ausdruck kommt.

Im Hinblick auf das Antreten-Lassen der Mannschaft zu der konkret manipulierten Partie ist das Vorliegen einer Täuschung durch Unterlassen seitens des manipulierenden Geschäftsführers des Sportvereins anzunehmen: Das Unterlassen der Aufklärung des (Vertreters des) ausrichtenden Verband(es) über die erfolgte Geldgewährung an den Schiedsrichter stellt ein garantenpflichtwidriges Unterlassen dar (Garantenstellung aus ingerentem Vorverhalten). Dem Unterlassen der Aufklärung über die Regelkonformität der Teilnahme kommt dabei infolge der Koppelung der Antrittsgeldauszahlung an dieselbe Vermögensrelevanz zu.

2. *Täuschung gegenüber dem (Vertreter des) Preisspender(s)*

Wurde in einem ersten Schritt das Vorliegen einer Täuschungshandlung seitens des Geschäftsführers gegenüber dem (Vertreter des) ausrichtenden Verband(es) untersucht, so ist nun der Blick auf das Vorliegen einer Täuschungshandlung gegenüber dem (Vertreter des) Preisspender(s) zu richten. Bei sportlichen Wettbewerben ist es üblich, für die Erzielung von Platzierungen der Höhe nach gestaffelte Siegprämien unter den zum Wettkampf gemeldeten Sportvereinen auszuloben.[180] Diese Prämien werden vom sog. Preisspender ausgeschüttet.[181]

---

180 Ob es sich dabei um eine Auslobung im Sinne von § 657 BGB oder aber im Sinne von § 661 BGB (sog. Preisausschreiben) handelt, ist umstritten, kann aber an dieser Stelle noch dahinstehen. Dazu näher unten unter § 2 A. III. 2. b).

181 In rechtlicher Hinsicht sind aus Gründen der Privatautonomie zahlreiche Konstruktionen denkbar, deren Behandlung in der vorliegenden Abhandlung den Rahmen sprengen würde, und auf die deshalb nur hingewiesen sei: So kann der Teilnahmevertrag mit der Auslobung gekoppelt werden, sodass der ausrichtende Verband und der Preisspender zusammenfallen. Die Prämiengewährung kann aber anstelle einer Ausgestaltung als einseitiges Rechtsgeschäft auch eine rechtliche Ausgestaltung als zweiseitiger Vertrag erfahren, indem die Ausschüttung der Prämien an die Erbringung einer Gegenleistung seitens der teilnehmenden Sportler (Vermarktungsgeschäfte)

Als vorzunehmende Handlung im Sinne der Auslobung ist nur eine solche anzusehen, die den Auslobungsbedingungen entspricht. Die Auslobungsbedingungen werden dabei entweder explizit oder aber durch Verweis auf die Statuten des ausrichtenden Verbandes die Notwendigkeit der Einhaltung sport-ethischer Grundsätze (wie des Fairnessgrundsatzes) klarstellen.

Wird das Vorliegen einer Täuschungshandlung gegenüber dem (Vertreter des) Preisspender(s) untersucht, so können als taugliche sachliche Anknüpfungspunkte sowohl die Geldgewährung als solche ausgeblendet werden, kann sie doch aus betrugsrechtlichen Gründen wie bereits gesehen[182] keine Täuschung darstellen, als auch die Gegenzeichnung des Spielberichtsbogens, erfolgt diese doch seitens des Vereinsvertreters allein mit Kommunikationsgehalt gegenüber dem (Vertreter des) ausrichtenden Verband(es), nicht auch gegenüber dem (Vertreter des) Preisspender(s).

Betrugsrelevant können mithin nur noch die Meldung der Mannschaft und die damit verbundene Begründung der Möglichkeit, die ausgelobte Prämie zu erhalten (dazu sogleich unter a)), das Antreten-Lassen zum Wettkampf (unter b)) und die Entgegennahme der Siegprämie[183] (unter c)) sein.

a) Erster Anknüpfungspunkt: Die Meldung der Mannschaft

Was den Zeitpunkt der Meldung der Mannschaft angeht, wird durch diese die Möglichkeit eröffnet, dass der Rechtsträger der Mannschaft eine Siegprämie erhält. Aus den Auslobungsbedingungen geht die Notwendigkeit der Einhaltung sport-ethischer Grundsätze, insbesondere also eines Manipulationsverbotes hervor. Wird nun ein Sportverein durch seinen Geschäftsführer gemeldet, obgleich dieser entweder schon eine Manipulation des Schiedsrichters vorgenommen hat oder vorzunehmen beabsichtigt, so liegt darin eine konkludente Täuschung über die Einhaltung der Auslobungsbedingungen. Insbesondere kann die Frage nach der Notwendigkeit einer Vermögensrelevanz konkludenter Täuschungen auch an dieser Stelle unbeantwortet bleiben, ergibt sich diese doch aus der Koppelung

---

gekoppelt wird; die bei einer solchen Ausgestaltung ausgeschütteten Summen werden dann wohl in der Regel eine platzierungsabhängige Beteiligung an Vermarktungseinnahmen darstellen, vgl. Fritzweiler/Pfister-*Fritzweiler*, Praxishandbuch Sportrecht, 3. Teil Rn. 38.

182 S. oben unter § 2 A. I. 1. a).

183 Auch auf das Antrittsgeld, welches allein seitens des ausrichtenden Verbandes ausgeschüttet wird, kann es für die Untersuchung einer Täuschung gegenüber dem (hier angenommen personenverschiedenen) Preisspender nicht ankommen.

der Auslobungsbedingungen an die Einhaltung der anerkannten Regeln des Sports bzw. des Fairnessgedankens.

b) Zweiter Anknüpfungspunkt: Das Antreten-Lassen

Auch für den zweiten Anknüpfungspunkt, das Antreten-Lassen der Mannschaft auf dem Spielfeld, ist auf die zum ausrichtenden Verband gemachten Ausführungen entsprechend zu verweisen: In dem Antreten-Lassen liegt eine Täuschung durch Unterlassen, wobei sich die notwendige Garantenstellung des Geschäftsführers auch gegenüber dem Preisspender aus ingerentem Vorverhalten (der Geldgewährung an den Schiedsrichter) ergibt, welchem – über die Koppelung der Auslobungshandlung an das Fairnessgebot – auch die notwendige Vermögensrelevanz zukommt.

c) Dritter Anknüpfungspunkt: Die Entgegennahme der Prämie

Auch was das Vorliegen einer konkludenten Täuschung durch Entgegennahme der Siegprämie seitens des Vereinsvertreters des manipulierenden Vereins angeht, ist auf das oben Ausgeführte zu verweisen: in der bloßen Entgegennahme einer Leistung, hier der Sieger-Prämie, liegt nicht der Erklärungswert, der Gläubiger der Leistung sei zur Empfangnahme berechtigt.[184]

d) Ergebnis zur Täuschung des (Vertreters des) Preisspenders

Im Hinblick auf den (Vertreter des) Preisspender(s) als Täuschungsadressaten ist mithin seitens des manipulierenden Geschäftsführers des obsiegenden Sportvereins eine konkludente Täuschung im Zeitpunkt der Mannschaftsmeldung und eine Täuschung durch Unterlassen im Zeitpunkt des Antreten-Lassens der Mannschaft anzunehmen.

---

184 S. dazu bereits oben unter § 2 A. I. 1. e). Abgesehen davon, dass der bloßen Leistungsentgegennahme nicht ein entsprechender Erklärungswert entnommen werden kann, ist die Tatsache, der Verein sei zur empfangenen Leistung (hier: der Prämien-Ausschüttung) berechtigt gewesen, auch nicht *unwahr*. Dies ergibt sich daraus, dass Auslobungen von Preisgeldern im Rahmen von Sportwettbewerben nach herrschender und vorzugswürdiger Meinung ein Preisausschreiben i. S. v. § 661 BGB darstellen und daher, mit der Entscheidung des Preisgerichts über die Platzierungen, ein – bis zu einer möglichen Neuentscheidung des Preisgerichtes – für die Beteiligten verbindlicher Anspruch (vgl. § 661 Abs. 2 S. 2 BGB) der entsprechend Platzierten auf den entsprechenden platzierungsgekoppelten Belohnungsanspruch besteht. Vgl. dazu noch später unter § 2 A. III. 2. b).

3. *Täuschung gegenüber dem (Vertreter des) gegnerischen Verein(s)*

Nachdem nun das Vorliegen von Täuschungshandlungen gegenüber dem (Vertreter des) ausrichtenden Verband(es) und dem (Vertreter des) Preisspender(s) untersucht wurde, verbleibt nun noch den letzten, am Sportgeschehen beteiligten Akteur – den (Vertreter des) gegnerischen Vereins – in den Blick zu nehmen.

In *sachlicher* Hinsicht können die Mannschaftsmeldung, die Gegenzeichnung des Spielberichtsbogens und die Entgegennahme der Geldbeträge ausgeblendet werden, erfolgten sie doch nicht im Rahmen einer (ggfs. unterlassenen) Kommunikationsbeziehung gerade gegenüber dem (Vertreter des) gegnerischen Verein(s), sondern vielmehr *allein* gegenüber dem (Vertreter des) ausrichtenden Verband(es) bzw. dem (Vertreter des) Preisspender(s). Als täuschungsrelevante Handlung gegenüber dem gegnerischen Verein kommt mithin allein das Antreten-Lassen der Mannschaft zum Spiel in Betracht.

In diesem Antreten-Lassen selbst liegt kein Erklärungswert gegenüber dem (Vertreter des) gegnerischen Verein(s). Der Grund dafür ist in den Rechtsbeziehungen zwischen den Beteiligten zu suchen: Zwar bestehen auf vertikaler Ebene (d.h. zwischen den jeweiligen Sportvereinen und dem ausrichtenden Verband bzw. dem Preisspender) durchaus rechtliche Beziehungen, die als normative Grundlage zur Auslegung eines Erklärungswertes herangezogen werden können. Auf horizontaler Ebene (d.h. zwischen den gegnerischen Vereinen untereinander) bestehen hingegen keinerlei rechtliche Beziehungen. Gerade sie wären allerdings zur Begründung eines Erklärungswertes des Antreten-Lassens auch gegenüber der gegnerischen Mannschaft erforderlich, stellten doch gerade die normativen Regelungen den Anknüpfungspunkt für eine Auslegung des Täterverhaltens dar.[185]

Nicht bestreitbar ist allerdings, dass der sportliche Kontrahent mit dem Antritt der gegnerischen Mannschaft durchaus in Berührung kommt. Insofern ist – wie bereits an entsprechender Stelle zum ausrichtenden Verband bzw. Preisspender ausgeführt – das Vorliegen einer Täuschung durch Unterlassen zu untersuchen.

Allerdings erweist sich dabei das Vorliegen einer Garantenstellung des Geschäftsführers aus Ingerenz gegenüber dem gegnerischen Verein als problematisch. Dem Umstand, dass zwischen den sportlichen Kontrahenten keine vertraglichen Horizontalbeziehungen bestehen, kommt auch an dieser Stelle

185 Dies verkennen (in Dopingkonstellationen) etwa *Cherkeh*, Betrug verübt durch Doping im Sport, S. 64 f.; *Ditz*, Doping im Pferderennsport, S. 501; *Kerner/Trüg*, JuS 2004, 140, 143; *Otto*, SpuRt 1994, 10, 15, welche allesamt von einer konkludenten Täuschung ausgehen.

sogar strafbarkeitsentscheidende Bedeutung zu: Wie bereits ausgeführt, müssen das Vorverhalten und der Betrugstatbestand eine vermögensrechtliche Schutzrichtung teilen. Unter den Schutzschirm des Vermögensdeliktes des Betruges kann nicht eine Norm gestellt werden, die dessen vermögensrechtlichen Schutzzweck nicht teilt. Zur Bejahung einer Täuschung durch Unterlassen aus ingerentem Vorverhalten ist erforderlich, dass derjenigen Norm, die das Vorverhalten als pflichtwidrig erscheinen lässt, ein vermögensrechtlicher Schutzzweck zugrunde liegt.

Der in der Schiedsrichtermanipulation seitens des Geschäftsführers liegende Verstoß gegen den Fairnessgedanken erhält die erforderliche Vermögensrelevanz allein durch die Koppelung der sport-ethisch korrekten Sportleistung an die Erzielung vermögenswerter Vorteile; dies geschieht etwa in den Vertikalvereinbarungen zwischen den jeweiligen Sportvereinen und dem ausrichtenden Verband bzw. dem Preisspender. Gegenüber dem sportlichen Gegner fehlen aber derartige vertragliche Regelungen gerade.[186] Eine Übertragung der Vermögensrelevanz unter Rückgriff auf die Wertungen der vertraglichen Vertikal-Regelungen scheidet hingegen – jedenfalls für den Bereich des Strafrechts als ultima ratio – aus: Denn eine Koppelung der vermögenswerten Vorteile an die sport-ethische Korrektheit der Teilnahmeleistung findet sich – im Gegensatz zu den Vertikalbeziehungen – gerade nicht im Horizontalverhältnis zwischen den sportlichen Kontrahenten, wo vertragliche Regelungen gerade fehlen.

Auch kann eine vermögensrechtliche Schutzrichtung in der horizontalen Beziehung zwischen den Sportkontrahenten nicht daraus hergeleitet werden, dass die Verteilung der Prämien nur an sport-ethisch fair handelnde Gewinner dem nicht-manipulierenden Verein mittelbar zum (wirtschaftlichen) Vorteil gereiche: Aus einem bloß mittelbaren Rechtsreflex kann keine Aussage über den Schutzzweck einer Norm hergeleitet werden.

Damit ist im Ergebnis eine konkludente Täuschungshandlung des Geschäftsführers gegenüber dem gegnerischen Verein mangels Erklärungswertes, eine Täuschung durch Unterlassen nach dem Gedanken des Schutzzweckzusammenhanges bzw. der Vermögensrelevanz zu verneinen.[187]

---

186 Auch liegt kein (Vertikal-)Vertrag mit Schutzwirkung zugunsten Dritter (d. h. zugunsten des jeweils gegnerischen Vereins) vor.

187 So auch *Schild*, in: Rechtliche Fragen des Dopings, S. 13, 28.

4. Zusammenfassung zur Tathandlung

Nach Betrachtung aller unmittelbar am sportlichen Geschehen beteiligten Akteure ist festzuhalten, dass eine Täuschung seitens des Geschäftsführers gegenüber dem (Vertreter des) ausrichtenden Verband(es) und (des) Preisspender(s) zu bejahen ist, gegenüber dem (Vertreter des) gegnerischen Verein(s) indes nicht in Betracht kommt.

II. Irrtum

Durch die soeben untersuchten Täuschungshandlungen müsste auf Seiten einer anderen natürlichen Person[188] ein Irrtum erregt oder unterhalten worden sein, wobei unter einem Irrtum der Widerspruch zwischen für wahr gehaltener subjektiver Vorstellung und objektiver Wirklichkeit zu verstehen ist.[189] Die im Gesetzestext verwendeten Begriffe des Erregens bzw. Unterhaltens des Irrtums implizieren dabei, neben der Notwendigkeit der Feststellung eines Irrtums (dazu unter 1.), dass dieser zumindest auch durch die Täuschungshandlung des Täters mitverursacht worden sein muss (dazu unter 2.).[190]

1. Vorliegen eines Irrtums

Ob ein Irrtum vorliegt, unterliegt der richterlichen Überzeugungsbildung[191] und ist mittels einer umfassenden Würdigung der vorhandenen Beweismittel zu ermitteln; eine Aufgabe, die – wie in der Einführung dargelegt wurde – außerhalb des Erkenntnisbereiches der vorliegenden Abhandlung liegt. Insofern beschränken sich die nachstehenden Ausführungen darauf, abstrakte Leitlinien aufzustellen, die es bei der richterlichen Überzeugungsbildung zu bedenken gilt.

Zunächst ist darauf hinzuweisen, dass getäuschte, irrende und verfügende natürliche Person personenidentisch sein müssen und dass im Rahmen des Verfahrens eine konkrete Feststellung des in Betracht kommenden Irrtumssubjekts

---

188 Statt vieler nur *Fischer*, StGB, § 263 Rn. 66 f.

189 S/S-*Perron*, StGB, § 263 Rn. 33; *Fischer*, StGB, § 263 Rn. 54; *Lackner/Kühl*, StGB, § 263 Rn. 18; LK-*Tiedemann*, StGB, § 263 Rn. 77.

190 Zum Kausalitätserfordernis zwischen Täuschungshandlung und Irrtum S/S-*Perron*, StGB, § 263 Rn. 32, 42 f.; *Fischer*, StGB, § 263 Rn. 63 f.; LK-*Tiedemann*, StGB, § 263 Rn. 93 f.

191 Vgl. LK-*Tiedemann*, StGB, § 263 Rn. 87 mit dem Hinweis auf die Schwierigkeit einer Irrtumsfeststellung im Strafverfahren; s. auch S/S-*Perron*, StGB, § 263 Rn. 33.

erforderlich ist, um sein Vorstellungsbild ermitteln zu können.[192] In Konstellationen einer Schiedsrichtermanipulation kommen dabei als Irrtumssubjekte – spiegelbildlich zum Täuschungsbegriff[193] – der Vertreter des ausrichtenden Verbandes, der Vertreter des Preisspenders sowie des gegnerischen Vereines in Betracht. Die sich inhaltlich stellenden Fragen nach dem „Ob" einer Fehlvorstellung unterscheiden sich für die drei Irrtumssubjekte nicht, sodass auf eine personelle Unterscheidung an dieser Stelle verzichtet werden kann. Bezogen ist der Irrtum gerade auf diejenige Tatsache, deren (Nicht-)Vorliegen dem Getäuschten seitens des Täters vorgespiegelt wurde, in den vorliegend zu beurteilenden Konstellationen also auf die innere Negativtatsache des Nicht-Bestehens einer Manipulationsabsicht bzw. auf die Negativtatsache der Nicht-Vornahme einer Schiedsrichtermanipulation.[194]

Problematisch und im Einzelfall durch richterliche Überzeugungsbildung zu klären ist, ob die Täuschungsadressaten überhaupt einer Fehlvorstellung unterliegen und daher ein Irrtum gegeben ist oder ob nicht vielmehr ein Fall der schlichten Tatsachen-Unkenntnis vorliegt. Dieser Fall, eine sog. ignorantia facti, stellt keinen Irrtum dar,[195] was sich bereits aus dem allgemeinen Begriffsverständnis einer „Fehlvorstellung" ergibt: Eine „fehlerhafte" Vorstellung kann dann nicht vorliegen, wenn das Opfer schlicht keine Vorstellung bildet.[196] In

---

192 BGH NStZ 2003, 313, 315; *Fischer*, StGB, § 263 Rn. 67. Die vorliegende Abhandlung geht von einer gelungenen Ermittlung, d.h. insbesondere konkreten Benennung, des getäuschten und zugleich verfügenden Irrtumssubjekts aus. Tatbestandlich ist Personenidentität erforderlich.

193 Der Irrtum ist als „spiegelbildliches Gegenstück" zur Täuschung zu verstehen, *Fischer*, StGB, § 263 Rn. 53; s. auch *Wessels/Hillenkamp*, BT II, Rn. 490.

194 Zu beidem vgl. S/S-*Perron*, StGB, § 263 Rn. 34 f.

195 S. etwa SK-*Hoyer*, StGB, § 263 Rn. 64; *Lackner/Kühl*, StGB, § 263 Rn. 18; LK-*Tiedemann*, StGB, § 263 Rn. 78; Arzt/Weber-*Arzt*, BT, § 20 Rn. 53; *Küper/Zopfs*, BT, Rn. 370; *Maurach/Schroeder/ Maiwald*, BT I, § 41 Rn. 57; *Rengier*, BT I, § 13 Rn. 49; *Wessels/Hillenkamp*, BT II, Rn. 510. A. A. S/S-*Perron*, StGB, § 263 Rn. 36; NK-*Kindhäuser*, StGB, § 263 Rn. 170 f. Im Ergebnis scheiden aber auch diese Autoren Fälle der ignorantia facti aus dem Anwendungsbereich des § 263 StGB aus, da es an einer intellektuellen Einwirkung auf das Vorstellungbild des Getäuschten fehle (Tun) bzw. die Fehlvorstellung entgegen einer bestehenden Rechtspflicht nicht beseitigt werde (Unterlassen), s. S/S-*Perron*, StGB, § 263 Rn. 37. Zutreffend der Hinweis in NK-*Kindhäuser*, StGB, § 263 Rn. 170, dass dieses berechtigte Bestreben nach einer Tatbestandsbegrenzung richtigerweise beim Täuschungsbegriff anzusiedeln ist. Ähnlich auch LK-*Tiedemann*, StGB, § 263 Rn. 78: „Allerdings fehlt es bei der ignorantia facti […] häufig schon an einer Täuschungshandlung."

196 LK-*Tiedemann*, StGB, § 263 Rn. 78.

teleologischer Hinsicht realisiert sich in den Fallkonstellationen der ignorantia facti nicht die dem Betrug wesenstypische Überlistungssituation.[197]

Die Abgrenzung der Konstellation der schlichten Unkenntnis ist insbesondere zu Konstellationen des „sachgedanklichen Mitbewusstseins"[198] problematisch, in denen ein für einen Irrtum ausreichendes Vorstellungsbild angenommen wird. Insbesondere im Bereich massenhaft vorgenommener, gleichförmiger Geschäfte seien die Abläufe von bestimmten Erwartungshaltungen geprägt, die aufgrund ihrer Vielzahl zwar nicht *bewusst* reflektiert würden, wohl aber latent im „sachgedanklichen Mitbewusstsein" vorhanden seien und daher ebenfalls zur Bejahung einer ausreichenden Fehlvorstellung ausreichten. Erforderlich für einen derartigen Irrtums ist allerdings, dass das Opfer sich gerade im Hinblick auf das konkrete Geschäft die Vorstellung macht, „alles sei in Ordnung".[199] Nicht ausreichend ist hingegen ein bloß allgemeines, losgelöst vom konkreten Geschäft diffus bestehendes Gefühl allgemeiner Sicherheit.[200] Es reicht daher nicht aus, wenn (beispielsweise) der Vertreter des ausrichtenden Verbandes im Allgemeinen – und damit auch mittelbar für die in Rede stehende manipulierte Partie – auf den ordnungsgemäßen, insbesondere manipulationsfreien Verlauf von Sportwettbewerben vertraut. Vielmehr ist erforderlich, dass der Irrtumsadressat auch gerade bezogen auf das konkrete Geschäft die Vorstellung bildet, alles sei in Ordnung. Denn anderenfalls vertraut er (losgelöst von der täterseitigen Täuschungshandlung und losgelöst von dem konkreten Sachverhalt) auf ein bloß allgemeines Gefühl von Sicherheit. Die Abgrenzung, ob überhaupt eine Fehlvorstellung gebildet wurde und – bejahendenfalls – ob diese konkret (d. h. fallbezogen), aber nur latent als sachgedankliches Mitbewusstsein vorhanden war, kann nicht abstrakt beantwortet werden, sondern ist einzelfallabhängig und Gegenstand der richterlichen Beweiswürdigung. Wurde nach richterlicher Überzeugungsbildung eine ausreichende Fehlvorstellung gebildet, so wird der (beispielsweise) getäuschte Vertreter des ausrichtenden Verbandes die seitens des Täters vorgespiegelte Tatsache in der Regel nur unter Zweifeln für wahr halten,

---

197 LK-*Lackner*, StGB, 10. Auflage, § 263 Rn. 76; LK-*Tiedemann*, StGB, § 263 Rn. 78. Zur Verdeutlichung (nach MüKo-*Hefendehl*, StGB, 1. Auflage, § 263 Rn. 204): Der sich auf der Toilette versteckende blinde Passagier verursacht bei dem wortlos vorbeigehenden Schaffner keinen Irrtum (bzw. mangels kommunikativer Einwirkung schon keine Täuschung), wenn sich der Schaffner keinerlei Gedanken über die Frage nach etwaigen Schwarzfahrern macht.

198 Ausführlich dazu LK-*Tiedemann*, StGB, § 263 Rn. 79 f., 83 f.

199 Vgl. BGHSt 2, 325, 326 (*Deputatkohle*).

200 Wie hier *Fischer*, StGB, § 263 Rn. 62.

werden ihm doch die zahlreichen Manipulations(verdachts)fälle im Profisport durchaus bekannt sein. Ein derartiger „Irrtum unter Zweifeln“ reicht nach ständiger Rechtsprechung nur dann zur Annahme eines betrugsrelevanten Irrtums hin, wenn die Möglichkeit der Unwahrheit der vorgespiegelten Tatsache für geringer gehalten wird als diejenige der Wahrheit und sich das Opfer dadurch zu der Verfügung motivieren lässt.[201] Auch diesbezüglich ist eine richterliche Beweisaufnahme und Beweiswürdigung notwendig.

Es ist nicht Ziel der vorliegenden Abhandlung, eine Einzelfalllösung zu bieten; es lassen sich allerdings durchaus Tendenzen in der Beurteilung der Fragestellung innerhalb der Literatur, die sich eingehend mit der Parallelproblematik für den sich dopenden Sportler befasst hat, feststellen. Nach der dort herrschenden Ansicht scheidet eine Betrugsstrafbarkeit jedenfalls mangels Irrtumserregung aus.[202] Zur Begründung wird auf die weite Verbreitung unfairer Praktiken im Profisport und die bestehende Kenntnis der Beteiligten von dieser Praxis verwiesen, die eine Irrtumsannahme ausschließen soll.[203]

Cherkeh nimmt hingegen einen Irrtum unter Zweifeln unter Verweis auf die Bemühungen der ausrichtenden Verbände und Sportvereine an, Manipulationsverbote ausdrücklich zu normieren und (was das Doping anbetrifft) die Kontrolldichte bezüglich der Manipulationen zu erhöhen.[204]

---

201 *Fischer*, StGB, § 263 Rn. 55, auch mit zahlreichen Rechtsprechungsnachweisen; LK-*Tiedemann*, StGB, § 263 Rn. 84 f. Andere Ansichten: *Giehring*, GA 1973, 1 (für „überwiegend wahr“ halten); *Amelung*, GA 1977, 1 (Irrtum entfällt bei Anhaltspunkten für konkrete Zweifel); *Herzberg*, GA 1977, 289 f. (Irrtum entfällt bei mangelfreier Einwilligung in die Vermögensverfügung). S. auch S/S-*Perron*, StGB, § 263 Rn. 40; *Wessels/Hillenkamp*, BT II, Rn. 512; vgl. *Samson*, JA 1978, 469, 473 f.

202 Den Irrtum (in Dopingkonstellationen) ablehnend: Fritzweiler/Pfister-*Fritzweiler*, Praxishandbuch Sportrecht, 1. Teil Rn. 10; Fritzweiler/Pfister-*Summerer*, ebd., 2. Teil Rn. 247; *Schild*, in: Rechtliche Fragen des Dopings, S. 13, 29; *Gutheil*, Doping, S. 173; *Sehling/Pollert/Hackfort*, Doping im Sport, S. 146; *Fritzweiler*, SpuRt 1998, 234, 235; *Linck*, NJW 1987, 2545, 2551; *ders.*, MedR 1993, 55, 61, 62 (in Fn. 80); *Turner*, MDR 1991, 569, 574. Den Irrtum in der Konstellation des *Bundesligaskandals* des BGH (BGH NJW 1975, 1234 f.) ablehnend: *Ferragina*, Betrügereien im Profifußball, S. 46 f.

203 So *Schild*, in: Rechtliche Fragen des Dopings, S. 13, 29; *Linck*, NJW 1987, 2545, 2551; *ders.*, MedR 1993, 55, 61, 62 (in Fn. 80); *Turner*, MDR 1991, 569, 574.

204 Mit dieser Argumentation den Irrtum (in Dopingkonstellationen) bejahend: *Cherkeh*, Betrug verübt durch Doping im Sport, S. 111 und 121; *ders./Momsen*, NJW 2001, 1745, 1748 f.; zustimmend *Kerner/Trüg*, JuS 2004, 140, 141. Den Irrtum ebenfalls bejahend: *Jahn*, JuS 2012, 181, 182; *Otto*, SpuRt 1994, 10, 15. Mit einer rechtspolitischen Argumentation *Schneider-Grohe*, Doping, S. 148, die de lege lata kritisch zu betrachten ist (ebenfalls kritisch *Cherkeh*, Betrug verübt durch Doping im Sport,

Gegen diese Argumentation von *Cherkeh* bestehen indes Bedenken. Alleine aus dem Umstand, dass Verbandsregelungen ausdrückliche Manipulationsverbote vorsehen, kann nicht gefolgert werden, dass die Vertreter der am Sportleben Beteiligten anlässlich einer jeden konkreten Spielbegegnung darüber reflektierten, ob diese neutral erfolge, und irrten, da sie überwiegend auf das Ausbleiben von Manipulationen vertrauten. Abstrakten Verbotsregelungen aus massenhaft verwendeten Verträgen – so auch die vorformulierten Teilnahmeverträge im Profisport – wohnt geradezu eine gegenteilige Aussage inne: Sie werden als präventive Regelungen vorformuliert, um eine einzelfallbezogene Regelung gerade nicht mehr treffen zu müssen. Präventiv formulierte Regelungen suchen, so wie dispositives Gesetzesrecht, Transaktionskosten der Parteien, d. h. Einzelfallregelungen und Einzelfallüberlegungen der Parteien, zu minimieren. Das Treffen von Vorkehrungen durch Verbotsklauseln in Massenverträgen ist nicht Ausdruck einer Reflektion des Einzelfalls, sondern – gerade umgekehrt – Niederschlag dessen, dass sich gerade nur allgemeine Erwägungen angestellt wurden, um so den Parteien eine konkrete Einzelfallregelung zu ersparen. Sollen sich die Parteien im Einzelfall aber gerade keine Gedanken mehr machen, so irren sie weder unter Zweifeln noch ist ihre latent vorhandene Vorstellung eine solche, die einen *konkreten* Fallbezug aufweist. Ein derartiges, vom konkreten Fall losgelöstes Vertrauen, ein Gefühl „allgemeiner Sicherheit", eine als selbstverständlich vorausgesetzte Regelkonformität[205] reicht hingegen – ausweislich des bereits Dargestellten – für die Annahme eines betrugsrelevanten Irrtums nicht aus. Gerade ein derartiges bloß allgemeines Gefühl der Sicherheit liegt aber – nach vorliegend vertretener Ansicht – im Bereich des Profisportes vor, vertrauen die sportlichen Teilnehmer im Allgemeinen ja geradezu „blind" auf die Loyalität der übrigen Teilnehmer. Dieses allgemeine Vertrauen auf ein „sportrichtiges Verhalten"[206] ergibt sich aus der Vorstellung, der Sportler sei ein „fair sportsman" und aus dem Fairnessgedanken, der als bindender, übergeordneter Grundsatz erlebt wird[207] und in seinen

---

S. 113 (in Fn. 373) sowie *Linck*, MedR 1993, 55, 61 (in Fn. 80)). Den Irrtum in der Konstellation des *Bundesligaskandals* des BGH (BGH NJW 1975, 1234 f.) bejahend: *Triffterer*, NJW 1975, 612, 614.

205 So etwa *Kerner/Trüg*, JuS 2004, 140, 141.

206 Begriffsbildung unter Anlehnung an die Figur des sog. verkehrsrichtigen Verhaltens aus dem Deliktsrecht (etwa BGHZ 24, 21, 26): Im Straßenverkehr muss sich ein jeder verkehrsgerecht verhaltender Teilnehmer auf ebensolches Verhalten der anderen verlassen können.

207 Vgl. Fritzweiler/Pfister-*Pfister*, Praxishandbuch Sportrecht, Einf. Rn. 24.

Wirkungen intensiver als § 242 BGB ist.[208] Insofern ist ein Erst-Recht-Schluss zu ziehen: Ebenso wie im geschäftlichen Verkehr nicht das allgemeine Vertrauen in die Redlichkeit aller (möglichen) Geschäftspartner ausreicht, um einen Irrtum zu bejahen, reicht auch nicht das allgemeine Vertrauen in die sportliche Fairness aller (möglichen) Sportvereine, um einen Irrtum zu bejahen. Nichts anderes gilt für die Figur der sog. „sachgedanklich vorhandenen Bewusstseinsinhalte“[209]: Sie eröffnet für Massenleistungen im Geschäftsverkehr[210], bei denen die Beteiligtenvorstellung durch „als selbstverständlich angesehenen Erwartungsmustern geprägt“[211] ist, die Möglichkeit einer Fehlvorstellung. Zwar muss bei dieser Figur die gebildete Vorstellung „nicht mehr bewusst aktualisiert“ [212] werden; ein Bezug zu der konkreten Tatsache, d. h. zu dem Einzelfall, muss aber dennoch gegeben sein. Auch die Vorstellung „alles ist in Ordnung“ muss aus Tatsachen des konkreten Sachverhalts abgeleitet werden.[213]

Nach alledem spricht im Falle von Schiedsrichtermanipulationen im Profisport viel dafür, das Vorliegen eines Irrtums der beteiligten Parteien zu verneinen, wird ihnen doch in der Regel ein ausreichendes Vorstellungbild fehlen. Eine abschließende Antwort kann allerdings – wie bereits mehrfach ausgeführt – an dieser Stelle nicht geleistet werden, obliegt sie doch der richterlichen Beweiswürdigung im Einzelfall.

2. *Kausalität der Täuschung für den Irrtum*

Der Gesetzeswortlaut verdeutlicht, dass zwischen der Tathandlung und dem Irrtum eine Verknüpfung in Form einer Kausalbeziehung bestehen muss. Im Hinblick auf Schiedsrichtermanipulationen sind zwei Konstellationen zu unterscheiden:

Geht man davon aus, dass eine Fehlvorstellung des getäuschten Vertreters des ausrichtenden Verbandes, des Preisspenders bzw. des gegnerischen Vereins

---

208 Fritzweiler/Pfister-*Summerer*, Praxishandbuch Sportrecht, 2. Teil Rn. 13.

209 MüKo-*Hefendehl*, StGB, § 263 Rn. 231 („ständiges Begleitwissen“); Satzger/Schmitt/Widmaier-*Satzger*, StGB, § 263 Rn. 73 („sachgedankliches Mitbewusstsein“); LK-*Tiedemann*, StGB, § 263 Rn. 83.

210 So geht etwa der Tankwart bei Beobachtung eines Tankvorgangs davon aus, der Kunde sei zahlungswillig und -fähig, ohne darüber konkret nachzudenken, vgl. MüKo-*Hefendehl*, StGB, § 263 Rn. 231.

211 *Fischer*, StGB, § 263 Rn. 62.

212 *Fischer*, StGB, § 263 Rn. 62.

213 *Küper/Zopfs*, BT, Rn. 370; SK-*Hoyer*, StGB, § 263 Rn. 65 (entscheidend sei das „Maß der Konkretisierung der Vorstellung“); *Lackner/Kühl*, StGB, § 263 Rn. 18.

bereits im Zeitpunkt der Vornahme der Tathandlung bestand, so kann diese nur dann „durch [täterseitige] Vorspiegelung [...] erregt oder [unterhalten]" worden sein, wenn sich der Geschäftsführer nicht bloß darauf beschränkte, eine bereits vorhandene Fehlvorstellung lediglich auszunutzen. Für das „Unterhalten" eines Irrtums im Sinne des § 263 Abs. 1 StGB ist vielmehr erforderlich, dass der Täter eine bestehende Fehlvorstellung des Opfers pflichtwidrig nicht beseitigt. Da der manipulierende Geschäftsführer eines Sportvereins indes – jedenfalls aus Ingerenz – Garant für das Vermögen des ausrichtenden Verbandes, des Preisspenders bzw. des gegnerischen Vereins ist, liegt ein bloßes Ausnutzen nicht vor.[214]

Geht man davon aus, dass der (etwaig festgestellte) Irrtum der Vornahme der Täuschungshandlung (hier also der Meldung oder dem Antreten-Lassen) zeitlich nachfolgte, so stellt sich die Frage nach einem bloßen „Ausnutzen" nicht. Vielmehr ist dann entscheidend, inwiefern der bestechende Geschäftsführer durch seine Tathandlung den Irrtum auf Seiten der Getäuschten erregte. Der Irrtum muss zumindest auch[215] auf der Täuschungshandlung basieren, darf also nicht völlig abstrakt von dieser sein.[216] Bloß allgemeine Vertrauenstatbestände reichen für eine Tatbestandmäßigkeit mangels Irrtums schon nicht hin; auch eine Kausalbeziehung kann dann nicht vorliegen. Anders liegt der Fall jedoch, wenn ein tatbestandsrelevanter Irrtum vorliegt: Denkt man die konkrete Täuschungshandlung des Täters hinweg, so entfiele auch die konkrete Fehlvorstellung auf Seiten des Vertreters des ausrichtenden Verbandes, des Preisspenders bzw. des gegnerischen Vereins, sodass für diesen Fall unter Anwendung der conditio-sine-qua-non-Formel[217] eine Kausalität zu bejahen ist.

3. *Zusammenfassung zum Irrtum*

Ob ein tatbestandsrelevanter Irrtum auf Seiten des getäuschten Vertreters des ausrichtenden Verbandes, des Preisspenders bzw. des gegnerischen Vereins vorliegt, ist als Einzelfallfrage vorliegend keiner abstrakten Beantwortung zugänglich. Sofern jedoch das Vorliegen eines konkreten Irrtums zu bejahen ist, wird dieser

214 Wie hier, allerdings zu Dopingkonstellationen: *Cherkeh*, Betrug verübt durch Doping im Sport, S. 124. Bloße Irrtumsausnutzung: *Schild*, in: Rechtliche Fragen des Doping, S. 13, 29.

215 Eine Mitverursachung reicht aus, vgl. MüKo-*Hefendehl*, StGB, § 263 Rn. 269, auch m. w. N.

216 *Lackner/Kühl*, StGB, § 263 Rn. 20, 54.

217 Vgl. *Kühl*, AT, § 4 Rn. 9 f.

auch gerade durch die Täuschungshandlung des Täters erregt, jedenfalls aber unterhalten.

III. Vermögensverfügung und Vermögensschaden

Kennzeichnend für das bereits mehrfach relevant gewordene Wesen des Betruges ist sein Charakter als Vermögensdelikt, welcher im Wortlaut der Norm durch das Tatbestandsmerkmal des „Vermögensschadens" zum Ausdruck kommt. Die Merkmale des „Irrtums" und des „Schadens" müssen allerdings zueinander in Beziehung gesetzt werden. Diese Funktion übernimmt das ungeschriebene, aber anerkannte Merkmal der Vermögensverfügung,[218] welches die Natur des Betruges als Selbstschädigungsdelikt verdeutlicht. Die Vermögensverfügung muss kausal durch den Irrtum verursacht sein[219] und wird definiert als jedes bewusste, freiwillige Tun, Dulden oder Unterlassen, welches sich unmittelbar vermögensmindernd auswirkt.[220] Schon anhand der Definition wird also der enge Zusammenhang zwischen Vermögensverfügung und Vermögensschaden deutlich: Ist für die Bejahung einer Vermögensverfügung die Feststellung einer Vermögensminderung notwendig, so wird im Rahmen des Tatbestandsmerkmals des Vermögensschaden untersucht, ob diese Vermögensminderung durch einen schadensausgleichenden Vermögenszufluss (sog. Kompensation) aufgewogen wird.[221] Zugrunde gelegt wird dabei ein wirtschaftliches Verständnis: Das Vermögen ist demnach die Summe aller geldwerten Güter einer Person; Vermögensbestandteil ist jede wirtschaftliche Position, der im Geschäftsverkehr ein Wert beigemessen wird.[222]

---

218 Die Vermögensverfügung als Bindeglied: RGSt 47, 151, 152; S/S-*Perron*, StGB, § 263 Rn. 54; SK-*Hoyer*, StGB, § 263 Rn. 85; *Lackner/Kühl*, StGB, § 263 Rn. 21.

219 S/S-*Perron*, StGB, § 263 Rn. 77.

220 Statt vieler nur: BGHSt 14, 170, 171; *Fischer*, StGB, § 263 Rn. 70.

221 Vgl. *Fischer*, StGB, § 263 Rn. 70; *Lackner/Kühl*, StGB, § 263 Rn. 36 f., vgl. auch *ebd.*, Rn. 22. Damit erfolgt die Feststellung des letztlich wirklich entstandenen Verlustes im Schadensmerkmal, vgl. LK-*Tiedemann*, StGB, § 263 Rn. 97. Zum Teil wird der Umstand einer Vermögensminderung erst als Element des Schadens geprüft, vgl. etwa *Maurach/Schroeder/Maiwald*, BT I, § 41 Rn. 72; *Mitsch*, BT II/1, § 7 Rn. 64.

222 Zum bis heute nicht umfassend geklärten Vermögensbegriff *Wessels/Hillenkamp*, BT II, Rn. 530 f. Den gemeinsamen Ausgangspunkt in einem wirtschaftlichen Verständnis nehmen sowohl der wirtschaftliche als auch der juristisch-ökonomische Vermögensbegriff ein. Letzterer fügt (im Sinne der Einheit der Rechtsordnung) ein Korrektiv ein, wonach nur solchen Positionen Vermögenswert zukommen soll, die unter dem Schutz der Rechtsordnung stehen, was insbesondere bei (gemäß §§ 134, 138 BGB) nichtigen Forderungen zum Tragen kommt. Zum wirtschaftlichen Vermögensbegriff die ständige

Den äußeren Rahmen der nachstehenden Ausführungen wird eine Gliederung in personeller Hinsicht bilden: Als geschädigte Vermögensinhaber kommen der ausrichtende Verband (unter 1.), der Preisspender (unter 2.) und der gegnerische Verein (unter 3.) in Betracht. Betrachtet werden – im Einklang mit dem eingangs Erläuterten – nur Konstellationen, in denen der ausrichtende Verband und der Preisspender auseinanderfallen und daher getrennt zu beurteilende Rechtsverhältnisse bestehen.[223]

1. *Verfügungsbedingte Vermögensschädigung des ausrichtenden Verbandes*

Zunächst ist danach zu fragen, ob der Vertreter des den Sportwettbewerb ausrichtenden Verbandes über Verbandsvermögen verfügte und dem Verband dadurch einen Vermögensschaden zufügte. Dabei sind zwei Anknüpfungspunkte denkbar: zum einen der Teilnahmevertrag und damit ein vertragliches Verhältnis, zum anderen das verbandsrechtliche Verhältnis zwischen dem ausrichtenden Verband und seinen Mitgliedsvereinen (unter c)).

In Bezug auf den Teilnahmevertrag sind wiederum zwei zeitliche Anknüpfungspunkte zu unterscheiden: zum einen der Abschluss des Vertrages (unter a)), zum anderen die Erfüllung des Vertrages durch den getäuschten, irrenden (Vertreter des) ausrichtenden Verband(es) durch Auszahlung des Antrittsgeldes (unter b)).[224] Der Teilnahmevertrag bezeichnet dabei denjenigen Austauschvertrag[225] zwischen Sportverein und ausrichtendem Verband, der den Sportverein

---

Rechtsprechung seit RGSt 44, 230; BGHSt 2, 364 f.; 3, 99, 102; 16, 220, 221 und Teile der Literatur: Arzt/Weber-*Arzt*, BT, § 20 Rn. 91; *Krey/Hellmann/Heinrich*, BT II, Rn. 608, 613 f.; ähnlich *Fischer*, StGB, § 263 Rn. 89 f. Zum juristisch-ökonomischen Vermögensbegriff: S/S-*Perron*, StGB, § 263 Rn. 82 f.; LK-*Tiedemann*, StGB, § 263 Rn. 127, 132; *Maurach/Schroeder/Maiwald*, BT I, § 41 Rn. 99 f. (anders noch 6. Auflage); *Rengier*, BT I, § 13 Rn. 128; *Seelmann*, JuS 1982, 509.

223 Das Rechtsverhältnis zwischen den teilnehmenden Vereinen und dem ausrichtenden Verband ist der sog. Teilnahmevertrag, welcher einen gegenseitigen Austauschvertrag darstellt (dazu oben unter § 2 A. I. 1. b)). Das Rechtsverhältnis zwischen den teilnehmenden Vereinen und dem Preisspender ist ein einseitiges Rechtsverhältnis (dazu unter § 2 A. I. 2. und im Besonderen unter § 2 A. III. 2.).

224 In rechtlichen Kategorien ist damit die Unterscheidung zwischen Eingehungs- und Erfüllungsbetrug angesprochen, welche relevant für den Vollendungszeitpunkt ist, S/S-*Perron*, StGB, § 263 Rn. 127.

225 Die dogmatische Einordnung ist umstritten, kann hier aber dahinstehen: Für eine Einordnung als Dienstvertrag: *Richtsfeld*, SpuRt 1995, 153; *Turner*, NJW 1992, 720, 723. Dienstvertrag mit werkvertraglichen Elementen: *Schwab*, in: Rechtliche Fragen des Dopings, S. 35, 47 f.

zur Teilnahme und den ausrichtenden Verband zur Auszahlung eines sog. Antrittsgeldes nach Wettkampfteilnahme verpflichtet.[226] Die seitens der Sportler zu erbringende Teilnahmeleistung an dem Wettbewerb hat unter Einhaltung der für die Sportart und den konkreten Wettbewerb geltenden Vorschriften zu erfolgen, sodass insbesondere die Grundnormen des Sports, wie etwa der Fairnessgrundsatz, zu achten und einzuhalten sind.

a) Vermögensverfügungsbedingter Vermögensschaden durch Eingehung des Teilnahmevertrages

In einem ersten Schritt ist nun zu untersuchen, inwiefern eine Vermögensverfügung seitens des ausrichtenden Verbandes im Vertragsabschluss und damit in der Eingehung einer Verbindlichkeit (d. h. Belastung des Vermögens des ausrichtenden Verbandes mit der Verbindlichkeit zur Auszahlung eines Antrittsgeldes nach Wettkampfteilnahme[227]) liegt. Dabei ist auch zu klären, inwiefern diese geeignet ist, einen Vermögensschaden zu begründen (unten unter (bb)). Lebensweltlich sind damit Situationen angesprochen, in denen die Täuschungshandlung spätestens im Zeitpunkt des Vertragsabschlusses vorgenommen wird, da es anderenfalls bereits an einer Kausalität der täuschungsbedingten Irrtumserregung für die (noch zu untersuchende) Verfügungshandlung fehlen würde.

Zum besseren Verständnis der nachfolgenden Ausführungen sind ihnen (sogleich unter (aa)) einige theoretische Bemerkungen zum Eingehungsbetrug vorangeschaltet. Alle nachstehenden Ausführungen zum Eingehungsbetrug stehen allerdings unter einem rechtlichen Vorbehalt: Auf die Grundsätze zum Eingehungsbetrug kommt es nämlich nur dann an, wenn es zum tatsächlichen Leistungsaustausch nicht kommt und daher ein Erfüllungsbetrug nicht gegeben ist (sog. Subsidiarität des Eingehungs- gegenüber dem Erfüllungsbetrug)[228] oder wenn der spätere Austausch den Betrugstatbestand nicht mehr verwirklicht.[229] In diesen Konstellationen ist zu untersuchen, ob in einem der Erfüllung vorgelagerten Stadium eine Vollendungsstrafbarkeit begründet ist.

---

226 Es kommt vorliegend also gerade nicht auf das der Auslobung zugrundeliegende Rechtsverhältnis an, welches für die Frage nach einer Vermögensschädigung allein des Preisspenders relevant ist (unter § 2 A. III. 2.).

227 Vgl. in Konstellationen des sich dopenden Sportlers *Cherkeh*, Betrug verübt durch Doping im Sport, S. 160 f.

228 Vgl. LK-*Tiedemann*, StGB, § 263 Rn. 274; *Küper/Zopfs*, BT, Rn. 635; *Wessels/Hillenkamp*, BT II, Rn. 539 (in Fn. 240); *Müller-Christmann*, JuS 1988, 108, 112.

229 BGHSt 22, 88, 89 f.; *Wessels/Hillenkamp*, BT II, Rn. 539 (in Fn. 240).

aa) Vorbemerkungen zu Vermögensverfügung und Vermögensschaden beim Eingehungsbetrug

Die Vermögensverfügung wird definiert als jedes bewusste, freiwillige Tun, Dulden oder Unterlassen, welches sich unmittelbar vermögensmindernd auswirkt.[230] Der Normalfall einer vermögensmindernden Verfügung ist der Abfluss von Aktiva, etwa der Abfluss von Barmitteln. Hingegen erscheint die Annahme einer „Vermögensminderung" dann schwierig, wenn die Verfügung nicht zu einem Abfluss von Aktiva, sondern zu einer Belastung mit Passiva (etwa: Belastung mit einer noch nicht fälligen Zahlungsverbindlichkeit) führt, denn in diesem Fall liegt im relevanten Zeitpunkt der Begründung der Verbindlichkeit gerade keine „effektive, rechnerisch nachweisbare Vermögenminderung"[231] vor. Allerdings bedeutet nach wirtschaftlicher Betrachtungsweise auch die Belastung eines Vermögens mit einer Verbindlichkeit eine Verschlechterung der gegenwärtigen Vermögenslage, steht doch bereits im Zeitpunkt der Begründung der Verbindlichkeit fest, dass diese künftig zu erfüllen ist und in jenem künftigen Erfüllungszeitpunkt in eine kalkulatorisch-nachweisbare Vermögensminderung umschlägt.[232] Die Eingehung der Verbindlichkeit führt also zu einer Vermögensgefährdung im Hinblick auf den künftigen erfüllungsbedingten Vermögensabfluss. Derartige bloße Vermögensgefährdungen reichen indes zur Vollendung des Betrugstatbestandes grundsätzlich nicht aus, deuteten sie doch den Betrug in unzulässiger Weise in ein Gefährdungsdelikt um. Im Hinblick auf die weiterhin notwendige Abgrenzung zwischen Versuch und Vollendung des Betrugsdeliktes ist zudem auf eine Unterscheidung zwischen versuchstypischen Gefährdungslagen und vollendungsnotwendigen Vermögensschäden zu achten. Zur Annahme einer Vollendungsstrafbarkeit kann daher nicht eine jede Vermögensgefährdung zureichen. Erforderlich ist der Eintritt einer Gefährdungslage, die einem effektiven, kalkulatorisch-nachweisbaren Vermögensabfluss vergleichbar ist. Derartige Situationen werden als sog. schadensgleiche Vermögensgefährdung[233] bezeichnet. Dabei ist die Vermögensgefährdung erst dann schadensgleich, wenn sie derart konkret ist, dass nach den Umständen des Einzelfalls die hohe Wahrscheinlichkeit des endgültigen Verlustes des Wirtschaftsgutes gegeben ist.[234] Nur dann hat sich die bloße (versuchstypische) Vermögensgefährdung derart verdichtet, dass sie zu

230 Statt vieler nur *Fischer*, StGB, § 263 Rn. 70.

231 S/S-*Perron*, StGB, § 263 Rn. 143.

232 S/S-*Perron*, StGB, § 263 Rn. 143; *Maurach/Schroeder/Maiwald*, BT I, § 41 Rn. 123.

233 Vgl. BGH NJW 1987, 3144, 3145; S/S-*Perron*, StGB, § 263 Rn. 143.

234 Vgl. dazu insgesamt S/S-*Perron*, StGB, § 263 Rn. 143 f.

einer wirtschaftlichen Abwertung des Vermögens des Betroffenen führt.[235] Nur dann besteht zwischen der konkreten Vermögensgefährdung und der effektiven, rechnerisch-nachweisbaren Vermögensminderung (etwa: durch Auszahlung von Aktiva) kein betrugsrechtlich relevanter qualitativer Unterschied mehr, sondern lediglich ein gradueller, „ein nur quantitativer Unterschied."[236,237]

Bei vertraglichen Austauschgeschäften wie dem eingegangenen Teilnahmevertrag sind die beiderseitigen Vertragsverpflichtungen zu vergleichen; ein Schaden liegt nur dann vor, wenn der Anspruch des Getäuschten wirtschaftlich weniger wertvoll ist als die seitens des Getäuschten übernommene Verpflichtung.[238] Die Wertermittlung bemisst sich nach objektiven Maßstäben, d.h. dem Urteil eines objektiven Betrachters, der allerdings die persönlichen Bedürfnisse und Verhältnisse des Betroffenen mitzuberücksichtigen hat.[239] Nach diesen Grundsätzen liegt ein Eingehungsschaden vor allem dann vor, wenn die Leistung des Täuschenden minderwertig ist oder er leistungsunwillig oder leistungsunfähig ist.[240]

bb) Eingehungsbetrug durch Abschluss des Teilnahmevertrages

Entscheidend ist damit vorliegend, ob der Anspruch des ausrichtenden Verbandes auf Teilnahme an dem Wettbewerb gegenüber dem Sportverein wirtschaftlich

---

235 Vgl. *Fischer*, StGB, § 263 Rn. 156.

236 Wörtlich erst kürzlich etwa: BGH NJW 2009, 2390, 2391. Vgl. auch BGH wistra 1991, 307, 308; *Fischer*, StGB, § 263 Rn. 156; *Brüning*, ZJS 2009, 300; *Küper*, JZ 2009, 799, 800 f.; *Ransiek/Reichling*, ZIS 2009, 315 f. A. A. *Schlösser*, NStZ 2009, 663, der in der konkreten Gefährdung bereits eine effektive, rechnerisch-nachweisbare Vermögenminderung sieht, sei doch auch die Gefährdung bilanzierbar und damit bezifferbar. Wie hier: S/S-*Perron*, StGB, § 263 Rn. 143, auch m. w. N.

237 Die Frage nach dem Vorliegen einer bloßen Vermögensgefährdung in Abgrenzung zu einer schadensgleichen Vermögensgefährdung ist somit bereits eine Frage der Vermögensverfügung und daher an dieser Stelle korrekt lokalisiert.

238 BGHSt 51, 165, 174 f., 177 (*Hoyzer*); 54, 69, 122; BGH NJW 1991, 2573; BGH NStZ 2004, 557, 558; *Fischer*, StGB, § 263 Rn. 176; *Wessels/Hillenkamp*, BT II, Rn. 539.

239 *Wessels/Hillenkamp*, BT II, Rn. 539. Vgl. zur Wertbemessung LK-*Tiedemann*, StGB, § 263 Rn. 163.

240 Vgl. BGHSt 16, 220, 221; 23, 300, 302 f.; BGH NJW 1994, 1744, 1745; S/S-*Perron*, StGB, § 263 Rn. 128 (auch m. w. N.); *Lackner/Kühl*, StGB, § 263 Rn. 53; *Krey/Hellmann/Heinrich*, BT II, Rn. 628; *Wessels/Hillenkamp*, BT II, Rn. 539. Zum Eingehungsbetrug durch den sich dopenden Sportler S. *Cherkeh*, Betrug verübt durch Doping im Sport, S. 167 f.

vollwertig ist. Nun könnte man meinen, es komme für die Ermittlung der Vollwertigkeit darauf an, ob die (versprochene) Leistung des Sportvereins vollwertig sei, was wiederum davon abhinge, ob sich die Schiedsrichtermanipulation auf den konkreten Spielverlauf und das Spielergebnis auswirkte; denn nur in diesem Falle werde die seitens des Sportvereins geschuldete Leistung minderwertig, erbracht.

Diesen Ausführungen ist aus zwei Gründen nicht zu folgen: Zum ersten sind die Ausführungen schon deshalb falsch, da der Teilnahmevertrag allein die Erbringung der Teilnahmeleistung seitens des vertraglich Verpflichteten, d. h. des Sportvereins, betrifft, nicht hingegen die (manipulationsbedingt eventuell minderwertig) erbrachten Leistungen der Schiedsrichter regelt. Durch eine Manipulation der Schiedsrichter wird die Qualität der Teilnahmeleistung des Sportvereins hingegen nicht tangiert: Die Leistungen der Mannschaft auf dem Platz erfolgen in unverminderter Qualität. Die einzig (möglicherweise) minderwertige Leistung, die Schiedsrichterleistung, ist hingegen nicht Gegenstand des Teilnahmevertrages und kann daher nach dem inter-partes-Grundsatz auch nicht zu einer Minderwertigkeit der Teilnahmeleistung des Sportvereins führen.

Zum zweiten kommt es auf die Auswirkungen der Schiedsrichtermanipulation auf den Spielverlauf auch deshalb nicht an, da eine derartige Argumentation das Wesen des Eingehungsbetruges verkennen würde: Bei diesem begründet schon die Eingehung des Teilnahmevertrages die Vollendungsstrafbarkeit. Damit kann es auf die Frage, ob die erst im Wettkampf erfolgende und damit dem Abschluss des Teilnahmevertrages zeitlich nachfolgende Teilnahmeleistung minderwertig[241] ist, nicht ankommen. Der phänomenologische (und rechtliche) Unterschied zwischen kausaler, non-kausaler und erfolgloser Manipulation[242] erlangt folglich für die Frage nach dem Vorliegen eines *Eingehungs*betruges keine rechtliche Bedeutung.

Kommt es für einen Eingehungsbetrug nicht auf die Minderwertigkeit der Leistung, sondern auf die Minderwertigkeit des Anspruchs des Getäuschten auf die Leistung an, so könnte man meinen, der Anspruch auf die Leistung sei in Anbetracht des Risikos, dass der Schiedsrichter in Folge einer möglichen künftigen Zuwendung manipulativ in den Wettkampfverlauf eingreift, wirtschaftlich minderwertig. Die schadensgleiche Vermögensgefährdung wäre im Zeitpunkt der Eingehung des Teilnahmevertrages darin zu sehen, dass sich das Opfer zur Ausschüttung eines Antrittsgeldes verpflichtet, eventuell aber ohne die ihm zustehende vollwertige Leistung vom Sportverein jemals erlangen zu können. Diese

241 Dazu noch ausführlich unter § 2 A. III. 1. b).

242 S. zu dieser Differenzierung bereits oben unter § 2 A. I. 1. b) bb) (1) und Fn. 67.

Annahme ist indes zu weitgehend. Die bloße Gefahr, im Rahmen einer künftigen Erfüllung Opfer einer Schlechtleistung des Vertragspartners zu werden, reicht zwar zur Annahme einer bloßen Vermögensgefährdung aus, nicht aber zur Annahme einer schadensgleichen Vermögensgefährdung.[243] Eine schadensgleiche Vermögensgefährdung soll erst dann vorliegen, wenn der Betroffene – auch nach Kenntnis des Irrtums – zur Erbringung seiner Leistung gezwungen werden kann, etwa da ihm ein Anfechtungsrecht nicht zusteht[244] oder er dieses nicht kennt, Sicherungsmittel (etwa aus § 614 oder § 641 BGB) faktisch, d. h. mangels täuschungsbedingter Unkenntnis vom Sicherungsfall, leerlaufen oder dem Betroffenen der Umstand seiner überobligatorischen Leistungserbringung verborgen bleibt, sodass schon im Zeitpunkt der Vertragseingehung eine konkrete, schadensgleiche Gefährdung für sein Vermögen besteht. So liegt der vorliegend exemplarisch untersuchte Fall einer Schiedsrichtermanipulation indes gerade nicht, ist doch der Anspruch auf die Erbringung der Teilnahmeleistung gerade gegen den Sportverein und die hinter ihm stehenden ordnungsgemäß leistenden Vereinssportler[245] gerichtet und vollwertig.

Eine schadensgleiche Vermögensgefährdung ist folglich in dem Zeitpunkt der Vertragseingehung nicht erkennbar.

b) Vermögensverfügungsbedingter Vermögensschaden durch Auszahlung des Antrittsgeldes

Chronologisch zweiter Anknüpfungspunkt für das Vorliegen eines verfügungsbedingten Vermögensschadens ist der Zeitpunkt der Erfüllung seitens des Betroffenen, d. h. der Zeitpunkt der Auszahlung des Antrittsgeldes seitens des (Vertreters des) ausrichtenden Verbandes.

---

243 S/S-*Perron*, StGB, § 263 Rn. 145.
Wie hier den Schaden des sportlichen Gegners in Dopingkonstellationen ablehnend: *Momsen-Pflanz*, Die sportethische und strafrechtliche Bedeutung des Dopings, S. 231.

244 S/S-*Perron*, StGB, § 263 Rn. 145.

245 Anders mag daher der Fall des Selbstdopings von Sportlern liegen, bei denen von der Manipulation nicht die Leistung eines vertragsfremden Dritten (hier: des Schiedsrichters), sondern die Leistung des Vertragspartners selbst betroffen ist. Vgl. zu Dopingkonstellationen *Cherkeh*, Betrug verübt durch Doping im Sport, S. 167, 191; *Schattmann*, Betrug des Leistungssportlers, S. 60, 83, die einen Eingehungsschaden des ausrichtenden Verbandes in diesen Konstellationen bejahen.

aa) Verfügungsbedingter Vermögensschaden

Die Verfügung liegt in der zur Erfüllung der eigenen Verbindlichkeit vorgenommenen Handlung, im Falle des ausrichtenden Verbandes also in der Auszahlung des Antrittsgeldes nach Wettkampfteilnahme.[246]

Ein Vermögensschaden des betroffenen ausrichtenden Verbandes könnte sich – ist die Teilnahmeleistung der Sportler doch wie bereits gesehen trotz der Zuwendungsgewährung an den Schiedsrichter nicht minderwertig – daraus ergeben, dass der Abfluss von Aktiva erfolgte, ohne dass der ausrichtende Verband zu dieser Leistung verpflichtet war. Ein Erfüllungsschaden liegt also jedenfalls dann vor, wenn der Getäuschte mehr leistet, als er letztlich zu leisten verpflichtet wäre.[247] Eine überobligatorische Leistung des ausrichtenden Verbandes wäre insbesondere dann anzunehmen, wenn eine vertragliche Pflicht zur Leistung seitens des ausrichtenden Verbandes nicht bestand. Zur Beantwortung dieser Frage ist entscheidend, wie sich die Zuwendungsgewährung seitens des Geschäftsführers an den Schiedsrichter auf den vertraglichen Anspruch auf Auszahlung des Antrittsgeldes auswirkt. An dieser Stelle ist daher eine nähere Betrachtung der zivilrechtlichen Rechtslage erforderlich. Dabei ist im Rahmen der Prüfung des Vorliegens eines Erfüllungsbetruges das Wettkampfgeschehen bereits beendet, sodass an dieser Stelle – anders als für den soeben untersuchten und abgelehnten Eingehungsbetrug – durchaus der Frage nachzugehen ist, inwiefern nicht die Ausprägungen als kausale (sogleich (1)), non-kausale bzw. erfolglose (anschließend unter (2)) Schiedsrichtermanipulation[248] Auswirkungen auf die zivilrechtliche (und damit auch strafrechtliche) Rechtslage zeitigen.

(1) Exkurs: Zivilrechtliche Folgen einer kausalen Manipulation

Im Falle einer *kausalen Manipulation* führt die sich auf den Spielverlauf und das Spielergebnis auswirkende Schiedsrichtermanipulation im Hinblick auf die Erbringung der Teilnahmeleistung zum Vorliegen von zivilrechtlicher Unmöglichkeit:[249]

---

246 Zur entsprechenden Konstellation beim Doping s. *Cherkeh*, Betrug verübt durch Doping im Sport, S. 170.

247 Vgl. S/S-*Perron*, StGB, § 263 Rn. 135 f.; *Fischer*, StGB, § 263 Rn. 177; SK-*Hoyer*, StGB, § 263 Rn. 238; LK-*Tiedemann*, StGB, § 263 Rn. 201 f.; *Wessels/Hillenkamp*, BT II, Rn. 542.

248 S. zur dieser Differenzierung bereits oben unter § 2 A. I. 1. b) bb) (1) und Fn. 67.

249 Anders liegt der Fall beim Doping: Sofern dieses bereits im Zeitpunkt der Meldung erfolgt ist, liegt ein Fall anfänglicher Unmöglichkeit vor, steht doch fest, dass dieses auf jeden Fall Auswirkungen auf den Wettkampfverlauf zeitigen wird. Es kommt dann auf die Frage an, ob die Grundsätze zum Eingehungsbetrug (der definitorisch

Die Erbringung der geschuldeten Leistung wird, wenn sie von niemandem bzw. von dem Schuldner nicht mehr erbracht werden kann, objektiv bzw. subjektiv unmöglich, vgl. § 275 Abs. 1 BGB.

Im Rahmen dieser zivilrechtlichen Norm ist dogmatisch zwischen Fällen zu unterscheiden, in denen die Vornahme der Leistungshandlung unmöglich wird und Fällen, in denen der Eintritt des Leistungserfolges[250] unmöglich wird. Während im Falle der Schiedsrichtermanipulation die Vornahme der Leistungshandlung des Sportvereines (d. h. die Erbringung der Teilnahmeleistung) weiterhin möglich bleibt, gilt ein anderes im Hinblick auf den Eintritt des Leistungserfolges: Anerkannte Fallgruppe der Unmöglichkeit im letztgenannten Sinne ist derjenige, dass der Erfolg in Folge eines Wegfalls des vom Gläubiger zu stellenden Leistungssubstrates dauerhaft[251] nicht mehr erfolgen kann (sog. Zweckfortfall).[252] Einen derartigen Wegfall des Leistungssubstrates könnte die sich auf den Spielverlauf und das konkrete Spielergebnis auswirkende Schiedsrichtermanipulation bewirken, vereitelt diese doch, dass die konkrete Spielbegegnung unter Wahrung der grundlegenden sportlichen Regeln, etwa der Fairness und der Offenheit des Spiels, stattfindet. Führt man sich zusätzlich den Charakter der konkreten Spielbegegnung als absolutes Fixgeschäft vor Augen, so wird deutlich, dass der Leistungserfolg der Teilnahme an einem sportlichen Wettbewerb unter Einhaltung der vom ausrichtenden Verband aufgestellten Regeln und der sport-ethischen Grundnormen von niemandem mehr bewirkt werden kann.

---

einen Vergleich bestehender Verbindlichkeiten voraussetzt) auf Fälle des § 311a Abs. 1 BGB anwendbar sind, in denen zwar ein wirksames Vertragsverhältnis besteht, dieses aber ohne Primärleistungspflichten entsteht. Überholt sind infolge der Schuldrechtsreform die Ausführungen von *Cherkeh*, Betrug verübt durch Doping im Sport, S. 163 f. zu § 306 BGB a. F. In den vorliegend untersuchen Schiedsrichtermanipulations-Konstellationen ist hingegen nicht klar, ob sich die Schiedsrichtermanipulation auf den konkreten Spielverlauf auswirken wird: dies kann der Fall sein (sodass dann eine anfängliche Unmöglichkeit vorläge), muss es aber nicht (dann: nachträgliche Unmöglichkeit). Ein betrugsrelevanter Unterschied ergibt sich aus der Einordnung als anfängliche bzw. nachträgliche Unmöglichkeit nicht.

250 Dies sind die Fälle der sog. *Zweckstörung*, s. Palandt-*Heinrichs*, BGB, § 275 Rn. 18.

251 Die Frage, ob anderenfalls nur ein Fall des Annahmeverzuges, keine Unmöglichkeit vorliegt, ist umstritten, vorliegend aber nach allen Ansichten aufgrund des Charakters der Teilnahmeleistung an einem terminierten sportlichen Wettkampf als absolutes Fixgeschäft uninteressant (vgl. MüKo-*Ernst*, BGB, § 275 Rn. 155). Vgl. auch Palandt-*Heinrichs*, BGB, § 275 Rn. 10; *Looschelders*, Schuldrecht AT, Rn. 431.

252 MüKo-*Ernst*, BGB, § 275 Rn. 151.

Festzuhalten ist somit, dass eine sich kausal auswirkende Schiedsrichtermanipulation dazu führt, dass infolge des Wegfalls des Leistungssubstrats die Erbringung der Teilnahmeleistung im Rahmen der manipulierten Spielpartie gemäß § 275 Abs. 1 BGB unmöglich wird. Folge dessen ist wiederum, dass eine Pflicht zur Erbringung der Teilnahmeleistung seitens des Sportvereins nicht besteht.[253]

Allerdings bezieht sich die Unmöglichkeit der Leistungserbringung nach den vorstehenden Ausführungen nur auf die konkret manipulierte Spielbegegnung. Stellt diese – etwa im Falle eines Mehrstufenwettbewerbes – nur eine von mehreren Spielbegegnungen dar, an denen teilzunehmen der Sportverein aus dem Teilnahmevertrag verpflichtet ist, so stellt sich die Frage, wie sich diese Teilunmöglichkeit auf die Gesamt-Teilnahmeverpflichtung des Sportvereins an dem Gesamtwettbewerb auswirkt.

Grundsätzlich kann die Verpflichtung zur Leistung auch nur zum Teil unmöglich werden, was im Wortlaut des § 275 Abs. 1 BGB an dem Begriff des „soweit“ deutlich wird.[254] Unmöglich wird dann grundsätzlich nur der entsprechende Teil der Leistungspflicht.[255] Eine Teilunmöglichkeit setzt allerdings die Teilbarkeit der unmöglich gewordenen Leistung voraus.[256] Damit ist vor allem an Fälle zu denken, in denen der Schuldner der (teilweise) unmöglich gewordenen Leistung die Erbringung mehrerer gleicher vertretbarer Sachen schuldet (etwa: Schüttgut, Reissäcke, Flüssigkeiten).[257] Ausnahmsweise folgt aber aus einer teilweisen Unmöglichkeit auch eine vollumfängliche, und zwar dann, wenn die unmöglich gewordene Pflicht zur Leistung aus technischen Gründen oder nach dem Parteiwillen untrennbar ist, wenn sich die Teilleistung für den Gläubiger nach dem Inhalt und Zweck des Vertrages als sinnlos erweist oder die Teilleistung ein wirtschaftliches aliud zur Gesamtleistung darstellt.[258]

---

253 Für die Frage der Unmöglichkeit der Leistungserbringung gemäß § 275 Abs. 1 BGB spielt die Frage des Vertretenmüssens des Schuldners der unmöglich werdenden Leistung keine Rolle – die Unmöglichkeit der Leistungserbringung tritt verschuldensunabhängig ein (s. Palandt-*Grüneberg*, BGB, § 275 Rn. 5; Bamberger/Roth-*Unberath*, BGB, § 275 Rn. 51). Daher sind die Ausführung von *Ernst* (MüKo-*ders.*, BGB, § 275 Rn. 154), wonach der den Wegfall des Leistungssubstrats bewirkende Umstand außerhalb der persönlichen oder sachlichen Leistungsfähigkeit des Schuldners der unmöglich werdenden Leistung liegen müsse, auch nicht im Sinne eines Verschuldens zu verstehen.

254 MüKo-*Ernst*, BGB, § 275 Rn. 121.

255 Vgl. Bamberger/Roth-*Unberath*, BGB, § 275 Rn. 47.

256 Palandt-*Grüneberg*, BGB, § 275 Rn. 7; Bamberger/Roth-*Unberath*, BGB, § 275 Rn. 48.

257 MüKo-*Ernst*, BGB, § 275 Rn. 122.

258 Bamberger/Roth-*Unberath*, BGB, § 275 Rn. 48 f.

Die Einordnung in eine der drei dogmatisch herausgebildeten Fallgruppen erscheint müßig, stellen sie doch alle drei nur unterschiedliche Umschreibungen ein und derselben Sachlage dar: Die Teilunmöglichkeit steht der Vollunmöglichkeit ausnahmsweise dann gleich, wenn die zu erbringende Leistung nur als Gesamtheit ihren Sinn für den Gläubiger behält. Ein Teilnahmevertrag verpflichtet den vertraglich gebundenen Sportverein zur Teilnahme an dem gesamten Wettbewerb – soweit möglich. Die Teilnahmen an den jeweiligen Spielpartien stellen nicht mehrere gleiche Leistungen dar, sondern differieren ihren Inhalten nach: Während die ersten Spiele in Mehrstufenwettbewerben Qualifikationsrunden für das Finale darstellen, folgen darauf Viertel-, Halb und Finalspiele, die jeweils an Wichtigkeit gewinnen. Dies zeigt sich nicht nur an der steigenden Nachfrage in Form von Zuschauerzahlen im Stadion, sondern auch an steigenden Erlösen aus Vermarktungsgeschäften, kurzum: anhand der Öffentlichkeitswirksamkeit. Eine Teilnahme an einem Wettbewerb stellt somit ein Gesamtpaket dar, welches entweder insgesamt erbracht werden kann oder dessen Erbringung – sofern Teilunmöglichkeit vorliegt – ausnahmsweise vollumfänglich unmöglich wird.

Die somit herausgestellte vollumfängliche Unmöglichkeit der Erbringung der Teilnahmeleistung im Falle einer kausalen Schiedsrichtermanipulation zieht folgende rechtliche Konsequenz nach sich: In Folge der Unmöglichkeit der Erbringung der Leistung erlischt auch der Gegenleistungsanspruch des Sportvereins gerichtet auf die Auszahlung des Antrittsgeldes (vgl. § 326 Abs. 1 S. 1 Hs. 1 BGB). Es besteht keine Leistungspflicht des ausrichtenden Verbandes zur Zahlung des Antrittsgeldes.

(2) Exkurs: Zivilrechtliche Folgen der non-kausalen und erfolglosen Manipulation

Anders liegen die zivilrechtlichen Folgen in den Fällen der non-kausalen und erfolglosen Manipulation. Bei diesen wird die Schiedsrichtermanipulation entweder nicht für den Sieg derjenigen Mannschaft, aus deren Umfeld die Zuwendung entstammt, kausal oder eine Einflussnahme auf das Spielgeschehen unterbleibt insgesamt. Im tatsächlichen Spielgeschehen wirkt sich die Zuwendungsgewährung mithin nicht aus. Zivilrechtliche Folge ist, dass der Anspruch auf Auszahlung des Antrittsgeldes wirksam zustande kommt.

(3) Konsequenz der zivilrechtlichen Rechtslage für das Vorliegen eines Vermögensschadens durch Auszahlung des Antrittsgeldes

Überträgt man die herausgestellten zivilrechtlichen Rechtsfolgen auf das Strafrecht, so ergibt sich folgendes Bild: Wird im Falle der kausalen Schiedsrichtermanipulation seitens des ausrichtenden Verbandes das Antrittsgeld ausgezahlt, so leistet der ausrichtende Verband, obgleich er rechtlich dazu (wegen § 326 Abs. 1 S. 1 Hs. 1 BGB) nicht mehr verpflichtet ist und schädigt sich damit selbst. Folglich tritt mit der Auszahlung des Antrittsgeldes in Person des ausrichtenden Verbandes ein (Erfüllungs-)schaden ein.[259] Eine Kompensation des durch die Antrittsgeldauszahlung bedingten Vermögensabflusses folgt auch nicht – wie *Cherkeh*[260] zutreffend ausführt – aus dem Zufluss von Zuschauereinnahmen.[261] Grund dafür ist, dass kompensationstauglich nur solche Vermögenszuflüsse sind, die unmittelbar auf der Verfügung basieren, was insbesondere bedeutet, dass sie dem Geschädigten zeitgleich und nicht aus dritter Hand zufließen müssen.[262]

In den Fällen der non-kausalen und erfolglosen Manipulation hingegen fehlt es an einem Vermögensschaden des ausrichtenden Verbandes: Er ist und bleibt zu der Zahlung des Antrittsgeldes rechtlich verpflichtet. Zahlt der ausrichtende Verband das Antrittsgeld aus, so wird sein Vermögensabfluss durch die Tilgung der gegen ihn wirksam bestehenden Verbindlichkeit unmittelbar und vollumfänglich kompensiert. Die Annahme eines Erfüllungsschadens scheidet in diesen Konstellationen mithin aus.

bb) Kausalität des Irrtums für die Vermögensverfügung (Antrittsgeld-Zahlung)

Die Merkmale des Irrtums und der Vermögenverfügung sind tatbestandlich über ein Kausalitätserfordernis verbunden. Erforderlich ist, dass der (einzelfallabhängig vorliegende) Irrtum für die Vornahme der Vermögensverfügung zumindest mitursächlich ist. Die Kausalität einer Bedingung für einen Erfolg bemisst sich nach der conditio-sine-qua-non-Formel, sodass der Irrtum kausal ist, wenn er nicht hinweggedacht werden kann, ohne dass die Vermögensverfügung entfiele. Denkt man sich den Irrtum des Opfers (d.h. die Fehlvorstellung, es sei keine Manipulation des Spieles erfolgt), so hätte das Opfer von der Zuwendungsgewährung

---

259 So auch zum Erfüllungsbetrug in Dopingkonstellationen *Cherkeh*, Betrug verübt durch Doping im Sport, S. 191 f.; *Momsen-Pflanz*, Die sportethische und strafrechtliche Bedeutung des Dopings, S. 226 f.; *Heger*, JA 2003, 76, 81.
Den Schaden in Dopingkonstellationen hingegen pauschal ablehnend: *Linck*, NJW 1987, 2545, 2551; *ders.*, MedR 1993, 55, 61; *Turner*, MDR, 1991, 569, 574.

260 So auch (Dopingkonstellationen betreffend) *Cherkeh*, Betrug verübt durch Doping im Sport, S. 193.

261 So aber (zu Dopingkonstellationen) *Schild*, in: Rechtliche Fragen des Dopings, S. 13, 30; zustimmend *Mestwerdt*, Doping, S. 65.

262 Zum Unmittelbarkeitserfordernis ausführlich LK-*Tiedemann*, StGB, § 263 Rn. 161 f.

durch den obsiegenden Verein gewusst.[263] Im Falle der Kenntnis des ausrichtenden Verbandes von einer Manipulation wäre bei lebensnaher Sachverhaltsauslegung die Ausschüttung des Antrittsgeldes jedoch unterblieben. Der Irrtum ist folglich kausal für die Auszahlung des Antrittsgeldes.

Fehl geht hingegen folgende Ausführung von *Cherkeh*[264], wonach „das positive Wissen um den Dopingverstoß des vermeintlichen Siegers, von dessen Fehlen die Verfügung hier allein abhängt, [...] bereits ein weiterer Umstand und daher eine hypothetische Ersatzbedingung [sei], die nicht herangezogen" werden dürfe. Denn das Hinwegdenken eines Irrtums – d. h. einer Fehlvorstellung – führt notwendigerweise zum Vorliegen des Gegenteils. Soll eine „Fehl"-Vorstellung hinweggedacht werden, so kann nur eine „korrekte" Vorstellung vorliegen, d.h. eine Kenntnis des wahren Sachverhalts. In dieser Annahme liegt keine nicht-hinzuzudenkende hypothetische Ersatzursache[265], sondern die allein korrekte Bestimmung der Kausalität eines Irrtums für eine Vermögensverfügung nach der conditio-Formel.

Rechtlich irrelevant ist auch, dass sich der verfügende Vertreter des ausrichtenden Verbandes womöglich im Verfügungszeitpunkt allein auf den Umstand der Teilnahme des Sportvereins an dem Wettbewerb und auf ein abstraktes Vertrauen in die sportliche Korrektheit des Wettbewerbs, nicht hingegen auf die Täuschungshandlung des Geschäftsführers des manipulierenden Verbandes und damit auf einen konkret geschaffenen Vertrauenstatbestand verließ: Gefragt ist nicht nach der Kausalität der Täuschungshandlung für die Verfügungsvornahme, sondern nach der Kausalität des *Irrtums* für die Verfügungsvornahme. Die Kausalität des (einzelfallabhängig vorliegenden) Irrtums für die Verfügung ist mithin zu bejahen.

cc) Zwischenergebnis

Festzuhalten ist mithin, dass in der Erfüllung des Teilnahmevertrages durch den ausrichtenden Verband in Form der Auszahlung des Antrittsgeldes seitens des ausrichtenden Verbandes im Falle einer kausalen Manipulation eine kausal durch den Irrtum verursachte, vermögensschädigende Verfügung zu sehen ist.

---

263 Vgl. BGHSt 51, 165 176 f. sowie auch S. 174 (*Hoyzer*).

264 *Cherkeh*, Betrug verübt durch Doping im Sport, S. 158 (wenn auch zur Kausalität des Irrtums des Mitkonkurrenten für dessen Verfügung in Doping-Konstellationen).

265 Zum Verbot des Hinzudenkens hypothetischer Ersatzursachen *Kühl*, AT, § 4 Rn. 11 f. Allein schon die Betrachtung der Normal-Fälle, in denen das Vorliegen einer hypothetischen Ersatzursache angenommen wird, zeigt, dass die Konstellationen anders gelagert sind: sie betreffen meist Fälle der Erfolgsbeschleunigung, vgl. auch von Heintschel-Heinegg-*Heuchemer*, StGB, § 13 Rn. 13; S/S-*Eisele*, StGB, vor § 13 Rn. 80.

In den Konstellationen der non-kausalen bzw. erfolglosen Manipulation ist hingegen das Vorliegen eines Vermögensschadens des ausrichtenden Verbandes durch Auszahlung des Antrittsgeldes zu verneinen.

c) Verfügungsbedingter Vermögensschaden durch Unterlassen verbandsrechtlicher Handlungsmöglichkeiten

Im Rahmen der Untersuchung einer verfügungsbedingten Vermögensschädigung des ausrichtenden Verbandes wurde zunächst an den Teilnahmevertrag als Rechtsverhältnis zwischen dem ausrichtenden Verband und dem Sportverein angeknüpft. Neben diesem vertraglichen Verhältnis besteht zwischen ihnen auch ein verbandsrechtliches Verhältnis. Anknüpfend an dieses könnte eine Verfügung über eigenes Vermögen darin gesehen werden, dass der ausrichtende Verband es täuschungsbedingt unterließ, etwaig bestehende verbandsrechtliche Reaktionsmöglichkeiten in Bezug auf die Zuwendungsgewährung an den Schiedsrichter zu ergreifen.[266]

Rein theoretisch kommen als verbandsrechtliche Rechte, über die durch Unterlassen verfügt worden sein könnte beispielsweise[267] folgende in Betracht: Erlangt der ausrichtende Verband bereits vor dem Spielbeginn von der Schiedsrichtermanipulation Kenntnis, so ist an die Neunominierung der Schiedsrichter, an eine Neuterminierung des Spiels oder an einen Ausschluss des betreffenden Vereins aus dem laufenden Wettbewerb zu denken. Erlangt er hingegen erst während des Spiels Kenntnis, so ist an eine Spielunterbrechung mit Schiedsrichterwechsel, einen Spielabbruch mit Neuterminierung oder einen Spielabbruch mit Ausschluss des manipulierenden Vereins aus dem Wettbewerb zu denken. Schließlich – im Falle erst nachträglicher Kenntniserlangung – kann eine Anordnung der Spielwiederholung, ein Abzug von Punkten im Wettbewerb oder eine Straf- bzw. Geldbußen-Verhängung erwogen werden.

Zu prüfen ist nun, ob in dem Unterlassen der Ergreifung dieser theoretisch denkbaren verbandsrechtlichen Reaktionsmöglichkeiten seitens des ausrichtenden Verbandes eine schädigende Vermögensverfügung zu sehen ist. In Betracht käme allein eine Verfügung durch Unterlassen, die sich – der Definition der Vermögensverfügung zufolge – unmittelbar vermögensmindernd auswirken müsste. Vermögensmindernd wirkt ein Unterlassen nur dann, wenn die Vermögenslage des Getäuschten bei Geltendmachung der unterlassenen Rechte wirtschaftlich

---

266 Idee aus einem Gespräch mit Professor Samson, auch im Folgenden.

267 Die zur Verfügung stehenden Rechte richten sich einzelfallabhängig nach der Satzung des den Wettbewerb ausrichtenden Verbandes. Für die Zwecke der Abhandlung werden typische Reaktionsmöglichkeiten beispielhaft dargelegt.

wertvoller gewesen wäre,[268] zählen doch zum Vermögen nur faktisch durchsetzbare, nicht auch wirtschaftlich wertlose, wie etwa uneinbringliche oder nicht bestehende Ansprüche.[269] Insofern muss ein hypothetischer Vermögensvergleich eine wirtschaftliche Besserstellung ergeben. Voraussetzung dafür ist wiederum, dass die nicht geltend gemachten Rechte verbandsrechtlich überhaupt vorgesehen, d. h. existent sind und dass auch eine faktische Möglichkeit der Geltendmachung besteht. Durch Unterlassen kann nur verfügen, wer von der Geltendmachung rechtlich und faktisch existenter Rechte absieht.

Überdies müsste das Unterlassen der Rechtsgeltendmachung dazu geführt haben, dass die Aussichten des Verbandes, die Rechte erfolgreich geltend zu machen, verschlechtert hätten, was zu einer wirtschaftlichen Abwertung der Rechte geführt haben müsste.[270] Bleibt dem Verband das Vorliegen einer Schiedsrichtermanipulation verborgen und macht er verbandsrechtliche Rechte aus diesem Grunde nicht geltend, so läuft der Verband zwar Gefahr, bestehende Fristen zur Geltendmachung der Verbandsrechte nicht einzuhalten und daher einen faktischen Verlust der unterlassenen Rechte zu erleiden.[271] Es ist aber zu bedenken, dass Entscheidungen über verbandsrechtliche Sanktionierungen typischerweise in die Hände von sog. Verbandsgerichten gelegt werden, die vor einer Sanktionsverhängung zu kontaktieren sind. In praktischer Hinsicht ist insoweit darauf hinzuweisen, dass das Verbandsgericht im Rahmen seiner Entscheidungsfindung zwar grundsätzlich frei ist, allerdings abhängig von dem Nachweis des tatsächlichen Stattfindens der Schiedsrichtermanipulation sein wird – ein Nachweis, der in praxi nur selten gelingt. Insofern ist zweifelhaft, ob die Geltendmachung von Verbandsrechten den ausrichtenden Verband überhaupt besser gestellt hätte.

Zweifelhaft erscheint überdies die Frage, ob die möglicherweise in ihrer Geltendmachung unterlassenen Verbandsrechte überhaupt Positionen darstellen, die dem betrugsstrafrechtlichen Vermögensschutze unterstellt sind; denn nur, wenn die unterlassenen Rechte Vermögensrechte darstellen, kann sich das

---

268 S/S-*Perron*, StGB, § 263 Rn. 58; LK-*Lackner*, StGB, 10. Auflage, § 263 Rn. 107 a. E.; LK-*Tiedemann*, StGB, § 263 Rn. 103; vgl. auch *Bockelmann*, BT I, S. 69.

269 Vgl. LK-*Lackner*, StGB, 10. Auflage, § 263 Rn. 127, 142.

270 Ob die in einer Verfügung durch Unterlassen kompensationslos verbleibende Vermögensminderung einen „gewöhnlichen" Betrugsschaden darstellt oder aber eine schadensgleiche Vermögensgefährdung (so *Cramer*, Vermögensbegriff und Vermögensschaden, S. 143), kann vorliegend dahinstehen.

271 Die Konstellation ist daher ähnlich der Gefahr, den Anspruch durch Unterlassen seiner Geltendmachung verjähren zu lassen und ihn daher faktisch zu verlieren, vgl. S/S-*Perron*, StGB, § 263 Rn. 144.

Unterlassen der Geltendmachung von Verbandsrechten überhaupt vermögensmindernd auswirken. In concreto ergeben sich die Zweifel aus dem bereits im Rahmen des Täuschungsbegriffs angesprochenen Gedanken des Schutzzwecks der Norm. Während der Betrug allein dem Schutz des Vermögens zu dienen bestimmt ist, liegt dies bei Verbandsrechten – jedenfalls im Ausgangspunkt – anders: Denn Zweck derselben ist es zunächst einmal, die Fairness im Sport aufrecht zu erhalten, nicht auch das Vermögen des Verbandes zu schützen.[272] Für repressiv[273] eingreifende verbandsrechtliche Sanktionsmittel ergibt sich der Umstand, dass sie keine Vermögenswerte darstellen, bereits aus ihrer Ähnlichkeit mit staatlichen Geldstrafen oder Ordnungsbußen: Ebenso wie diese keinen Bezug zum wirtschaftlichen Verkehr aufweisen und daher nicht von dem betrugsrechtlichen Vermögensbegriff umfasst werden,[274] gilt dies auch für verbandsrechtliche Sanktionsmittel.

Es kann mithin festgehalten werden, dass eine verfügungsbedingte Vermögensschädigung des ausrichtenden Verbandes nicht in dem Unterlassen der Geltendmachung von verbandsrechtlichen Rechten begründet liegt.[275]

d) *Ergebnis zur verfügungsbedingten Vermögensschädigung des ausrichtenden Verbandes*

Im Hinblick auf einen verfügungsbedingten Vermögensschaden des ausrichtenden Verbandes ist festzuhalten, dass ein solcher im Zeitpunkt der Eingehung des Teilnahmevertrages nicht gegeben ist, stehen sich doch im Zeitpunkt der Eingehung des Teilnahmevertrages wirtschaftlich gleichwertige Ansprüche gegenüber.

Stellt man hingegen auf die Erfüllung in Form der Auszahlung des Antrittsgeldes ab, so liegt ein verfügungsbedingter Vermögensschaden allein für die

---

272 Die Geltendmachung von Verbandsrechten kann sich zwar durchaus finanziell positiv auswirken. Dieser bloße Reflex darf indes nicht mit der hier allein gegenständlichen Frage nach dem Schutzzweck der Verbandsregeln vermischt werden. Reflexwirkungen treffen nicht notwendigerweise eine Aussage zum Schutzzweck der zugrundeliegenden Regelung.

273 Solche sind etwa die Spielwiederholung, der Punktentzug, die Verhängung von Geldstrafen bzw. Ordnungsbußen.

274 Geldstrafe und Ordnungsbuße sind keine vermögensrechtlichen Positionen: S/S-*Perron*, StGB, § 263 Rn. 78a.

275 In praktischer Hinsicht ist darauf hinzuweisen, dass – sofern verbandsrechtliche Reaktionsmöglichkeiten bestehen – diese vor allem eines Nachweises der Manipulation bedürfen, der nur selten gelingt.

Konstellation der kausalen Manipulation vor. Ein solcher scheidet für die Fälle der non-kausalen und erfolglosen Schiedsrichtermanipulation hingegen aus.

Keinen tauglichen Anknüpfungspunkt für die Annahme eines verfügungsbedingten Vermögensschadens bildet die unterlassene Geltendmachung von Verbandsrechten seitens des ausrichtenden Verbandes.

2. *Verfügungsbedingte Vermögensschädigung des Preisspenders*

Neben dem ausrichtenden Verband kommt als verfügungsbedingt Geschädigter auch der Preisspender in Betracht.

Insoweit könnte die betrugsrelevante Verfügung[276] in der Auszahlung des Sieger-Preisgeldes an den Erst-Platzierten zu sehen sein.[277] Es sei nochmals darauf hingewiesen, dass im Rahmen der vorliegenden Abhandlung nur Konstellationen

---

276 Das Vorliegen einer Verfügung des Preisspenders ließe sich mit der Begründung anzweifeln, dass sich der Preisspender der Vermögensverfügung durch Auszahlung des Preisgeldes durchaus bewusst war und der Betrugstatbestand in derartigen Fällen bewusster Selbstschädigung unanwendbar sei (Den Betrug als unbewusstes Selbstschädigungsdelikt auffassend: S/S-*Perron*, StGB, § 263 Rn. 41; SK-*Hoyer*, StGB, § 263 Rn. 66; *Lackner/Kühl*, StGB, § 263 Rn. 55; *Cramer*, Vermögensbegriff und Vermögensschaden, S. 202, 206 f.; *Eser*, Strafrecht IV, S. 125; *Krey/Hellmann/Heinrich*, BT II, Rn. 655; *Maurach/Schroeder/Maiwald*, BT I, § 41 Rn. 121; *Mitsch*, BT II/1, § 7 Rn. 35; *Cramer*, JuS 1966, 472, 477; *Lenckner*, NJW 1971, 599 f.). Die Rechtsprechung und andere Stimmen in der Literatur hingegen nehmen eine dahingehende Einschränkung – unter Verweis auf den offenen Wortlaut des § 263 StGB, auf das Ziel eines umfassenden Vermögensschutzes und auf die identische Opfersituation – zu Recht nicht vor (vgl. BGH NJW 1995, 539; LK-*Tiedemann*, StGB, § 263 Rn. 181 f.; *Bockelmann*, BT I, S. 71 f.; *Wessels/Hillenkamp*, BT II, Rn. 518; *Dölling*, JuS 1981, 570, 571; *Ellscheid*, GA 1971, 161, 166; *Herzberg*, MDR 1972, 93; *ders.*, JuS 1972, 570; *Hilgendorf*, JuS 1994, 466, 468; *Mohrbotter*, GA 1975, 41, 47). Letztlich nähert sich die Lehre von der unbewussten Selbstschädigung der vorzugswürdigen herrschenden Meinung über die Lehre von der sozialen Zweckverfehlung an (so *Cherkeh*, Betrug verübt durch Doping im Sport, S. 196; Vertreter der Lehre von der sozialen Zweckverfehlung: S/S-*Perron*, StGB, § 263 Rn. 100 f.; SK-*Hoyer*, StGB, § 263 Rn. 219 f.; *Maurach/Schroeder/Maiwald*, BT I, § 41 Rn. 120; *Cramer*, Vermögensbegriff und Vermögensschaden, S. 206 f.): Die erforderliche unbewusste Selbstschädigung liege (auch im Falle einer bewussten Vermögenminderung) darin, dass die verfügungsbedingte Vermögensminderung – vom Opfer unerkannt – ihren sozialen Zweck verfehle und daher einen Schaden verursache (vgl. S/S-*Perron*, StGB, § 263 Rn. 102).

277 Vgl. zu der entsprechenden Konstellation beim Doping: *Cherkeh*, Betrug verübt durch Doping im Sport, S. 172; *Schneider-Grohe*, Doping, S. 149; *Otto*, SpuRt 1994, 10, 15.

untersucht werden, in denen der ausrichtende Verband und der Preisspender auseinanderfallen und demzufolge auch rechtlich voneinander zu unterscheidende Rechtsverhältnisse bestehen. Der Preisspender verspricht durch öffentliche Bekanntmachung für die Vornahme einer Handlung – etwa die Erst-Platzierung in einem Sportwettbewerb – die Auszahlung einer bestimmten Summe. Rechtstechnisch handelt es sich dabei um eine Auslobung[278], d.h. ein Schuldverhältnis, welches – als gesetzlich zulässige Ausnahme vom Vertragsprinzip, vgl. § 311 Abs. 1 BGB – durch einseitiges Rechtsgeschäft zustande kommt.[279]

a) Unanwendbarkeit der Grundsätze zum Eingehungs- und Erfüllungsbetrug sowie der Hoyzer-Rechtsprechung

Folge der Natur der Auslobung als einseitiges Schuldverhältnis ist, dass keine Verpflichtungen beider Parteien, sondern eben nur die Verpflichtung einer Partei besteht: allein der Auslobende ist rechtlich gebunden, sobald er die Belohnung öffentlich bekanntmacht. Mit Vornahme der Handlung besteht gegen ihn ein Anspruch auf Auszahlung der Auslobungssumme. Gegen die Adressaten besteht hingegen zu keinem Zeitpunkt ein Anspruch des Preisspenders auf Vornahme der Handlung.

Mangels beiderseitiger Verpflichtungen können die Grundsätze zum Eingehungs- und Erfüllungsbetrug, die zur betrugsrechtlichen Handhabung vertraglicher Austauschgeschäfte entwickelt wurden,[280] keine Anwendung auf die Auslobung finden.[281] Somit kommen als Verfügungszeitpunkte nicht zwei in Betracht (etwa: die „Eingehung" bzw. öffentliche Bekanntmachung sowie die „Erfüllung" der Auslobung durch Auszahlung der Siegprämie); im Rahmen der Schadensberechnung ist vielmehr allein auf die Auszahlung der Siegprämie abzustellen.

Nicht übertragbar ist insbesondere die *Hoyzer*-Rechtsprechung des BGH zur Schadensermittlung in Wettbetrugsfällen. Dies soll nun dargelegt werden.

Laut BGH kann in derartigen Fällen die für einen Eingehungsbetrug erforderliche schadensgleiche Vermögensgefährdung nicht mittels Rückgriffs auf die Gefahr der Auszahlung des Wettgewinns begründet werden, ist doch im relevanten

---

278 Näher dazu unter § 2 A. III. 2. b).

279 Vgl. zum Vertragsprinzip und dessen Ausnahmen (einseitige Schuldverhältnisse) MüKo-*Emmerich*, BGB, § 311 Rn. 1, 21 f.

280 Vgl. BGHSt 51, 165, 174 f. (*Hoyzer*) („beiderseitigen Vertragsverpflichtungen", „Gegenleistung", „übliche Austauschgeschäfte"); *Wessels/Hillenkamp*, BT II, Rn. 539.

281 Dies verkennen (Dopingkonstellationen betreffend) *Cherkeh*, Betrug verübt durch Doping im Sport, S. 206 f. und *Kerner/Trüg*, JuS 2004, 140, 142.

Zeitpunkt der Eingehung des Wettvertrages die Realisierung der Manipulationen und damit die Realisierung der Gefahr, die Wettsumme auszahlen zu müssen, noch weitgehend offen;[282] stattdessen begründet der BGH das Vorliegen eines Eingehungsschadens mit der Figur des sog. Quotenschadens, wonach die seitens des Wettbüros veräußerte Gewinnchance in Folge der bereits erfolgten Manipulationshandlung erheblich unter Wert veräußert wurde.[283]

Versucht man, die *Hoyzer*-Rechtsprechung auf die vorliegend untersuchte Konstellation der Schiedsrichtermanipulation zu übertragen, so ergibt sich folgendes Bild: Seitens des Vereins, dessen Geschäftsführer schmierte, bestehen zwar mit Zulassung zum Wettbewerb faktische Gewinnchancen auf die ausgelobten Prämien – ihre Realisierung, d. h. die Erzielung einer Platzierung, ist aber im Zeitpunkt der Zulassung noch weitgehend offen und hängt etwa von Faktoren wie der eigenen Spielstärke, der Spielstärke der anderen Mannschaften, Verletzungen von Spielern und Witterungsbedingungen in den zahlreichen bis zum Finalspiel stattfindenden Einzelbegegnungen ab. Insoweit ist noch eine Parallele zum *Hoyzer*-Urteil bezogen auf den Eingehungsbetrug im Hinblick auf den Wettgewinn[284] erkennbar. Allerdings fehlt es an einer seitens des Preisspenders ermittelten Gewinnquote bzw. an einer seitens des Sportvereins gekauften Gewinnchance. Dem Sportverein kommt zwar in Folge der Zulassung eine faktische Gewinnchance zu; diese besitzt aber keinen „Verkaufspreis". Der sogleich zu zitierende Begründungsansatz des BGH zur Annahme eines Eingehungs-Quotenschadens ist aus diesem Grunde nicht auf Fälle der Schiedsrichtermanipulation übertragbar:

> „Weil die von [dem Angeklagten] geplante und ins Werk gesetzte Manipulation der Fußballspiele das Wettrisiko ganz erheblich zu seinen Gunsten verschoben hatte, entsprechen die bei dem Vertragsschluss vom Wettanbieter vorgegeben Quoten nicht mehr dem Risiko, das jeder Wettanbieter seiner eigenen kaufmännischen Kalkulation zugrunde gelegt hatte."[285]

---

282 BGHSt 51, 165, 177 f. (*Hoyzer*).

283 BGHSt 51, 165, 175 f. (*Hoyzer*), darin etwa: Quote als „Verkaufspreis der Wettchance". Diese Rechtsprechungslinie des 5. Strafsenats des BGH wird im Ergebnis auch seitens des 4. Strafsenats (s. BGH NJW 2013, 883 f.) fortgeführt.

284 BGH 51, 165, 177 f. (*Hoyzer*).

285 BGH 51, 165, 175 (*Hoyzer*).

Festzuhalten ist somit, dass die Grundsätze über die Schadensberechnung von Eingehungs- und Erfüllungsbetrug auf Fälle einseitiger Schuldverhältnisse nicht anwendbar sind und dass insbesondere auch eine Analogiebildung zu der Rechtsprechung im Falle *Hoyzer* im Rahmen der Schadensermittlung nicht möglich ist.[286]

b) Verfügungsbedingter Vermögensschaden durch Auszahlung der Gewinnprämie

Zu prüfen ist nun, inwiefern eine Vermögensschädigung des ausrichtenden Verbandes durch die Auszahlung der Siegprämie an den obsiegenden Sportverein erfolgte, dessen Geschäftsführer den Schiedsrichter manipuliert hat.

Sofern – wie regelmäßig – die Siegprämien für Erst- und Zweitplatzierte der Höhe nach gestaffelt sind, kommt als Schaden durch Auszahlung an den Erst-Platzierten maximal der Überschuss der Erst-Platzierten-Prämie über die Zweit-Platzierten-Prämie in Betracht. Denn es steht für beide Finalmannschaften fest, dass sie mindestens die Zweit-Platzierten Prämie erhalten. Fließt der Überschussbetrag nun dem obsiegenden Verein zu, aus dessen Umfeld die Zuwendungsgewährung entstammt, so könnte man insoweit das Vorliegen eines Vermögensschadens auf Seiten des Preisspenders vermuten.[287]

Die Auszahlung der Siegprämie an den obsiegenden Sportverein stellt zweifelsohne den Verlust von Aktiva dar. Ein betrugsrelevanter Schaden liegt in der Auszahlung aber nur dann, wenn der Abfluss der Vermögensposition seitens des Preisspenders nicht durch den unmittelbaren Zufluss einer Kompensation aufgewogen wird. Eine solche kann darin liegen, dass mit der vermögensmindernden Verfügung durch Siegprämien-Auszahlung der ausrichtende Verband

---

286 Zu Dopingkonstellationen: Kein Eingehungsschaden auch *Momsen-Pflanz*, Die sportethische und strafrechtliche Bedeutung des Dopings, S. 224; keine Bezugnahme auf einen Eingehungsschaden in *Cherkeh*, Betrug verübt durch Doping im Sport, S. 172.

287 Insbesondere kann auch im Rahmen der Untersuchung einer Vermögensschädigung durch Auszahlung der Siegprämie erneut *nicht* auf die *Hoyzer*-Rechtsprechung zurückgegriffen werden, was anhand der Ausführungen des BGH bereits ersichtlich wird: Danach liege der Vermögensschaden im Falle einer Gewinnauszahlung in der Differenz zwischen Wettgewinn und Gewinneinsatz (BGHSt 51, 165, 176 (*Hoyzer*)), wobei sich „das mit dem Eingehungsbetrug verbundene erhöhte Verlustrisiko in einen endgültigen Vermögensverlust der jeweiligen Wettanbieter“ verwandelt habe und „der Quotenschaden das notwendige Durchgangsstadium“ des endgültigen Schadens darstelle.

eine gegen ihn bestehende Verbindlichkeit tilgt.[288] Das Vorliegen eines Schadens in Person des Preisspenders ist dann zu verneinen, wenn im Zeitpunkt der Auszahlung ein Anspruch des Erst-Platzierten auf Auszahlung der Erst-Platzierten-Prämie besteht. Die Beantwortung dieser Frage hängt von der zivilrechtlichen Rechtslage, insbesondere von der Rechtsnatur des Rechtsverhältnisses zwischen Preisspender und teilnehmendem Sportverein ab. Die mit der rechtlichen Einordnung von Sportwettbewerben verbundene Kontroverse ist nun vorab näher darzustellen.

aa) Sportwettbewerb als Auslobung i. S. v. § 657 BGB

Zunächst könnte man meinen, das Rechtsverhältnis zwischen Preisspender und teilnehmendem Sportverein sei eine Auslobung i. S. v. § 657 BGB.[289] Folge dieser Einordnung wäre, dass der Belohnungsanspruch unmittelbar mit Vornahme der Handlung bzw. besser: mit Herbeiführung des vom Auslobenden gewünschten Erfolges entsteht.[290] Der ergibt sich dabei aus dem Auslobungstext[291] und wird in der Regel nicht in der bloßen Erreichung einer Platzierung liegen, sondern in einer Platzierung unter Einhaltung der Auslobungsbedingungen, welche typischerweise auf die Verbandsstatuten inklusive der sportlichen Regeln des ausrichtenden Verbandes verweisen werden. Die Erreichung einer Platzierung unter Einnahme verbotener Dopingsubstanzen oder ein mittels Schiedsrichtermanipulation erzielter Finalsieg stellen dann keine „Herbeiführung des Auslobungserfolges“ dar. Denn im Falle einer kausalen Manipulation kommt der Sieg gerade manipulationsbedingt und nicht durch einen Vergleich sportlicher Leistungskraft zustande, sodass in diesem Fall der Belohnungsanspruch des teilnehmenden Sportvereins – mangels Vornahme der geforderten Auslobungshandlung – schlicht nicht entsteht. Anders ist dies hingegen im Falle der non-kausalen und erfolglosen Manipulation, bei der das Sportspiel nicht manipulationsbedingt verändert abläuft. In diesem Fall spiegelt die Erst-Platzierung die wahre Leistungsstärke der Mannschaft wider. Die Auslobungshandlung wird erfolgreich durch den Erst-Platzierten vorgenommen, der Belohnungsanspruch entsteht.

---

288 *Wessels/Hillenkamp*, BT II, Rn. 548.

289 So (zu Dopingkonstellationen) *Cherkeh*, Betrug verübt durch Doping im Sport, S. 139 f.

290 Bamberger/Roth-*Kotzian-Marggraf*, BGB, § 657 Rn. 11; MüKo-*Seiler*, BGB, § 657 Rn. 20.

291 MüKo-*Seiler*, BGB, § 657 Rn. 15.

Ordnet man den sportlichen Wettkampf also als Auslobung gemäß § 657 BGB ein, so folgt daraus, dass im Falle einer non-kausalen bzw. erfolgslosen Manipulation durch die Auszahlung der Erst-Platzierten-Prämie ein entstandener Belohnungsanspruch getilgt wird, sodass der ausrichtende Verband durch die Erfüllung von einer Verbindlichkeit befreit wird. In diesen Fällen wird der Vermögensabfluss mithin kompensiert. Ein Vermögensschaden seitens des Preisspenders entsteht nicht.

Anders ist dies im Falle einer kausalen Manipulation: die Auszahlung der Erst-Platzierten-Prämie an den Erst-Platzierten führt – ordnet man den sportlichen Wettkampf als Auslobung i. S. v. § 657 BGB ein – nicht zur Tilgung einer entsprechenden Verbindlichkeit, sondern zur Entstehung eines Vermögensschadens.

bb) Sportwettbewerb als Preisausschreiben i. S. v. § 661 BGB

Zweifel an einer Einordnung des ausgeschriebenen Preises als Auslobung im Sinne von § 657 BGB ergeben sich insofern, als die zivilrechtlich herrschende Meinung in Rechtsprechung und Literatur den sportlichen Wettbewerb als Preisausschreiben i. S. v. § 661 BGB, und damit als Sonderfall einer Auslobung, klassifiziert.[292] Bei diesem entsteht der Belohnungsanspruch nicht mit Vornahme der Handlung, sondern erst mit der Entscheidung des sog. Preisgerichtes[293]. Dieses entscheidet die Frage, ob eine preiswürdige Handlung seitens der Bewerber vorgenommen wurde und an welchen Bewerber der Preis im Einklang mit den Anforderungen aus dem Text des Preisausschreibens zu verteilen ist.[294] Die Entscheidung über die Preiswürdigkeit und die Preisverteilung ist (weitgehend) der gerichtlichen Kontrolle entzogen, was auch in § 661 Abs. 2 und Abs. 3 BGB zum Ausdruck gelangt.

Und so resümiert *Seiler* treffend:

> „Ein formalisiertes Verfahren und eine weitgehende Entscheidungsfreiheit der preiszuteilenden Instanz sind demnach die Abgrenzungsmerkmale des Preisausschreibens gegenüber der normalen Auslobung.“[295]

---

292 BGH MDR 1966, 572 (*Galopprennen*); MüKo-*Seiler*, BGB, § 661 Rn. 1 f., vgl. 8, 11; Palandt-*Sprau*, BGB, § 661 Rn. 1 (m. w. N.); Staudinger-*Wittmann*, BGB, § 662 Rn. 1 f., 9; *Momsen-Pflanz*, Die sportethische und strafrechtliche Bedeutung des Dopings, S. 216 f.

293 Das Preisgericht ist diejenige Instanz, die den Preis zuteilt, s. Bamberger/Roth-*Kotzian-Marggraf*, BGB, § 661 Rn. 5.

294 Bamberger/Roth-*Kotzian-Marggraf*, BGB, § 661 Rn. 5; MüKo-*Seiler*, BGB, § 661 Rn. 13; Palandt-*Sprau*, BGB, § 661 Rn. 3; Staudinger-*Wittmann*, BGB, § 661 Rn. 26.

295 MüKo-*Seiler*, BGB, § 661 Rn. 2a.

Folge dieses Wesenszuges des Preisausschreibens ist, dass die Ehrung als Erst-Platzierter die Entstehung des Belohnungsanspruchs bedingt, sodass die Auszahlung des Erst-Platzierten-Preisgeldes an diesen die Erfüllung einer bestehenden Verbindlichkeit des Preisspenders darstellt. Insofern wird – unabhängig von der Frage nach dem Vorliegen einer kausalen, non-kausalen oder erfolglosen Manipulation – durch die Entscheidung des Preisgerichts die Rechtslage dahingehend „zementiert“, dass die Belohnungsansprüche entsprechend den preisgerichtlich festgestellten Platzierungen entstehen. Dem Preisgericht kommt bezüglich der Preiswürdigkeit und der Preiszuteilung Entscheidungshoheit zu.

Anders als im Falle des § 657 BGB entsteht der Anspruch auf Auszahlung der ausgelobten Summe erst mit Verkündung der Entscheidung des Preisgerichts. Dies gilt unabhängig davon, ob sich die Schiedsrichtermanipulation auf den Spielverlauf auswirkt oder nicht. Ist der Zahlungsanspruch entstanden, so erfüllt die Auszahlung der Sieger-Prämie den entsprechenden, gegen den Preisspender bestehenden Anspruch. Ein Vermögensschaden des Preisspenders liegt dann nicht vor.

cc) Stellungnahme zur rechtlichen Einordnung eines Sportwettbewerbs und Folge für den Betrugstatbestand

Da die beiden Rechtsansichten zur Einordnung des Rechtsverhältnisses zwischen Preisspender und teilnehmenden Sportvereinen bei der Konstellation der kausalen Schiedsrichtermanipulation zu unterschiedlichen Ergebnissen hinsichtlich der Frage des Vorliegens eines Vermögensschadens gelangen, ist an dieser Stelle eine Stellungnahme erforderlich.

Die Behandlung sportlicher Wettbewerbe als Auslobung i. S. v. § 657 BGB hätte zur Folge, dass die Verteilung der Belohnung an die Bewerber in vollem Umfange gerichtlich überprüfbar wäre.[296] Eine jede im Kontext einer Auslobung auftretende Streitfrage müsste durch staatliche Gerichte geklärt werden – ein ressourcenzehrendes Unterfangen. So wäre etwa unter Heranziehung gerichtlicher Sachverständiger zu klären, ob die streitgegenständliche Schiedsrichterentscheidung in der konkreten Situation noch zulässig oder schon eine Fehlentscheidung war, ob der Versuch des Weitspringers gültig oder übergetreten war, ob die künstlerische Darbietung im Eiskunstlauf ungerecht bewertet wurde.[297]

296 Vgl. Staudinger-*Wittmann*, BGB, § 661 Rn. 33.

297 Beispiele in Anlehnung an *Momsen-Pflanz*, Die sportethische und strafrechtliche Bedeutung des Dopings, S. 217.

Als problematisch erweist sich überdies – worauf insbesondere *Momsen-Pflanz*[298] treffend hinweist –, wie die gerichtlichen Entscheidungen in praxi umgesetzt werden sollten: Während es in Einzelsportarten denkbar erscheint, dass die Sportler schlicht eine Position in der Bewertung „nach oben" rücken, müssten Mannschaftssportarten, die eine Interaktion der Sportler erfordern und von der Dynamik des Spiels leben, sinnvollerweise insgesamt wiederholt werden. Über Spielbegegnungen würde faktisch stets das Damoklesschwert einer nur temporären Gültigkeit schweben. Eine Bestandskraft sportlicher Ergebnisse ließe erheblich, bei einem Instanzenzug mitunter Jahre, auf sich warten. Rechtssicherheit könnte letztlich nur noch durch die vertragliche Vereinbarung von Rechtsmittelverzichten erreicht werden.[299]

Sachgerechter, da diese „Sportergebnisunsicherheit"[300] vermeidend, erscheint die Behandlung der Sportwettbewerbe als Preisausschreiben i. S. v. § 661 BGB: Die Entscheidung des Preisgerichtes stellt eine – grundsätzlich – endgültige dar, die für die Beteiligten verbindlich ist, vgl. § 661 Abs. 2 S. 2 BGB.[301] Gerichtlich nachprüfbar ist die preisgerichtliche Entscheidung nur bei schwerwiegenden Verfahrensmängeln, die sich offensichtlich auf die Sachentscheidung ausgewirkt haben. Als Anhaltspunkt wird der Maßstab des § 1059 Abs. 2 ZPO herangezogen.[302] Folge dieser gerichtlichen Nachprüfung ist dabei gegebenenfalls die Notwendigkeit für das Preisgericht, die Entscheidung zu wiederholen.[303] Damit wird erreicht, dass über Sportregeln und ihre Einhaltung im Wettkampf nicht staatliche Gerichte, sondern allein das Preisgericht – und damit eine unmittelbar am Sportleben beteiligte Instanz – entscheidet. Durch die unmittelbar verfügbare Expertise kann auch vereinfachten, schnellen und kostengünstigerem Wege eine sachgerechte Entscheidung herbeigeführt werden. Als ausschlaggebendes Argument für die Einordnung als Preisausschreiben ist allerdings anzusehen – dies betont auch *Momsen-Pflanz* –, dass durch die Anwendung des § 661 BGB die durch Art. 9 Abs. 1 GG garantierte Autonomie der (erfolgte Sport-) Verbände

---

298 Zu den nachstehenden Gesichtspunkten s. *Momsen-Pflanz*, Die sportethische und strafrechtliche Bedeutung des Dopings, S. 218.

299 S. dazu *Momsen-Pflanz*, Die sportethische und strafrechtliche Bedeutung des Dopings, S. 218.

300 Wörtlich *Momsen-Pflanz*, Die sportethische und strafrechtliche Bedeutung des Dopings, S. 218.

301 MüKo-*Seiler*, BGB, § 661 Rn. 13; Palandt-*Sprau*, BGB, § 661 Rn 3.

302 MüKo-*Seiler*, BGB, § 661 Rn. 13; Palandt-*Sprau*, BGB, § 661 Rn 3; Staudinger-*Wittmann*, BGB, § 661 Rn. 35.

303 MüKo-*Seiler*, BGB, § 661 Rn. 13; Staudinger-*Wittmann*, BGB, § 661 Rn. 36.

gewährleistet wird, in dem eine staatsfreie Maßstabs- und Wertbildung sowie Bewertung ermöglich wird.[304]

Vorzugswürdig ist es somit, die Bereitstellung von Preisgeldern im Zusammenhang mit Sportwettbewerben als Preisausschreiben i. S. v. § 661 BGB einzuordnen. Preisgerichtliche Entscheidungen sind damit – abgesehen von Konstellationen des Vorliegens sich auswirkender schwerwiegender Verfahrensfehler – nicht überprüfbar und damit für die Beteiligten, d.h. den Auslobenden und die sich bewerbenden Sportmannschaften bindend. Dies hat wiederum zur Folge, dass mit der preisgerichtlichen Entscheidung die Belohnungsansprüche entsprechend den verkündeten Platzierungen entstehen und damit die Auszahlung der Preisgelder der Tilgung bestehender Verbindlichkeiten dient. Folge dessen ist wiederum, dass die verfügungsbedingte Vermögensminderung durch die Erfüllung von Verbindlichkeiten kompensiert wird und ein Schaden abzulehnen ist.[305]

Stützen lässt sich dieses Ergebnis auch mit folgender Erwägung: Das Vermögen des Preisspenders[306] wird in jedem Fall – also insbesondere unabhängig von dem Verhalten des Vereinsfunktionärs – nach Abschluss des Wettbewerbs so oder so um die Summe aus Erst-, Zweit- und Dritt-Platzierten-Prämien gemindert werden.[307] Spielt das Geschäftsführer-Verhalten aber keine Rolle für die Vermögenslage des Preisspenders, so erleidet letzterer auch keinen gerade täuschungs-, irrtums- und verfügungsbedingten Vermögensnachteil.

---

304 Ausführlich dazu *Momsen-Pflanz*, Die sportethische und strafrechtliche Bedeutung des Dopings, S. 218 f.

305 Den Schaden des Preisspenders ebenfalls ablehnend *Momsen-Pflanz*, Die sportethische und strafrechtliche Bedeutung des Dopings, S. 224 f.; *Linck*, NJW 1987, 2545, 2551; *Turner*, MDR 1991, 569, 574. A. A. *Cherkeh*, Betrug verübt durch Doping im Sport, S. 207 (allerdings folgerichtig, da auf der Annahme einer Auslobung i. S. v. § 657 BGB basierend); *Kerner/Trüg*, JuS 2004, 140, 142.

306 Aufseiten des ausrichtenden Verbandes kann hingegen mit der Argumentation, dass auch dessen Vermögen durch die Ausschüttung der Antrittsgelder so oder so gemindert worden wäre, der Schaden nicht verneint werden. Grund dafür ist, dass der ausrichtende Verband mit der Antrittsgeldleistung überobligatorisch leistet, wohingegen der Preisspender mit der Prämienausschüttung bestehende zivilrechtliche Verbindlichkeiten tilgt. Insofern greift der Gedanke der so-oder-so-Minderung nur bei letzterem.

307 Wie hier: *Momsen-Pflanz*, Die sportethische und strafrechtliche Bedeutung des Dopings, S. 224; *Schneider-Grohe*, Doping, S. 149; *Heger*, JA 2003, 76, 80 f.; *Linck*, NJW 1987, 2545, 2551; *Turner*, MDR 1991, 569, 574.

c) *Keine Schadensbegründung wegen Verfehlung des verfolgten sozialen Zwecks*

Allerdings könnte man erwägen, einen Schaden unter Rückgriff auf die Lehre von der sozialen Zweckverfehlung zu begründen.

Im Ausgangspunkt scheint die Lehre auf die vorliegend untersuchten Fallkonstellationen zu passen, gibt doch der Preisspender – den Fällen des Bettel- und Spendenbetruges scheinbar[308] vergleichbar – einseitig mit der Auszahlung des Preisgeldes Vermögen weg, ohne dafür eine Gegenleistung zu erhalten. Allerdings ist im Hinblick auf die Natur des Betruges als Delikt zum Schutze des Vermögens, nicht auch der Dispositionsfreiheit, darauf zu achten, dass sich zur Schadensbegründung nicht eine jede Zwecksetzung, also nicht etwa Affektionsinteressen eignen, sondern nur der konkreten Leistung immanente und wirtschaftlich relevante Zwecksetzungen.[309] Insofern ist zu untersuchen, inwiefern in der Auszahlung der Sieger-Prämie an den manipulationsbedingt erst-platzierten Sportverein ein betrugsrelevanter oder aber betrugsirrelevanter Zweck verfehlt wurde.[310]

Ditz hat für die entsprechende Konstellation beim Doping im Pferderennsport herausgearbeitet, dass im Falle eines Pferdedopings der Zweck der Preisspende, der in der Förderung einer intakten und gesunden Zucht liege, im Falle einer Auszahlung an den obsiegenden Reiter des gedopten Pferdes gerade verfehlt werde und das Preisgeld daher zweck- und sinnlos, damit schadensbegründend für den Preisrichter, fehlgeleitet werde.[311]

Die Ansicht von *Ditz* wurde durch *Cherkeh*[312] auf den sich dopenden Sportler übertragen: Die laut Auslobung erforderliche Herbeiführung des Platzierung-Erfolgs des Sportlers setze voraus, dass die Platzierung im Einklang mit der

---

308 Der Vergleich hinkt: In Fällen des Bettel- und Spendenbetrugs wäre das Vermögen ohne die Täuschung nicht vermindert worden; in Fällen des Preisausschreibens bei Sportwettbewerben steht hingegen stets fest, dass die Siegprämien ausgeschüttet werden. Vgl. dazu auch *Heger*, JA 2003, 76, 81, der zwar die grundsätzliche Anwendbarkeit der sozialen Zweckverfehlung bejaht, i. E. aber einen Schaden des Preisspenders mit der Begründung ablehnt, die Prämien seien so oder so auszuschütten gewesen.

309 *Wessels/Hillenkamp*, BT II, Rn. 554, auch mit Rechtsprechungsnachweisen. Unter Anlehnung an den zivilrechtlichen Kommerzialisierungsgedanken *Gerhold*, Zweckverfehlung und Vermögensschaden, S. 35, 37 f.

310 Eine umfassende Zusammenstellung der diversen Ansichten, auch m. w. N.: *Cherkeh*, Betrug verübt durch Doping im Sport, S. 196 f.

311 So *Ditz*, Doping im Pferderennsport, S. 511 f.

312 Darstellung der Ansicht von *Ditz* und Übertragung auf den Fall des gedopten Sportlers: *Cherkeh*, Betrug verübt durch Doping im Sport, S. 205 sowie 206.

jeweiligen Verbandssatzung erfolge. Werde diese Bedingung der Auslobung durch den Sportler nicht erfüllt, verhalte er sich dieser geradezu entgegen, indem er gegen das Dopingverbot verstoße, so stelle die einseitige Vermögenshingabe eine wirtschaftlich unvernünftige, da zweckfehlgeleitete und damit schadensbegründende Vermögensminderung des Preisspenders dar.

Nun könnte man meinen, dass auch im Falle einer kausalen Schiedsrichtermanipulation der mit der Preisspende verfolgte Zweck, wie er (jedenfalls mittelbar über einen Verweis auf die Satzung des ausrichtenden Verbandes) in den Auslobungsbedingungen zum Ausdruck komme, dadurch zu einer wirtschaftlich-relevanten Zwecksetzung erhoben, verfehlt werde, erreichte doch der obsiegende Verein seine Platzierung nicht unter Einhaltung der sport-ethische Zwecksetzung. Im Falle einer non-kausalen bzw. erfolglosen Schiedsrichtermanipulation hingegen werde der Zweck der Preisgeldzahlung mangels Einwirkung auf den (sport-ethisch korrekt verbleibenden) Spielverlauf nicht verfehlt.[313]

Zwar wird die Zwecksetzung (Erreichung von sport-ethisch regelkonformen Platzierungen) durchaus mit Vermögensrelevanz aufgeladen, knüpfen doch die Preisgeldhöhen an die erreichte Platzierung an.[314] Dennoch kann der Anwendung der Lehre von der sozialen Zweckverfehlung in Sachverhaltskonstellationen der vorliegenden Art aus einem anderen Grunde nicht gefolgt werden: Die Anwendung der Lehre auf einseitige Vermögensweggaben im Rahmen eines Preisausschreibens i. S. v. § 661 BGB würde die Bedeutung und Tragweite dieser zivilrechtlichen Vorschrift verkennen. Denn nach dem Willen des Gesetzgebers tritt – mit der Bekanntgabe der Platzierungen – an die Stelle der abstrakten Entscheidung für den „sport-ethisch korrekt handelnden Sportler" in den Bedingungen des Preisausschreibens die konkrete Platzierungs-Entscheidung des Preisgerichts. Dessen Entscheidung ist nicht nur „aktualisierter" und einzelfallbezogen, sondern schon nach der gesetzgeberischen Entscheidung eine vorrangige, ist sie doch – vorbehaltlich einer Überprüfung – für die Parteien bindend und gerichtlich nicht überprüfbar. Die Entscheidung des Preisgerichts determiniert auch die Entscheidung über die Frage, ob der „soziale" Zweck, wie er in den Auslobungsbedingungen seinen wirtschaftlich-relevanten Ausdruck findet, erreicht wurde. Die Platzierung gilt mit der preisgerichtlichen

313 Den Schaden in Dopingkonstellationen unter Verweis auf die Zweckverfehlungslehre bejahend: *Cherkeh*, Betrug verübt durch Doping im Sport, S. 205 f.; *Ditz*, Doping im Pferderennsport, S. 511 f.; *Jahn*, JuS 2012, 181, 182; *Otto*, SpuRt 1994, 10, 15.

314 Zum Topos der Vermögensrelevanz bereits oben unter § 2 A. I. 1. b) bb) (2) (b) (cc) sowie noch im Rahmen des Untreuetatbestandes unter § 3 A. I. 2. b) cc).

Sachentscheidung als „korrekt", der verfolgte „soziale" Zweck gilt als erreicht.[315] Eine strafrechtlich abweichende Beurteilung mittels der Lehre von der sozialen Zweckverfehlung würde die gesetzgeberisch intendierte Entscheidungshoheit des Preisgerichts unterlaufen und damit eine zivilrechtlich zulässige (und einklagbare) Auszahlung der Sieger-Prämie an den Erst-Platzierten in eine betrugsrelevante Vermögensverfügung umdeuten.

Ob die Lehre von der sozialen Zweckverfehlung insgesamt abzulehnen ist, kann an dieser Stelle dahinstehen; jedenfalls ist sie auf einseitige Vermögensweggaben im Zusammenhang mit Preisausschreiben nicht anwendbar.[316]

d) Ergebnis zur verfügungsbedingten Vermögensschädigung des Preisspenders

Im Hinblick auf den Preisspender kommt es auf die Grundsätze zum Eingehungs- und Erfüllungsbetrug nicht an. Die Ausschüttung des Erst-Platzierten-Preisgeldes an den obsiegenden Sportverein begründet keinen verfügungsbedingten Vermögensschaden seitens des Preisspenders: Mit der Auszahlung der Erst-Platzierten-Prämie an den preisgerichtlich festgestellten erst-platzierten Sportverein erfüllt der Preisspender eine zivilrechtlich wirksam bestehende Verbindlichkeit. Die Tilgung der Verbindlichkeit durch die Auszahlung des Preisgeldes kompensiert den Vermögensabfluss. Ein anderes ergibt sich auch nicht unter dem Gesichtspunkt der Lehre von der sozialen Zweckverfehlung: aus einer teleologischen Betrachtung folgt, dass sie jedenfalls keine Anwendung auf Preisausschreiben i. S. v. § 661 BGB finden kann.

3. Verfügungsbedingte Vermögensschädigung des gegnerischen Vereins

Wurde bis dato untersucht, inwiefern eine verfügungsbedingte Vermögensschädigung seitens des ausrichtenden Verbandes bzw. des Preisspenders zu bejahen ist, so ist nun abschließend dieselbe Frage im Hinblick auf die letzte unmittelbar am Spielgeschehen beteiligte Partei, den gegnerischen Verein, zu beantworten.

Zügig verneinen lässt sich eine Schädigung des unterliegenden Vereins durch die Nicht-Geltendmachung eines Anspruchs gegen den Preisspender auf Auszahlung der Erst-Platzierten-Prämie: Folge der soeben dargelegten Einordnung sportlicher Wettbewerbe als Preisausschreiben i. S. v. § 661 BGB ist, dass der als

315 Mit anderen Worten entscheidet allein das Preisgericht darüber, ob eine Ergebnismanipulation vorliegt, vgl. *Schlösser*, NStZ 2005, 423, 428 (in Fn. 66).

316 Vgl. gegen eine Anwendbarkeit der Lehre von der sozialen Zweckverfehlung *Schattmann*, Betrug des Leistungssportlers, S. 88. Insgesamt die Lehre von der sozialen Zweckverfehlung ablehnend: Arzt/Weber-*Arzt*, BT, § 20 Rn. 111.

zweit-platziert festgestellte Sportverein ausschließlich Inhaber eines Anspruchs auf Auszahlung der Zweit-Platzierten-Prämie ist; ein Anspruch auf Auszahlung der Erst-Platzierten-Prämie besteht hingegen nicht.[317]

Nicht abgestellt werden kann – entgegen *Kerner/Trüg*[318] – auf die Minderung der Gewinnchance des sportlichen Gegners und damit die Minderung seiner Chance auf die Erst-Platzierten-Prämie infolge der Zulassung des manipulierenden Sportvereins zum Wettbewerb: Grund dafür ist die bereits dargelegte Unanwendbarkeit der Regeln zur Schadensermittlung beim Eingehungsbetrug auf den Fall eines einseitigen Schuldverhältnisses (wie dem Preisausschreiben).[319] Auf eine Schädigung bereits im Zeitpunkt der Zulassung – und damit einem der Vertragseingehung entfernt ähnelnden Zustand – kann es folglich nicht ankommen.

Doch selbst wenn man für eine Anwendbarkeit der Grundsätze zum Eingehungsbetrug plädierte und eine Parallele zur *Hoyzer*-Rechtsprechung – fälschlicherweise – meint ziehen zu können, bleibt festzuhalten, dass es an einer schadensgleichen Vermögensgefährdung des gegnerischen Vereins fehlt. In den Worten des BGH im Falle *Hoyzer*[320]:

> „Eine derartige konkrete Gefährdung, die bereits einem Schaden entspricht, kann nur dann anerkannt werden, wenn der Betrogene ernstlich mit wirtschaftlichen Nachteilen zu rechnen hat (BGHSt 21, 112, 113). Diese Voraussetzungen sind jedoch nicht erfüllt, wenn der Eintritt wirtschaftlicher Nachteile nicht einmal überwiegend wahrscheinlich ist, sondern von zukünftigen Ereignissen abhängt, die sich einer Einflussnahme trotz der Manipulation immer noch in ganz wesentlichem Umfange entziehen."

Auf den der Abhandlung zugrundeliegenden Fall bezogen: Im Zeitpunkt der Eingehung (entsprechend hier der Zulassung der Sportvereine zum Wettbewerb) ist – in Anbetracht der zahlreichen noch ausstehenden Spielpartien – aufgrund sportbedingter Unwägbarkeiten, aber auch aufgrund rein tatsächlicher Risiken (etwa: Spielausfälle, schlechte Witterungsbedingungen) ein Erfolg der Manipulation – in den

317 So i. E. auch *Heger*, JA 2003, 76, 81. Ohne Begründung a. A. *Schneider-Grohe*, Doping, S. 148.

318 Dies verkennen *Kerner/Trüg*, JuS 2004, 140, 143, wenn sie annehmen, die Gewinnchancen hätten einen Vermögenswert, die Gewinnchancen-Minderung infolge Zulassung sei daher eine schädigende Verfügung seitens des zulassenden Preisspenders.

319 S. dazu bereits ausführlich oben unter § 2 A. III. 2. a).

320 Wörtlich BGHSt 51, 165, 177 (*Hoyzer*) zu der Frage nach dem Vorliegen einer konkreten schadensgleichen Vermögensgefährdung bezüglich des Wettgewinns, d. h. bezüglich der Auszahlungssumme.

Worten des BGH im Falle *Hoyzer*[321] – „nicht einmal überwiegend wahrscheinlich". Denn die Zuwendungsgewährung an den Schiedsrichter bewirkt doch letztlich nur, dass „die Wahrscheinlichkeit *eines* [*Hervorhebung des Verf.*] bestimmten Spielausgangs um einen gewissen – regelmäßig freilich, wie ausgeführt, erheblichen – Grad" erhöht wird.

Näherer Betrachtung bedarf indes die Frage, ob der unterliegende Verein nach Wettkampfende deshalb über sein Vermögen verfügte, da er es unterließ, verbandsrechtliche Rechte wegen der Zuwendungsgewährung an den Schiedsrichter seitens des sportlichen Gegners geltend zu machen und daher die eigene *Chance* vereitelte, zum Erst-Platzierten nominiert zu werden.[322] Folge dieser nachträglichen Nominierung zum Sieger des Wettbewerbs wäre, dass dem Verein ein Anspruch auf Auszahlung der Erst-Platzierten-Prämie zuwüchse und er überdies – als nachträglich Erst-Platzierter des Wettbewerbes – möglicherweise Mehreinnahmen aus Vermarktungsgeschäften erzielen könnte. Insofern ist nun zu untersuchen, ob diese verteilte Chance des unterliegenden Vereins eine betrugsrelevante Vermögensverfügung darstellt.

Dies ist nur dann der Fall, wenn die vereitelte Chance auf eine nachträgliche Nominierung zum Erst-Platzierten durch das Preisgericht nicht bloß eine vage Hoffnung, sondern vielmehr eine vermögenswerte Exspektanz darstellte. Von einer Vermögensverfügung kann nämlich – wie die Begriffsbestandteile bereits offenbaren – nur dann die Rede sein, wenn der Gegenstand, über den verfügt wurde, Teil des betrugsrechtlich geschützten Vermögens ist. Nur dann kann die Verfügung die per definitionem vorausgesetzte unmittelbar vermögensmindernde Wirkung zeitigen.[323] Insofern ist für die Frage nach dem Vorliegen einer Vermögensverfügung entscheidend, inwiefern die Aussicht darauf, im Falle einer Rechtsgeltendmachung seitens des unterliegenden Vereins nachträglich

321 Wörtlich BGHSt 51, 165, 177 f. (*Hoyzer*).

322 S. bereits oben unter § 2 A. III. 1. c) und Fn. 266, auch im Folgenden.

323 Wird hingegen bloß der Eintritt einer vagen Hoffnung auf Vermögenszuwachs vereitelt, so wird kein bestehendes Vermögen ge*mindert*, sondern eine bloß erhoffte Vermögens*mehrung* vereitelt. Vor einer bloßen „Vereitelung einer erhoffen Werterhöhung" (wörtlich *Mitsch*, BT II/1, § 7 Rn. 96), vor einem „Nicht-Reicher-Werden" schützt der Betrugstatbestand seiner Struktur und seinem Wortlaut nach nicht. Er schützt allein vor Vermögensschädigungen, d.h. dem „Ärmer-Werden" (ebenso BGHSt 16, 220, 223 f.; 16, 321, 325; BGH NJW 1991, 2573; S/S-*Perron*, StGB, § 263 Rn. 99; *Bockelmann*, BT I, S. 69; *Mitsch*, BT II/1, § 7 Rn. 96; *Rengier*, BT I, § 13 Rn. 158; *Graul*, in: FS Brandner, S. 801, 806; *Lenckner*, NJW 1962, 59; vgl. auch MüKo-*Hefendehl*, StGB, § 263 Rn. 384 a. E.).

(d.h. nach der preisgerichtlichen Entscheidung) zum Erst-Platzierten ernannt zu werden, die verbundene Erst-Platzierten-Prämie zu erhalten sowie (als Erst-Platzierter im Wettbewerb) Mehreinnahmen erzielen zu können, eine betrugsrelevante Aussicht darstellt, über die – vermögensmindernd – verfügt wurde.

Maßgeblich für die Beantwortung dieser Frage ist die Abgrenzung zwischen Aussichten, die ein Vermögensbestandteil bilden und damit betrugsrelevant sind (sog. Exspektanzen), von – betrugsrechtlich irrelevanten – unbestimmten Aussichten und vagen Hoffnungen.[324] Die Grenzen sind fließend, doch soll eine betrugsrelevante Exspektanz vorliegen, wenn die Erwerbsaussicht so weit verfestigt ist, dass sie „nach der Verkehrsauffassung einen messbaren Vermögenswert"[325] besitzt. Das soll dann der Fall sein, wenn unter Zugrundelegung eines normalen Verlaufs der Dinge mit hinreichender Wahrscheinlichkeit mit dem Eintritt des erwarteten Vermögenszuwachses zu rechnen ist[326], d.h. die Aussicht (etwa als Gegenstand eines rechtswirksamen Tauschgeschäfts oder jedenfalls im Rahmen eines solchen) realisierbar ist.[327] Der Grad der Wahrscheinlichkeit des Eintritts des Vermögenszuwachses steigt dabei insbesondere an, wenn Regelungen vorhanden sind, die die Realisierung der Exspektanz institutionalisieren. Solche sind normative Regeln, die die Basis für die Exspektanz begründen, aber auch Verfahrensregeln.[328] Daher werden insbesondere auf der Grundlage eines wirksamen Vertrages rechtlich verkörperte Gewinnchancen, wie etwa Lose oder Wettscheine, als hinreichend verfestigte Position angesehen.[329] Als ebenfalls hinreichend konkretisiert wurde vom BGH im Urteil zum *Bundesligaskandal*[330] die Aussicht eines abstiegsbedrohten Fußball-Vereins darauf angesehen, im Falle eines Klassenerhalts in der Bundesliga in der folgenden Spielsaison höhere Einnahmen als bei einem Abstieg in die Regionalliga[331] erzielen zu können.[332]

---

324 Vgl. S/S-*Perron*, StGB, § 263 Rn. 86 f.; *Fischer*, StGB, § 263 Rn. 92 f.; LK-*Tiedemann*, StGB, § 263 Rn. 134 f.

325 BGHSt 17, 147, 148.

326 Eingehend zu Exspektanzen MüKo-*Hefendehl*, StGB, § 263 Rn. 382 f. und LK-*Tiedemann*, StGB, § 263 Rn. 135; knapper S/S-*Perron*, StGB, § 263 Rn. 87 f.; *Lackner/Kühl*, StGB, § 263 Rn. 34 und *Wessels/Hillenkamp*, BT II, Rn. 535.

327 SK-*Hoyer*, StGB, § 263 Rn. 122.

328 LK-*Tiedemann*, StGB, § 263 Rn. 135.

329 BGHSt 8, 289 f. (*Gewinnlos*); vgl. BGHSt 51, 165, 174 f. (*Hoyzer*) zu Wettscheinen.

330 BGH NJW 1975, 1234, 1235 f. (*Bundesligaskandal*).

331 Die Regionalliga war bis 1974 die zweithöchste Spielklasse.

332 *Fischer*, StGB, § 263 Rn. 93; *Lackner/Kühl*, StGB, § 263 Rn. 34; *Paringer*, Korruption im Profifußball, S. 171, 113 f.; *Triffterer*, NJW 1975, 612, 614. Kritisch *Bringewat*,

Für die Frage nach dem Vermögenswert der Aussicht des unterliegenden Vereins, im Falle einer Rechtsgeltendmachung nachträglich zum Sieger erklärt zu werden und die damit verbundenen Einnahmen zu erhalten, ist vorliegend entscheidend, ob diese Aussicht – wie soeben definiert – wirtschaftlich wertvoll und dem Inhaber rechtlich zugeordnet ist.[333] Die Wahrscheinlichkeit des Eintritts eines Vermögenszuwachses bemisst sich dabei insbesondere nach dem Institutionalisierungsgrad ihrer Realisierbarkeit, der wiederum davon abhängt, welche Folgen die Rechtsgeltendmachung gezeitigt hätte. Diese sind nun darzustellen.

Im Falle einer Rechtsgeltendmachung sind – theoretisch-abstrakt, d. h. ohne Einbeziehung der einzelfallabhängigen Auslobungsbedingungen[334] – drei Möglichkeiten denkbar: Zum einen könnte das Preisgericht eine Spielwiederholung anordnen; zum zweiten könnte das Preisgericht den Zweit-Platzierten ohne eine derartige Spielwiederholung zum Sieger küren; zum dritten könnte das Preisgericht aber auch entscheiden, die Situation unverändert zu belassen.[335] Schon dieser Strauß an Handlungsmöglichkeiten eröffnet, dass von einer „Institutionalisierung" des Prozesses nur schwerlich die Rede sein kann. Dieser Eindruck verstärkt sich, wenn man die Handlungsmöglichkeiten des Preisgerichts noch eingehender betrachtet:

Führt man sich die Möglichkeit einer Spielwiederholung vor Augen, so besteht zwar ein geregeltes Verfahren insoweit, als dass der Ablauf des sportlichen Gesamtwettbewerbs in den Statuten des ausrichtenden Verbandes institutionalisiert ist; auf den Ablauf des Gesamtwettbewerbes kommt es aber für die vorliegend untersuchte Frage nicht an – wiederholt werden soll nur die eine manipulierte finale Spielpartie. Für den Ablauf einer Einzelbegegnung existieren aber nur im Hinblick auf die Spielregeln Normen; im Übrigen bestehen weder normative noch verfahrensrechtliche oder prozessuale Regeln, aus denen sich herleiten ließe, welche der beiden Vereinsmannschaften als Siegerin aus der zu

---

JZ 1977, 667 f.; *Schreiber/Beulke*, JuS 1977, 656, 659. Einordnung in LK-*Tiedemann*, StGB, § 263 Rn. 136 als „im Grenzbereich" liegend.

333 Statt vieler nur S/S-*Perron*, StGB, § 263 Rn. 87 f.

334 Die konkret zu betrachteten Auslobungsbedingungen können – auch mittels Verweises auf die Satzung des wettbewerbsausrichtenden Verbandes – konkrete Handhabungsmechanismen vorsehen. Es ist dann näher zu betrachten, inwieweit die Reaktionsmöglichkeiten gerade auch im Interesse des Vermögensschutzes erlassen wurden.

335 S. dazu bereits oben unter § 2 A. III. 1. c) und Fn. 266. Letztere Handlungsvariante wird wohl insbesondere im Falle einer nicht möglichen Nachweisbarkeit der Manipulation ergriffen.

wiederholenden Final-Partie hervorgehen wird. Vielmehr zeigt sich erneut der Umstand, dass der konkrete Spielverlauf und damit auch der Endstand eines Sportspiels aufgrund der Spieler-Leistung, aufgrund der Entscheidungen der Schiedsrichter und aufgrund Zufalls (etwa: Zufallstreffer, gegnerische Tore etc.) weitgehend offen sind.[336]

Entscheidet sich das Preisgericht gegen eine Spielwiederholung, so bestehen wiederum zwei Möglichkeiten: Es kann entscheiden, dass der unterliegende Verein zum Sieger nominiert wird. Das Preisgericht kann aber auch die Platzierungsentscheidung unverändert belassen und straft den obsiegenden Verein repressiv ab, etwa durch Bußgelder, Punktabzug, eine Teilnahmesperre für die künftige Saison oder die Anordnung von sog. Geisterspielen.

Schließlich ist aber auch denkbar, dass die Manipulation nicht nachweisbar ist und aufgrund dessen das Preisgericht in zulässiger Weise entscheidet, insgesamt keine Maßnahmen zu treffen.

Diese Möglichkeiten im Einzelnen aufgefächert zeigt sich, dass die Aussicht des unterliegenden Vereins, im Falle einer erneuten preisgerichtlichen Entscheidung zum Erst-Platzierten erklärt zu werden, keineswegs eine institutionalisierte und daher bereits im Zeitpunkt des Unterlassens der Rechtsgeltendmachung vermögenswerte Exspektanz darstellt. In dem Unterlassen der Geltendmachung von Rechten wegen der Schiedsrichtermanipulation des sportlichen Gegners liegt mithin keine betrugsrelevante Vermögensverfügung seitens des unterliegenden Vereins.[337]

---

336 Vgl. *Schreiber/Beulke*, JuS 1977, 656, 660: „ernst zu nehmende[n] Unsicherheitsfaktoren"; *v. Komorowski/Bredemeier*, SpuRt 2005, 181, 182. Vgl. auch BGHSt 51, 165, 177 f. (*Hoyzer*).

337 Wie hier, wenn auch in einer Dopingkonstellation, *Kerner/Trüg*, JuS 2004, 140, 143. Sieht man dies anders, so ist es jedenfalls falsch anzunehmen, es fehle an einer Kausalität des Irrtums des (Vertreters des) gegnerischen Vereins für dessen Verfügung durch Unterlassen der Rechtsgeltendmachung: Denn denkt man sich den Irrtum über die Nicht-Manipulation hinweg (kannte der gegnerische Verein also den wahren Sachverhalt), so wäre die Geltendmachung der Rechte keinesfalls unterblieben. Sofern eine Kausalität mit der Begründung abgelehnt wird, die Geltendmachung wäre so oder so unterblieben (etwa: *Mestwerdt, Doping*, S. 65; *Momsen-Pflanz*, Sportethische und strafrechtliche Bedeutung des Dopings, S. 233; *Kerner/Trüg*, JuS 2004, 140, 143; *Linck*, NJW 1987, 2545, 2551 („aus sonstigen Gründen"); *ders.*, MedR 1993, 55, 61; *Turner*, MDR 1991, 569, 574 („andere Erwägungen")), so beruht dieses Ergebnis auf einer Fehlanwendung der conditio-Formel. Das Hinwegdenken des Irrtums würde nicht zu einer schlichten Tatsachenunkenntnis, sondern zu einer Kenntnis der wahren Sachlage führen.

Festzuhalten ist folglich, dass es dem gegnerischen Verein – mangels Verfügung über eine vermögenswerte Exspektanz – an einem Vermögensschaden fehlt.

4. Zusammenfassung zum verfügungsbedingten Vermögensschaden

Die Ergebnisse zur Vermögenslage der unmittelbar am Sportgeschehen Beteiligten, d.h. des ausrichtenden Verbandes, des Preisspenders sowie des unterliegenden gegnerischen Vereins, können wie folgt zusammengefasst werden:

Dem ausrichtenden Verband entsteht allein in der Konstellation der kausalen Schiedsrichtermanipulation ein irrtums- und verfügungsbedingter Vermögensschaden durch Ausschüttung des Antrittsgeldes an den manipulationsbedingt obsiegenden Verein.

Auf Seiten des Preisspenders begründet hingegen die Ausschüttung der Siegprämien entsprechend den preisgerichtlich festgestellten Platzierungen keinen Vermögensschaden.

Auf Seiten des gegnerischen Vereins ist in der Nicht-Geltendmachung verbandsrechtlicher Rechte nicht einmal eine betrugsrelevante Vermögensverfügung zu erkennen, sodass auch hier die Annahme eines Vermögensschadens auszuscheiden hat.

IV. Die erstrebte (Eigen- oder Dritt-) Bereicherung

Nachdem nun alle Tatbestandsmerkmale des objektiven Tatbestandes beleuchtet wurden, ist überzugehen auf den subjektiven Tatbestand. Dessen Darstellung kann nur abstrahierend und kursorisch geleistet werden, ist die Feststellung des subjektiven Tatvorsatzes doch naturgemäß eine Frage des Einzelfalles.

1. Vorab: Erstreben eines Vermögenvorteils

Im Hinblick auf die Bereicherungsabsicht sei der Hinweis gestattet, dass der manipulierende Geschäftsführer typischerweise keine eigene,[338] sondern allenfalls eine finanzielle Bereicherung „seines“ Sportvereins erstreben wird. Das Vorliegen einer betrugsrelevanten Bereicherungsabsicht muss aber bereits dann ausscheiden, wenn der Täter als Endziel oder jedenfalls notwendiges Zwischen-

---

338 Eine Eigenbereicherungsabsicht des Vereinsfunktionärs wird aus tatsächlichen Gründen (Siegprämien für Geschäftsführer sind unüblich), aber auch aus rechtlichen Gründen nicht vorliegen: Die Vermögensvorteile würden aus dem Vermögen „seines“ Sportvereins stammen und wären daher nicht stoffgleich mit einem (etwaig) eingetretenen Vermögensschaden, so auch Fritzweiler/Pfister-*Reinhart*, Praxishandbuch Sportrecht, 8. Teil Rn. 157.

ziel nicht einen finanziellen Vermögensvorteil für „seinen" Sportverein erstrebt, sondern etwa „zu sportlichen Zwecken"[339] manipuliert. Damit sind Konstellationen gemeint, in denen es dem Geschäftsführer allein, jedenfalls aber primär um die Förderung des sportlichen, nicht auch des wirtschaftlichen Erfolges „seines" Vereines geht. In diesen Fällen ist Endziel der Handlung des Geschäftsführers der sportliche Sieg in einem Spiel, der Erhalt in einer Spielklasse, die Qualifikation für einen Wettbewerb. Die mit dem sportlichen Vorankommen zweifelsohne eintretenden finanziellen Vorteile – insbesondere etwa das Antrittsgeld – werden lediglich als Nebeneffekte wahr- und mitgenommen.[340] Ein derartiges bloßes Mitnehmen reicht aber für den erforderlichen dolus directus 1. Grades nicht einmal im Hinblick auf die Modalität des „notwendigen Zwischenziels".[341]

Handelt der Geschäftsführer also allein zu Zwecken des sportlichen Fortkommens „seines" Sportvereins, so fehlt es bereits an einer betrugsrelevanten Bereicherungsabsicht des Täters zugunsten seines Vereins.[342]

2. *Erstrebte Vermögenvorteile*

Als erstrebte Vermögensvorteile kommen – abstrakt betrachtet[343] – drei Positionen in Betracht: erstens die Erlangung des Antrittsgeldes vom ausrichtenden Verband, zweitens die Erlangung des Überschussbetrages zwischen Erst-Platzierten- und Zweit-Platzierten-Prämie vom Preisspender sowie, drittens die Aussicht darauf, anstelle des gegnerischen Vereins als Erstplatzierter Mehreinnahmen aus Vermarktungsgeschäften[344] zu erzielen.

---

339 *Reinhart* schreibt von einer Manipulation zu „sportimmanenten Zwecken", s. Fritzweiler/Pfister-*ders.*, Praxishandbuch Sportrecht, 8. Teil Rn. 154.

340 Vgl. Fritzweiler/Pfister-*Reinhart*, Praxishandbuch Sportrecht, 8. Teil Rn. 152.

341 *Fischer*, StGB, § 263 Rn. 190 („notwendige Folge eines anderen Zwecks") und *ebd.*, § 15 Rn. 6.

342 So auch Fritzweiler/Pfister-*Reinhart*, Praxishandbuch Sportrecht, 8. Teil Rn. 157; *Heger*, JA 2003, 76, 81.

343 Da der erstrebte Vorteil die „Kehrseite des Schadens" (*Fischer*, StGB, § 263 Rn. 187) darstellen muss und in Konstellationen der vorliegenden Art – wie bereits dargestellt – allein der ausrichtende Verband, und zwar auch nur im Falle einer kausalen Manipulation, einen Schaden durch die Auszahlung des Antrittsgeldes an den Erst-Platzierten erleidet, wäre an sich nur das Antrittsgeld zu betrachten. Dennoch soll vorliegend umfassend auf diverse mögliche Bereicherungsobjekte eingegangen werden, die letztlich Nachweis für die Untauglichkeit des Betrugstatbestandes erbringen werden, Konstellationen der vorliegend untersuchten Art zu erfassen.

344 Die manipulationsbedingt erlangte Steigerung von Gewinnchancen in dem konkreten Spiel stellt hingegen – wie bereits unter § 2 A. III. 2. a), § 2 A. III. 3. und in

Das Antrittsgeld scheidet als tatbestandsmäßiger Vermögensvorteil bereits deshalb aus, da die Erlangung desselben bei lebensnaher Betrachtung nicht als Endziel der Schiedsrichtermanipulation erstrebt wird, sondern allenfalls einen mitgenommenen Nebeneffekt darstellt.

Im Hinblick auf die zweite in Betracht kommende Position, den Überschussbetrag zwischen Erst- und Zweit-Platzierten-Prämie, fehlt es an der Bereicherungsabsicht mangels Rechtswidrigkeit des erstrebten Vorteils. Wie bereits gesehen, entsteht mit der preisgerichtlichen Platzierungsentscheidung ein Anspruch auf Auszahlung des ausgelobten Preisgeldes seitens der Platzierten, vgl. § 661 BGB. Die Rechtswidrigkeit einer erstrebten Bereicherung entfällt aber, wenn auf den erstrebten Vorteil ein vollwertiger (d.h. fälliger und einredefreier) Rechtsanspruch[345] gegen den Geschädigten[346] besteht.[347] Überdies würde es im Hinblick auf den Überschussbetrag auch an der erforderlichen Stoffgleichheit des Vorteils des obsiegenden Vereins mit dem (hypothetisch angenommenen) Nachteil des unterliegenden Vereins fehlen: Der obsiegende Verein bereichert sich nämlich nur um die Siegprämie, nicht hingegen um den Anspruch des Konkurrenten gegen den Preisspender auf Leistung der Erst-Platzierten-Prämie an ihn.[348]

Aus derselben Erwägung fehlt es schließlich auch im Hinblick auf die beabsichtigten Mehreinnahmen (etwa aus Vermarktungs- und Verwertungsgeschäften) an

---

Fn. 318 ausgeführt – keinen Vermögenswert dar und scheidet daher auch als tatbestandsrelevanter Vermögensvorteil aus.

345 Dies beurteilt sich nach Zivil- und öffentlichem Recht, vgl. BGHSt 3, 160, 162; (GSSt) 19, 206, 216.

346 MüKo-*Hefendehl*, StGB, § 263 Rn. 801.

347 So die allgemein anerkannte Formel nach RGSt 5, 352, 353 f.; statt vieler nur S/S-*Perron*, StGB, § 263 Rn. 173 und *Wessels/Hillenkamp*, BT II, Rn. 586. Anzumerken ist allerdings, dass bei Bestehen eines Anspruchs auf die Leistung genau genommen bereits das Vorliegen eines Vermögensschadens verneint werden müsste, s. LK-*Tiedemann*, StGB, § 263 Rn. 265.

348 Diesbezüglich so (wenn auch zu Dopingkonstellationen): *Cherkeh*, Betrug verübt durch Doping im Sport, S. 231 f.; *ders./Momsen*, NJW 2001, 1745, 1749; *Diener/Hoffmann-Holland*, Jura 2009, 946, 951; *Jahn*, JuS 2012, 181 182. In den knappen aber treffenden Worten von *Otto*: „Voraussetzung für eigenes deliktisches Tun", s. *Otto*, SpuRt 1994, 10, 15. Vgl. auch *Schröder/Bedau*, NJW 1999, 3361, 3366 aus Sicht des § 823 Abs. 2 BGB. Hingegen unterliegende folgende Autoren – wie treffend von *Cherkeh*, Betrug verübt durch Doping im Sport, S. 232 herausgearbeitet – einem Fehlverständnis der Stoffgleichheit und bejahen diese zu Unrecht: *Ditz*, Doping im Pferderennsport, S. 507; *Schattmann*, Betrug des Leistungssportlers, S. 101, 130 f.; *Schneider-Grohe*, Doping, S. 148; *Kerner/Trüg*, JuS 2004, 140, 144.

der Stoffgleichheit des erstrebten Vermögensvorteils mit dem Vermögensschaden des Geschädigten: Der obsiegende Verein bereichert sich um die Aussicht auf Mehreinnahmen von Seiten seiner Vertragspartner, nicht hingegen um die (vereitelte) Aussicht auf diejenigen Mehreinnahmen, die dem unterliegenden Verein im Falle seines Sieges von dessen Vertragspartnern zugeflossen wäre.[349]

3. *Zusammenfassung zur erstrebten Bereicherung*

Festgehalten werden kann folglich, dass keine der abstrakt in Betracht kommenden, seitens des manipulierenden Geschäftsführers für den obsiegenden Verein erstrebten Vermögensvorteile den Anforderungen genügt, die an eine betrugsrelevante Bereicherungsabsicht gestellt werden. Es fehlt zur Annahme einer Bereicherungsabsicht jedenfalls an dem Erstreben eines rechtswidrigen, stoffgleichen Vermögensvorteils seitens des manipulierenden Geschäftsführers.

B. Zusammenfassung der Ergebnisse zum Betrugstatbestand

Die vorangegangenen Ausführungen zur Relevanz von Schiedsrichtermanipulationen durch Geschäftsführer von Profisportvereinen haben gezeigt, dass sich der Betrugstatbestand in aller Regel nicht eignet, eben dieses Verhalten strafrechtlich zu erfassen.

Grund dafür ist nicht – anders als zunächst erwartet – der Umstand, dass der dem Geschäftsführer zu machende Kernvorwurf in einem Verstoß gegen das sport-ethische und damit zunächst einmal nicht-vermögensrelevante Fairnessgebot liegt. Insoweit lag die Vermutung nahe, dass keinesfalls auf den Betrugstatbestand als einem Delikt mit vermögensrechtlicher Schutzrichtung zwecks Pönalisierung zurückgegriffen werden könnte. Die (erwartete) Kollision der Teloi wird in Schiedsrichtermanipulationsfällen im Profisport allerdings typischerweise durch die Teilnahmevertrags- bzw. Auslobungsbedingungen dahingehend aufgelöst, dass das nicht-vermögensrechtliche Fairnessgebot dadurch mit Vermögensrelevanz aufgeladen wird, dass eine schuldvertragsrechtliche Koppelung an (die Aussicht auf die Auszahlung von) Vermögenswerten erfolgt.

Ein zweiter, kleinerer Problemkreis der betrugsrechtlichen Ausführungen ergab sich aus der Besonderheit, dass die untersuchten Schiedsrichtermanipulationen nicht durch die Vertragspartei des Teilnahmevertrages bzw. der Auslobung

---

349 Idee aus einem Gespräch mit Professor Samson. S. auch *Fischer*, StGB, § 263 Rn. 187 (Vorteil als „Kehrseite des Schadens" und Vorteil als „unmittelbare Folge der täuschungsbedingten Verfügung (...), welche den Schaden des Opfers herbeiführt").

selbst, sondern durch deren Vertreter vorgenommen werden. Sportvereine bedürfen als nicht selbständig handlungsfähige Einheiten einer organschaftlichen Vertretung. Insofern war der Frage nachzugehen, inwiefern dem Organverhalten auch Erklärungswerte den Vertretenen und dessen Verpflichtungen betreffend entnommen werden können. Fragestellungen, die zwar keine Spezifika des Profisports darstellen, wohl aber aus dem genannten Grund oftmals in diesem Bereich virulent werden.

Der wichtigste Gesichtspunkt der vorliegenden Betrachtungen zum Betrugstatbestand bildete den Abschluss. In ihm liegt der Schlüssel zur Beantwortung der Frage, warum der Betrugstatbestand in Konstellationen der vorliegenden Art in aller Regel nicht fruchtbar gemacht werden kann: Die Struktur des Betrugstatbestandes ist nicht in der Lage, die Situationstypik der hier untersuchten Schiedsrichtermanipulationen im Profisport durch Geschäftsführer von Sportvereinen hinreichend zu erfassen. Während die Annahme einer Täuschungshandlung gut vertretbar ist und auch die Annahme eines Irrtums – einzelfallabhängig – noch im Bereich des Vertretbaren liegt, ist die Annahme eines Vermögensschadens, der Bereicherungsabsicht sowie der Rechtswidrigkeit und Stoffgleichheit des erstrebten Vermögensvorteils (nahezu) nicht mehr zu begründen. Erfolgt die Manipulation „zu sportlichen Zwecken", so fehlt es überdies an der erforderlichen Bereicherungsabsicht. Jedenfalls aber fehlt es an der Stoffgleichheit der erlangten Vermögensvorteile. Dieser Umstand legt offen, dass der Betrugstatbestand nicht die in der Profisport-Realität tatsächlich anzutreffenden Beziehungen zwischen dem täuschungsbedingt irrenden Verfügenden zum Geschädigten und zum (Dritt-)Bereicherten abzubilden geeignet ist.

Der Betrugstatbestand ist aufgrund seiner Struktur (in aller Regel) ungeeignet, Schiedsrichtermanipulationen durch Geschäftsführer von Sportvereinen im Profisport zu erfassen.

Diese drei spezifischen Problemfelder des Betrugstatbestandes identifiziert, ist nun zur Betrachtung des zweiten Vermögensdelikts überzugehen: der Untreue.

§ 3 Manipulation von Schiedsrichtern im Lichte des Untreuetatbestandes

Nachdem im vorangegangenen Abschnitt die strafrechtliche Relevanz von Spielmanipulationen im Sportbereich unter dem Blickwinkel des Betrugstatbestandes untersucht worden ist und sich dabei herausgestellt hat, dass die Gewährung von Zuwendungen zu Manipulationszwecken durch den Tatbestand in aller Regel nicht erfasst werden kann, ist im Folgenden der Fokus auf den Tatbestand der Untreue zu richten. Es gilt zu ermitteln, ob und gegebenenfalls in welchen tatsächlichen Szenarien das unsportliche Manipulationsverhalten durch Vereinsgeschäftsführer als Untreue gegenüber „ihren" Sportvereinen zu werten ist.

Allein unproblematisch dürften jene Fallkonstellationen sein, in welchen der manipulierende Geschäftsführer eines Sportvereins zum Zwecke der Beeinflussung einer Schiedsrichterentscheidung auf sein Privatvermögen zugreift; in Ermangelung einer Inanspruchnahme der fremden Vereins-Vermögenssphäre vermag in einer solchen Manipulationshandlung unzweifelhaft kein Untreueunrecht erblickt zu werden.

Ernsthaft in Betracht kommt eine Pönalisierung derartiger Manipulationshandlungen allerdings dann, wenn die manipulierende Einflussnahme auf Schiedsrichter mit einem – bildlich gesprochen – Griff in die Kasse des Sportvereins verbunden ist. Bedient sich der Täter zur Zielerreichung dessen Mittel, so scheint bei unbefangener Betrachtung – und insbesondere nach dem allgemeinen Rechtsempfinden – ein „klassischer Fall" einer Veruntreuung von fremdem Vereinsvermögen vorzuliegen. Eine präzise Subsumtion unter die einzelnen Tatbestandsmerkmale ist indes nicht ohne Rückgriff auf die ausdifferenzierte Dogmatik des Untreuetatbestandes zu leisten.

Im Rahmen der Untersuchungen zur Untreuestrafbarkeit des Vereinsgeschäftsführers wird ein Schwerpunkt der Analyse bereits in der Herleitung von dessen Pflichtverletzung liegen (dazu unter I.). Dabei wird es insbesondere eines gewissen Begründungsaufwandes bedürfen, um darzulegen, weshalb dem bloßen Verstoß gegen ein – rein nicht-vermögensrechtlichen Zwecken dienendes – Manipulationsverbot Untreuerelevanz zukommen soll.

Ein weiteres Kernproblem liegt in der Bestimmung des Vermögensnachteils des Vermögensträgers (unter II.). Insbesondere in denjenigen Konstellationen, in welchen der Sportverein letztlich wirtschaftlich von der Manipulation profitiert, scheint die Annahme eines Vermögensnachteils intuitiv fernliegend. Ein besonderes Augenmerk wird darauf zu richten sein, ob und inwiefern Aussichten auf Vermögensmehrungen in der Lage sind, Vermögensabflüsse nachteilsverhindernd zu kompensieren.

Schließlich (unter III.) finden sich Bemerkungen zu der subjektiven Tatseite. Die Rechtsprechung ist stetig darum bemüht, der Weite des Untreuetatbestandes auch im subjektiven Bereich, insbesondere in Fällen bloß bedingten Vorsatzes eines nicht eigennützig handelnden Täters, entgegenzuwirken. Gerade unter diesem Blickwinkel sind die vorliegenden Fallkonstellationen der Schiedsrichtermanipulation außerhalb des Bereichs von Sportwetten zu betrachten, wird doch der manipulierende Geschäftsführer auf einen manipulationsbedingten, kompensierenden Vermögenszufluss hoffen und damit letztlich zum Wohle des Sportvereins handeln wollen.

A. Untreuerechtliche Beurteilung von Schiedsrichtermanipulationen durch Geschäftsführer von Sportvereinen

Bevor nun einzusteigen ist in die Beleuchtung von Schiedsrichtermanipulationen im Lichte des Untreuetatbestandes, sei der dieser Abhandlung zugrundeliegende Sachverhalt in Erinnerung gerufen, der einen typischen Fall einer Schiedsrichtermanipulation im Profisport darstellen dürfte: Der Geschäftsführer des Sportvereins entnimmt einen Geldbetrag aus der Vereinskasse, um ihn zu Zwecken einer Schiedsrichtermanipulation einzusetzen, von der er sich eine Beeinflussung des Spiels zugunsten der „eigenen" Vereinsmannschaft und den Erhalt damit verbundener Mehreinnahmen, etwa aus Vermarktungsgeschäften, erhofft. Infolge des „Griffs in die Vereinskasse" erlangt der Fall untreuerechtliche Relevanz, muss doch die Manipulationshandlung aus fremdem Vermögen finanziert werden, d. h. aus solchem, welches nach allgemeiner Definition zumindest auch einer anderen natürlichen bzw. juristischen Person zusteht:[350] Vermögensträger von juristischen Personen ist die juristische Person selbst, Vermögensträger von Personen(handels)gesellschaften ist allein die Gesellschaftergesamtheit. Damit ist das Vermögen für die Geschäftsführer jeweils fremd.[351]

---

350 Statt vieler nur NK-*Kindhäuser*, StGB, § 266 Rn. 30.

351 Konsequenz dieser Rechtsprechung ist, dass eine Untreue zulasten einer Personengesellschaft nicht möglich ist, sondern allein eine Strafbarkeit wegen Schädigung des Gesamthandsvermögens in Betracht kommt, wobei die Schädigung nur insoweit untreuerelevant ist, als zugleich das Vermögen der Gesellschafter geschädigt ist; s. *Fischer*, StGB, § 266 Rn. 113 (auch m. w. N.); Satzger/Schmitt/Widmaier-*Saliger*, StGB, § 266 Rn. 88; Achenbach/Ransiek/Rönnau-*Seier*, Handbuch

Entscheidend ist, dass gerade der Geschäftsführer des Sportvereins den Schiedsrichter manipuliert, da die Untreue als Sonderdelikt erfordert, dass den Untreuetäter eine Vermögensbetreuungspflicht gegenüber dem Vermögensinhaber trifft.[352] Die erforderliche Vermögensbetreuungspflicht wird im Wesentlichen durch drei Kriterien konturiert: Erforderlich ist, erstens, dass die Tätigkeit fremdnützig typisiert ist und damit den Charakter einer Geschäftsbesorgung trägt, zweitens, dass die Vermögensbetreuungspflicht die (nach Gewicht und Umfang, also wirtschaftlicher Bedeutung) wesentliche Hauptflicht des Täters darstellt und, drittens, dass der Täter bei Erfüllung seiner Pflichten selbständig handeln kann und mit Ermessensspielraum ausgestattet ist.[353] Geschäftsführer von Gesellschaften stellen, wenn man so will, den Prototyp Vermögensbetreuungspflichtiger dar.[354]

Diese einleitenden Worte vorweggeschickt, sei nun mit der Untersuchung hinsichtlich des Vorliegens einer strafrechtlich relevanten Pflichtverletzung begonnen.

I. Die Pflichtverletzung

Für die Betrachtung der untreuerelevanten Pflichtverletzung können zwei tatsächliche Anknüpfungspunkte gewählt werden: Primärer Anknüpfungspunkt soll die Gewährung finanzieller Zuwendungen aus dem Vereinsvermögen durch den Geschäftsführer dieses Vereins an einen Schiedsrichter sein (dazu unter 1).

Wirtschaftsstrafrecht, V 2 Rn. 359 f. Im Grundsatz abweichend etwa *Soyka*, Untreue zum Nachteil von Personengesellschaften, S. 56 f., 96 f., 137 f., auch m. w. N.

352 AnwaltKo-*Esser*, StGB, § 266 Rn. 13; NK-*Kindhäuser*, StGB, § 266 Rn. 31 f.; Satzger/Schmitt/Widmaier-*Saliger*, StGB, § 266 Rn. 9 f. Die Abhandlung folgt der streng monistischen Untreuekonzeption der herrschenden Meinung (vgl. *Fischer*, StGB, § 266 Rn. 21). Zu a. A. Satzger/Schmitt/Widmaier-*Saliger*, StGB, § 266 Rn. 6 f.; LK-*B. Schünemann*, StGB, § 266 Rn. 6 f.

353 Vgl. *Fischer*, StGB, § 266 Rn. 36 f.; NK-*Kindhäuser*, StGB, § 266 Rn. 33 f.; S/S-*Perron*, StGB, § 266 Rn. 23 f.

354 Vgl. BGH NJW 1975, 1234, 1235 (*Bundesligaskandal*); BGH wistra 1993, 262; zahlreiche Beispiele m. w. N. in *Fischer*, StGB, § 266 Rn. 48. Auch der geschäftsführende Gesellschafter einer Personen(handels)gesellschaft ist vermögensbetreuungspflichtig (vgl. zur Innen-GbR BayObLG NJW 1971, 1664). Sofern der Sportverein als GmbH & Co. KG strukturiert ist, wird die Vermögensbetreuungspflicht der Komplementär-GmbH gegenüber der KG gemäß § 14 Abs. 1 StGB auf das Vertretungsorgan, mithin den Geschäftsführer der Komplementär-GmbH, erstreckt (vgl. Achenbach/Ransiek/Rönnau-*Seier*, Handbuch Wirtschaftsstrafrecht, V 2 Rn. 67 f.).

In der Praxis ist in Manipulationsfällen der Nachweis der tatsächlichen Gewährung finanzieller Zuwendungen auch aufgrund der Zwischenschaltung diverser Mittler zwischen Manipulierendem und Manipuliertem oftmals schwierig. Insofern soll als zweiter tatsächlicher Anknüpfungspunkt (unter 2.) für eine mögliche Pflichtverletzung untersucht werden, ob in dem Transfer der Manipulationssummen über Mittelsmänner die Errichtung einer sog. schwarzen Kasse gesehen werden kann. Mit diesem Vorgehen wird eine Vorverlagerung des Vollendungszeitpunktes erreicht, was – dogmatisch gesehen – im Hinblick auf die fehlende Versuchsstrafbarkeit der Untreue einerseits kritisch zu hinterfragen ist, andererseits aber – praktisch gesehen – gerade aufgrund der erwähnten Nachweisprobleme eine umfassendere Sanktionierung ermöglichen würde.

1. Die Gewährung von Vereinsgeldern als Befugnismissbrauch

Die Missbrauchsvariante des Untreuetatbestandes, § 266 Abs. 1 Var. 1 StGB, setzt voraus, dass der Geschäftsführer durch Vornahme der Verfügungshandlung die ihm seitens des Vermögensträgers wirksam eingeräumte Verfügungs- und Verpflichtungsbefugnis[355] missbraucht. Ein Missbrauch der eingeräumten Befugnis ist dann zu bejahen, wenn in der Vornahme einer Verfügung über die Schmiergeldsumme ein Fehlgebrauch der dem Täter eingeräumten Rechtsmacht zu sehen ist.[356] Das ist dann der Fall, wenn der Täter zwar im Außenverhältnis zu Dritten wirksam, indes unter Überschreitung der ihm im Innenverhältnis gesetzten Grenzen über das fremde Vermögen verfügt.[357] Ein Missbrauch der

355 Zur Verfügungs- oder Verpflichtungsbefugnis S. Vgl. *Fischer*, StGB, § 266 Rn. 9 ff: Diese ist die Rechtsmacht, in wirksamer Weise über Vermögensrechte des Vermögensinhabers durch Übertragung, Aufhebung, Belastung oder Änderung zu verfügen oder ihn gegenüber Dritten wirksam zu solchen Verfügungen zu verpflichten (etwa durch Begründung einer Leistungspflicht). Als mögliche Entstehungsgründe für eine Verfügungs- bzw. Verpflichtungsbefugnis im Rahmen des Missbrauchstatbestandes nennt§ 266 Abs. 1 Var. 1 StGB das Gesetz, den behördlichen Auftrag und das Rechtsgeschäft, wobei auch eine Kombination mehrerer Entstehungsgründe möglich ist (NK-*Kindhäuser*, StGB, § 266 Rn. 84). Unter den Hauptfällen der durch Rechtsgeschäft eingeräumten Befugnis sind zu finden der Vorstand eines Vereins (vgl. § 26 Abs. 2 BGB), der Vorstand einer AG (§ 78 AktG), der Geschäftsführer einer GmbH (§ 6, 35 GmbHG), der geschäftsführende Gesellschafter einer Personen(handels) gesellschaft (vgl. § 714 BGB; §§ 125 f., 161 Abs. 2, 170 HGB) sowie der Geschäftsführer der Komplementär-GmbH einer GmbH & Co. KG (vgl. §§ 125, 161 Abs. 2 HGB i. V. m. § 35 GmbH). Für weitere Beispiele S. *Fischer*, StGB, § 266 Rn. 18.

356 *Fischer*, StGB, § 266 Rn. 24.

357 Vgl. S/S-*Perron*, StGB, § 266 Rn. 14, 17 f.

eingeräumten Verfügungsbefugnis scheidet hingegen insbesondere dann aus, wenn das abgeschlossene Geschäft insgesamt unwirksam ist. Maßgeblich zur Beurteilung der Außen- und Innenwirksamkeit ist mangels strafrechtlicher Beurteilungsvorgaben zu dieser Frage – jedenfalls im Ausgangspunkt – das außerstrafrechtliche Primärrecht.[358, 359]

In Fällen der Verfügung zu Manipulationszwecken ist insbesondere an eine Nichtigkeit des Geschäfts gemäß § 134 BGB in Verbindung mit § 299 StGB zu denken; die Anwendbarkeit dieses Strafgesetztes scheidet allerdings für Schiedsrichtermanipulationen – wie im 4. Kapitel gezeigt werden wird – aus, erfolgen diese doch im *sportlichen*, hingegen nicht auch – wie tatbestandlich gefordert – im geschäftlichen Verkehr.[360]

Zu denken ist aber insbesondere an eine Nichtigkeit gemäß § 138 Abs. 1 BGB wegen Wertungsdurchschlags der sittenwidrigen Unrechtsabrede auf das (grundsätzlich wertungsneutrale) Verfügungsgeschäft.[361] Die sog. Unrechtsabrede ist die Abrede zwischen dem Zuwendenden und Zuwendungsempfänger, wonach sich letzterer verpflichtet, gegen Gewährung von geldwerten Vorteilen, auf die kein rechtlicher Anspruch besteht, in der zu beeinflussenden Situation in unlauterer Weise im Sinne des Zuwendenden zu entscheiden. Nach *RGZ 138, 137, 141 ff.* ist etwa das Versprechen eines Entgelts durch einen Teilnehmer eines sportlichen Wettkampfs an einen anderen dafür, dass der andere mindere Leistungen

---

358 Vgl. zur Diktion etwa MüKo-*Dierlamm*, StGB, § 266 Rn. 173.

359 So die heute ganz herrschende Ansicht, s. nur *Lackner/Kühl*, StGB, § 266 Rn. 6; Satzger/Schmitt/Widmaier-*Saliger*, StGB, § 266 Rn. 20, 31; MüKo-*Dierlamm*, StGB, § 266 Rn. 134 f.; enger LK-*B. Schünemann*, StGB, § 266 Rn. 47. In einem zweiten Schritt ist danach zu fragen, ob spezifisch strafrechtliche Erwägungen zu einer anderen Bewertung zwingen (dazu unten unter § 3 A. I. 2. b). Für eine strafrechtsautonome Beurteilung, nur *Arzt*, in: FS Bruns, S. 365, 370, 375 f., welche allerdings vor allem die Gefahr wenig trennscharfer Abgrenzungen zwischen den Tatbestandsvarianten (vgl. zur Tatbestandsverwässerung MüKo-*Dierlamm*, StGB, § 266 Rn. 136) und die Gefahr einer Auflösung der „Befugnisorientierung" des Missbrauchstatbestandes in sich birgt (Satzger/Schmitt/Widmaier-*Saliger*, StGB, § 266 Rn. 21).

360 Dazu ausführlich unter § 4.

361 Eine Sittenwidrigkeit gemäß § 138 Abs. 1 BGB wegen Kollusion scheidet regelmäßig aus, liegt doch kein einvernehmliches Zusammenwirken von Vertreter und Geschäftspartner zulasten des Vertretenen vor: In Schiedsrichtermanipulationsfällen intendiert der Vertreter gerade das sportliche Reüssieren „seiner" Mannschaft, an welches regelmäßig mittelbar auch positive Folgeeinnahmen gekoppelt sind. Zur Kollusion MüKo-*Armbrüster*, BGB, § 138 Rn. 96 sowie MüKo-*Schubert*, BGB, § 164 Rn. 212 f.

erbringe, um dem Versprechenden den Sieg zu ermöglichen (sog. Verlustprämie), gemäß § 138 Abs. 1 BGB nichtig: es verstoße gegen das Anstandsgefühl aller billig und gerecht Denkender im Sportbetrieb, wenn Handlungen unternommen würden, die darauf abzielten, Sinn und Zweck sportlicher Wettkämpfe – nämlich die Auslese des sportlich Besten und Tüchtigsten anhand reiner Leistungskriterien – zu konterkarieren.[362]

Zwar ist die Konstellation der hier zu beurteilenden Schiedsrichtermanipulation in personeller Hinsicht nicht mit der reichsgerichtlich beurteilten Verlust-Prämien-Konstellation vergleichbar. Ihrem materiellen Gehalt nach lässt sich die dargelegte Erwägung des Urteils aber übertragen: In beiden Fällen wird der einzig zulässige Parameter zur Bemessung sportlicher Leistungsstärke verdrängt und durch ein sport-fremdes Kriterium ersetzt, entscheidet doch über den sportlichen Sieg infolge er Zuwendungsgewährung sehr weitgehend das „Ob" und die Höhe der finanziellen Zuwendung. Damit werden die Offenheit des sportlichen Spiels und der Fairnessgedanke konterkariert. In der Verdrängung dieser wesentlichen Charakteristika sportlichen Geschehens gleichen sich die Konstellationen der Verlustprämienzahlung und der Schmiergeldzahlung an Schiedsrichter. Insofern ist eine rechtlich-normative Gleichbehandlung der Fälle gerechtfertigt und führt zur Annahme der Nichtigkeit der Unrechtsabrede gemäß § 138 Abs. 1 BGB.[363]

Aus der soeben festgestellten Sittenwidrigkeit der Unrechtsabrede ergibt sich aber nicht notwendigerweise die Sittenwidrigkeit auch der Verfügung über die Barmittel an die Schiedsrichter. Der Durchschlag einer „externen" Nichtigkeit auf die Wirksamkeit eines grundsätzlich wertungsneutralen Verfügungsgeschäfts ist vielmehr eine eng zu verstehende Ausnahme vom Abstraktionsprinzip. Außenliegende Aspekte schlagen nur dann auf ein Rechtsgeschäft durch, wenn diese als Einheit zu betrachten sind, das Rechtsgeschäft also seinem Gesamtcharakter nach sittenwidrig ist.[364] Das soll der Fall sein, wenn das seinem Inhalt nach neutrale Rechtsgeschäft (hier: die Verfügung über den Geldbetrag) gerade dazu dient, den sittenwidrigen Zweck (hier: die Unrechtsabrede und damit die Spielmanipulation durch den Schiedsrichter) zu verwirklichen

---

362 Vgl. RGZ 138, 137, 141 f.; Soergel-*Hefermehl*, BGB, § 138 Rn. 205, 30; Staudinger-*Sack/Fischinger*, BGB, § 138 Rn. 646.

363 MüKo-*Armbrüster*, BGB, § 138 Rn. 128. Zur zivilrechtlichen Bewertung von Schmiergeldgewährungen an Organe, sonstige Vertreter und Angestellte im Rahmen vor dem Hintergrund des § 138 BGB: Soergel-*Hefermehl*, BGB, § 138 Rn. 180 f.

364 Soergel-*Hefermehl*, BGB, § 138 Rn. 27, 29 f.

und kraft diesen Zusammenhangs auch als sittenwidrig zu erachten ist (hier sog. Wertungszusammenhang).[365] Dabei sind Inhalt, Umstände, Auswirkungen und das Verhalten aller am neutralen Verfügungsgeschäft Beteiligten sowie deren Zwecke und Beweggründe zu berücksichtigen.[366] Da eine Übereignung von Schmiergeldern an Schiedsrichter keinen anderen Sinn erfüllt als denjenigen, die Unrechtsabrede in die Tat umzusetzen und diese Umstände allen an der Geldgewährung Beteiligten bekannt sind, sind die Unrechtsabrede und die Verfügung über die Vereinsmittel als Einheit zu betrachten. Folge dessen ist wiederum ein Wertungsdurchschlag der Sittenwidrigkeit der Unrechtsabrede auf das Verfügungsgeschäft.

Aus der Außenunwirksamkeit der Verfügung gemäß 138 Abs. 1 BGB folgt, dass eine Missbrauchsuntreue auszuscheiden hat. Fortzufahren ist daher nun mit der Untersuchung der Fragestellung, ob in der Gewährung von Vereinsgeldern an Schiedsrichter eine Treubruchsuntreue gemäß § 266 Abs. 1 Var. 2 StGB erblickt werden kann.

2. Die Gewährung von Vereinsgeldern als Treubruch

Der Treubruchstatbestand knüpft – im Gegensatz zu der an die formale Stellung des Täters anknüpfenden Missbrauchsuntreue – an die tatsächliche Einwirkungsmacht des Täters auf das betroffene Vermögen an.[367] Die Vermögensbetreuungspflicht, d. h. die qualifizierte Pflichtenstellung des Täters gegenüber dem fremden Vermögen, ist in der Person des Geschäftsführers eines Sportvereins erfüllt.[368] Tatbestandsmäßig sind insbesondere oftmals solche Verfügungshandlungen, die dem Missbrauchstatbestand nicht unterfallen.[369] Die Pflichtwidrigkeit im Rahmen des Treubruchtatbestandes liegt dabei darin, dass der Untreuetäter die ihm gegenüber dem fremden Vermögen obliegende Pflicht, fremde Vermögensinteressen wahrzunehmen, verletzt. Inwiefern dies auch in den vorliegend untersuchten Fallkonstellationen der Fall ist, ist nun zu untersuchen. Maßgeblich für die Beurteilung des Pflichtverstoßes ist das Innenverhältnis zwischen Vermögensbetreuungspflichtigem und Vermögensinhaber. Mangels strafrechtlichen Beurteilungsmaßstabs sind in einem ersten Schritt (unter a)) auf primär-, hier:

---

365 Soergel-*Hefermehl*, BGB, § 138 Rn. 27.

366 Soergel-*Hefermehl*, BGB, § 138 Rn. 29, auch m. w. N.

367 Vgl. *Fischer*, StGB, § 266 Rn. 33.

368 Dazu bereits oben unter § 3 A.

369 *Fischer*, StGB, § 266 Rn. 51, 53.

zivilrechtliche Erwägungen zurückzugreifen. In einem zweiten Schritt (unter b))[370] sind genuin strafrechtliche Erwägungen anzustellen.[371]

a) *Primärrechtliche Pflichtwidrigkeit der Geldgewährung*

Das im Innenverhältnis Gestattete ergibt sich aus dem Rechtsverhältnis zwischen Verpflichtetem und Vermögensinhaber. In erster Linie kommt es daher auf Einzelweisungen des Vermögensinhabers bzw. Beschlüsse der dispositionsbefugten Gesellschafterversammlung, wirksame Regelungen der Satzung oder des Gesellschaftsvertrages an. Erst in zweiter Linie, wenn also derartige Bestimmungen fehlen oder aber unwirksam sind, kommt es auf allgemeine Sorgfaltsmaßstäbe an, insbesondere also auf die Frage, ob die vorgenommene Verfügung dem Handlungsmaßstab eines ordentlichen und gewissenhaften Geschäftsführers entspricht.[372]

Einfach ist die Beurteilung des Vorliegens einer Pflichtverletzung dann, wenn in der Satzung des betreffenden Sportvereinens ausdrückliche Regelungen anzutreffen sind, nach welchen der Spielbetrieb nach den anerkannten Regeln des Sports gefördert werden soll und Manipulationen von Sportbeteiligten verboten werden. Zwar werden von den Satzungsvorschriften der Sportvereine und den darin inkorporierten Vorschriften in erster Linie die Vereinsmitglieder gebunden. Gebunden an die Regeleinhaltung sind aber auch die Sportvereine selbst. Mangels Handlungsfähigkeit trifft ihre Geschäftsführer die Pflicht, die Regelungen der Vereinsatzung bzw. des Gesellschaftsvertrages einzuhalten, durchzusetzen und Regelverstöße abzuwenden. Verstöße gegen Satzungsvorschriften begründen daher eine primärrechtliche Pflichtwidrigkeit der Handlung des Geschäftsführers im Innenverhältnis gegenüber dem Vermögensinhaber.

Gleiches gilt, soweit keine ausdrücklichen Manipulationsverbote in der Satzung zu finden sind: Für gewöhnlich werden diese mittelbar, d.h. über Verweisungsnormen in die Vereinssatzung inkorporiert sein. Die inkorporierten Normen sind dabei solche aus der Satzung ranghöherer Sportverbände: Wesenszug der hierarchischen Organisationsstruktur des Sportwesens ist es, dass rangniedere Vereine ranghöhere Vereine zur Recht-Setzung ermächtigen und dafür im Gegenzug gezwungen sind, die erlassenen Vorschriften mittels Verweisungen in ihre eigenen Satzungen zu inkorporieren.[373] Im Ergebnis werden sich somit jedenfalls auf diese Weise mittelbar einbezogene, ausdrückliche Manipulationsverbote finden lassen.

370 Zu strafrechtlichen Besonderheiten noch unter § 3 A. I. 2. b).
371 Vgl. *Fischer*, StGB, § 266 Rn. 14 f., 39 f., 59 f.
372 NK-*Kindhäuser*, StGB, § 266 Rn. 92; S/S-*Perron*, StGB, § 266 Rn. 18.
373 Fritzweiler/Pfister-*Pfister*, Praxishandbuch Sportrecht, Einf. Rn. 14.

Um es an einem Beispiel zu verdeutlichen: Im Bereich des Handball-Profi-Sports[374] müssen laut Satzung des Deutschen Handballbundes[375] (DHB) dessen Regelungen in die Satzungen der Mitgliedsvereine inkorporiert werden.[376] Der DHB trägt danach gemeinsam mit den Handball-Vereinen „Sorge für die sportliche [...] Entwicklung des Handballsports".[377] Zweck und Aufgabe des DHB ist es dabei, die „Fairness im sportlichen Wettbewerb und Glaubwürdigkeit im Handballsport zu erhalten".[378] Gemäß § 3 S. 3 der DHB-Satzung ist eine zur Durchführung der Verbandsaufgaben erforderlich wirtschaftliche Betätigung dem ideellen Zweck der Förderung des Handballsports untergeordnet. Schließlich sind die Mitglieder verpflichtet, „ihre Arbeit den allgemein gültigen sportlichen Grundsätzen unterzuordnen".[379] Überdies sind – über die Satzungsregelungen des DHB – ebenfalls mittelbar in die Satzungen der Sportvereine diejenigen Vorschriften inkorporiert, an deren Einhaltung der DHB selbst verbandsrechtlich gebunden ist, mithin die Vorschriften der Satzung des dem DHB übergeordneten Verbandes, d.h. der Europäischen Handball-Föderation (EHF).[380] Mittelbar inkorporiert in die Vereinssatzungen sind demzufolge auch etwa folgende Regelungen aus der Satzung der EHF[381]: Gemäß 1.3 der Satzung werden „sämtliche Manipulationen im Sport" abgelehnt; „jede Art von Korruption und Bestechung oder inadäquater Einflussnahme, wie auch der Empfang, das Angebot oder die Annahme jeder Art von inadäquaten Vorteilen und Geschenken ziehen Sanktionen gemäß den EHF [...] Bestimmungen nach sich". Gemäß 1.2 des Rechtspflegereglements[382]

---

374 Zum Profifußball S. etwa BGH NJW 1975, 1234, 1235 (*Bundesligaskandal*).

375 Satzung abrufbar unter http://dhb.de/fileadmin/downloads/satzungen_ordnungen/DHB-Satzung_21_09_2013.pdf (letzter Abruf: 08.12.2015).

376 S. § 12 Abs. 1 a) der Satzung des DHB.

377 Präambel der Satzung des DHB.

378 § 2 o) der Satzung des DHB, weshalb Dopingkontrollen durchzuführen seien.

379 § 12 Abs. 1 a) der Satzung des DHB.

380 Laut 1.1 der EHF-Satzung sind durch sie gebunden die nationalen Handballverbände, also auch der DHB. Überdies trifft die nationalen Handballverbände gemäß 2.2 der EHF-Satzung die Pflicht, für eine Überbindung „nach unten" (d.h. an deren Mitgliedsvereine) zu sorgen.

381 Satzung abrufbar unter http://cms.eurohandball.com/PortalData/1/Resources/1_ehf_main/11_downloadsregulations_forms/statutes/D_satzung_2008.pdf (letzter Abruf: 08.12.2015).

382 Das Rechtspflegereglement ist abrufbar unter http://cms.eurohandball.com/PortalData/1/Resources/1_ehf_main/11_downloadsregulations_forms/1_regulations/4_legal/rechtspflege/Rechtspflegereglement.pdf (letzter Abruf: 08.12.2015). Es ist über 2.2 und 9.3 der Satzung der EHF in diese inkorporiert.

der EHF wird „unsportliches Verhalten“ geahndet.[383] Damit sind in praxi in allen Vereinssatzungen des Handball-Profisports – jedenfalls mittelbar – ausdrückliche Manipulationsverbote vorzufinden.

Doch selbst, wenn solche mittelbar miteinbezogenen Manipulationsverbote fehlen sollten, so lassen sich Manipulationsverbote durch Auslegung des Konglomerats an Regelungen des Sportvereins und der ihm hierarchisch übergeordneten Sportverbände herleiten: Typischerweise kommt in Satzungen von Sportvereinen und Sportverbänden zum Ausdruck, dass der Profisport unter dem Stern der Einhaltung der „anerkannten Regeln des Sports“ oder der Einhaltung des Fairplay-Grundsatzes, der Chancengleichheit der Mannschaften sowie der Offenheit des Spiels stehen soll. Diese Grundsätze werden durch eine Schiedsrichtermanipulation negiert und zählen infolge der grundlegenden Erschütterung sportlicher Prinzipien zu einem der denkbar schwersten Verstöße gegen die anerkannten Regeln des Sports.[384] Die anerkannten Regeln des Sportes sind dabei (in den Worten des BGH im *Bundesligaskandal*-Urteil) „nicht etwa nur Fassade“[385], sondern verbindliche Vorschriften, was sich nicht nur normativ aus der ausgeführten Normenhierarchie des Binnenrechts ergibt, sondern was überdies (wie der BGH weiter ausführt) mit dem faktischen Argument gestützt werden kann, dass die Erreichung sportlicher Ziele gerade unter Einhaltung der sportlichen Grundsätze für die überwiegende Anzahl von Mitgliedern von Sportvereinen, insbesondere für Amateur- und Jugendmannschaften, oberste Priorität genießt, die verbandsrechtlichen Vorschriften aus diesem Grunde faktische Anerkennung und Achtung erfahren.[386]

---

383 Entsprechende Normketten lassen sich auch für alle anderen Sportarten finden. Für den Fußballsport etwa in der Präambel, in § 4 Nr. 1 j), k) und Nr. 2 a) der Satzung des DFB (abrufbar unter http://www.dfb.de/fileadmin/_dfbdam/2014124_02_Satzung.pdf, letzter Abruf: 08.12.2015) oder § 1 der Rechts- und Verfahrensordnung des DFB (abrufbar unter http://www.dfb.de/fileadmin/_dfbdam/2014124_08_Rechts-Verfahrensordnung.pdf, letzter Abruf: 08.12.2015).

384 Vgl. BGH NJW 1975, 1234, 1235 (*Bundesligaskandal*), wenn auch einen Sachverhalt der Manipulation von Spielern einer gegnerischen Mannschaft betreffend. Sachlich ergeben sich für die vorliegend zu beurteilende Frage keine Unterschiede. Vgl. auch die zum Bundesligaskandal-Urteil ergangenen Aufsätze von *Schreiber/Beulke*, JuS 1977, 656, 658; *Triffterer*, NJW 1975, 612, 613.

385 BGH NJW 1975, 1234, 1235 (*Bundesligaskandal*).

386 Vgl. BGH NJW 1975, 1234, 1235 (*Bundesligaskandal*). Da dieser faktische Begründungsansatz jedoch nur einen zusätzlichen zu dem normativen Begründungsansatz darstellt, ändert sich an der Verbindlichkeit der verbandsrechtlichen Vorschriften auch dann nichts, wenn bei dem im Einzelfall betrachteten Sportverein keine Profi-,

Im Falle eines feststehenden Verstoßes gegen verbandsrechtliche Vorschriften durch eine Schiedsrichtermanipulation spielen insbesondere die dem manipulativen Verhalten zugrunde gelegten Motive des Geschäftsführers keine Rolle. Irrelevant ist daher das Motiv, dass die Manipulation allein dem sportlichen Erfolg des Sportvereins zu dienen bestimmt sei. Dies gilt selbst dann, wenn an den sportlichen Erfolg mittelbar zu erzielende finanzielle Mehreinnahmen gekoppelt sind. Die (gut gemeinte) Intention des Geschäftsführers, mittels Schiedsrichtermanipulation das Überleben des Sportvereins im sportlichen oder im finanziellen Bereich absichern oder fördern zu wollen, ist in Anbetracht des Verstoßes gegen die Satzung unbeachtlich. Irrelevant sind derartige Absichten sogar dann, wenn die Vornahme der Spielmanipulation die einzige Möglichkeit für den Sportverein zu sein scheint, überhaupt siegen zu können, und damit die einzige Möglichkeit für den Geschäftsführer darstellt, die satzungsmäßige Zielsetzung des Sportvereins – nämlich sportlich erfolgreich zu sein – zu realisieren. Ein derartiges Szenario ist etwa in einem allseitigmanipulierenden sportlichen Umfeld denkbar: Dort führte das Unterlassen der Zuwendungsgewährung an den Schiedsrichter zwingend zum sportlichen Unterliegen der nicht-manipulierenden Mannschaft, sodass die Vornahme der Schiedsrichter-Manipulation faktisch notwendig zur Erreichung des sportlichen Sieges ist.[387]

Grund für die Unbeachtlichkeit dieser gut gemeinten Intentionen ist der folgende: Erfolgt der sportliche Sieg – und damit die Realisierung des satzungsmäßigen Zwecks von Sportvereinen – unter Verstoß gegen andere, ihrer Wertigkeit nach höherrangige Satzungsvorschriften, wie etwa das Fairnessgebot als oberstem Sportgrundsatz bzw. das Manipulationsverbot als Ausprägung desselben, so kann der erreichte Zweck das pflichtwidrig gewählte Mittel der Schiedsrichtermanipulation nicht heiligen. Satzungsmäßige Ziele sind derart zu verfolgen, dass bei ihrer Verwirklichung jedenfalls nicht gegen höherrangige Satzungsvorschriften verstoßen wird. Soweit dies nicht möglich ist, ist die Handlung insgesamt zu unterlassen.

Jugend- und Amateurebene mehr vorhanden ist, sondern – wie heutzutage zunehmend der Fall – eine gesellschaftsrechtlich-organisatorische Auslagerung der Profisport-Abteilungen stattgefunden hat. In Fällen des FC Bayern München oder des THW Kiel etwa ist daher zur Begründung allein auf die normenhierarchische Argumentation zurückzugreifen.

387 S. dazu bereits oben unter § 2 A. I. 1. b) aa) und Fn. 55.

Festzuhalten ist, dass die Gewährung von Geldern zu Manipulationszwecken nach der gewöhnlichen Regelungs- und Handhabungsstruktur in Profisport-Vereinen einen *primärrechtlichen* Pflichtenverstoß des Geschäftsführers im Innenverhältnis gegenüber „seiner" Gesellschaft darstellt.

b) Strafrechtliche Pflichtwidrigkeit der Geldgewährung

Mit dem soeben ermittelten Ergebnis einer primärrechtlichen Pflichtwidrigkeit ist indes noch keine Aussage zum Vorliegen einer auch strafrechtlichen Pflichtwidrigkeit getroffen.

Dabei sind zwei Konstellationen zu unterscheiden: Ergibt sich nach dem Primärrecht, dass das Verhalten nicht pflichtwidrig ist, so herrscht Einigkeit dahingehend, dass das Strafrecht bezüglich dieser Wertung streng akzessorisch ist, eine Pflichtwidrigkeit i. S. v. § 266 Abs. 1 StGB folglich ausscheidet.[388] Wenn man so will, markiert die zivilrechtliche Pflichtwidrigkeit die Untergrenze für die Strafbarkeit,[389] sodass die fehlende zivilrechtliche Pflichtwidrigkeit notwendige und hinreichende Bedingung für die Straflosigkeit ist.

Ergibt sich hingegen nach dem Primärrecht – und dies ist die zweite und vorliegend relevante Konstellation – ein Pflichtverstoß, so ist eine strafrechtliche Akzessorietät nicht zwingend; vielmehr ist von einer sog. asymmetrischen Akzessorietät[390] auszugehen, wonach nicht jede zivilrechtliche Pflichtwidrigkeit die Bejahung einer strafrechtlichen Pflichtwidrigkeit nach sich ziehen muss, aber durchaus kann. Der Beurteilung einer primärrechtlichen Pflichtwidrigkeit erfolgt mithin durch einen strafrechts-spezifischen Filter hindurch.

aa) Der Einwand der Sozialadäquanz

Ist der Kreis zulässiger Handlungsweisen eng gezurrt oder ist die Verhaltensweise (etwa wegen Verstoßes gegen § 138 Abs. 1 BGB rechtswidrig, so kann das Vorliegen eines relevanten Pflichtverstoßes auch nicht etwa unter Verweis darauf verneint werden, Schiedsrichtermanipulationen seien verkehrsüblich, sozial- oder wettbewerbsadäquat und könnten daher kein Handlungsunrecht

---

388 MüKo-*Dierlamm*, StGB, § 266 Rn. 173; Satzger/Schmitt/Widmaier-*Saliger*, StGB, § 266 Rn. 31 (auch mit knapper Zusammenstellung der „klassischen" Streitfragen strafrechtlicher Akzessorietät); *ders.*, HRRS 2006, 10, 14.

389 So MüKo-*Dierlamm*, StGB, § 266 Rn. 174.

390 Sie ist Konsequenz strafrechtsspezifischer Erwägungen, in concreto dem Subsidiaritätsprinzip, dem Bestimmtheitsgebot und dem Schutzzweck der Untreue. Vgl. dazu insgesamt MüKo-*Dierlamm*, StGB, § 266 Rn. 174; *Fischer*, StGB, § 266 Rn. 59; Satzger/Schmitt/Widmaier-*Saliger*, StGB, § 266 Rn. 31.

des Geschäftsführers im Innenverhältnis gegenüber „seinem“ Verein darstellen.[391] Denn es steht – innerhalb der rechtlich gezogenen Grenzen – einem jeden Verein frei, im Innenverhältnis gegenüber dem Geschäftsführer strengere Anforderungen an das Handeln des Geschäftsführers zu stellen als im Verkehr üblich ist. Verlässt der Geschäftsführer den ihm intern konkret gezogenen Kreis pflichtgemäßer Handlungen, so handelt er intern pflichtwidrig. Ist der gezogene Kreis zulässiger Handlungen hingegen nicht konkret, sondern nur allgemein definiert, so kommt es für die Frage nach einer Pflichtwidrigkeit darauf an, ob der Geschäftsführer bei Vornahme der Handlung die Sorgfalt eines ordentlichen und gewissenhaften Geschäftsführers an den Tag gelegt hat. Eine Frage, die für den Fall einer Schiedsrichtermanipulation wegen der Schwere des Pflichtverstoßes und der evidenten Unvertretbarkeit des Handeln zu verneinen ist:[392] Eine Schiedsrichtermanipulation stellt einen der „denkbar schwersten“ Verstöße gegen sport-ethische Grundsätze dar.

bb) Die Irrelevanz der Risikogeschäftslehre

Ist dem Treunehmer die Risikoeingehung im Innenverhältnis untersagt, so kann es für die Frage der Pflichtwidrigkeit der Gewährung von Manipulationsgeldern an Schiedsrichter auch nicht auf die zu den sog. Risikogeschäften entwickelte Dogmatik ankommen.

Zwar ist hinsichtlich des Begriffs der Risikogeschäfte bis dato eine Konturierung, die auf allgemeinen Konsens in der Strafrechtswissenschaft stoßen würde, noch nicht gelungen. Vielmehr ist – mit den pointierten Worten *Hillenkamps*[393] –

---

391 Die Überschreitung des verkehrsüblichen Risikos ebenfalls konstatierend *Schreiber/Beulke*, JuS 1977, 656, 658; *Seelmann*, JuS 1982, 914, 917.

392 Zu der (zwischen dem 1. und 3. Senat des BGH umstrittenen) Frage danach, welche Kriterien zur Beurteilung der Untreuerelevanz von Pflichtverletzung im Rahmen von unternehmerischen Entscheidungen mit weitem Entscheidungsspielraum heranzuziehen sind: aus der Rechtsprechung: BGHSt 47, 148, 150; 47, 187, 193 f. (*Sponsoring*); BGH NJW 2006, 453 f. (*Kinowelt*); BGHSt 50, 331 f. (*Mannesmann*). Aus der Fülle an Abhandlungen aus der Literatur S. etwa: Satzger/Schmitt/Widmaier-*Saliger*, StGB, § 266 Rn. 42, 91; *Beulke*, FS Eisenberg, S. 245, 252 f.; *Otto*, FS Tiedemann, S. 693 f.; *Schmitt*, in: FS Nobbe, S. 1011 f.; *Beckemper*, NStZ 2002, 322, 326; *Brammsen*, wistra 2009, 85, 88; *Dierlamm*, StraFo 2005, 397, 402 f.; *Hohn*, wistra 2006, 161; *Kubiciel*, NStZ 2005, 353, 357, 360; *Rönnau/Hohn*, NStZ 2004, 113, 118 f.; *Rönnau*, NStZ 2006, 214, 219 f.; *ders.*, ZStW 119 (2007), 887, 917 f.; *Saliger*, HRRS 2006, 10 19 f.; *B. Schünemann*, NStZ 2005, 473, 475 f. Vgl. auch *Tiedemann*, Wirtschaftsstrafrecht AT, Rn. 209 f.

393 *Hillenkamp* NStZ 1981, 161, 162.

von einer „nur mühsam zugedeckten Unklarheit“ zu sprechen. Allerdings wird vorliegend zweierlei zur Bejahung eines Risikogeschäfts als konstitutiv erachtet:

(1.) Das eingegangene Geschäft beruht auf einer ausgeübten Wahlmöglichkeit des Dispositionsbefugten über die Gestaltung zukünftiger Zustände;
(2.) die divergierenden zukünftigen Zustände führen nicht alle zum gewünschten Ziel, sondern können dieses auch verfehlen, sodass die Ausübung der Wahlmöglichkeit das Risiko der Fehlentscheidung birgt.[394]

Vorgeschlagene weitere Additionen charakterisierender Merkmale des Risikogeschäfts erweisen sich insofern als problematisch, als sie bereits in die Definition des risikobehafteten Geschäfts – ergebnisorientiert – strafrechtlich relevante Elemente einführen. Daher überzeugt es weder zu verlangen, dass Risikogeschäfte „jenseits einer vorsichtigen Unternehmensführung“[395] liegen oder mit der Überschreitung von dem Dispositionsbefugten gezogenen Vollmachtgrenzen verbunden sein müssten[396] noch, dass nur Sachverhalte im volkswirtschaftlichen Wettbewerb erfasst werden könnten, für welche das Bestehen von Risikosituationen charakteristisch sei.[397]

Mit Blick auf Schmiergeldzahlungen an Schiedsrichter ist ausgehend von der hier zugrunde gelegten Definition des Risikogeschäfts ein solches phänomenologisch klar gegeben.[398] Denn der manipulierende Geschäftsführer hat die Handlungsalternativen „Manipulation/Nicht-Manipulation“ (1. Kriterium) und das eingegangene Geschäft ist mit dem Risiko des Nicht-Gelingens des beabsichtigten sportlichen Sieges behaftet (2. Kriterium).

Allerdings kommt es auf die Risikogeschäftslehre dann nicht an, wenn eine Eingehung von Risiken durch Schmiergeldgewährungen nach dem Binnenrecht zwischen Treunehmer und Treugeber gänzlich untersagt ist. Denn in diesen Fällen liegt in der Eingehung des Risikos in jedem Fall eine Überschreitung des

---

394 In Anlehnung an *Hillenkamp* NStZ 1981, 161, 165. Unklar hingegen die Definition in *Bringewat*, JZ 1977, 667, 669 f., wonach das Fehlschlagen der Disposition als Charakteristikum eines Risikogeschäfts erscheint; kritisch diesbezüglich auch *Hillenkamp*, NStZ 1981, 161, 162 (in Fn. 24).

395 *Jescheck*, AT, S. 326.

396 *Maurach/Schroeder/Maiwald*, BT I, § 45 Rn. 49; ähnlich *Schreiber/Beulke*, JuS 1977, 656, 658.

397 So (zum *Bundesligaskandal*-Urteil) *Bringewat*, JZ 1977, 667, 669 f., der auf die fehlende „Situationstypik“ abstellt und daher in Schmiergeldkonstellationen das Vorliegen eines Risikogeschäfts verneint.

398 Ebenso *Hillenkamp*, NStZ 1981, 161, 166 (in Fn. 56).

im Innenverhältnis Zulässigen und damit in jedem Fall eine Überschreitung der dem Täter seitens des Vermögensinhabers übertragenen Dispositionsmacht.[399] Dabei ist diese Ausnutzung des seitens des Geschädigten dem Täter vor der Tatbegehung entgegengebrachte Vertrauens in Form eingeräumter Entscheidungskompetenz gerade das sanktionierte Handlungsunrecht der Untreue: Pönalisiert wird die Schädigung des Vermögens des Treugebers quasi „von innen heraus".[400] Sanktioniert wird die spezifische Verbindung von Angriffsmittel (Pflichtverletzung) und Angriffsweg (von innen) auf das Rechtsgut (Vermögen).[401] Insofern ist vorliegend die strafrechtliche Relevanz der primärrechtlichen Pflichtverletzung auch nicht unter Rückgriff auf die Risikogeschäftslehre zu verneinen.

cc) Der Topos der „Vermögensrelevanz der Pflichtverletzung"

Ein anderes, nämlich eine Irrelevanz der primärrechtlichen Pflichtverletzung für das Strafrecht, könnte sich hingegen aus einem spezifisch strafrechtlichen Gedanken ergeben. Für diesen Fall würde sich die asymmetrisch akzessorische Natur der Untreue zeigen. Dogmatischer Hintergrund des vorliegend geäußerten Zweifels an einer auch strafrechtlichen Relevanz der in der Zuwendungsgewährung liegenden zivilrechtlichen Pflichtverletzung ist der nun zu entfaltende Topos der „Vermögensrelevanz der Pflichtverletzung".

(1) Darstellung des theoretischen Fundaments

Die durch den Untreuetatbestand geforderte Pflichtwidrigkeit des Handels ist kein bloßer Selbstzweck. Beachtet werden muss, dass die Pflichtwidrigkeit des Handelns des Treunehmers – angesichts des vermögensschützenden Charakters dieses Tatbestandes – in einer Zuwiderhandlung liegen muss, die sich nicht nur gerade auf den Teil der Pflichtenstellung des Täters beziehen muss, deren Gegenstand die Vermögensbetreuungspflicht bildet,[402] sondern – und dieser Gedanke

---

399 *Fischer*, StGB, § 266 Rn. 65.

400 NK-*Kindhäuser*, StGB, § 266 Rn. 2, besonders klar Rn. 3.

401 Sehr klar SK-*Hoyer*, StGB, § 266 Rn. 2 und Satzger/Schmitt/Widmaier-*Saliger*, StGB, § 266 Rn. 3: Aus dieser Zweigliedrigkeit des Unrechtscharakters der Untreue ergibt sich im Umkehrschluss, dass die isoliert betrachteten Glieder keine geschützten Rechtsgüter darstellen. Die „Verletzung der Vermögensbetreuungspflicht" ist kein Selbstzweck, sondern gleichsam das „Angriffsmittel". Dieses Angriffsmittel ist nur insoweit für das geschützte Rechtsgut relevant, als es – gepaart mit dem untreuespezifischen Angriffsweg („von innen heraus") – in den tatbestandlich erforderlichen Vermögensnachteil mündet.

402 *Fischer*, StGB, § 266 Rn. 60; SK-*Hoyer*, StGB, § 266 Rn. 51.

ist vorliegend entscheidend –, dass sie sich gerade gegen eine Vorschrift richten muss, die der Treugeber zum Schutze seines tatbestandlich geschützten Vermögens erlassen hat. Es ist also nötig, die Pflichtverletzung im Kontext des Schutzzwecks der Untreue zu sehen, was nicht nur aus einer teleologischen Auslegung heraus geboten ist, sondern überdies auch mit der „strukturellen Verwandtschaft der Untreue mit einer – allerdings vorsätzlich begangenen – Fahrlässigkeitstat“[403] begründet werden kann. Die verletzte Pflicht muss mit anderen Worten in einem spezifischen Zusammenhang zum Tatbestand stehen, d.h. gerade dem Schutz des durch § 266 StGB geschützten Vermögens zu dienen bestimmt sein.[404] Grundsätzlich nicht ausreichend sind daher Verstöße gegen Normen, die ausschließlich den Schutz nichtvermögensrechtlicher Ziele intendieren, etwa öffentlich-rechtliche Vorschriften zum Umweltschutz,[405] Vorschriften zum Schutz der Lauterkeit des Wettbewerbs oder des Interesses der Öffentlichkeit an der Transparenz von Parteifinanzen.[406] Aus dem Kreise pflichtwidriger Handlungen von Geschäftsführungsorganen müssen jene ausgenommen werden, die alleine vermögensexternen Zwecken zu dienen bestimmt sind, nicht aber solche, die in einem Schutzzweckzusammenhang zum Vermögen der Gesellschaft stehen. Diese Trennlinie zu ziehen und damit die nicht-vermögensrelevanten Pflichtverletzungen aus dem Bereich untreuerelevanter Pflichtverletzungen zu eliminieren, gebietet sich zum ersten unter der Prämisse, dass die Untreue allein auf den Vermögensschutz des Treugebers abzielt und zweitens unter der Prämisse einer gebotenen restriktiven Handhabung im Hinblick auf die anderenfalls drohende uferlose Pönalisierung.[407]

Um den Kreis der vermögensrelevanten Pflichtverletzungen näher zu konkretisieren, ist es hilfreich, sich zu vergegenwärtigen, dass der Untreuetatbestand gerade dem Schutze des Vermögens in seiner „freiheitsermöglichenden

---

403 Achenbach/Ransiek/Rönnau-*Seier*, Handbuch Wirtschaftsstrafrecht, V 2 Rn. 119, 212.

404 Wie hier: MüKo-*Dierlamm*, StGB, § 266 Rn. 185; *Fischer*, StGB, § 266 Rn. 21, 60; SK-*Hoyer*, StGB, § 266 Rn. 51; S/S-*Perron*, StGB, § 266 Rn. 19a, 23 f.; Achenbach/Ransiek/Rönnau-*Seier*, Handbuch Wirtschaftsstrafrecht, V 2 Rn. 212; *Günther*, in: FS Weber, S. 311, 316 f. A. A. *Saliger*, Parteiengesetz und Strafrecht, S. 71 f., 184 f., 263 f.; Satzger/Schmitt/Widmaier-*Saliger*, StGB, § 266 Rn. 82 f.; *ders.*, HRRS 2006, 10, 22; *ders./Gaede*, HRRS 2008, 57, 68.

405 Mit diesem Beispiel *Kubiciel*, NStZ 2005, 353, 360.

406 S. AnwaltKo-*Esser*, StGB, § 266 Rn. 20 und S/S-*Perron*, StGB, § 266 Rn. 19a (am Beispiel von Voschriften des Kreditwesengesetzes).

407 Hinzunehmende und folgerichtige Konsequenz der vorliegend vertretenen restriktiven Sichtweise ist in der Tat, dass bestimmte Fallgruppen der Untreue künftig straflos verbleiben müssen (vgl. *Saliger*, HRRS 2006, 10, 22).

Dimension" dient:[408] Der Treugeber muss vor der täterseitigen Ausübung der delegierten Dispositionsbefugnis über sein Vermögen in einer Weise geschützt werden, die er entweder explizit ablehnt oder die – in Ermangelung einer konkreten Verlautbarung des Willens des Treugebers – mit den Verhaltensweisen eines ordentlichen, gewissenhaften Geschäftsführers nicht mehr übereinstimmt. Mit den insoweit überzeugenden Ausführungen von *Kubiciel* ist daher für die Ermittlung der Vermögensrelevanz der Pflichtverletzung in hypothetischer Weise zu fragen, ob die jeweilige Verhaltensweise des Geschäftsführers noch als eine Konkretisierung der ihm delegierten, aber ursprünglich dem Treugeber zustehenden Dispositionsbefugnis über das betroffene Vermögen gedacht werden kann oder ob die Grenzen der eingeräumten Dispositionsbefugnis überschritten werden.[409] *Hillenkamp* spricht insoweit pointiert von einem Verstoß gegen Richtlinien, die den Verhaltensspielraum des Geschäftsführers gerade aus Gründen des Vermögensschutzes begrenzen. Weist etwa der Eigner einer Privatbank – um sich eines plastischen Beispiels von *Hillenkamp* zu bedienen – seine Direktorin an, vor einer Gewährung von Krediten allein aus Pietätsgründen die Zustimmung des mittlerweile „völlig vertrottelten Seniorchefs einzuholen", kann eine Missachtung dieser Verhaltensrichtlinie auch im Falle eines späteren Schadens nicht als Untreue sanktioniert werden.[410] Denn die Verletzung der Pflicht, den Seniorchef um vorherige Zustimmung zu bitten, mag sie auch gesellschaftsrechtlich noch so verbindlich sein, dient eben allein Zwecken, die in keiner Beziehung zum Vermögensschutz stehen; gerade weil der Seniorchef in dem plastischen Beispiel nicht mehr im Vollbesitz seiner geistigen Kräfte ist, hätte seine Zustimmung nicht im Zeichen eines besseren Vermögensschutzes gestanden, sodass auch ihre Nicht-Einholung nicht dem Schutze des Vermögens des Bankeigners abträglich sein konnte.

(2) Übertragung der Grundsätze auf Sachverhalte des Profisports

Übertragt man diese Grundsätze auf Sachverhalte aus dem Profisport, so präsentiert sich folgendes Bild: Ist in der Satzung eines Vereins etwa stipuliert, dass der Ankauf neuer Spieler derzeit ruhe, um dem Spielkader in seiner gegenwärtigen Zusammensetzung eine Gewöhnung aneinander und die Verbesserung des Zusammenspiels zu ermöglichen, so ist damit – obgleich der Ankauf von Spielern durch den Geschäftsführer eines Profi-Sportvereins gewöhnlicherweise

---

408 *Kubiciel*, NStZ 2005, 353, 359.

409 *Kubiciel*, NStZ 2005, 353, 360.

410 *Hillenkamp*, NStZ 1981, 161, 166.

zu dessen Aufgaben gehört – der Handlungsradius des Geschäftsführers im Binnenrechtsverhältnis beschränkt. Verstößt der Geschäftsführer durch den Ankauf eines neuen Jung-Spielers gegen diese Satzungsvorschrift, so begeht er auf der Basis des zunächst entscheidenden Primärrechts eine Pflichtverletzung durch den Abschluss des Spielervertrages. Dabei ist irrelevant, dass der angekaufte Spieler ein Jung-Star sein mag, dem daher neben sportlichen Qualitäten aufgrund seines jungen Alters auch eine gute charakterliche und sportliche Formbarkeit attestiert sowie eine langzeitige Karriere prognostiziert werden mag. Auch der Umstand, dass der Jung-Star-Ankauf ein „Schnäppchen" gewesen sein mag, kann an der festzuhaltenden primärrechtlichen Pflichtwidrigkeit nichts ändern. Hingegen kann eine untreuerelevante Pflichtwidrigkeit in diesem Verhalten des Geschäftsführers nicht erblickt werden, da das Ankaufsverbot allein der Verbesserung der spieltechnischen Qualität und Taktik der Mannschaft und damit nicht-vermögensrechtlichen, sondern rein sportlichen Zwecken diente.

Anders ist die Situation hingegen zu beurteilen, wenn die Satzung anordnet, der Ankauf von Spielern sei dem Geschäftsführer so lange gestattet, wie er sich im Rahmen des für die jeweilige Saison genehmigten Budgets halte. Tätigt der Geschäftsführer in diesem Fall unter Überschreitung des zur Verfügung stehenden genehmigten Budgets einen Spieler-Ankauf, so begeht er nicht nur einen primärrechtlichen Pflichtverstoß; vielmehr begeht er auch einen untreuerelevanten Pflichtverstoß, kommt doch in dem Verbot der Wille des Dispositionsbefugten zum Ausdruck, die Kontrolle über die Vereinsfinanzen behalten zu wollen.

Entscheidend ist also nicht die Frage danach, ob die Vorschrift, gegen die der Geschäftsführer mit der Vornahme der Manipulation verstößt, vermögensrechtliche *Implikationen* zeitigt (es ist daher für Zwecke der Vermögensrelevanz der Pflichtverletzung irrelevant, dass das Verbot, den Spielkader durch Ankäufe zu erweitern, um eine Gewöhnung aneinander zu ermöglichen, zugleich eine positive Reflexwirkung auf die Höhe des bestehenden Vereinsvermögens hat). Entscheidend ist allein die Frage danach, ob die Vorschrift, gegen die der Geschäftsführer mit der Vornahme der Manipulation verstößt, nach dem zum Ausdruck kommenden Willen des Dispositionsbefugten gerade zu vermögensrechtlichen Zwecken normiert wurde. Ob ein Verbot bloß positive Vermögensreflexe auslöst oder aber seinen Schutzzweck gerade im Schutz des Vermögens findet, sind unterschiedliche und zu unterscheidende Fragestellungen.

(3) Übertragung der Grundsätze auf Manipulationen im Profisport unter Einbeziehung des Bundesligaskandal-Urteils des BGH

Wendet man diese Grundsätze auf Sportmanipulationen an und betrachtet sie durch die Brille der *Bundesligaskandal*-Entscheidung des BGH, so wird deutlich, dass der BGH zwar mit Blick auf die Bejahung der Pflichtwidrigkeit der zweckwidrigen Verwendung von Vereinsmitteln im Ergebnis richtig entschieden hat, der Begründungsweg aber im Hinblick auf den soeben dargelegten Topos der Vermögensrelevanz der Pflichtverletzung zu kritisieren ist. Denn die Begründung der Pflichtwidrigkeit der Einflussnahmen auf die Spieler durch den BGH allein unter Rückgriff auf die satzungsmäßige Pflicht, die Sauberkeit des Sports zu wahren, lässt den entscheidenden Schritt auf dem Begründungsweg von der zivilrechtlich- zu der untreuerelevanten Pflichtwidrigkeit aus: Die erforderliche Beziehung der Pflichtverletzung zum Vermögen kann nur hergestellt werden, wenn in der Satzung des Sportvereins eine (gegebenenfalls über Verweisungsnormen inkorporierte) Regelung zu finden ist, die den Einsatz des Vereinsvermögens zu Manipulationszwecken entweder ausdrücklich oder im Wege einer Auslegung ermittelbar verwehrt. Denn damit restringiert der dispositionsbefugte Vermögensinhaber den Handlungsradius des Geschäftsführers nicht (nur) aus – untreueirrelevanten – sportethischen Gründen, sondern gerade aus – untreuerelevanten – vermögensrechtlichen Erwägungen.

Eine derartige Regelung stellt etwa § 3 S. 4 der Satzung des DHB dar, wonach die Mittel des DHB nur für satzungsgemäße Zwecke verwendet werden dürfen. Stellt – wie stets – auch die Einhaltung des Fairnessgebots einen satzungsmäßigen Zweck dar, so ist der notwendige Vermögensbezug der Pflichtverletzung gegeben.

Um den notwendigen Vermögensbezug der Pflichtverletzung herzustellen, reicht aber auch eine Satzungsvorschrift aus, die sich gegen den Einsatz gerade von Vereinsgeldern zu Zwecken verwehrt, die „gegen die anerkannten Regeln des Sports" verstößt; denn die Schiedsrichtermanipulation ist ein solcher.

Gleiches gilt für Satzungsvorschriften, die einen Mitteleinsatz für Risikogeschäfte untersagen: Da Manipulationen im Sportbereich als Risikogeschäfte zu qualifizieren ist, kann die Verbindung zwischen der in der Manipulation von Schiedsrichtern liegenden Pflichtverletzung zum Vermögen des betroffenen Vereins hergestellt werden.

In beiden Fällen – also für den Fall des Bestehens eines ausdrücklichen Verbotes des Einsatzes zu Manipulationszwecken oder eines durch Auslegung ermittelbaren Verbotes – handelt der Geschäftsführer in einer Weise, die sich nicht mehr im Radius der auf ihn übertragenen Dispositionsbefugnis bewegt. Dabei begeht der Geschäftsführer nicht bloß eine primärrechtliche, sondern eine auch untreuerelevante Pflichtwidrigkeit, da er unter Verstoß gegen Bestimmungen, die gerade aus Gründen des Vermögensschutzes seitens des Vermögensinhabers getroffen wurden.

(4) Zwischenergebnis zum Topos der Vermögensrelevanz

Festzuhalten ist damit, dass die Übertragung der Geschäftsführungsbefugnisse als partielle Übertragung der Dispositionsbefugnisse des Vermögensinhabers auf den Geschäftsführer zwar Vorteile (etwa den Einkauf von Know-how) bietet, aber auch durch die faktische Einwirkungsmöglichkeit einer vom Eigner verschiedenen Person erhebliche Gefahren birgt, vor denen der Vermögensinhaber des Schutzes bedarf. Sobald der Vermögensinhaber gerade im Hinblick auf den Schutz seines Vermögens Entscheidungen getroffen hat, um den drohenden Gefahrenkreis zu minimieren, so wird das Vermögen des Vermögensinhabers vor diesen Gefahren mit dem strafrechtlichen Mittel des Untreuetatbestandes geschützt. Anderenfalls droht die Realisierung der untreuetypischen Gefährdungslage: eine Aushöhlung des Vermögens „von innen heraus".

c) Ergebnis zum Vorliegen eines Treubruchs durch Geldgewährung

Für den vorliegenden Fall der Schiedsrichtermanipulation durch Einsatz von Vereinsgeldern seitens des Geschäftsführers eines Sportvereins kann die Frage nach dem Vorliegen einer auch untreuerelevanten Pflichtverletzung nicht abstrakt-generell, sondern nur einzelfallabhängig (d.h. mit Blick auf das konkrete Binnenrechtsverhältnis) beantwortet werden. Eine auch strafrechtliche Pflichtverletzung kommt nur für den Fall in Betracht, dass seitens des Treugebers Regelungen getroffen wurden, die den Handlungsradius des Treunehmers, also des Geschäftsführers, gerade aus Gründen des Vermögensschutzes, nicht auch aus vermögensirrelevanten Gründen restringieren.

3. Die Gewährung von Schmiergeldern über Mittelsmänner als Errichtung einer sog. schwarzen Kasse

In praxi ist zumeist schon der Nachweis einer erfolgten Geldgewährung nicht möglich, was auch daran liegen mag, dass zur Erschwerung des Nachweises von Schmiergeldströmen zwischen dem Gewährenden und dem letztendlichen Zuwendungsempfänger oftmals im Ausland ansässige Mittelsmänner zwischengeschaltet werden. Ist der Nachweis der Vornahme der Geldgewährung nicht möglich oder ist der Geldtransfer auf dem Weg zum Schmiergeldempfänger „stecken geblieben", fragt sich, ob dennoch eine Untreuestrafbarkeit angenommen werden kann. Da eine Versuchsstrafbarkeit fehlt, ist der einzige dafür in Betracht kommende Weg derjenige einer Vorverlagerung des Vollendungszeitpunktes – eine dogmatisch gerade im Hinblick auf die fehlende Versuchsstrafbarkeit und die bedenklich weite Fassung des Untreuetatbestandes kritisch zu hinterfragende Vorgehensweise. Eine solche Vorverlagerung erfolgt namentlich, wenn die untreuerelevante Handlung in der Errichtung, Unterhaltung bzw. in dem Unterlassen der Offenlegung einer sog. schwarzen Kasse[411] gesehen wird. Als zweiter tatsächlicher Anknüpfungspunkt für eine mögliche Tathandlung des Geschäftsführers soll daher nun untersucht werden, ob der Transfer der Schmiergeldsumme über Mittelsmänner als Errichtung einer schwarzen Kasse zu sehen ist. Maßgebliche Bedeutung kommt dabei der Definition des Begriffs der schwarzen Kasse zu. Denn lässt sich schon der lebensweltliche Vorgang darunter nicht subsumieren, so erübrigt sich vorliegend ein weiteres Eingehen auf die Fallgruppe.

Die Definition einer schwarzen Kasse ist aufgrund ihrer mannigfaltigen praktischen Ausgestaltungen kein einfaches Unterfangen. Grundsätzlich aber ist darunter zu verstehen „ein Bestand von Geldern [...], der unter Verletzung von Pflichten (u. a. Buchführungsvorschriften) gebildet [...], vor dem Geschäftsherren bzw. der zuständigen Stelle zwecks Erlangung alleiniger Verfügungsmacht verheimlicht und primär von dem Motiv getragen wird, die Gelder zu Zwecken des Geschäftsherren zu verwenden“.[412] Für die Subsumtion werden sich zwei Merkmale der Definition als zentral herausstellen: Erstens die Verheimlichung der Geldbestände vor dem Geschäftsherren und zweitens der Entzug der Geldbestände zur Erlangung tätereigener Verfügungsmacht.

Der Annahme einer schwarzen Kasse steht nicht schon entgegen, dass eine „Kasse“ im Sinne des Wortlauts nicht vorliegt. Der Ursprung schwarzer Kassen mag durchaus in dem physischen Verbergen von Barmitteln vor dem Treugeber gelegen haben, ist aber heute weitgehend durch „schwarze Konten“ bzw.

---

411 Vgl. zu dieser Fallgruppe etwa die Entscheidungen des LG Bonn NStZ 2001, 375 ff. (*Kohl*) und des BGH BGHSt 51, 100 ff. (*Kanther*), BGHSt 52, 323 ff. (*Siemens*) und BGH NJW 2010, 3458 ff. (*Kölner Müllskandal*).

412 Definition wörtlich übernommen aus Satzger/Schmitt/Widmaier-*Saliger*, § 266 Rn. 76; s. auch *Saliger*, Parteiengesetz und Strafrecht, S. 397. Definition von *Weimann*, Die Strafbarkeit der Bildung schwarzer Kassen, S. 12 f.: „Eine schwarze Kasse besteht aus Geldern, die unter Missachtung bestimmter Pflichten verborgen gehalten werden, und deren beabsichtigte Verwendung in Beziehung zur beruflichen oder sonst aufgabenbezogenen Tätigkeit desjenigen steht, der die Gelder verbirgt.“

„Kontengeflechte" abgelöst.[413] In den zur Übermittlung eingeschalteten Mittelsmännern könnte man gleichsam ein personifiziertes schwarzes Depot sehen, auf welchem die Schmiergelder bis zur Übergabe an den Schmiergeldempfänger ruhen. Der ohnehin schon umfassenden Phänomenologie der schwarzen Kassen wäre eine neue Facette hinzugefügt.

Diese zunächst plausibel klingende Subsumtion vermag indes nicht zu überzeugen. Wird die Schiedsrichterbestechung nicht durch eine Direktüberweisung an den Schmiergeldempfänger, sondern mit Wissen des geschäftsführenden Organs durch die Zwischenschaltung von Mittelsmännern bewerkstelligt, so liegt darin nicht die strafbare Einrichtung oder Unterhaltung einer schwarzen Kasse.

Zweifel ergeben sich schon im Hinblick auf das Definitionsmerkmal der „Geheimhaltung vor dem Geschäftsherren". Im Falle einer juristischen Person, die selbst nicht zur Willensbildung in der Lage ist, sondern die von Organen vertreten wird, ist – mit *B. Schünemann* – gerade das Organ „Repräsentant des Geschäftsherren", ist das Handeln des Organs „direkt das Handeln der zugehörigen juristischen Person selbst, und der Wille des Organs [ist] derjenige der juristischen Person".[414] Demnach müsste folgerichtig die strafbewährte Einrichtung einer schwarzen Kasse durch ein Organ des Geschäftsherren ausscheiden, hat doch die juristische Person weiterhin – über das Organ vermittelt – Herrschaft über ihr Vermögen und stellt doch die Verfügung eine solche des – durch das Organ vertretenen – Geschäftsherren selbst dar.[415] Eine Geheimhaltung vor dem Geschäftsherren liegt dann gerade nicht vor.

Auch phänomenologisch entspricht der Vorgang des Schmiergeldtransfers unter Einschaltung von Mittelsmännern nicht dem einer schwarzen Kasse. Denn für die Errichtung einer schwarzen Kasse sind nicht ausreichend der bloße Entzug von Vermögenspositionen aus der Verfügungsmacht des Treugebers und die Begründung irgendeiner Verfügungsmacht. Anderenfalls wäre in jeder Überweisung an Dritte die Bildung einer schwarzen Kasse zu sehen. Wie aus der dargelegten Definition der schwarzen Kasse folgt, ist vielmehr erforderlich, dass der Täter selbst die gebildeten Geldbestände verheimlicht. Damit ist die Notwendigkeit einer tätereigenen Verfügungsmacht angesprochen. Eine solche ist etwa zu bejahen, wenn – von dem archaischen Beispiel ausgehend – der Täter das Geld in einer vor dem Treugeber geheim gehaltenen Barmittelkasse versteckt oder wenn – moderner – der Täter das Geld auf Bankkonten transferiert, auf

413 Zitiert nach *Tsagkaraki*, Die Bildung der sog. „schwarzen Kassen", S. 29 f.; s. *Weimann*, Die Strafbarkeit der Bildung schwarzer Kassen, S. 11 f.

414 Alle Zitate *B. Schünemann*, StraFo 2010, 1, 8.

415 *B. Schünemann*, StraFo 2010, 1, 8.

die er allein Zugriff hat. Andererseits entfällt die tätereigene Verfügungsmacht und damit auch die Tatbestandsrelevanz der Handlung, wenn die Vermögensbestandteile die tatsächliche Einflusssphäre des Untreuetäters verlassen. So liegt der Fall bei der Übermittlung von Schmiergeldern unter Einschaltung von Mittelsmännern: Von dem Zeitpunkt an, in welchem der Geschäftsführer Aktiva des Geschäftsherren an die Mittelsmänner überträgt, endet seine Verfügungsmacht. Der Geschäftsführer kann von dem Zeitpunkt an das Transferierte nur noch unter Mitwirkung der Mittelsmänner zurückholen. Umgekehrt können die Mittelsmänner von dem Zeitpunkt an vollständig über Mittel verfügen, ohne dass der Geschäftsführer ein Mitspracherecht hätte oder ein Mitwirkungsakt seinerseits erforderlich wäre.[416] Der Schmiergeldtransfer unter Einschaltung von Mittelsmännern ist folglich nicht mit der Fallgruppe der „schwarzen Kassen" vergleichbar, sondern präsentiert sich im Kern wie eine Überweisung von Gesellschaftsaktiva durch den Geschäftsführer an einen beliebigen Dritten.[417]

Festzuhalten ist, dass die Gewährung von Schmiergeldern über Mittelsmänner nicht unter dem Gesichtspunkt der Errichtung einer schwarzen Kasse als untreuerelevant anzusehen ist. Ein näheres Eingehen auf diese Fallgruppe des Untreuestrafrechts kann daher für die Zwecke der vorliegenden Abhandlung unterbleiben.

4. Zusammenfassung zur Pflichtverletzung

Die vorstehenden Betrachtungen haben gezeigt, dass die Beantwortung der Frage danach, ob in der Gewährung von Vereinsmitteln an Schiedsrichter zu Manipulationszwecken eine Pflichtverletzung liegt, in hohem Maße einzelfallabhängig ist. In der Regel wird von dem Vorliegen einer auch strafrechtlichen Pflichtverletzung auszugehen sein. Daran ändern weder der Gedanke der Sozialadäquanz noch die Risikogeschäftslehre etwas. Entscheidende Bedeutung kommt allerdings der Ausgestaltung der Vereinssatzung im Einzelfall zu, ist doch zur Begründung einer auch untreuerelevanten Pflichtverletzung erforderlich, dass diejenige interne Regel, gegen die verstoßen wurde, nicht bloß vermögens-

---

416 Vgl. *Weimann*, Die Strafbarkeit der Bildung schwarzer Kassen, S. 17 f., 135 und *Tsagkaraki*, Die Bildung der sog. „schwarzen Kassen", S. 261.

417 Vgl. *Rönnau*, in: FS Tiedemann, S. 713, 723, zustimmend BGHSt 55, 266, 283 (*Trienekens*).

irrelevanten (etwa: sport-ethischen) Zielsetzungen dient, sondern gerade zum Zwecke des Vermögensschutzes aufgenommen wurde.[418]

Keine eigenständige Pflichtverletzung kann hingegen unter dem Topos der „schwarzen Kassen“ in einer etwaigen über Mittelmänner vermittelten Geldgewährung gesehen werden.

II. Der Vermögensnachteil: zur Kompensation von Vermögensabflüssen durch Exspektanzen

Abseits der soeben beleuchteten Pflichtwidrigkeit verlangt der objektive Tatbestand der Untreue die Bewirkung eines Nachteils zu Lasten des betreuten fremden Vermögens. Dieses objektive Merkmal bereitet mit Blick auf die Zuwendung von Vereinsvermögen zu Manipulationszwecken durch den Geschäftsführer des Sportvereins besondere Schwierigkeiten. Dies zwar nicht hinsichtlich der Begründung eines Vermögensabflusses aus dem Vereinsvermögen: Denn durch die Gewährung von Aktiva aus der Vereinskasse fließt unzweifelhaft aus dem Vereinsvermögen ein mitunter erheblicher Geldbetrag ab. Allerdings ist im Bereich der Nachteilsdogmatik – ebenso wie mit Blick auf den Vermögensschaden beim Betrug – anerkannt, dass trotz eines solchen Vermögensabflusses ein Schaden entfallen kann, wenn unmittelbar durch die pflichtwidrige Handlung des Täters dem Vermögen des Treugebers ein kompensationstauglicher, der Höhe nach mindestens ebenso großer Gegenwert zufließt.

Im Lichte einer solchen Betrachtung könnte ein Nachteil in den Manipulationskonstellationen dann entfallen, wenn gerade durch die Manipulation dem Verein ein sportlicher Erfolg ermöglicht wird, der für den Verein wirtschaftliche Vorteile mit sich bringt und der ohne die Manipulationshandlung dem Verein verwehrt geblieben wäre, mithin die Manipulation – und damit der pflichtwidrige Vermögensabfluss – ursächlich für den Vermögenszufluss geworden ist. Jenseits dieser Konstellation der kausalen Manipulation, die mit Blick auf die Nachteilsproblematik im Rahmen des Untreuetatbestandes die wohl geringsten

418 Auch dem Hinweis von *Schreiber/Beulke*, dass die Schmiergeldgewährung dem Treugeber letztlich nur nütze, und es daher eigentlich schon an einer Verletzung der Vermögensbetreuungspflicht fehle, kann nicht gefolgt werden: Die Tatbestandsmerkmale der Pflichtverletzung und des Vermögensnachteils sind zu unterscheiden und betreffen einerseits die Frage nach der Überschreitung intern gesetzter Grenzen, andererseits nach der Gesamtvermögenslage des Treugebers. Dazu *Lüderssen*, in: FS Müller-Dietz, S. 467, 468 (auch m. w. N.).

Schwierigkeiten bereitet, liegt einerseits die Fallgruppe der erfolglosen Manipulation und diejenige der non-kausalen Manipulation:[419]

Im Bereich der erfolglosen Manipulation stellen sich besondere Probleme vor dem Hintergrund, dass der Vermögensabfluss aufgrund des dennoch ausbleibenden sportlichen Erfolges nicht durch daraus resultierende wirtschaftliche Vorteile ausgeglichen werden kann. Allein sofern die Lehre von den Exspektanzen konsequent auch auf der Ebene der Schadenskompensation herangezogen wird, kann hier womöglich – wie zu untersuchen sein wird – ein Vermögensnachteil entfallen.

Im Bereich der non-kausalen Manipulation, die sich dadurch auszeichnet, dass eine Manipulation stattfindet, der sportliche und damit verbundene wirtschaftliche Erfolg aber, wie sich nachträglich herausstellt, auch ohne die Manipulation eingetreten wäre, wird ein Vermögensnachteil nur dann entfallen können, wenn für die Schadenskompensation nicht auf den später eintretenden Manipulationserfolg abgestellt wird – dieser wäre dann nicht gerade auf die Pflichtverletzung (d. h. die Geldgewährung) zurückzuführen –, sondern auch hier auf die mittels der Geldgewährung erworbene (möglicherweise) vermögenswerte und damit kompensationstaugliche Exspektanz.

Bei unbefangener Betrachtung könnte man zunächst meinen, die gewährte Schmiergeldsumme sei durch die auf dem Sieg fußenden, dem manipulierenden Verein in der Folgesaison zufließenden Einnahmen kompensiert worden. Zu denken ist an Einnahmen aus Vermarktungs- und aus Verwertungsgeschäften. Diese Annahme geht jedoch fehl, muss doch der kompensationstaugliche Vermögenszufluss unmittelbar durch die Täterhandlung in das Vermögen des Verfügenden gelangt sein. Unmittelbarkeit soll – nach dem dazu seitens der Rechtsprechung vertretenen weiten Blickwinkel – nicht nur bei einem engen zeitlichen Zusammenhang vorliegen, sondern vielmehr dann, wenn keine weiteren selbständigen Handlungen mehr hinzutreten müssen, damit der Vermögensvorteil eintritt.[420] Die etwaig letztlich tatsächlich zufließenden Einnahmen aus Vermarktungsgeschäften fließen weder gleichzeitig mit dem Nachteil (sondern zumeist erst in der Folgesaison) noch durch die Täterhandlung (sondern durch die Handlung Dritter) zu. Mangels unmittelbaren Vermögenszuflusses scheidet die Kompensationstauglichkeit der letztlichen Einnahmen in jedem Falle aus.[421]

---

419 S. zu dieser Differenzierung bereits oben unter § 2 A. I. 1. b) bb) (1) und Fn. 67.

420 BGH NStZ 1986, 455, 456; BGH NStZ 2011, 37, 39; *Fischer*, StGB, § 266 Rn. 166; *Lackner/Kühl*, StGB, § 266 Rn. 17b.

421 So auch *Triffterer*, NJW 1975, 612, 613.

Unmittelbar im Zeitpunkt der Gewährung des Schmiergeldes an die Schiedsrichter könnte allerdings ein zugeflossener Vermögensvorteil darin begründet liegen, dass durch die Manipulation die Gewinnchancen in dem Spiel und damit zugleich die Aussicht auf die Erzielung von (Vermarktungs-)Einnahmen gesteigert wurden. Derartige Aussichten sind – auf der Basis des wirtschaftlichen Vermögensbegriffs – überhaupt erst dann als kompensationstauglicher Faktor einzubeziehen, wenn ihnen ein wirtschaftlicher Wert zukommt. Erst, wenn sie als sog. Exspektanzen zu qualifizieren sind, stellen sie kompensationstaugliche Vermögenspositionen dar.[422]

Folge der Koppelung der Kompensation gerade an Exspektanzen ist, dass es auf die Frage nach der Realisierung der Exspektanzen im späteren Geschehensverlauf nicht mehr ankommen kann: Für das Vorliegen einer Exspektanz und deren Kompensationstauglichkeit kommt es allein auf den Zeitpunkt des (zu kompensierenden) Vermögensabflusses an. In der Konstellation der kausalen Manipulation, in der also unmittelbar durch die Manipulationshandlung eine erhöhte Chance auf eben diese Siegesprämie und Folgeeinnahmen ausgelöst wird, wird dieser Vorteil der Anknüpfung an die Exspektanzen noch nicht deutlich.

Anders ist dies aber bereits in der Fallgruppe der non-kausalen Manipulation: Denn durch die Anwendung der Lehre von den Exspektanzen kann die Fallgruppe der non-kausalen Manipulation in eine solche der kausalen Manipulation umgedeutet werden: dass der Erfolg in Gestalt der später ausgezahlten Siegesprämie nicht kausal auf die Manipulation zurückzuführen ist, ist bei konsequenter Anwendung der Exspektanzlehre irrelevant, sieht diese Lehre doch bereits in der unmittelbar durch die Schmiergeldgewährung gesteigerten Wahrscheinlichkeit des Sieges und der Vermögensmehrung den kompensationstauglichen Umstand.

Und auch für die Konstellation der erfolglosen Manipulation, in welcher trotz der Manipulation das Spiel verloren wird, kann es mit derselben Begründung auf diese letztendliche Erfolglosigkeit der Schmiergeldgewährung nicht ankommen.

In diesem Sinne ist – sofern man die manipulationsbedingte Erhöhung der Gewinnwahrscheinlichkeit als hinreichend verfestigte Aussicht einstuft – weder die Kausalität zwischen Geldgewährung und dem späteren tatsächlichen sportlichen und finanziellen Erfolg noch der Eintritt oder Nicht-Eintritt eben dieses Erfolges von Bedeutung. Anknüpfend an diese manipulationsbedingt gesteigerte Aussicht auf Sieg- und Mehreinnahmen bleibt fraglich, ob diese den Kriterien, die an eine rechtlich anerkannte Exspektanz gestellt werden, genügt (unter 2.) und ob der Wert der Exspektanz den Wert des Vermögensabflusses erreicht oder

---

422 S/S-*Perron*, StGB, § 266 Rn. 46 sowie S/S-*Perron*, StGB, § 263 Rn. 87.

übersteigt (unter 3.). Für diesen Fall läge eine unmittelbare Kompensation des zuwendungsbedingten Vermögensabflusses vor.

Vorab muss jedoch zum besseren Verständnis der – seitens des BGH im *Bundesligaskandal*-Urteil erwähnte – Zusammenhang zwischen der Kompensationstauglichkeit von Exspektanzen und der Risikogeschäftslehre beleuchtet werden (sogleich 1.).

1. *Der Zusammenhang zwischen der Kompensationstauglichkeit von Exspektanzen und der Risikogeschäftslehre*

Nach den Ausführungen des BGH im *Bundesligaskandal*-Urteil soll die untreuerechtliche Beurteilung von Fällen, in denen gegnerischen Spielern in Manipulationsabsicht Zuwendungen gewährt werden, eng mit dem schillernden Begriff des „Risikogeschäfts" verwoben sein. Ausführungen dazu, warum die geschilderten Konstellationen nur als „in vieler Hinsicht ähnlich" klassifiziert wurden, sucht man im Urteil des BGH vergeblich. Das literarische Echo auf diese Judikatur gestaltete sich gespalten: einige Autoren pflichteten dem BGH in seiner Ähnlichkeitsbewertung bei,[423] andere lehnten sie ab.[424]

Mit Blick auf die oben dargelegte Definition des Risikogeschäfts, für welche zwei Komponenten konstitutiv sind – die Ausübung einer Wahlmöglichkeit (1.) und das dabei bestehende Risiko einer Fehlentscheidung (2.) – wurde bereits festgestellt, dass die Manipulation von Schiedsrichtern – oder insofern gleichgelagert: gegnerischen Mannschaftsspielern – phänomenologisch durchaus ein Risikogeschäft darstellt.[425]

Warum aber spricht der BGH in seiner *Bundesligaskandal*-Entscheidung dann dennoch nur von einer Ähnlichkeit zu den Risikogeschäften?

Die Antwort liegt in der Betrachtung des Kontextes, in welchem üblicherweise das Risikogeschäft behandelt wird: Nach der Risikogeschäftslehre liegt in der täterseitigen Eingehung eines Risikogeschäfts unter Einhaltung der Regeln kaufmännischer Sorgfalt selbst dann keine untreuerelevante Pflichtverletzung, wenn sich das Risiko *ex post* realisiert.[426] Restringiert wird folglich mittels der Lehre vom Risikogeschäft die Strafbarkeit im Hinblick auf das Merkmal der

---

423 Dem BGH zustimmend: *Hillenkamp*, NStZ 1981, 161 f.

424 Diese Judikatur ablehnend: *Bringewat*, JZ 1977, 667 f.

425 S. dazu oben unter § 3 A. I. 2. b) bb).

426 NK-*Kindhäuser*, StGB, § 266 Rn. 73 f.; *Lackner/Kühl*, StGB, § 266 Rn. 7. Zum dogmatischen Überbau und den dazu vertretenen Ansichten *Bringewat*, JZ 1977, 667, 669 f. und *Hillenkamp*, NStZ 1981, 161, 163 f.

Pflichtwidrigkeit. In den vorliegend betrachteten Konstellationen der Schiedsrichtermanipulation ist, wie oben schon herausgestellt wurde, eine Pflichtwidrigkeit durch die Schmiergeldzahlungen gegeben, wenn diese im Widerspruch zu den internen Befugnissen des Treunehmers stehen[427] und der Täter durch die Geldgewährung die Grenzen der grundsätzlich konsentierten Nutzung des fremden Vermögens überschreitet. „Ähnlichkeit" zu den Risikogeschäften attestiert der BGH im Fall des *Bundesligaskandals* wohl deshalb, da er sich nicht auf der Ebene der Pflichtwidrigkeit bewegt, sondern vielmehr auf der Ebene des Vermögensnachteils: Er hatte die Frage zu beurteilen, inwiefern das pflichtwidrige Risikogeschäft infolge der unmittelbar durch dessen Eingehung zufließenden Aussicht auf einen Vermögenszuwachs doch als wirtschaftlich nicht nachteilig einzustufen ist. Damit kommt der Risikogeschäftslehre nicht nur auf Ebene des Pflichtwidrigkeitsmerkmals, sondern überdies auf Ebene des Vermögensnachteils strafbarkeitseinschränkende Wirkung zu.

2. *Vorliegen einer Exspektanz*

Der schmiergeldbedingte Vermögensabfluss kann nur unter bestimmten Umständen durch den Zufluss einer Aussicht auf Vermögensmehrung kompensiert werden. Nicht kompensationstauglich sind insbesondere bloß vage Aussichten bzw. bloße Hoffnungen; entscheidend ist, dass die Aussicht einen – für den Zeitpunkt des Vermögensabflusses zu berechnenden – gegenwärtigen Vermögenswert besitzt und damit eine untreuerelevante Vermögensposition darstellt. Nur im letzteren Fall des Vorliegens einer derartigen Exspektanz auf Vermögensmehrung kann der in der Gewährung des Schmiergeldes liegende Vermögensabfluss nachteilsausschließend kompensiert werden.

Stellen „vage Gewinnchancen" keine durch den Untreuetatbestand geschützten Vermögenspositionen dar, so ist andererseits aber auch nicht zu verlangen, dass ein rechtlich gesicherter Anspruch auf den Vermögenszufluss besteht. Notwendig aber auch ausreichend ist vielmehr eine „Sachlage, bei der das Zuwachsen eines Vermögensvorteils mit Wahrscheinlichkeit zu erwarten ist".[428] Für die Abgrenzung untreueirrelevanter bloßer Aussichten von Exspektanzen gelten die für den Betrugstatbestand herausgearbeiteten Grundsätze:[429] Erforderlich zur

---

427 Vgl. NK-*Kindhäuser*, StGB, § 266 Rn. 81, 113.

428 So wörtlich BGH NJW 1975, 1234, 1236 (*Bundesligaskandal*) und etwa BGHSt 17, 147, 148.

429 S. etwa der Verweis in S/S-*Perron*, StGB, § 266 Rn. 46 auf das Betrugsrecht.

Bejahung einer Exspektanz ist insbesondere eine hohe Wahrscheinlichkeit der Realisierung der Aussicht.

Für die nachfolgende Untersuchung des Vorliegens einer Exspektanz sind zwei Fragestellungen – die eine das sportliche Geschehen, die andere die auf dem Sieg basierenden Vermarktungs- und Verwertungseinnahmen betreffend – zu unterscheiden. Während zunächst (unter b)) zu untersuchen ist, ob durch die Gewährung des Schmiergeldes eine Exspektanz entsteht, die entscheidende Partie zu gewinnen, ist anschließend (unter c)) zu untersuchen, ob unmittelbar durch diese Handlung zugleich eine Exspektanz auf die Erzielung von Mehreinnahmen begründet wird. Vorab ist allerdings (sogleich unter a)) der vorgelagerten Frage nachzugehen, inwiefern überhaupt solche Exspektanzen kompensationstauglich sind, die aus rechtlich missbilligten Geschäften resultieren.

a) *Kompensation auch durch Exspektanzen aus rechtlich missbilligten Geschäften*

Dies ist auf dem Boden eines wirtschaftlich-rechtlichen Vermögensbegriffs zu verneinen, resultiert doch die Exspektanz[430] aus der rechtlich missbilligten Schmiergeldzahlung an den Schiedsrichter.[431] Vertritt man hingegen – wie Rechtsprechung und Teile der Literatur – einen rein wirtschaftlichen Vermögensbegriff, so kommt auch rechtswidrig erlangten Positionen durchaus ein Vermögenswert zu.[432] Insofern überrascht es wenig, wenn der BGH im *Bundesligaskandal*-Urteil[433] auch solche Zuflüsse, die aus rechtlich missbilligten Geschäften herrühren, als kompensationstauglich einstuft, sofern ihnen nur ein Vermögenswert zukommt.

Die Entscheidung über die Kompensationstauglichkeit von Exspektanzen aus rechtlich missbilligten Geschäften hängt maßgeblich mit der Entscheidung über

430 Vorbehaltlich der weiteren Ausführungen sei an dieser Stelle (hypothetisch) angenommen, eine Exspektanz läge vor.

431 So S/S-*Perron*, StGB, § 266 Rn. 41. Gegen eine Kompensationstauglichkeit von Exspektanzen aus rechtswidrigen Geschäften: LK-*Hübner*, StGB, 10. Auflage, § 266 Rn. 86; *Lüderssen*, in: FS Müller-Dietz, S. 467, 470 f.; *Bringewat*, JZ 1977, 667, 672; *Seelmann*, JuS 1982, 914, 918.

432 Für eine Kompensationstauglichkeit von Exspektanzen auch aus rechtlich missbilligten Geschäften die heute herrschende Ansicht: Satzger/Schmitt/Widmaier-*Saliger*, StGB, § 266 Rn. 61; LK-*B. Schünemann*, StGB, § 266 Rn. 185; *Kempf*, in: FS Hamm, S. 255, 257, 261; *Rönnau*, ZStW 119 (2007), 887, 921; vgl. auch *Lackner/Kühl*, StGB, § 266 Rn. 17b.

433 Vgl. BGH NJW 1975, 1234, 1235 (*Bundesligaskandal*).

den gewählten Vermögensbegriff zusammen. Eine Abbildung der kontrovers geführten Debatte würde den Rahmen der vorliegenden Abhandlung sprengen.[434] Fest steht: Das gewählte Begriffsverständnis muss kohärent sowohl auf die Frage nach einem verfügungsbedingten Vermögensabfluss als auch auf die Frage nach einem nachteilskompensierenden Vermögenszufluss angewendet werden; insoweit ist von einer spiegelbildlichen Konstruktion auszugehen. Ist durch den Verlust einer rechtswidrig erlangten Vermögensposition ein Vermögensabfluss anzunehmen, so kann dieser auch durch den Zufluss rechtswidrig erlangter Vermögensvorteile kompensiert werden. Der Rechtsunbeständigkeit des zufließenden Vorteils ist jedoch durch eine Minderbewertung der Position Rechnung zu tragen.[435] Dies ergibt sich – infolge der (jedenfalls) erschwerten Durchsetzbarkeit der Vermögensposition – bereits denklogisch aus der notwendigen wirtschaftlichen Betrachtungs- und Bewertungsweise im Rahmen des Nachteilsmerkmals.

Damit ist offengelegt, dass vorliegend dem wirtschaftlichen Vermögensbegriff gefolgt werden soll. Dieser wird durch seine wirtschaftliche Betrachtungsweise dem Wesen der Untreue als Delikt der Wirtschaftskriminalität in besonderer Weise gerecht:[436] Der Untreuetatbestand pönalisiert die Bewirkung pflichtwidriger nicht-kompensierter Vermögensabflüsse durch Vermögensbetreuungspflichtige; kein Anliegen ist es hingegen, ein Urteil über das moralische Erlaubt- oder Verbotensein von Geschäftsgebaren[437] zu treffen.

Aber auch aus untreue-systematischen Gesichtspunkten ist die Kompensationstauglichkeit derartiger Exspektanzen anzuerkennen. Dazu führt *B. Schünemann* treffend aus, dass es

> „wegen der unzweideutigen Unterscheidung des Gesetzes zwischen Pflichtverletzung und Vermögensnachteil […] ausgeschlossen (ist), den Schaden allein schon in der bestimmten Art oder Größe der Pflichtverletzung zu finden, so dass die Lösung entgegen der Auffassung von *Hübner* […] ausschließlich auf der Ebene des „Vermögensnachteils" zu erfolgen hat."[438]

---

434 Der Vermögensbegriff wird zwar häufig im Rahmen des Betrugstatbestandes diskutiert, ist aber (wegen der „gemeinsamen funktionalen Ausrichtung auf den Schutz des Gesamtvermögens", Satzger/Schmitt/Widmaier-*Saliger*, StGB, § 266 Rn. 51) auf die Untreue übertragbar.

435 Satzger/Schmitt/Widmaier-*Saliger*, StGB, § 266 Rn. 61; *ders.*, Parteiengesetz und Strafrecht, S. 156; *Rönnau*, ZStW 119 (2007), 887, 921.

436 Vgl. Satzger/Schmitt/Widmaier-*Saliger*, StGB, § 266 Rn. 61.

437 *Rönnau*, ZStW 119 (2007), 887, 921.

438 LK-*B. Schünemann*, StGB, § 266 Rn. 185, der LK-*Hübner*, StGB, 10. Auflage, § 266 Rn. 86 zitiert. Diese Ausführungen werden auch seitens *Kempf* als „das entscheidende

Folglich ist dem BGH in seiner Bewertung im *Bundesligaskandal*-Urteil[439] zuzustimmen, wonach auch rechtlich missbilligte Vermögensvorteile im Grundsatz kompensationstauglich sind, sofern ihnen – und dies gilt es nun (sogleich unter b) bis d)) zu untersuchen – als untreuerelevante Vermögensposition ein Vermögenswert zukommt.

b) Die Exspektanz, das entscheidende Spiel zu gewinnen

In Bezug auf die Frage, ob mittels der Gewährung von Schmiergeldern an Schiedsrichter eine Exspektanz auf den Sieg in der betreffenden Partie begründet wird, sind – mit *Weise* und *Triffterer*[440] – zwei Szenarien zu unterscheiden:

Gewährt der Geschäftsführer Schmiergelder an Schiedsrichter zur Beeinflussung eines Spieles, welches zu Beginn eines Abstiegskampfes oder zu Beginn eines Mehrstufenwettbewerbes steht, sodass dem manipulierten Spiel noch eine Vielzahl weiterer Spiele folgt, bis die erhoffte Aussicht (etwa die Abwendung des Abstieges in die Regionalliga unter Verbleib in der Bundesliga oder der Sieg im Champions-League-Finale) sich realisiert, so kann durch die Schmiergeldgewährung der Wahrscheinlichkeitsgrad für die Realisierung ebendieser Aussicht *nicht* derart gesteigert werden, dass von einer „hohen Wahrscheinlichkeit der Realisierung der Aussicht" gerade aufgrund des hingegebenen Vermögensopfers gesprochen werden kann. Denn der Wahrscheinlichkeitsgrad der Realisierung des erstrebten Ziels am Ende des Abstiegskampes bzw. am Ende des Mehrstufenwettbewerbes (verbunden mit den damit einhergehenden Folgeeinnahmen) hängt von zahlreichen sportlichen Unwägbarkeiten ab. So ist – mit *Weise*[441] – etwa hinzuweisen auf die Möglichkeit, dass eine Mannschaft plötzlich aufgrund gravierender Fehlleistungen Spiele verliert, psychisch belastet weitere Partien verliert und dadurch vorzeitig in der Tabelle abrutscht; im Rahmen der Auslosungen der Spielbegegnung kann reines Pech zu schlechten Paarungen führen, was ebenfalls Auswirkungen auf die (sportlich wichtige) psychische Konstitution der Mannschaft zeitigen kann; es kommt etwa auf den Punktestand des abstiegsgefährdeten Vereins im Vergleich zu den anderen Vereinen an sowie etwa auf

Argument [angesehen], das im Ergebnis zur kompensatorischen Anerkennung von wirtschaftlichen Erfolgen führt, obwohl sie durch sittenwidrige Manipulationen oder durch Bestechung ermöglicht worden sind", s. *ders.*, in: FS Hamm, S. 255, 261.

439 Vgl. BGH NJW 1975, 1234, 1235 (*Bundesligaskandal*).

440 *Weise*, Finanzielle Beeinflussungen von sportlichen Wettkämpfen, S. 307 f. und *Triffterer*, NJW 1975, 612, 614. Beide Ausführungen betreffen den Sachverhalt des *Bundesligaskandal*-Urteils.

441 *Weise*, Finanzielle Beeinflussungen von sportlichen Wettkämpfen, S. 300 f. und S. 307.

den Umfang der Verletztenliste des eigenen Vereins und der anderen abstiegsgefährdeten Vereine.

Anders ist der Fall hingegen zu beurteilen, in welchem das durch die Manipulationshandlung zu beeinflussende Spiel die entscheidenden Punkte zur Verhinderung des Abstiegskampfes bringt[442] bzw. die entscheidende Partie bezüglich des erstrebten Finalsieges in einem Mehrstufenwettbewerb wie der Champions League darstellt. Zwar ist es durchaus richtig, dass auch in Fällen einer Schiedsrichtermanipulation der Spielverlauf weiterhin durch sportliche Unwägbarkeiten bestimmt wird. Allerdings halten sich diese Unwägbarkeiten, da sie nur eine einzige Spielpartie betreffen, in ihren Auswirkungen in Grenzen. Richtig kommt daher auch der BGH im Falle *Hoyzer* – wenn auch zu Fällen des Wettbetrugs, an dieser Stelle aber insoweit wertungsmäßig übertragbar – zu dem Ergebnis, dass „für die Risikoverschiebung [zu eigenen Gunsten, *Anm. d. Verf.*] die Zusage der Manipulation durch einen Mannschaftsspieler oder gar einen Schiedsrichter […] regelmäßig von erheblicher Bedeutung" sei.[443] Damit ist im Falle der Schiedsrichterbeeinflussung in einer entscheidenden Partie von einer ausreichend „hohen Wahrscheinlichkeit der Realisierung" der Aussicht, mithin vom Vorliegen einer untreuerelevanten und kompensationstauglichen Exspektanz, auszugehen.[444]

Es ist mithin festzuhalten, dass der Wahrscheinlichkeitsgrad der Realisierung der Aussicht darauf, die den Abstieg verhindernden Punkte zu erzielen bzw. in einem Mehrstufenwettbewerb zu siegen, maßgeblich davon abhängt, wie viele Partien die Mannschaft von der frühestmöglichen Realisierung dieses Ziels trennen. In den treffenden Worten von *Weise*[445]:

---

442 Hingegen kommt es entgegen den insoweit missverständlichen Ausführungen von *Triffterer*, NJW 1975, 612, 614 *nicht* darauf an, ob die entscheidenden Punkte erst „am Ende des Abstiegskampfes" (d.h. am letzten Spieltag der Saison) gesichert werden oder der Klassenerhalt bereits zu einem früheren Zeitpunkt innerhalb der noch laufenden Saison (etwa in Folge Punktevorsprungs des manipulierenden Vereins gegenüber anderen Vereinen) sichergestellt ist; wie hier auch *Weise*, Finanzielle Beeinflussungen von sportlichen Wettkämpfen, S. 308 f.

443 So wörtlich BGHSt 51, 165, 177 (*Hoyzer*).

444 Vgl. wie hier BGH NJW 1975, 1234, 1236 (*Bundesligaskandal*); *Weise*, Finanzielle Beeinflussungen von sportlichen Wettkämpfen, S. 308; *Triffterer*, NJW 1975, 612, 614. A. A. aber zu Unrecht *Schreiber/Beulke*, JuS 1977, 656, 660, die eine hinreichende Wahrscheinlichkeit der Realisierung unter Verweis auf die weiterhin bestehenden, zahlreichen sportlichen Unwägbarkeiten insgesamt verneinen.

445 *Weise*, Finanzielle Beeinflussungen von sportlichen Wettkämpfen, S. 308.

„Je mehr Spiele für den Verein günstig verlaufen müssen, je häufiger er auf sportliche oder gar unsportliche Mithilfe angewiesen ist, je zahlreicher also die Unwägbarkeiten sind, desto eher und spürbarer [sinkt] die Wahrscheinlichkeit etwa auf den Klassenerhalt und damit auf die Aussicht zukünftigen Vermögenszuwachses."

Steht nur noch das eine manipulierte Spiel aus, so ist von einer hinreichend hohen Wahrscheinlichkeit auszugehen, ist doch die Einflussnahme auf den Schiedsrichter zwar nicht von alleiniger Bedeutung für den Spielausgang, regelmäßig aber von entscheidender Bedeutung.

c) Die Exspektanz, Mehreinnahmen zu erzielen

Das *Bundesligaskandal*-Urteil des BGH befasste sich allerdings mit der soeben dargestellten Frage danach, ob in der manipulationsbedingt möglichen Einflussnahme auf das Spielgeschehen seitens des Schiedsrichters bereits eine vermögenswerte Exspektanz auf den Sieg in einem entscheidenden Spiel liege, nur unausgesprochen mittelbar. Explizit befasst sich der BGH hingegen mit der Frage, ob die dem Verein manipulationsbedingt zufließende Aussicht darauf, die gegenüber der Regionalliga höheren Einnahmen der Bundesliga zu erzielen, eine vermögenswerte Exspektanz darstellte, ob also durch die Manipulation eine Exspektanz auf die Erlangung von Mehreinnahmen entstanden sei.[446] Bezogen auf den vorliegend untersuchten Fall einer Schiedsrichtermanipulation ist also danach zu fragen, ob dem Verein, dessen Geschäftsführer die Schiedsrichter manipuliert, durch die Zuwendungsgewährung eine Exspektanz auf einen Vermögenszufluss in Höhe der Differenz (erwarteter) Einnahmen zwischen dem Erst- und Zweit-Platzierten entsteht.

aa) Vorab: Einzelfallabhängigkeit der Betrachtung

Das „Ob" und der Wahrscheinlichkeitsgrad der Erzielung von Mehreinnahmen hängen von einer Vielzahl von Faktoren ab. In den Worten des BGH zum *Bundesligaskandal*: „Eine eindeutige, allgemeine, für jeden Einzelfall gültige Bewertungsregel wird sich kaum finden lassen. Im Zweifel wird es darauf ankommen, ob bei wirtschaftlich vernünftiger, alle bekannten äußeren Umstände berücksichtigender Gesamtbetrachtung die Gefahr eines Verlustgeschäfts wahrscheinlicher ist als die Aussicht auf Gewinnzuwachs."[447] Ein Vermögensschaden sei dann zu bejahen, wenn „der Täter nach Art eines Spielers bewusst und entgegen

446 Vgl. BGH NJW 1975, 1234, 1235 f. (*Bundesligaskandal*).
447 BGH NJW 1975, 1234, 1235 (*Bundesligaskandal*).

den Regeln kaufmännischer Sorgfalt eine aufs äußerste gesteigerte Verlustgefahr auf sich nimmt, nur um eine höchst zweifelhafte Gewinnaussicht zu erlangen".[448]

Aufgrund der notwendigen Einfallbezogenheit der Entscheidung kann im Rahmen der vorliegenden Abhandlung keine abschließende Antwort auf die Frage gegeben werden, ob die Gewährung von Schmiergeldern zu Zwecken einer Schiedsrichtermanipulation im Profisport stets kompensiert werden kann oder stets nachteilsbegründend ist. Vielmehr werden dem Leser abstrakte Leitlinien an die Hand gegeben, die es ihm ermöglichen sollen, den seinerseits konkret betrachteten Einzelfall einem sachgerechten Ergebnis zuzuführen. Die Einzelfallabhängigkeit der Entscheidung macht es nicht einmal möglich, eine Tendenz auszumachen. Dem steht insbesondere auch nicht die Feststellung des BGH im *Bundesligaskandal*-Urteil entgegen, wonach „die Mehrzahl der auf der Hand liegenden Umstände eher für als gegen die Annahme eines Vermögensnachteils sprechen" dürften, ist sie doch nicht als generelle Leitlinie zur Beurteilung von Manipulationsfällen, sondern als einzelfallbezogene Äußerung zu dem der Revision zugrundeliegenden Sachverhalt zu verstehen. Nach Zurückverweisung an das Landgericht Bielefeld kam dieses in seinem zweiten Urteil zu dem Ergebnis, die durch die Manipulation erlangte Aussicht auf einen weiteren Bundesligaerhalt sei bei wirtschaftlicher Betrachtungsweise weitaus höher zu bewerten als die hingegebene Geldsumme, sodass das Vorliegen eines Vermögensnachteils letztlich – entgegen der Tendenz des BGH – abgelehnt wurde.[449] Eine Entscheidung, die die Abhängigkeit der Bewertung von den konkreten Umständen des Einzelfalls bestens zu verdeutlichen geeignet ist.

bb) Arten von Mehreinnahmen

Als der Exspektanz zugrundeliegende Mehreinnahmen kommen – zum einen – solche aus Werbe- und Sponsorenverträgen in Betracht. Diese Verträge werden erfahrungsgemäß für einen Erst-Platzierten lukrativer sein als für einen Zwei-Platzierten, was – bei lebensnaher Betrachtung – in besonderem Maße für den Fall gelten dürfte, dass der Erst-Platzierte, wie etwa im Falle eines Finalsieges in der Handball-Champions-League, als „Europameister" der Sportart gilt.

---

448 So wörtlich BGH NJW 1975, 1234, 1236 (*Bundesligaskandal*). Vgl. auch RGSt 61, 211, 213; MüKo-*Dierlamm*, StGB, § 266 Rn. 215, 233; NK-*Kindhäuser*, StGB, § 266 Rn. 75, 92.

449 Das zweite Urteil des LG Bielefeld ist abgedruckt in JZ 1977, 692. Das erste Urteil: LG Bielefeld, Urteil vom 07.02.1974 – Az S 1/73 (I a).

Als der Exspektanz zugrundeliegende Mehreinnahmen kommen – zweitens – Zuschauereinnahmen (etwa Erlöseinnahmen aus Eintrittskarten oder Fan-Artikelverkäufen) in Betracht. Für die Realisierung derartiger Mehreinnahmen spricht grundsätzlich, dass das Interesse von Zuschauern an Spielen des Champions-League-Finalsiegers bei lebensnaher Betrachtung noch größer sein dürfte als das Interesse an Spielen des Champions-League-Zweit-Platzierten. Für die Realisierung von Mehreinnahmen im konkreten dem *Bundesligaskandal*-Urteil zugrundeliegenden Sachverhalt sprach zudem der Umstand, dass der manipulierende Verein bereits eine große Zahl an Dauerkarten für die Folgesaison verkaufen konnte, die im Falle eines Abstieges, der manipulationsbedingt abgewendet werden sollte, verlustbringend hätten zurückgenommen werden müssen; auch bereits getätigte Spielerverkäufe hätten sich im Falle eines Abstieges als Verlustgeschäft entwickelt.[450]

Doch auch für den Fall eines Klassenerhalts bzw. eines Champions-League-Finalsieges lässt sich nicht mit Sicherheit die Erzielung von Mehreinnahmen vorhersagen, hängt sie doch von einer Vielzahl an Faktoren ab, die dem Einflussbereich der Mannschaft mitunter entzogen sind. Unter Verweis auf die diesbezüglich getroffenen Aussagen des BGH in seinem *Bundesligaskandal*-Urteil[451] und die diesbezüglich umfangreiche und treffende Darstellung von *Weise*[452] seien vorliegend nur kursorisch die wesentlichen Elemente dargestellt, welche die Wahrscheinlichkeit der Realisierung derartiger Zuschauereinnahmen beeinflussen können. So kann ein schwindendes Zuschauerinteresse an einer Erbringung gravierender sportlicher Fehlleistungen liegen, aber auch daran, dass die Mannschaft schlicht eine Pechsträhne erleidet oder die Auslosung schlechte Paarungen ergibt, sodass die Mannschaft in der Folgesaison in das untere Tabellendrittel absinkt.[453] Zu denken ist aber auch an Witterungsbedingungen, die Zuschauer von einem Besuch von Spielen abhalten können, wobei nicht nur an Nässe und Kälte, sondern auch an ideales Ausflugswetter zu denken ist.[454] Ein „Abwandern" von Zuschauern zu anderen Vereinsmannschaften oder der Besuch von Alternativveranstaltungen ist zwar wohl nicht bei eingefleischten Fans zu erwarten, wohl aber denkbar vor allem in Gebieten mit hohen Einwohnerzahlen und dadurch

---

450 Zu beidem s. BGH NJW 1975, 1234, 1236 (*Bundesligaskandal*).

451 BGH NJW 1975, 1234, 1236 (*Bundesligaskandal*).

452 *Weise*, Finanzielle Beeinflussungen von sportlichen Wettkämpfen, S. 300 f.

453 Vgl. dazu BGH NJW 1975, 1234, 1236 (*Bundesligaskandal*) und *Weise*, Finanzielle Beeinflussungen von sportlichen Wettkämpfen, S. 300 f.

454 Vgl. dazu BGH NJW 1975, 1234, 1236 (*Bundesligaskandal*) und *Weise*, Finanzielle Beeinflussungen von sportlichen Wettkämpfen, S. 301.

bedingtem Überangebot an Sportvereinen.[455] Eine wesentliche Rolle für die Erzielbarkeit von Mehreinnahmen spielt auch die Aufdeckungswahrscheinlichkeit, die zu einem Entzug der Spiellizenz führen kann; diese wird dabei wesentlich determiniert durch die Anzahl und das Stillschweigen der Mitwisser der Manipulation, aber auch durch das nicht zu unterschätzende Gespür der Öffentlichkeit, insbesondere der Medien, für Manipulationen, das nicht nur zu einer Ermittlungseinleitung seitens des den Wettbewerb ausrichtenden Verbandes führen kann, sondern allein schon über die mediale Ausschlachtung eines Verdachtsmoments zu einer Rufschädigung des betroffenen Sportvereins führen kann.[456]

cc) Zwischenergebnis zum Vorliegen einer Exspektanz

Zusammenfassend ist festzuhalten, dass sich für die Frage nach der Kompensation des in der Schmiergeldgewährung liegenden Vermögensabflusses durch den Zufluss von Aussichten auf Mehreinnahmen keine allgemeine Bewertungsregel aufstellen lässt.

Anders ist hingegen folgende Frage zu beurteilen: Die Aussicht, in einem Wettbewerb manipulationsbedingt zu gewinnen, verdichtet sich im Falle einer Schiedsrichtermanipulation gerade in einem entscheidenden Spiel zu einer Exspektanz, ist doch die Beeinflussung eines Schiedsrichters für den Spielverlauf von ganz erheblicher Bedeutung. Umgekehrt gilt: Je mehr Partien zwischen dem manipulierten und dem entscheidenden Spiel liegen, als desto unsicherer ist die Aussicht zu bewerten.

d) Bewertung des kompensationstauglichen Vermögenszuflusses

Sofern im Einzelfall eine kompensationstaugliche Exspektanz vorliegt, ist diese nur dann schadenskompensierend, wenn der im Zeitpunkt der Vornahme der Tathandlung zu beurteilende[457] erwartete wirtschaftliche Nutzen des Geschäfts zumindest gleich groß ist wie der wirtschaftliche Nachteil.[458]

Triffterer zweifelt in seinen Ausführungen zum *Bundesligaskandal*-Urteil des BGH an, dass ein realer Vermögensabfluss (hier in Form der Schmiergeldsumme) durch die Erlangung einer Exspektanz überhaupt kompensiert werde könne: denn

---

455 Vgl. dazu *Weise*, Finanzielle Beeinflussungen von sportlichen Wettkämpfen, S. 301 f.

456 Dazu (und auch zu weiteren Gesichtspunkten) BGH NJW 1975, 1234, 1236 (*Bundesligaskandal*) sowie *Weise*, Finanzielle Beeinflussungen von sportlichen Wettkämpfen, S. 302 f.

457 BGH NJW 1975, 1234, 1235 (*Bundesligaskandal*); vgl. auch BGHSt 3, 370, 372.

458 BGH NJW 1975, 1234, 1235 (*Bundesligaskandal*).

die Höhe des realen Vermögensabflusses entspreche genau dessen Nominalwert (Wert der abgeflossenen Vermögensposition: 100%), wohingegen die als Kompensation in Betracht kommende zufließende Exspektanz etwas weniger als 100% wert sei, sodass in einer derartigen Kompensation bereits die Begründung einer (eigenständigen) Vermögensgefährdung zu erblicken sei.[459]

Dieser Andeutung von *Triffterer* ist hingegen zu widersprechen. Denn macht man mit dem Gedanken der Exspektanz ernst, so hebt sich die Exspektanz von der (unbeachtlichen) vagen Aussicht dadurch ab, dass ihr bereits gegenwärtig, d.h. in ihrem Wesen als bloße Exspektanz, ein Vermögenswert zukommt, der ebenso real ist wie andere Aktiva; die Exspektanz ist für sich genommen bereits ein (reeller) Vermögenswert. Wenn aber der Exspektanz bereits ein Vermögenswert zukommt, so muss dieser auch in der Lage sein, einen Vermögensabfluss zu kompensieren. Dabei gilt selbstverständlich – wie für jede kompensationstaugliche Position – auch hier, dass der Vermögensabfluss nur durch eine zufließende Vermögensposition aufgewogen werden kann, deren numerischer Wert mindestens ebenso hoch ist, wie derjenige des hingegebenen Vermögenswertes.

Dem Gedanken von *Triffterer* kann nur insoweit gefolgt werden, als im Rahmen der Wertermittlung einer Exspektanz durchaus ein sog. Risikoabschlag zu berücksichtigen ist: Denn eine Exspektanz auf eine künftige Vermögensmehrung ist vor ihrer Realisierung etwas weniger wert als das „Haben" der realisierten Vermögensposition.[460] Wenn nun aber der Wert der Exspektanz – d.h. der Wert des Vermögenswertes, auf den die untreuerechtlich relevante Aussicht besteht, „bereinigt" um den Risikoabschlag – gleich- oder höherwertig ist als der hingegebene Vermögenswert, so wird der Abfluss einer Vermögensposition durch Zufluss eines anderen Vermögensposition – nämlich derjenigen der Exspektanz – vollumfänglich ausgeglichen.[461] Es lässt sich eine

---

459 Angedeutet in *Triffterer*, NJW 1975, 612, 613 (in Fn. 22).

460 Der Risikoabschlag darf dabei nicht dahingehend verstanden werden, dass jede Aussicht mithilfe eines Risikoabschlags einen Vermögenswert erhalten und damit zu einer Vermögensposition werden kann. Voraussetzung für das Vorliegen einer vermögenswerten Exspektanz ist stets das Vorliegen einer hohen Realisierungswahrscheinlichkeit. Der Risikoabschlag betrifft lediglich die Evaluation von Wahrscheinlichkeitsunterschieden innerhalb eines Bereichs sehr hoher Realisierungswahrscheinlichkeiten. S. *Weise*, Finanzielle Beeinflussungen von sportlichen Wettkämpfen, S. 309 f.

461 Dies sei anhand von Zahlen veranschaulicht: Beträgt die in Manipulationsabsicht hingegebene Summe 100.000 Euro, erlangt der Sportverein aber dafür eine Exspektanz auf den Final-Sieg verbunden mit der Auszahlung eines Preisgeldes (Höhe 200.000 Euro) und Vermarktungseinnahmen (Höhe: 200.000 Euro), so steht dem

Formel aufstellen, wonach sich ein Vermögensabfluss durch den unmittelbaren Zufluss einer Exspektanz dann kompensieren lässt, wenn deren Wert im relevanten Zeitpunkt der Vermögenshingabe mindestens ebenso hoch ist wie derjenige des Vermögensabflusses. Dabei berechnet sich der Wert der Exspektanz im Zeitpunkt der Vermögenshingabe nach dem Wert der Vermögensposition, auf welche die Exspektanz besteht, abzüglich eines Risikoabschlages, der die Realisierungswahrscheinlichkeit einpreist. Bei der Ermittlung des Wertes der zu erwartenden Mehreinnahmen – und damit des Wertes des Exspektanz – darf aber nicht außer Betracht gelassen werden, dass den erwarteten Mehreinnahmen auch zu erwartende Mehrausgaben gegenüberstehen können, die – was *Weise*[462] zutreffend herausarbeitet – den Wert der Exspektanz bereits im Zeitpunkt der Vermögenshingabe mindern müssen. Richtig weist daher der BGH in seinem *Bundesligaskandal*-Urteil darauf hin, dass mit dem Erhalt in der Bundesliga nicht nur erhöhte Mehreinnahmen, sondern auch – gegenüber einem Abstieg in die Regionalliga – erhöhte Unkosten (etwa hohe Gehälter und Prämien, kostenintensive Trainingslager, kostspielige Werbemaßnahmen etc.) einhergehen.[463] Bei Mehrstufenwettbewerben ist es sogar üblich, eine kostspielige Siegesfeier für Freunde und Sponsoren des Vereins auszurichten. Daneben gehen Hand in Hand mit höheren Einnahmen auch höhere Abgaben, sowohl gegenüber dem Dachverband als auch gegenüber dem Fiskus.[464]

Insofern ist die Formel zur Kompensationstauglichkeit einer Exspektanz wie folgt zu präzisieren: Die Kompensation eines Vermögensabflusses durch eine Exspektanz ist dann zu bejahen, wenn ihr Wert im relevanten Zeitpunkt der Vermögenshingabe mindestens genauso hoch ist wie derjenige des abgeflossenen Vermögenswertes. Der Wert der Exspektanz bemisst sich dabei nach dem Wert der Vermögensposition, auf die sich die Exspektanz bezieht (unter Abzug etwaiger Ausgaben), abzüglich eines Risikoabschlages.

Abfluss von 100.000 Euro eine Exspektanz gegenüber, deren Wert (etwas) weniger als den Nominalwert der 400.000 Euro beträgt. Sofern die Aussicht eine rechtlich relevante Aussicht, also eine Exspektanz, darstellt, wird der Vermögennachteil also im Beispielsfall kompensiert.

462 *Weise*, Finanzielle Beeinflussungen von sportlichen Wettkämpfen, insbesondere S. 313.

463 Vgl. BGH NJW 1975, 1234, 1236 (*Bundesligaskandal*); vgl. auch *Weise*, Finanzielle Beeinflussungen von sportlichen Wettkämpfen, insbesondere auf S. 314.

464 Dazu und zu weiteren Gesichtspunkten eingehend *Weise*, Finanzielle Beeinflussungen von sportlichen Wettkämpfen, insbesondere S. 314 f.

3. *Zusammenfassung zum Vermögensnachteil*

Die vorangegangenen Ausführungen haben ergeben, dass im Falle einer Schiedsrichtermanipulation – einzelfallabhängig – die hohe Wahrscheinlichkeit der Realisierung eines Vermögenszuwachses gegeben sein kann und dass diese Exspektanz den Wert des Vermögensabflusses vollständig zu kompensieren geeignet sein kann. Je nach Einzelfall kann also das Vorliegen eines Vermögensnachteils durch die Gewährung von Vereinsmitteln zu Zwecken einer Schiedsrichtermanipulation abzulehnen sein. Dieses Ergebnis wird in der Rechtswirklichkeit durch das freisprechende (zweite) Urteil des Landgerichts Bielefeld zum Bundesligaskandal bestätigt.[465] Und auch rein praktisch gesehen wird das Ergebnis bestärkt: Das Vorhandensein von Schiedsrichtermanipulationen erklärt sich (zumindest auch) aus dem Umstand, dass Geschäftsführer Vermögenswerte „ihrer" Sportvereine nur und gerade in der subjektiv als sicher empfundenen Aussicht opfern, am Ende mit einem sportlichen Sieg dazustehen, mit welchem zumeist auch positive Folgeeinnahmen für „ihren" Sportverein einhergehen. Denn so wird nicht nur das Satzungsziel des sportlichen Reüssierens verwirklicht, sondern zugleich eine positive Finanzlage für den Verein herbeigeführt. Der Geschäftsführer scheint „gute Arbeit" geleistet zu haben.

III. Hinweise zum subjektiven Tatbestand

Nach diesen Ausführungen zu Pflichtverletzung und Vermögensnachteil seien abschließend kurze Ausführungen zum subjektiven Tatbestand der Untreue gemacht. Sie können sich kurzhalten, liegen sie doch als Teil der genuinen richterlichen Überzeugungsbildung außerhalb des Fokus der vorliegenden Abhandlung.

Zur subjektiven Deliktsverwirklichung der Untreue ist mindestens das Vorliegen bedingten Vorsatzes hinsichtlich aller objektiven Tatbestandsmerkmale erforderlich. Auf eine Bereicherungsabsicht kommt es anders als für den Betrugstatbestand nicht an. Der Täter muss nachvollzogen haben, dass er durch die Tathandlung gegen die ihm intern obliegenden Pflichten verstößt; die bloße Kenntnis der Tatsachen, aus denen sich die Pflichtwidrigkeit des Handelns ergibt, genügt mangels gesamttatbewertenden Charakters des Merkmals nicht.[466] Der Vorsatz muss sich auch auf den Vermögensnachteil beziehen. Bei pflichtwidrigen Risikogeschäften

465 S. LG Bielefeld JZ 1977, 692.

466 Statt vieler nur S/S-*Perron*, StGB, § 266 Rn. 49, auch m. w. N.

entfällt der Vorsatz insbesondere nicht schon deshalb, weil der Täter darauf hofft, der endgültigen Schadenseintritt werde noch abwendet.[467]

Die Anforderungen an die richterliche Überzeugungsbildung sind nach der ständigen Rechtsprechung im Hinblick auf den im Objektiven weit formulierten Tatbestand insbesondere in Fällen eines bloß bedingten Vorsatzes eines nicht eigennützig handelnden Täters hoch anzusetzen.[468] Während in Fällen der Schiedsrichtermanipulation durch Geschäftsführer zumeist zum Wohle des „Vereins" (damit also gerade fremdnützig) gehandelt wird,[469] präsentiert sich die Frage nach dem Vorliegen eines bedingten Vorsatzes oder einer bloß bewussten Fahrlässigkeit als nicht ganz einfach. Die allgemeine Absicht, letztlich den Vermögensinteresse des Treugebers nicht schaden bzw. sogar dienen zu wollen, schließt den Vorsatz nicht aus; die Schutzbehauptung des Täters, er habe es „nur gut gemeint", soll abgeschnitten werden.[470] Während der bedingt vorsätzlich handelnde Täter die Pflichtwidrigkeit des eigenen Handelns und die Gefahr eines Schadenseintritts erkennt und das Risiko billigend in Kauf nimmt, vertraut der bewusst fahrlässige Täter auf das Ausbleiben der durchaus erkannten Gefahr, mithin darauf, dass „es schon gut gehen werde". Mit den Worten des BGH zum *Bundesligaskandal*:

> „Es ist also denk- und erfahrungsgesetzlich möglich, dass der Täter die Gefahr eines Geschäftes sieht, sich bewusst ist, dass er sie für einen anderen nicht übernehmen darf und dass er gleichwohl das gefährliche Geschäft für aussichtsreich hält und deshalb keine Bedenken hat, es in der Hoffnung einzugehen, für den anderen dadurch Vorteil zu erwerben [...] Selbst bei ungleich geringerer äußerer Gefahr kann es aber auch so liegen, dass der Täter den Eintritt des als nicht für wahrscheinlich, aber doch möglich erkannten Verlustes auf jeden Fall billigt, z. B. weil er durch sein pflichtwidriges Handeln (auch) eigenes Versagen verschleiern will."[471]

Die Beurteilung des Vorliegens eines Eventualvorsatzes bzw. einer bewussten Fahrlässigkeit unterliegt der Würdigung der Tatsachen durch den Tatrichter anhand von Beweismitteln und kann im Rahmen der vorliegenden Abhandlung nicht in weitergehenderem Umfange geleistet werden.

---

467 *Fischer*, StGB, § 266 Rn. 177.

468 Vgl. S/S-*Perron*, StGB, § 266 Rn. 50 (auch m. w. N. zu dahingehender Rechtsprechung, der *Perron* aber selbst kritisch gegenübersteht).

469 So auch explizit BGH NJW 1975, 1234, 1236 (*Bundesligaskandal*).

470 Vgl. BGHSt 52, 323, 339 (*Siemens*); *Fischer*, StGB, § 266 Rn. 177.

471 BGH NJW 1975, 1234, 1236 (*Bundesligaskandal*).

B. Zusammenfassung der Ergebnisse zum Untreuetatbestand

Die Ausführungen zur Erfassung von Schiedsrichtermanipulationen durch Geschäftsführer von Sportvereinen im Profisport haben ergeben, dass der Untreuetatbestand in Gestalt seiner Treubruchvariante im Einzelfall durchaus eingreifen kann.

Auch im Rahmen der Untersuchungen zum Untreuetatbestand ist der – bereits im Rahmen des Betrugstatbestandes angetroffene – Topos der Vermögensrelevanz virulent geworden. Ein Ergebnis, welches im Hinblick auf die Gemeinsamkeit der Delikte als Vermögensdelikte nicht zu überraschen vermag. Auch hier präsentiert sich derselbe Konflikt: Es kollidieren die (jedenfalls im Grundsatz) nicht-vermögensrechtliche Zielsetzung des Manipulationsverbotes bzw. des Fairnessgebotes mit der vermögensschützenden Zielsetzung des Untreuetatbestandes. Beschränkt der Treugeber die Handlungsbefugnisse des Treunehmers intern, so liegt bei Verstoß dagegen zunächst einmal nur ein zivilrechtlicher Pflichtverstoß vor. Zu einem auch untreuerelevanten Pflichtverstoß wird dieser erst dadurch, dass die Restriktion der Handlungsbefugnisse gerade im Hinblick auf das Vermögen und dessen Schutz erlassen wird. Eine Restriktion zu nicht-vermögensrechtlichen Zwecken vermag mithin die zu bejahende zivilrechtliche Pflichtwidrigkeit nicht mit der für eine Untreuestrafbarkeit erforderlichen Vermögensrelevanz aufzuladen.

Als zweiter Problemkreis ist derjenige der Kompensationstauglichkeit von Exspektanzen zu identifizieren. Dass die erwarteten Vorteile aus rechtlich missbilligten Geschäften resultieren, steht auf dem Boden des vorzugswürdigen wirtschaftlichen Vermögensbegriffs einer Kompensationstauglichkeit nicht entgegen. Im Übrigen ist eine genaue Betrachtung des Einzelfalls erforderlich: Die Kompensationstauglichkeit ist abhängig von dem Vorliegen und von der Bewertung der Exspektanz, die wiederum von einer Vielzahl von Faktoren abhängig ist. Wenn auch ein generalisierendes Urteil wegen der Abhängigkeit von den Umständen des Einzelfalls nicht möglich ist: Der Umstand, dass Schiedsrichtermanipulationen unter Einsatz hoher fünfstelliger Beträge überhaupt stattfinden, lässt davon ausgehen, dass in der überwiegenden Anzahl von Fällen die Mehrzahl der Faktoren eher für als gegen eine Kompensation des zuwendungsbedingten Vermögensabflusses sprechen dürften.

Die Betrachtungen zum Betrugs- und Untreuetatbestand runden die Beurteilung von Schiedsrichtermanipulationen im Lichte der Vermögensdelikte ab. Während sich der den Tatbeständen gemeinsame Topos der Vermögensrelevanz im Ergebnis als überwindbar erwiesen hat, ist ein Schaden im Rahmen des Betrugstatbestandes nahezu nicht konstruierbar, ein Nachteil im Rahmen der Untreue in der Regel wohl ebenfalls nicht anzunehmen. Gerade vor diesem Hintergrund des regelmäßigen Scheiterns am Schadens- bzw. Nachteilsmerkmal meint der Rechtsanwender nach Lektüre des Tatbestandes der Bestechlichkeit und Bestechung im geschäftlichen Verkehr, der ohne Schadensmerkmal auskommt, sein moralisches Empfinden der Sanktionswürdigkeit mit strafrechtlichen Mitteln befriedigen zu können. Denn „wer im geschäftlichen Verkehr zu Zwecken des Wettbewerbs einem Angestellten oder Beauftragten eines geschäftlichen Betriebes einen Vorteil [...] als Gegenleistung dafür [...] gewährt, dass er [...] einen anderen beim Bezug [...] in unlauterer Weise bevorzuge", der ist doch gemäß § 299 Abs. 2 StGB strafbar. Zu diesem Ergebnis kam auch das Landgericht Kiel im Zwischenverfahren des der Abhandlung zugrunde liegenden Falles. Ob diese Einschätzung de lege lata zutreffend ist oder sie Folge einer unzulässigen extensiven Tatbestandsauslegung zur Befriedung eines Pönalisierungsbedürfnisses ist, soll nun im vierten Kapitel untersucht werden.

§ 4 Manipulation von Schiedsrichtern im Profisport im Lichte des Tatbestandes der Bestechung im geschäftlichen Verkehr

Nachdem in den vorherigen Abschnitten die strafrechtliche Relevanz von Schiedsrichtermanipulationen durch Geschäftsführer von Sportvereinen aus dem Blickwinkel der Vermögensdelikte des Betruges und der Untreue beleuchtet wurde und sich herausgestellt hat, dass das untersuchte Verhalten nur in seltenen Fällen sanktioniert werden kann, ist nun der Blick darauf zu richten, ob die Gewährung von Schmiergeldern an Schiedsrichter zwecks Beeinflussung des Spielgeschehens durch den Tatbestand der Bestechung im geschäftlichen Verkehr, § 299 Abs. 2 StGB, erfasst werden kann. Ist die geläufig sogenannte „Schiedsrichterbestechung" doch keine Bestechung im rechtlichen Sinne?

Erstmalig wurde eine Strafbarkeit von Schiedsrichtermanipulationen gemäß § 299 StGB in dem Urteil des Landgerichts Kiel erwogen, welches die vorliegende Abhandlung zum Denkanstoß nahm. Wie bereits in der Einleitung dargelegt, standen der damalige Geschäftsführer und damalige Trainer des THW Kiel im Verdacht, die Schiedsrichter in Handball-Champions-League-Partien durch Gewährung hoher fünfstelliger Beträge manipuliert zu haben.

Eine erste Subsumtion unter den Tatbestand des § 299 Abs. 2 StGB könnte sich dabei wie folgt darstellen: Da der Geschäftsführer eines Sportvereins einen geldwerten Vorteil an den Schiedsrichter des den Wettbewerb ausrichtenden Verbandes gewährt und damit intendiert, dass „sein" Sportverein seitens des Schiedsrichters in kritischen Spielsituationen unter Verstoß gegen sportliche Regeln gegenüber der gegnerischen Mannschaft bevorzugt werde, sei er strafbar.

Richtig ist sicherlich, dass in der Gewährung von geldwerten Zuwendungen – insbesondere, wenn diese sich in Regionen fünfstelliger Eurobeträge wie im Sachverhalt des Landgerichts Kiel bewegen[472] – ein „Vorteil" im Sinne des § 299 StGB zu erblicken ist. Die Bejahung eines tatbestandsrelevanten Vorteils scheitert insbesondere nicht am Einwand der Sozialadäquanz[473] bzw. der

---

472 S. dazu *Krack*, ZIS 2011, 475.

473 Die Lehre von der Sozialadäquanz (s. etwa bereits *Welzel*, ZStW 58 (1939), 491, 516 f.) hat viel Zustimmung, aber aufgrund ihrer Unbestimmtheit auch viel Kritik erfahren, s. *Roxin*, AT I, § 10 Rn. 35, insgesamt dazu Rn. 34 f. Im Ergebnis handelt es sich um eine am Rechtsgut orientierte, einschränkende Interpretation (vgl. *Roxin*, AT I, § 10 Rn. 41), die zu einem Ausschluss auf Tatbestandsebene führt (so auch

Branchenüblichkeit derartiger Zuwendungsgewährungen: Dazu müsste der gewährte Vorteil derart in der sozialen Realität des Verkehrskreises verwurzelt sein, dass ihm die Eignung fehlt, betriebliche Entscheidungen in unlauterer Weise zu beeinflussen.[474] Mag man Manipulationen im Profisport für weit verbreitet und daher „in der sozialen Realität verwurzelt" ansehen, so spricht dennoch gegen das Vorliegen einer sozialadäquaten Zuwendung im Fall des THW Kiel nicht nur die Höhe der Zuwendungsgewährung, sondern auch der Umstand, dass die Zuwendung überhaupt erst gewährt wird, da seitens des Täters ein Handeln in seinem Sinne als Gegenleistung für die Vorteilshingabe geradezu erwartet wird. Insofern ist von einer Eignung der Zuwendungsgewährung zur Beeinflussung des Zuwendungsempfängers (und damit unmittelbar oder mittelbar betrieblicher Entscheidungen) auszugehen.[475]

Erfüllt ist in Fällen der Schiedsrichtermanipulation – je nach konkretem Lebenssachverhalt – auch eine der tatbestandlich in § 299 Abs. 2 StGB erwähnten Tathandlungen des Anbietens, Versprechens oder Gewährens.[476] Die etwaige Einschaltung von Mittelsmännern im Rahmen der Geldübergabe an den letztendlichen Zuwendungsempfänger belässt die Strafbarkeit des (untechnisch gesprochen:) Hintermannes als Täter i. S. v. 25 Abs. 1 Var. 1 StGB unberührt, wenn die Empfänger wissen, vom wem die Zuwendung entstammt[477] bzw. (teleologisch) wessen Bevorzugung sie dienen soll.

Rönnau, JuS 2011, 311, 312). Nach der Lehre von der Sozialadäquanz sollen solche tatbestandsmäßige Handlungen straflos bleiben, die sich im Rahmen der „normalen, geschichtlich gewachsenen sozialen Ordnung des Lebens" (vgl. *Welzel*, Strafrecht, S. 38) bewegen. Auf § 299 StGB bezogen: *Ulbricht*, Bestechung und Bestechlichkeit, S. 75 f.; MüKo-*Krick*, StGB, § 299 Rn. 29; NK-*Dannecker*, StGB, § 299 Rn. 39.

474 Dies soll der Fall sein bei der Gewährung von Trinkgeldern bzw. kleinen Aufmerksamkeiten an Postboten oder Kunden zu Neujahr. Abzugrenzen ist straflose „Klimapflege" von strafbarer Bestechung. Der gewährte Vorteil muss final auf eine Bevorzugung gerichtet sein; in den Worten des BGH: die Gewährung muss „für die" Bevorzugung, nicht bloß „bei Gelegenheit" erfolgen (BGHSt 15, 239, 251; s. auch GK-*Otto*, UWG, § 12 Rn. 13; *Pfeiffer*, in: FS von Gamm, S. 129, 136).

475 Der Gedanke der Sozialadäquanz ist kritisch zu betrachten, birgt er doch die Gefahr bloßer Schutzbehauptungen und begünstigt die Perpetuierung rechtsfreier Räume (vgl. LK-*Tiedemann*, StGB, § 299 Rn. 28: „etabliertes Schmiergeldsystem").

476 Im Rahmen der vorliegenden Abhandlung wird zu Zwecken sprachlicher Vereinfachung nur auf das „Gewähren" als Modalität abgestellt.

477 MüKo-*Krick*, StGB, § 299 Rn. 32; *Fischer*, StGB, § 299 Rn. 20; *Wittig*, wistra 1998, 7, 9 (insb. auch m. w. N. in Fn. 28 zur Parallelproblematik im Rahmen der §§ 331 f. StGB.

Auch ist die täterseitig beabsichtigte Bevorzugung derjenigen Mannschaft, deren Geschäftsführer den Vorteil gewährt, als „unlautere“ Bevorzugung einzustufen.[478]

Der Schein einfacher Subsumierbarkeit der Konstellation unter den Tatbestand der Bestechung im geschäftlichen Verkehr täuscht indes: Es gibt einen Strauß von Tatbestandsmerkmalen, die sich als hochproblematisch erweisen.[479] Gesteigert wird die Komplexität der zu bewältigenden Problemstellung durch die große Anzahl an Tatbestandsmerkmalen und ihre Verwobenheit. Vor dem Hintergrund dieses Befundes sind (auf den ersten Blick unnötig) erscheinende Wiederholungen tragender Argumentationslinien[480] nicht zu vermeiden. Ziel der Stützung auf die immer gleichen Argumentationstopoi und Argumentationsstrukturen ist es, eine einheitliche und kohärente Tatbestandsauslegung und Tatbestandsanwendung zu ermöglichen.

Versucht man, die sich im Rahmen einer Subsumtion stellenden Schwierigkeiten zusammenzufassen, so kristallisieren sich als Extrakt die folgenden zwei neuralgischen Punkte heraus:

Der erste Problemkreis dreht sich um die Auslegung des Tatbestandsmerkmals des „Wettbewerbs“ sowie derjenigen Tatbestandsmerkmale, die „Geschäftlichkeit“ voraussetzen. Sie sind im Sinne einer – wenn man so will – Konturierung des sachlichen Anwendungsbereichs der Norm zu verstehen: Es ist kritisch zu hinterfragen, inwiefern eine Vorteilsgewährung zu Zwecken der Manipulation

---

Zu § 12 UWG a. F.: Baumbach/*Hefermehl*, Wettbewerbsrecht, § 12 Rn. 6; *Pfeiffer*, in: FS von Gamm, S. 129, 136 (auch m. w. N.).

478 Insofern erübrigt sich für die Zwecke der vorliegenden Abhandlung ein Eingehen auf die seit Jahrzehnten geführte Diskussion um Bedeutung und korrekte Auslegung des Unlauterkeits-Merkmals. Es präsentiert sich ein entsprechend breites Meinungsspektrum, innerhalb dessen zwischen der Deutung als bedeutungsloses Merkmal bis hin zur Deutung als zentraler Unrechtskern nahezu alles vertreten wird. Dazu näher *Altenburg*, Die Unlauterkeit in § 299 StGB, S. 125 f.; *Pragal*, Die Korruption innerhalb des privaten Sektors, S. 177 f. und LK-*Tiedemann*, StGB, § 299 Rn. 39 f. m. w. N.

479 Nahezu keine Schwierigkeiten bei der Subsumtion hat hingegen *Ferragina*, Betrügereien im Profifußball, S. 56 f., dem diese – bezogen auf die Zahlung von Verlustprämien an Spieler – auf zweieinhalb Seiten gelingt. Im Ergebnis plädiert auch er für eine Straflosigkeit in diesen Fallkonstellationen. Bezogen auf Schiedsrichtermanipulationen lehnt er eine Strafbarkeit gemäß § 299 StGB – unter Verweis auf *Krack*, ZIS 2011, 475, 476 f. – mangels Vorliegens eines Handelns „im geschäftlichen Verkehr“ ab (*ebd.*, S. 106 f.).

480 Gemeint sind damit der noch darzustellende Unmittelbarkeitsgedanke (dazu unter § 4 A. I 2. d)) bzw. die sektorielle Betrachtungsweise (dazu unter § 4 A. II. 2. b) bb)).

einer Spielpartie, d. h. zur Beeinflussung des Sportgeschehens im Stadion, „im geschäftlichen Verkehr" erfolgt, inwiefern der Schiedsrichter als Angestellter bzw. Beauftragter eines „geschäftlichen Betriebes" zu sehen ist und inwiefern dessen Manipulation zu Zwecken der unlauteren Beeinflussung gerade des tatbestandlich relevanten Wettbewerbs erfolgen soll (unter A.).

Der zweite Problemkreis befasst sich mit personellen Aspekten des Tatbestandes, in concreto mit der Frage nach dem tatbestandlich vorausgesetzten Zusammenspiel der darin genannten Personen und bzw. Betriebe. Die Konturierung dieses zweiten neuralgischen Problemkreises fällt vor dem Hintergrund schwer, dass er nicht an einem konkreten Einzelmerkmal festgemacht werden kann. Vielmehr ergibt er sich aus einem „Draufblick" auf den Tatbestand und dessen Strukturen, ist also im Sinne eines „gesamtsystematischen Arguments" zu verstehen. Die sich abzeichnende Schwierigkeit der Darstellung des zweiten Problemkreises ist auf die Vielzahl und komplexe Verwobenheit der tatbestandlich genannten Personen bzw. Betriebe und deren Beziehung untereinander zurückzuführen und hat seitens *Hirsch* zu der überaus treffenden Bezeichnung als „Beteiligtengeflecht"[481] geführt: Tatbestandlich erforderlich ist ein anvisierter Bezug[482] von Waren oder gewerblichen Leistungen zwischen dem Zuwendenden (bzw. Dritten, für den er handelt, fortan: der Dritte) und dem Prinzipal[483] des Zuwendungsempfängers. Dabei zielt die Zuwendungsgewährung auf eine Einflussnahme des Zuwendungsempfängers auf den innerbetrieblichen Entscheidungsprozess seines Prinzipals ab. Nach der Vorstellung des Zuwendungs-Gewährenden soll er selbst (oder der Dritte) in unlauterer Weise beim Bezug bevorzugt werden. Ob dieses tatbestandlich erforderliche Beziehungsgeflecht in Sachverhalten wie demjenigen einer Schiedsrichtermanipulation zwecks Beeinflussung des Spielgeschehens vorliegt, gilt es (unter B.) zu untersuchen.

---

481 *Hirsch*, in: FS Szwarc, S. 559, 581, wobei die „Beteiligung" untechnisch zu verstehen ist. Vorzugswürdig ist der Begriff *„Beziehungsgeflecht"*, der hier auch im Weiteren verwendet wird.

482 Das Bezugsmerkmal umfasst sowohl die Erbringung als auch die Erlangung von Waren bzw. gewerblichen Leistungen, also beide Lieferrichtungen, s. BGHSt 2, 396, 401 (*Sub-Post-Ingenieur*); LK-*Tiedemann*, StGB, § 299 Rn. 31.

483 Als Prinzipal wird im Rahmen der vorliegenden Abhandlung der Inhaber desjenigen (geschäftlichen) Betriebes bezeichnet, dessen Angestellter bzw. Beauftragter Vorteilsempfänger ist. Vgl. identische Diktion etwa in S/S-*Heine/Eisele*, StGB, § 299 Rn. 8.

A. Konturierung und Implikationen des tatbestandlich relevanten Wettbewerbsbegriffs

Der erste neuralgische Punkt im Rahmen der Betrachtung von Schiedsrichtermanipulationen zur Beeinflussung des Spielgeschehens im Lichte des Tatbestandes des § 299 Abs. 2 StGB ist der tatbestandlich relevante Wettbewerbsbegriff.[484] Das korrekte Begriffsverständnis ist zunächst mittels Auslegung zu ermitteln (dazu unter I.) und wird auch Implikationen auf die Auslegung all derjenigen Tatbestandsmerkmale zeitigen, die an eine „Geschäftlichkeit" anknüpfen: Die im Anschluss zu untersuchende Stellung des zuwendungsempfangenden Schiedsrichters als „Angestellter" bzw. „Beauftragter" gerade eines „geschäftlichen Betriebes" (unter II.) sowie auch die Gewährung des Vorteils gerade „im geschäftlichen Verkehr" (unter III.) wird sich unter Bezugnahme auf den tatbestandlich relevanten Wettbewerbsbegriff vollziehen.

I. „Im Wettbewerb" bzw. „zu Zwecken des Wettbewerbs"

Die Konturierung des maßgeblichen Verständnisses des tatbestandlich relevanten „Wettbewerbs" erfolgt mittels Auslegung. Zwar ist der Formulierung des Gesetzes zufolge das auszulegende Tatbestandsmerkmal kein objektives, sondern „nur" ein subjektives Element.[485] Es reicht für die Tatbestandsverwirklichung aus, wenn sich der Täter nur das Vorliegen des betreffenden Tatumfeldes vorstellt – es muss objektiv kein solches vorliegen. Umgekehrt ist nicht strafbar, wer sich keinen „Wettbewerb" im Sinne der Strafnorm vorstellt. Der Auslegung des Wettbewerbsmerkmals kommt somit gleichsam die Funktion zu, den sachlichen Anwendungsbereich und die Reichweite des § 299 StGB zu konturieren.

Abseits des Wortlautes der Norm findet sich die Begrifflichkeit des Wettbewerbs auch im Rahmen der Abschnittsüberschrift wieder, unter welcher die Delikte des § 298 StGB (Wettbewerbsbeschränkende Absprachen bei Ausschreibungen) sowie § 299 StGB zu finden sind. Eine Konkretisierung des Wettbewerbsbegriffs – etwa durch eine adjektivische Beifügung („wirtschaftlicher", „politischer", „künstlerischer", „sportlicher" Wettbewerb) – ist jedoch weder dem Normwortlaut noch der Abschnittsüberschrift zu entnehmen. Dabei ist der

484 Erwähnung findet er in § 299 Abs. 1 StGB („bei dem Bezug […] im Wettbewerb […] bevorzuge", in § 299 Abs. 2 StGB „zu Zwecken des Wettbewerbs" sowie in der Überschrift des 26. Abschnitts („Straftaten gegen den Wettbewerb").

485 In Absatz 1: Vorteilsgewähr als Gegenleistung für die künftige Bevorzugung beim Bezug von Waren oder gewerblichen Leistungen „im Wettbewerb". In Absatz 2: Vorteilsgewähr „zu Zwecken des Wettbewerbes".

„nackte“ Terminus des Wettbewerbes denkbar weit, wird darunter doch gemeinhin ein Verhalten mehrerer Personen verstanden, das dadurch gekennzeichnet ist, dass der eine das zu gewinnen sucht, was ein anderer zu gleicher Zeit zu gewinnen sucht.[486] Der Wettbewerb ist ein reales, in der menschlichen Natur verankertes Phänomen[487], allgegenwärtig und als „Existenzkampf menschlicher Individuen [...] prinzipiell unausrottbar“[488]. Von diesem derart abstrakt verstandenen allgemeinen Wettbewerb – *Rittner* bezeichnet ihn plastisch als sog. Fundamentalwettbewerb – ist nur selten die Rede.[489] Vielmehr beschränken sich Ausführungen in der Regel auf nur eine bestimmte Wettbewerbsausprägung, d.h. den in einem bestimmten Lebensbereich auftretenden Wettbewerb, etwa im Sport, in der Kunst, im Beruf, im Wahlkampf und vor allem in der Wirtschaft.[490] Ob der Terminus des Wettbewerbs in § 299 StGB weit, im Sinne eines Fundamentalwettbewerbes, oder enger, bezogen auf einen bestimmten Lebensbereich, zu verstehen ist, bedarf einer näheren Betrachtung mittels Rückgriffs auf die Auslegungsmethoden (dazu unter 1.).

Sollte sich im Zuge der Auslegung des geschützten Rechtsgutes ergeben, dass nicht der Fundamentalwettbewerb, sondern eine Unterart desselben – etwa der wirtschaftliche Wettbewerb – durch § 299 StGB geschützt wird, so ist danach zu fragen, ob im Falle einer Schiedsrichtermanipulation zur Beeinflussung des Spielgeschehens auf dem Spielfeld auch gerade dieser wirtschaftliche Wettbewerb oder nicht vielmehr ein sportlicher Wettbewerb betroffen ist. In diesem Fall ist darauf zu achten, dass nicht durch extensive Auslegung im Ergebnis gegen das Analogieverbot zu Lasten des Normadressaten verstoßen wird. Denn sollte durch die Manipulation von Schiedsrichtern zur Beeinflussung des sportlichen Spielgeschehens im Profisport nur die Lauterkeit sportlichen, nicht auch wirtschaftlichen Wettbewerbs tangiert werden, so kann dieses Verhalten nicht durch den Tatbestand der Bestechlichkeit und Bestechung im geschäftlichen Verkehr erfasst werden. Für diesen Fall zeigt sich die praktische Auswirkung dessen, dass

---

486 Köhler/Bornkamm-*Köhler*, Wettbewerbsrecht, Einl. UWG Rn. 1.1.

487 Vgl. *Knöpfle*, Der Rechtsbegriff „Wettbewerb“, S. 1; *Rittner*, in: FS Kraft, S. 519, 520 f.

488 *Rittner*, in: FS Kraft, S. 519, 521 m. w. N.

489 *Rittner*, in: FS Kraft, S. 519, 521 f.

490 Mit dieser differenzierenden Aufzählung etwa: NK-*Götting*, UWG, Einl. Rn. 1; Köhler/Bornkamm-*Köhler*, Wettbewerbsrecht, Einl. UWG Rn. 1.1; MüKo-*Sosnitza*, UWG, Grundl. Rn. 1; *Reimer*, in: Unlauterer Wettbewerb, Rn. 15; *Rittner*, in: FS Kraft, S. 519, 521; *Meyer-Cording*, WuW 1962, S. 461, 462; vgl. auch Baumbach/*Hefermehl*, Wettbewerbsrecht, Allg. Rn. 12.

der Gesetzgeber keinen allgemeinen Tatbestand normiert hat,[491] der die Käuflichkeit von Entscheidungen sanktioniert: Im Umkehrschluss zu den im Strafgesetzbuch nur punktuell normierten Korruptionstatbeständen[492] (§ 108b StGB (Wählerbestechung), § 108e StGB (Abgeordnetenbestechung), §§ 331–335 StGB (Amtsträgerbestechung) und §§ 299–302 StGB (Bestechung und Bestechlichkeit im geschäftlichen Verkehr)) folgt, dass alle übrigen Konstellationen der Entscheidungskäuflichkeit straflos zu verbleiben haben.

1. *Die Ermittlung des tatbestandlich relevanten Wettbewerbsbegriffs durch Auslegung*

Im Rahmen der nun vorzunehmenden Auslegung des tatbestandlich relevanten Wettbewerbsbegriffs wird zunächst der Wortlaut (unter a)), die Systematik (unter b)), der historische Wille des Gesetzgebers (unter c)) sowie schließlich das Telos des Tatbestandes (unter d)) beleuchtet.

a) Wortlautauslegung

Jede Auslegung nimmt den natürlichen Sinngehalt des auszulegenden Begriffs zum Ausgangspunkt.[493] Blickt man allein auf den Wortlaut des § 299 StGB, kann aus den Merkmalen „im Wettbewerb“ bzw. „zu Zwecken des Wettbewerbs“ nicht deduziert werden, ob die Lauterkeit jedweden Wettbewerbes (damit quasi eines Fundamentalwettbewerbes) oder die Lauterkeit des Wettbewerbs bezogen auf einen bestimmten Lebensbereich gemeint ist. Nach einer reinen Wortlautauslegung wäre folglich sowohl eine Beeinflussung wirtschaftlichen als auch sportlichen, politischen oder künstlerischen Wettbewerbs zulässig. Ergibt der natürliche Sprachgebrauch keinen eindeutigen Wortsinn, so ist zur Ermittlung des korrekten Begriffsverständnisses auf die übrigen Auslegungsmethoden zurückzugreifen.[494]

---

491 NK-*Dannecker*, StGB, § 299 Rn. 4a. Mangels eigenständigen Deliktscharakters ist die Schaffung eines allgemeinen Korruptionstatbestandes auch nicht möglich, vgl. *Kindhäuser*, ZIS 2011, 461 f. Nicht zu folgen ist (schon aufgrund ihres dahingehenden Ausgangspunktes) *Jaques*, Bestechungstatbestände, S. 125 f. sowie *Pragal*, Die Korruption innerhalb des privaten Sektors, S. 159, 146.

492 Korruption ist, wie *Hellmann/Beckemper*, Wirtschaftsstrafrecht, Rn. 759 schreiben, „kein strafrechtlicher terminus technicus“, soll aber hier als Oberbegriff für Bestechungsdelikte Verwendung finden. Außerhalb des StGB sind Korruptionstatbestände als Ordnungswidrigkeiten ausgestaltet, etwa in § 405 Abs. 3 Nr. 6, Nr. 7 AktG und § 152 GenG zu finden.

493 *Larenz*, Methodenlehre, S. 320; *Zippelius*, Methodenlehre, S. 37.

494 *Larenz*, Methodenlehre, S. 321.

b) Systematische Auslegung

Die systematische Auslegung ist die Auslegung nach dem Bedeutungszusammenhang.[495]

Zu betrachten ist zunächst der syntaktische Zusammenhang, in welchem der auszulegende Begriff steht.[496] Im Bereich des Tatbestandes des § 299 StGB fallen dabei zahlreiche Merkmale ins Auge, denen ein Bezug zur „Geschäftlichkeit", zum Handel auf Märkten immanent ist. Genannt werden der geschäftliche Verkehr, der geschäftliche Betrieb, Vorteil, Gegenleistung, Waren-Bezug, Leistungs-Bezug, Gewerblichkeit, Bevorzugung beim Bezug. Diese Begrifflichkeiten legen eher ein Verständnis des Wettbewerbsbegriffs im Sinne eines wirtschaftlichen Wettbewerbs nahe. Insbesondere sollte vermieden werden, das Wettbewerbsmerkmal weit (im Sinne eines Fundamentalwettbewerbes), die soeben genannten Tatbestandsmerkmale hingegen sehr viel enger (im Sinne eines wirtschaftlichen Wettbewerbs) zu verstehen, führte eine derartige Vorgehensweise doch zu einer „gespaltenen" Tatbestandsauslegung. Eine innersystematisch kohärente Auslegung und Tatbestandsanwendung erhöht die Vorhersehbarkeit staatlichen Strafens und dient damit der Rechtssicherheit.

Die äußere Systematik betrachtet über die Norm selbst hinausgehende Inhalte des Gesetzes oder im Zusammenhang mit ihr stehender Gesetze.[497] Die Abschnittsüberschrift des 26. Abschnitts, in dem auch § 299 StGB zu finden ist, lautet „Straftaten gegen den Wettbewerb". Unter Rückgriff auf das Verständnis des Begriffs in der strafrechts-fremden Ursprungsmaterie – dem Lauterkeitsrecht – könnte ein Verweis darauf zu entnehmen sein, dass nur Sachverhalte im wirtschaftlichen Wettbewerb pönalisiert werden sollen. Zwingend ist dieser Schluss allerdings bei Betrachtung nur der Abschnittsüberschrift nicht, fehlt doch eine klarstellende adjektivische Beifügung (etwa: „wirtschaftlicher" Wettbewerb) gerade. Zwingend wird der Schluss, dass gerade der wirtschaftliche Wettbewerb gemeint sein soll, unter Inblicknahme des gesetzgeberischen Willens bei Einordnung der §§ 298 f. StGB unter die Überschrift des 26. Abschnitts: Es sollten „Straftatbestände gegen besonders strafwürdige Verhaltensweisen [erlassen werden], die dem Prinzip des freien Wettbewerbs zuwiderlaufen"[498]. Der terminus technicus des „freien Wettbewerbs" ist auf Sachverhalte des wirtschaftlichen Wettbewerbs bezogen.

---

495 *Larenz*, Methodenlehre, S. 324.

496 Diese Auslegungsmethode kann auch als Wortlautauslegung eingeordnet werden, vgl. etwa *Zippelius*, Methodenlehre, S. 37.

497 *Bydlinski*, Methodenlehre, S. 442.

498 BT-Drucks. 13/5584, S. 12.

Gestärkt wird dieser Befund durch die dem § 299 StGB vorangestellte Norm des § 298 StGB. Behandelt wird darin die Frage nach einer Strafbarkeit wettbewerbsbeschränkender Absprachen bei Ausschreibungen. Ursprünglich als Ordnungswidrigkeit in § 38 Abs. 1 Nr. 1 und 8 GWB a. F. zu finden, führten general- und spezialpräventive Gedanken sowie durch Beweisschwierigkeiten hervorgerufene Strafbarkeitslücken[499] zu einer Hochstufung zu einem Vergehen, wobei nach jahrzehntelanger rechtspolitischer Diskussion bewusst auf die Statuierung eines Schadens- sowie Täuschungserfordernisses verzichtet wurde.[500] Schutzgut ist nach herrschender Ansicht der „freie Wettbewerb" als Institution des Wirtschaftslebens,[501] was sich aus den Gesetzgebungsunterlagen[502] sowie aus der Bezugnahme auf die Terminologie des GWB („rechtswidrige Absprache") ergibt, welches seinerseits ebenfalls dem Schutz des Wettbewerbs als Institution des Wirtschaftslebens dient[503].

Der „Schutz des freien Wettbewerbs" ist kein Selbstzweck: Es geht gerade um den Schutz der Funktionsfähigkeit des Wettbewerbs in seiner Bedeutung für Wirtschaft und Gesellschaft[504] bzw. Gesellschaft und Individuum[505]. Seine Bedeutung ist darin zu erkennen, dass der auf Basis des Leistungsprinzips ablaufende Wettbewerb für die marktwirtschaftliche Gesellschaftsordnung konstituierend ist.[506] Von einer Rückanbindung an wirtschaftliche Sachverhalte zeugt auch die gesetzgeberisch angeordnete[507] (prinzipielle) Kartellrechtsakzessorietät[508] des § 298 StGB, die zu einer Tatbestandsauslegung unter Rückgriff auf wirtschaftliche Begriffsinhalte sowie wirtschaftswissenschaftliche Erkenntnisse führt.[509]

---

499 BT-Drucks. 13/5584, S. 13; NK-*Dannecker*, StGB, § 298 Rn. 5.

500 S/S-*Heine/Eisele*, StGB, § 298 Rn. 1.

501 Vgl. BT-Drucks. 13/5584, S. 9, 12, 13; NK-*Dannecker*, StGB, § 298 Rn. 11; *Fischer*, StGB, vor § 298 Rn. 6 sowie § 298 Rn. 2; S/S-*Heine/Eisele*, StGB, § 298 Rn. 1; *Lackner/Kühl*, StGB, § 298 Rn. 1; *Kindhäuser*, BT II, § 44 Rn. 1; *Tiedemann*, Wirtschaftsstrafrecht BT, Rn. 185; *Wessels/Hillenkamp*, BT II, Rn. 703. Daneben schützt der Tatbestand freilich auch andere Rechtsgüter, etwa das Vermögen des Ausschreibungsveranstalters, s. *Kindhäuser*, BT II, § 44 Rn. 1 (auch m. w. N.) sowie NK-*Dannecker*, StGB, § 298 Rn. 13 f.

502 BT-Drucks. 13/5584, S. 12 f.

503 NK-*Dannecker*, StGB, § 298 Rn. 11 f.

504 So NK-*Dannecker*, StGB, § 298 Rn. 11; vgl. auch BT-Drucks. 13/5584, S. 12.

505 So S/S-*Heine/Eisele*, StGB, § 298 Rn. 1.

506 *Fischer*, StGB, vor § 298 Rn. 6; ebenso NK-*Dannecker*, StGB, § 298 Rn. 11 f.

507 BT-Drucks. 13/5584, S. 14, 15.

508 BT-Drucks. 13/5584, S. 14, 15.

509 Immenga/Mestmäcker-*dies.*, GWB, Einl. Rn. 92.

Festzuhalten ist somit, dass die systematische Auslegung eine Interpretation des Wettbewerbsbegriffs im Sinne eines wirtschaftlichen Wettbewerbs nahelegt.

c) *Historische Auslegung*

Die historische Auslegung untersucht die Grundabsicht des historischen Gesetzgebers bei der Normschaffung, wie sie in den Protokollen des Legislativorgans und seiner Ausschüsse zum Ausdruck kommt.[510]

Ursprünglich war eine § 299 StGB entsprechende Strafnorm in § 12 UWG a. F. zu finden, welche durch Gesetz vom 07.06.1906 in das UWG eingeführt wurde.[511] Gesetzgeberisches Ziel der Normierung war es, im öffentlichen Interesse das „Schmiergeldunwesen in jeder Form"[512] zu bekämpfen. Diese weite Formulierung scheint zunächst nahezulegen, dass die Lauterkeit des Wettbewerbs in jedem Lebensbereich geschützt werden sollte. Insofern könnte man meinen, nicht nur das Schmiergeldunwesen im geschäftlichen Verkehr, sondern auch im sportlichen, im künstlerischen oder im politischen Verkehr solle erfasst werden. Gegen dieses universale Verständnis spricht auch nicht zwingend, dass im Zeitpunkt der Schaffung der Ursprungsnorm des § 12 UWG a. F. zu Beginn des 20. Jahrhunderts der Profisport (noch) nicht in seiner heutigen kommerzialisierten Form betrieben wurde und daher dieser Anwendungsbereich im Prozess der Normberatung nicht bedacht wurde; vielmehr ist gut möglich, dass der Gesetzgeber durchaus ein Universalverständnis auch für nicht bedachte Anwendungsfälle zugrunde gelegt wissen wollte.

Denkbar ist aber ebenso gut, dass der Gesetzgeber – hätte er den Anwendungsbereich im Profisport bedacht – von einer Pönalisierung insgesamt abgesehen hätte oder aber zur Pönalisierung einen spezifischen Bestechungstatbestand erlassen hätte. Es gibt überdies auch weitere Argumente, die gegen ein universales Verständnis des historischen Gesetzgebers sprechen: Anlass der damaligen gesetzgeberischen Tätigkeiten war es, der steigenden Anzahl von Fällen der Angestelltenbestechung in Industrie und Landwirtschaft zu begegnen.[513] Es ging mithin um eine Sanktionierung unlauterer Praktiken in den Kernbereichen damaligen wirtschaftlichen Wettbewerbsgeschehens. Mitbewerbern und Unternehmern sollte Schutz gegen unlautere Geschäftspraktiken gewährt

---

510 *Larenz*, Methodenlehre, S. 328 f.; *Bydlinski*, Methodenlehre, S. 449.

511 Zur Entstehungsgeschichte RGSt 48, 291, 294 f.; RG JW 1921, 338; BGHSt 31, 207, 211.

512 Vgl. GK-*Otto*, UWG, § 12 Rn. 5, auch m. w. N.

513 *Wassermann*, GRUR 1931, 549.

werden.[514] Kunden bzw. Allgemeinheit sollten vor einer korruptionsbedingt verzerrten Preiskalkulation geschützt werden.[515] Diese Erwägungen können jedoch für die Konstellation einer Schiedsrichtermanipulation zur Beeinflussung des unmittelbaren Spielgeschehens auf dem Spielfeld nicht als Begründung herangezogen werden: Das Ziel eines sportlichen Wettkampfes auf dem Spielfeld ist es nicht, den „Preis" des sportlichen Sieges zu bestimmen; Ziel eines sportlichen Wettkampfes ist allein die Ermittlung des Siegers als Ergebnis eines fairen Spielablaufs.[516]

Insofern ergibt eine historische Auslegung, dass durch die Vorgängernorm des heutigen § 299 StGB, § 12 UWG a. F., der Schutz des lauteren Ablaufs der Marktwirtschaft, der Schutz der Preisbildungsprozesse, dass also gerade ein Schutz der Lauterkeit wirtschaftlichen Wettbewerbes intendiert war. An dieser historischen Intention änderte auch die Übernahme des § 12 UWG a. F. aus dem Nebenstrafrecht in das Kernstrafrecht durch das Korruptionsbekämpfungsgesetz vom 13.08.1997 nichts. In den treffenden Worten *Tiedemanns* sollte die Übernahme die „innere (begriffliche) und äußere (terminologische) Abhängigkeit von der außerstrafrechtlichen Materie" nicht beseitigen[517], also nicht den materiellen gesetzgeberischen Willen abändern.[518] Vielmehr diente die Übernahme allein der Schärfung des Unrechtsbewusstseins der Bevölkerung für Korruption im Wirtschaftsleben.[519] Anlass für das Korruptionsbekämpfungsgesetz war die Tatsache, dass in den 90er Jahren vermehrt umfangreiche Korruptionsfälle aufgedeckt

514 So GK-*Otto*, UWG, § 12 Rn. 5.

515 So GK-*Otto*, UWG, § 12 Rn. 5.

516 Vgl. *Ferragina*, Betrügereien im Profifußball, S. 57.

517 So wörtlich *Tiedemann*, in: FS Müller-Dietz, S. 905, 915, und auch: „Sowohl die Entstehungsgeschichte als auch die Gesetzestechnik der §§ 298 f. StGB führen zu der durchgehenden Notwendigkeit, bei der Auslegung und praktischen Handhabung die Begriffe und Wertungen von GWB und UWG zu berücksichtigen." Darauf verweisen die Gesetzgebungsmaterialien ausdrücklich, BT-Drucks. 13/5584, S. 15.

518 Vgl. NK-*Dannecker*, StGB, § 299 Rn. 2.

519 BT-Drucks 13/5584, S. 15: „Hiermit soll das Bewusstsein in der Bevölkerung geschärft werden, dass es sich auch bei der Korruption im geschäftlichen Bereich um eine Kriminalitätsform handelt, die nicht nur die Wirtschaft selbst betrifft, sondern Ausdruck eines allgemein sozialethisch missbilligten Verhaltens ist. […] Eine inhaltliche Änderung der Vorschrift ist mit der Verlagerung in das Strafgesetzbuch […] nicht beabsichtigt." Rechtstechnisch erfolgte daher insbesondere eine Rechtsfolgenanpassung durch Anhebung des Regelstrafrahmens, Einführung eines besonders schweren Falles (§ 300 StGB) und Relativierung des Strafantragserfordernisses (§ 301 StGB), vgl. S/S-*Heine/Eisele*, StGB, § 299 Rn. 1.

wurden, die eine Diskussion über Maßnahmen zur Effektivierung der Korruptionsbekämpfung entfachten.[520] Argumentiert wurde, dass Korruption „Ausdruck eines allgemein sozial-ethisch missbilligten Verhaltens“[521] sei, welches „in Wirtschaft und Verwaltung [...] erhebliche volkswirtschaftliche Schäden“ [522] verursache. Diese Argumentationslinie indiziert bereits – in Fortsetzung der auch zu § 12 UWG a. F. vertretenen Auslegung –, dass der Gesetzgeber gerade zum Schutze der Volkswirtschaft und damit des wirtschaftlichen Wettbewerbs tätig wurde. Es war die bedeutende Rolle des Wettbewerbs „für eine funktionierende soziale Marktwirtschaft“[523], die zu einer Übernahme des ursprünglich in § 12 UWG a. F. normierten Tatbestandes in das Kernstrafrecht führte. Insofern wurde auch im Rahmen des Korruptionsbekämpfungsgesetzes ein Verständnis gerade als „wirtschaftlicher Wettbewerb“ seitens des Gesetzgebers zugrunde gelegt.

Auch der durch das Korruptionsbekämpfungsgesetz neu geschaffene Tatbestand des § 298 StGB, systematisch dem § 299 StGB vorangestellt, wurde damit begründet, dass infolge der sanktionierten Verhaltensweisen die Zweckerreichung von Ausschreibungen gefährdet werde, der Vergabestelle einen den wirklichen Wettbewerbsverhältnissen entsprechenden Überblick über erforderliche Aufwendungen und zu erwartende Leistungen zu verschaffen.[524] Dies, sowie die Tendenz zur ständigen Wiederholung wettbewerbsbeschränkender Absprachen, führe zu schwerwiegenden Beeinträchtigungen des Wettbewerbs.[525]

Schlussendlich lenken die Gesetzgebungsmaterialen zum Korruptionsbekämpfungsgesetz den Blick auf die Preiswirkung intensiverer Korruptionsbekämpfung: es sei tendenziell mit einer „Dämpfung der *Einzelpreise* [*Hervorhebung d. Verf.*]“ zu rechnen.[526] Eine weitere Ausführung, die einen Bezug zu volkswirtschaftlichen Fragen und Sachverhalten des wirtschaftlichen Wettbewerbes nahelegt.

Festgehalten werden kann damit, dass nicht nur die Gesetzgebungsunterlagen zu § 12 UWG a. F., sondern auch die Gesetzgebungsunterlagen zum Korruptionsbekämpfungsgesetz die Fokussierung des Gesetzgebers auf die Schaffung von Normen zum Schutze der Lauterkeit im gerade wirtschaftlichen Wettbewerb offenbaren.

---

520 BT-Drucks. 13/5584, S. 8.
521 BT-Drucks. 13/5584, S. 15.
522 BT-Drucks. 13/5584, S. 8.
523 BT-Drucks. 13/5584, S. 12.
524 BT-Drucks. 13/5584, S. 12 f.
525 BT-Drucks. 13/5584, S. 13.
526 Teilweise wörtlich übernommen aus BT-Drucks. 13/5584, S. 19.

d) Teleologische Auslegung

Die teleologische Auslegung fragt nach den Zwecken, die der Gesetzgeber mit der Normschaffung zu erreichen suchte.[527] Maßgebliche Bedeutung für die teleologische Normauslegung kommt im Bereich des Strafrechts der Ermittlung des tatbestandlich geschützten Rechtsguts zu. Vor diesem Hintergrund gilt es im Folgenden herauszustellen, dem Schutze welcher Rechtsgüter der Tatbestand der Bestechlichkeit und Bestechung im geschäftlichen Verkehr zu dienen bestimmt ist.

Nahezu einstimmig wird als primäres Rechtsgut das Allgemeinrechtsgut der „Lauterkeit des Wettbewerbs" angesehen.[528] Es geht folglich um die Absicherung wirtschaftlich-ethischer Verhaltensstandards.[529]

---

527 *Larenz*, Methodenlehre, S. 333.

528 So oder in ähnlicher Formulierung: RGSt 49, 199, 201; NK-*Dannecker*, StGB, § 299 Rn. 4; MüKo-*Krick*, StGB, § 299 Rn. 2; *Fischer*, StGB, § 299 Rn. 2; S/S-*Heine/Eisele*, StGB, § 299 Rn. 2; *Lackner/Kühl*, StGB, § 299 Rn. 1; von Heintschel-Heinegg-*Momsen*, StGB, § 299 Rn. 2; SK-*Rogall*, StGB, § 299 Rn. 7; Satzger/Schmitt/Widmaier-*Rosenau*, StGB, § 299 Rn. 4; LK-*Tiedemann*, StGB, § 299 Rn. 1, 5; Achenbach/Ransiek/Rönnau-*Rönnau*, Handbuch Wirtschaftsstrafrecht, III 2 Rn. 6; Müller-Gugenberger/Bieneck-*Blessing*, Handbuch Wirtschaftsstrafrecht, § 53 Rn. 54; Arzt/Weber-*Heinrich*, BT, § 49 Rn. 51; *Hellmann/Beckemper*, Wirtschaftsstrafrecht, Rn. 760; *Otto*, BT, § 61 Rn. 141; *Tiedemann*, Wirtschaftsstrafrecht BT, Rn. 197; *Wessels/Hillenkamp*, BT II, Rn. 704; *Wollschläger*, Der Täterkreis des § 299 Abs. 1 StGB, S. 21 f.; *Lampe*, in: FS Stree/Wessels, S. 449, 462; *Pfeiffer*, in: FS v. Gamm, S. 129, 130; *Bürger*, wistra 2003, S. 130, 133; *Rönnau/Golombek*, ZRP 2007, 193, 194. *Koepsel*, Bestechlichkeit und Bestechung, S. 99 f. sieht das geschützte Rechtsgut im „Leistungsprinzip" als Entscheidungsmaßstab im Wettbewerb. Zustimmend Achenbach/Ransiek/Rönnau-*Rönnau*, Handbuch Wirtschaftsstrafrecht, III 2 Rn. 7 („Leistungswettbewerb"). Ähnlich *Szebrowski*, Kick-Back, S. 160: Gefährdung des marktwirtschaftlichen Leistungswettbewerbs.
A. A. *Pragal*, Die Korruption innerhalb des privaten Sektors, S. 146 f.: „Nichtkäuflichkeit übertragener oder sonst besonders fremdverantwortlicher Entscheidungsmacht sowie das diesbezügliche Vertrauen der Allgemeinheit" (zutreffende Kritik von *Koepsel*, Bestechlichkeit und Bestechung, S. 99 f., 111; ablehnend auch NK-*Dannecker*, StGB, § 299 Rn. 4a).
A. A. auch *Maurach/Schroeder/Maiwald*, BT II, § 68 Rn. 2, die jeglichen Wettbewerbsschutz ablehnen und allein auf den Schutz des individuellen Vermögens der Mitbewerber im Sinne eines „abstrakten Vermögensschutzes" abstellen (zu Recht kritisch demgegenüber NK-*Dannecker*, StGB, § 299 Rn. 4a insbesondere unter Verweis darauf, dass der „Schaden" der Mitbewerber allein in der Vereitelung einer rechtlich nicht geschützten Aussicht auf Vermögensmehrung liege; ein Ergebnis, welches auch im Rahmen vorliegenden Abhandlung herausgestellt wurde, s. dazu unter § 2 A. III. 3.

529 So S/S-*Heine/Eisele*, StGB, Vorb. §§ 298 f. Rn. 4 (auch m. w. N.).

Eine Beschränkung des Anwendungsbereichs des § 299 StGB auf Sachverhalte im wirtschaftlichen Wettbewerb wird nicht nur durch die Betrachtung des primären Schutzgutes nahegelegt. Auch ein Blick auf das breite Konglomerat an Rechtsgütern, deren Schutz der Tatbestand in seiner Peripherie bezwecken soll – *Rönnau* spricht von einem „Rechtsgutbündel in Form von Haupt- und Nebenrechtsgütern, über deren Verhältnis zueinander wenig Klarheit herrscht“ [530] –, wird zeigen, dass auch diese sich sowohl begrifflich als auch sachlich in einem wirtschaftlichen Umfeld bewegen und daher ebenfalls die angeführte restriktive Auslegung des primären Schutzgutes indizieren. Nur mit dieser Zwecksetzung erfolgt die Beleuchtung der (eventuell weiteren) Schutzgüter, denn im Übrigen sei in den treffenden Worten von *Otto* vorweggeschickt, dass „durch das Nebeneinander der verschiedenen Rechtsgüter der Zweck der Vorschrift mehr verdunkelt als erhellt“[531] wird.

Neben der Lauterkeit des Wettbewerbs soll als weiteres Schutzgut ganz herrschend das Vermögen der Mitbewerber erfasst sein.[532]

Teilweise wird vertreten, auch das Vermögen des Geschäftsherren sei geschützt, überwiegend mit der Begründung, tatbestandlich relevante Zuwendungen begründeten die Gefahr, dass betriebliche Entscheidungen in sachwidriger Weise beeinflusst würden.[533]

---

530 Achenbach/Ransiek/Rönnau-*Rönnau*, Handbuch Wirtschaftsstrafrecht, III 2 Rn. 6. Ebd.: „Diese „Mixtur“ (Volk) gestufter Schutzinteressen, in der anscheinend schon jeder Schutzreflex und auch jedes noch so nebensächliche gesetzgeberische Motiv zum Rechtsguts(bestandteil) avanciert, ist unbefriedigend […].“). Kritisch ob der Beliebigkeit der Rechtsgüter auch *Vormbaum*, in: FS Schroeder, S. 649 f.; sich diesem anschließend S/S-*Heine/Eisele*, StGB, § 299 Rn. 2.

531 GK-*Otto*, UWG, § 12 Rn. 4 f.

532 Vgl. NK-*Dannecker*, StGB, § 299 Rn. 4; MüKo-*Krick*, StGB, § 299 Rn. 2. Schutz der Mitbewerber als primärer Zweck: *Pfeiffer*, in: FS v. Gamm, S. 129, 130 f. (zu § 12 UWG a. F.); sich diesem anschließend *Maurach/Schroeder/Maiwald*, BT II, § 68 Rn. 2. Für einen reinen Wettbewerbsschutz: Achenbach/Ransiek/Rönnau-*Rönnau*, Handbuch Wirtschaftsstrafrecht, III 2 Rn. 6 f. (m. w. N. in Fn. 41); Arzt/Weber-*Heinrich*, BT, § 49 Rn. 51; *Koepsel*, Bestechlichkeit und Bestechung, S. 81 f., 99 f., 111; *Vormbaum*, in: FS Schroeder, S. 649, 652; *Schmitz*, RiW 2003, 189, 190.

533 MüKo-*Krick*, StGB, § 299 Rn. 2; *Fischer*, StGB, § 299 Rn. 2; S/S-*Heine/Eisele*, StGB, § 299 Rn. 2; *Lackner/Kühl*, StGB, § 299 Rn. 1; SK-*Rogall*, StGB, § 299 Rn. 11 f.; Satzger/Schmitt/Widmaier-*Rosenau*, StGB, § 299 Rn. 5; LK-*Tiedemann*, StGB, § 299 Rn. 2, 5; *Nestoruk*, Strafrechtliche Aspekte des unlauteren Wettbewerbs, S. 112 f.; *Otto*, BT, § 61 Rn. 141; *Pfeiffer*, in: FS v. Gamm, S. 129, 131; *Wolters*, JuS 1998, 1100, 1103. Kritisch: *Mölders*, § 299 StGB im internationalen geschäftlichen Verkehr, S. 135 f.

Weiterhin angeführt wird auch der Schutz der Endabnehmer und Verbraucher vor Verteuerung und Verschlechterung von Waren sowie das öffentliche Interesse an der Verhinderung von „Auswüchsen im Wettbewerb".[534]

Ohne dass für die vorliegenden Zwecke entschieden werden müsste, welche dieser[535] in der Literatur genannten gleich-, neben- oder untergeordneten Rechtsgüter vom Schutzbereich des Tatbestandes erfasst werden, ergibt sich bereits aus der Auflistung der insoweit vertretenen Ansichten, dass sämtliche genannten Schutzzwecke – von den Vermögensinteressen der Mitbewerber und des Geschäftsherren bis zur Vermeidung von Verteuerungen und Verschlechterungen von Waren zulasten von Verbrauchern und Endabnehmern – an einen Kontext gerade in einem wirtschaftlichen Wettbewerb rückangebunden sind. Dies legt auch aus teleologischer Sicht eine einschränkende Auslegung des primären Schutzgutes im Sinne eines Schutzes der Lauterkeit wirtschaftlichen Wettbewerbs nahe.

e) Zusammenfassung: Tatbestandsrelevanz nur wirtschaftlichen Wettbewerbs

Die Auslegung des tatbestandlich relevanten Wettbewerbsbegriffs für § 299 StGB konnte zwar nicht durch Rückgriff auf einen eindeutigen Wortlaut beantwortet werden. Unter Inblicknahme der weiteren Auslegungsmethoden hat sich hingegen eine immer schärfere Konturierung dahingehend ergeben, dass der Tatbestand der Bestechlichkeit und Bestechung im geschäftlichen Verkehr Verhalten gerade im Kontext wirtschaftlichen Wettbewerbs sanktioniert.[536] Diese

534 Verteuerung und Verschlechterung von Waren: NK-*Dannecker*, StGB, § 299 Rn. 7; *Lackner/Kühl*, StGB, § 299 Rn. 1; von Heintschel-Heinegg-*Momsen*, StGB, § 299 Rn. 2; LK-*Tiedemann*, StGB, § 299 Rn. 4 f.; *Pfeiffer*, in: FS v. Gamm, S. 129, 131. Auswüchse im Wettbewerb: RGSt 76, 335, 336; BGHSt 10, 358, 367; 49, 214, 229; von Heintschel-Heinegg-*Momsen*, StGB, § 299 Rn. 2; *Pfeiffer*, in: FS v. Gamm, S. 129, 130. Als zu weitgehend ablehnend NK-*Dannecker*, StGB, § 299 Rn. 7.

535 Schließlich wird vereinzelt das zu schützende Rechtsgut in dem Pflichten- bzw. Loyalitätsverhältnis, genauer: in dem Institut zwischen Betriebsinhaber und Angestelltem bzw. Beauftragtem gesehen. S. etwa *Jaques*, Bestechungstatbestände, S. 115 f., 185 (zu § 12 UWG a. F.) sowie *Szebrowski*, Kick-Back, S. 167 f., 170. Kritisch demgegenüber zu Recht NK-*Dannecker*, StGB, § 299 Rn. 4, 6; *Koepsel*, Bestechlichkeit und Bestechung, S. 74 f. und *Pragal*, ZIS 2006, 62, 67 f.: de lege lata ist § 299 StGB Ausdruck des Wettbewerbs- nicht auch des Geschäftsherrenmodells.

536 Explizit LK-*Tiedemann*, StGB, § 299 Rn. 74. Zum UWG: *Knöpfle*, Der Rechtsbegriff „Wettbewerb", S. 65 f.; Baumbach/*Hefermehl*, Wettbewerbsrecht, Allg. Rn. 12; Köhler/Bornkamm-*Köhler*, Wettbewerbsrecht, Einl. UWG 1.1.; Piper/Ohly/Sosnitza-*Ohly*, UWG, Einf. A Rn. 17; GK-*W. Schünemann*, UWG, Einl. D 165; vgl. *Becher*,

Erkenntnis deckt sich mit dem Befund, dass die §§ 299 bis 302 StGB in der Literatur als „Wirtschaftsbestechung“ [537] bzw. „Wirtschaftskorruption“[538] zusammengefasst werden.

2. Die Handhabung von Schiedsrichtermanipulationsfällen vor dem Hintergrund von Gemeinsamkeiten, Unterschieden und Verwobenheit sportlichen und wirtschaftlichen Wettbewerbs im Profisport

Ob allerdings im Falle einer Zuwendungsgewährung an einen Schiedsrichter zwecks Beeinflussung des Spielgeschehens auf dem Spielfeld auch gerade die tatbestandlich geschützte Lauterkeit wirtschaftlichen Wettbewerbs gefährdet wird oder nicht vielmehr nur die Lauterkeit sportlichen Wettbewerbs, bedarf einer näheren Betrachtung.

a) Einführung in die Problemstellung

Versucht man einen „Normalfall“ des § 299 StGB zu bilden, so ist zunächst an Sachverhalte der folgenden Art zu denken: Der Warenhersteller *X* gewährt dem Angestellten eines potentiellen Großabnehmers Vorteile, damit im Ergebnis die Produkte des Herstellers *X* gegenüber denjenigen eines anderen Herstellers bevorzugt bezogen werden: Die Herstellerfirmen stehen zueinander in wirtschaftlichem Wettbewerb um den Absatz ihrer Produkte.

Oder man denkt an folgenden Fall: Der Angestellte eines renommierten Sportartikelherstellers wird bestochen, um seinen Prinzipal zur Ausstattung der Mannschaft des einen Sportvereins gegenüber einem anderen zu bewegen. Im Hinblick auf die Ausstattung mit Sportartikeln dieser bestimmten Marke stehen die Sportvereine zueinander in wirtschaftlichem Wettbewerb.

Nun könnte man auf den ersten Blick meinen, auch die Bestechung eines Schiedsrichters im Profisport zwecks Beeinflussung seiner Spielleitungsleistung betreffe sehr wohl die Lauterkeit wirtschaftlichen Wettbewerbs der Sportvereine untereinander: Konkurriert werde, so könnte man jedenfalls meinen, um die platzierungsabhängig ausgeschütteten Preisgelder sowie Vermarktungseinnahmen.

Wettbewerbsrecht, Vorb. vor § 1 Rn. 1, 5 f.; *Reimer*, in: Unlauterer Wettbewerb, Rn. 15. Ebenso *Meyer-Cording*, WuW 1962, 461 f.

537 So *Hellmann/Beckemper*, Wirtschaftsstrafrecht, Rn. 759.

538 So Achenbach/Ransiek/Rönnau-*Rönnau*, Handbuch Wirtschaftsstrafrecht, III 2 (Überschrift). Müller-Gugenberger/Bie-neck-*Blessing*, Handbuch Wirtschaftsstrafrecht, § 53 Rn. 62 bzw. 83: „wirtschaftliche Bestechlichkeit und Bestechung“.

Eine solche weite Betrachtungsweise, die – vorbehaltlich der weiteren Tatbestandsmerkmale – in eine Anwendbarkeit des Tatbestandes der Bestechlichkeit und Bestechung im geschäftlichen Verkehr münden würde, könnte auf zweierlei Weise begründet werden: Zum einen könnte argumentiert werden, der sportliche Wettbewerb auf dem Spielfeld und der wirtschaftliche Wettbewerb seien tatbestandlich gleichzusetzen und daher im Rahmen des § 299 StGB identisch. Zum anderen könnte argumentiert werden, dass die Wettbewerbsausprägungen zwar sehr wohl zu trennen seien, dass aber die enge Verwobenheit sportlichen und wirtschaftlichen Wettbewerbs im Bereich des Profisports zu einem „Durchschlagen" der wirtschaftlichen Gedanken auch auf den sportlichen Wettbewerb führe und daher eine Anwendbarkeit des § 299 StGB auf Schiedsrichtermanipulationen zur Beeinflussung des Spielgeschehens im Profisport anzunehmen sei. Im Gegensatz zum Amateursport, der nur sportlicher Wettbewerb sei, sei der Profisportbereich eben sportlicher und wirtschaftlicher Wettbewerb zugleich.

Andererseits ist ebenso gut die folgende enge Betrachtungsweise begründbar: Wird der Schiedsrichter eines Sportwettkampfes manipuliert, um seine sportliche Spielleitungsleistung zu beeinflussen, so ist in erster Linie der faire Ablauf des sportlichen Wettbewerbs zwischen den kontrahierenden Mannschaften betroffen. Ebenso wie im Falle einer Schiedsrichtermanipulation im Amateursport niemand auf die Idee kommen würde, eine Strafbarkeit gemäß § 299 StGB zu erwägen, sei auch dessen Anwendung auf die entsprechende Konstellation im Profisport ausgeschlossen. Es komme auf den unmittelbar durch die Vorteilsgewährung betroffenen Wettbewerb an, nicht hingegen auf den nur mittelbar betroffenen wirtschaftlichen Wettbewerb um Vermarktungseinnahmen, der sich an den „Sportwettkampf" und den „Sieg" anschließe.

Zu beantworten sind also folgende Fragen: Ist im Wege einer engen Betrachtungsweise (dazu unter d)) danach zu differenzieren, der Beeinflussung welchen Wettbewerbs die Zuwendungsgewährung unmittelbar dient mit der Folge, dass eine Pönalisierung der untersuchten Konstellationen durch § 299 StGB schon an dieser Stelle abzulehnen wäre?

Oder ist im Wege einer weiten Betrachtungsweise (dazu unter c)) aufgrund der Verwobenheit des sportlichen und wirtschaftlichen Wettbewerbs im Profisport von einer ausnahmslosen Anwendbarkeit des § 299 StGB auf Schiedsrichtermanipulationen auszugehen?

Oder folgt die Anwendbarkeit des § 299 StGB aus der Identität sportlichen und wirtschaftlichen Wettbewerbs? Dies ist (sogleich unter b)) durch einen Vergleich des Wesens von sportlichem Wettbewerb auf dem Spielfeld mit dem Wesen von wirtschaftlichem Wettbewerb zu ermitteln.

b) *Weite Betrachtungsweise: Anwendbarkeit des § 299 StGB infolge Identität von wirtschaftlichem und sportlichem Wettbewerb?*

Im Rahmen des vorzunehmenden Wesensvergleichs wäre es hilfreich, auf eine Legaldefinition oder jedenfalls eine konsensfähige Definition wirtschaftlichen Wettbewerbs zurückgreifen zu können. Beides sucht man vergebens. An einer Legaldefinition fehlt es sowohl im StGB als auch im UWG und GWB. Im juristischen Schrifttum sind demgegenüber mannigfaltige Definitionsansätze vorzufinden: einige von ihnen uniform für das gesamte Wettbewerbsrecht, andere differenzierend zwischen Lauterkeits- und Kartellrecht-Recht,[539] dritte tatbestandsbezogen[540]. Gemein ist ihnen nur, dass sie allesamt unbefriedigende Versuche verblieben: An einem konsensfähigen Vorschlag fehlt es bis heute.[541]

Erster Grund für die Schwierigkeiten bei der Begriffskonturierung des wirtschaftlichen Wettbewerbs ist die Mannigfaltigkeit seiner Erscheinungsformen:[542] Die Wettbewerbsintensität kann stark oder schwach ausgeprägt sein, es kann viele oder wenige Mitbewerber geben, die Anzahl von Unternehmen auf vor- oder nachgelagerten Wirtschaftsstufen kann divergieren, das in Frage stehende Gut kann substituierbar oder nicht substituierbar sein, der Wettbewerb kann sich primär zwischen den Anbietern um den Absatz oder zwischen den Nachfragern um den Bezug auf einem bestimmten Markt abspielen (Angebots- oder Nachfragewettbewerb)[543].

Eine zweite Schwierigkeit bei der Definitionsbildung liegt in der Mannigfaltigkeit der Deutungsmöglichkeiten des Wettbewerbsbegriffs: So ist zunächst ein statisches[544] Verständnis denkbar, welches (gleich einer Momentaufnahme[545]) die Wettbewerbsintensität[546] in den Vordergrund stellt. Nach einem weiten

---

539 Vgl. Baumbach/*Hefermehl*, Wettbewerbsrecht, Allg. Rn. 6 (auch m. w. N.). Zusammenstellung zahlreicher Definitionsversuche im Lauterkeitsrecht MüKo-*Sosnitza*, UWG, Grundl. Rn. 10 f.; *Knöpfle*, Der Rechtsbegriff „Wettbewerb“, S. 9 f. sowie *Fikentscher*, WuW 1961, 788 f.

540 Mit Nachweisen GK-*W. Schünemann*, UWG, Einl. A 12.

541 Vgl. statt vieler nur MüKo-*Sosnitza*, UWG, Grundl. Rn. 12.

542 Zu Erscheinungsformen des Wettbewerbs insgesamt Köhler/Bornkamm-*Köhler*, Wettbewerbsrecht, Einl. UWG Rn. 1.19.

543 Köhler/Bornkamm-*Köhler*, Wettbewerbsrecht, Einl. UWG Rn. 1.5.

544 Vgl. Köhler/Bornkamm-*Köhler*, Wettbewerbsrecht, Einl. UWG Rn. 1.2 f., 1.23 f.

545 Dieser plastische Vergleich in Köhler/Bornkamm-*Köhler*, Wettbewerbsrecht, Einl. UWG Rn. 1.11.

546 Zu Marktformen (auch: Marktstrukturen): *Mankiw/Taylor*, VWL, S. 436 ff; *Siebert*, VWL, S. 131.

Begriffsverständnis bezeichnet der „wirtschaftliche Wettbewerb" hingegen das Ordnungsprinzip einer Volkswirtschaft, d.h. die Marktwirtschaft im Gegensatz zur Planwirtschaft.[547] Eng verstanden beschreibt „wirtschaftlicher Wettbewerb" schließlich das Verhalten wirtschaftlicher Entitäten in einer Marktwirtschaft (sog. dynamischer Wettbewerbsbegriff).[548]

Den wirtschaftlichen Wettbewerb betreffend, fehlt es also – in den treffenden Worten von *Knöpfle* referiert – „nicht nur an klaren Umrissen, sondern selbst an einem feststehenden Begriffskern"[549]. Eine abstrakte Definition, die den wirtschaftlichen Wettbewerb als reales Phänomen in allen seinen Facetten erfasst, ist nicht konstruierbar.[550]

Für die Zwecke der vorliegenden Abhandlung kommt es letztlich aber auch nicht auf die Entwicklung einer Definition wirtschaftlichen Wettbewerbs an. Der (sogleich unter aa) und bb)) folgende Vergleich des sportlichen mit dem wirtschaftlichen Wettbewerb kann vollumfänglich unter Rückgriff auf das bei einem jeden Rechtsanwender vorhandene „natürliche[] Vorstellungsbild" geleistet werden.[551]

aa) Parallelgedanken sportlichen und wirtschaftlichen Wettbewerbs

Beginnt man die vergleichende Betrachtung zwischen sportlichem und wirtschaftlichem Wettbewerb, so fallen zunächst einige Parallelen auf, die dazu verleiten könnten, von einer Identität der Wettbewerbsausprägungen auszugehen. So erstaunt wenig, dass diverse Autoren seit jeher versuchen, das Wesen wirtschaftlichen Wettbewerbs aus dem Wesen des sportlichen Wettbewerbs zu deduzieren. Einer der ersten, der diesen Gedanken fruchtbar zu machen suchte, war *Lobe*.[552] Und auch bis heute greifen Autoren auf die Sportwelt zurück, um

---

547 Köhler/Bornkamm-*Köhler*, Wettbewerbsrecht, Einl. UWG Rn. 1.2 f., 1.23 f.

548 Köhler/Bornkamm-*Köhler*, Wettbewerbsrecht, Einl. UWG Rn. 1.2 f., 1.23 f. Vgl. *Knöpfle*, Der Rechtsbegriff „Wettbewerb", S. 1.

549 *Knöpfle*, Der Rechtsbegriff „Wettbewerb", S. 3.

550 Köhler/Bornkamm-*Köhler*, Wettbewerbsrecht, Einl. UWG Rn. 1.6; s. auch GK-*W. Schünemann*, UWG, Einl. A 12, der plastisch von einer „black box" schreibt.

551 Köhler/Bornkamm-*Köhler*, Wettbewerbsrecht, Einl. UWG Rn. 1.24; ähnlich Piper/Ohly-*Piper*, UWG, Einf. A Rn. 45; MüKo-*Sosnitza*, UWG, Grundl. Rn. 12.

552 *Lobe*, Der unlautere Wettbewerb, S. 8 f., 47 f. zitiert nach GK-*W. Schünemann*, UWG, Einl. A 11; *Emmerich*, Unlauterer Wettbewerb, § 5 Rn. 21 und *Rittner*, in: FS Kraft, S. 519, 526. An *Lobe* anknüpfend: auch *Ulmer*, Sinnzusammenhänge, S. 11, 20 f. Auf die von *Nipperdey* und *Böhm*, ebenfalls an *Lobe* anknüpfend, herausgearbeitete Differenzierung zwischen Leistungs- und Nichtleistungswettbewerb wird vorliegend nicht näher eingegangen, ist eine präzise Ermittlung der Begriffsinhalte und

wirtschaftlichen Wettbewerb zu umschreiben: Wettbewerb sei eine „unaufhörliche „Tour de France" des Wirtschaftslebens", in der ein jeder danach trachte, dem anderen „den Rang streitig zu machen oder ihm gar das Gelbe Trikot des Spitzenreiters abzujagen".[553]

In der Tat lassen sich prima facie Ähnlichkeiten zwischen sportlichem und wirtschaftlichem Wettbewerb feststellen: So sind die Sportler als Anbieter sportlicher Leistungen Nachfrager nach dem „Sieg im Wettkampf". Angebot und Nachfrage treffen beim Wettkampf, der damit quasi an die Stelle des Marktes tritt, aufeinander und werden dort koordiniert. Da das nachgefragte Gut, der Sieg, knapp ist (eventuell 1., 2. und 3. Platz, eventuell aber auch nur eine Meister-Schale, nur ein Champions-League-Pokal), die Nachfrage auf Grund der großen Anzahl an nachfragenden Sportlern aber ungleich größer ist, entsteht Konkurrenz unter ihnen. Die konkurrierenden Sportvereine nehmen die Rolle von Mitbewerbern ein.[554] Es entsteht eine „rivalry for the same thing".[555]

Überdies ist auch folgende Parallele auszumachen: Als Gewinner geht sowohl im sportlichen als auch im wirtschaftlichen Wettbewerb der Leistungsstärkste hervor. Im wirtschaftlichen Bereich erhält er den Vertragsabschluss mit dem Kunden, im sportlichen Bereich wird er zum Sieger gekürt.[556] Am Ende findet also idealerweise – ebenso wie im wirtschaftlichen Bereich – eine leistungsgerechte Allokation statt: Der Sieg (gleichsam als nachgefragtes Gut) wird dem leistungsstärksten Sportler (fungierend als Nachfrager) zugeordnet.

Das Streben der Akteure nach Leistung ist sowohl dem wirtschaftlichen als auch dem sportlichen Wettbewerb immanent.[557] Dabei können in beiden Bereichen zahlreiche Kriterien angelegt werden: einerseits etwa Qualität, Preis, Kundenservice, andererseits etwa die Geschwindigkeit des Laufs, die Höhe des Sprungs, die Weite des Wurfes. Ähnlich wie in der Wirtschaft, gibt jeder der Sportler sein bestes. Wer nicht mithalten kann, „wer die Bergetappen nicht

---

randscharfe Abgrenzung voneinander doch bis heute nicht in befriedigender Weise gelungen. Wie hier *Emmerich*, Unlauterer Wettbewerb, § 5 Rn. 21; *Sosnitza*, Wettbewerbsbeschränkungen, S. 84 f.; vgl. *Rittner*, in: FS Kraft, S. 519 f.

553 Etwa: *Nordemann*, Wettbewerbsrecht, Rn. 3; vgl. zu weiteren Nachweisen von Ausführungen, die in eine ähnliche Richtung gehen: GK-*W. Schünemann*, UWG, Einl. A 11.

554 Vgl. GK-*W. Schünemann*, UWG, Einl. A 10.

555 Köhler/Bornkamm-*Köhler*, Wettbewerbsrecht, Einl. UWG Rn. 1.1; vgl. GK-*W. Schünemann*, UWG, Einl. A 10.

556 Vgl. GK-*W. Schünemann*, UWG, Einl. A 10.

557 *Scherrer*, Sportrecht, S. 148, Eintrag „Sport".

schafft, wird erbarmungslos ausgeschieden."[558] Im sportlichen Bereich geht es im wörtlichen Sinne um ein „survival of the fittest". Die sportlichen Kontrahenten versuchen einander zu verdrängen, just ebenso wie Mitbewerber im Wirtschaftsleben. Dabei soll der Wettbewerb frei von Handlungen sein, die die Reinheit des Sports bzw. die Lauterkeit des Wettbewerbs gefährden, also den Wettbewerb verfälschen.[559] Zu denken ist an Sieg-Absprachen zwischen Teams, an absichtlich begangene Frühstarts, an Verfälschungen der Leistung mittels Dopings, das Anhängen an den „Sattel des Nebenmannes", an den Versuch, den Konkurrenten „durch direkte Attacke in den Graben zu drängen".[560]

Schließlich zeigt sich die vermeintliche Identität sportlichen und wirtschaftlichen Wettbewerbs unter Betrachtung der Wettbewerbsverläufe: Der Verlauf und das Ergebnis eines wirtschaftlichen Wettbewerbs lassen sich nicht exakt vorhersagen.[561] Das liegt zunächst daran, dass die wirtschaftswissenschaftlichen Modelle zur Erklärung von Marktzusammenhängen auf dem Ideal vollkommenen Wettbewerbs (insbesondere also vollkommener Transparenz) basieren und von einem streng ökonomischen Verhalten der Marktakteure ausgehen;[562] diese Setzungen sind in der Realität aber nicht (vollständig) anzutreffen:[563] Im wirtschaftlichen Wettbewerb haben Akteure (sei es aus Zeitgründen, fehlender fachlicher Kompetenz oder rein faktisch) nur in begrenztem Umfange Zugang zu Informationen.[564] Wollen sie mehr Informationen erhalten, so müssen sie Transaktionskosten in Kauf nehmen.[565] Wirtschaftlicher Wettbewerb speist sich aus Intransparenzen, aus Informationsvorsprüngen, die von den Akteuren wirtschaftlich sinnvoll eingesetzt und genutzt werden.[566] Ist der Markt hingegen vollkommen transparent, weiß also jeder Akteur zu jedem Zeitpunkt alles, so ist kein wirtschaftlicher Wettbewerb denkbar, vielmehr beraubt sich wirtschaftlicher

---

558 *Nordemann*, Wettbewerbsrecht, Rn. 3.

559 So Baumbach/*Hefermehl*, Wettbewerbsrecht, Allg. Rn. 12, *Nordemann*, Wettbewerbsrecht, Rn. 3.

560 Wörtlich *Nordemann*, Wettbewerbsrecht, Rn. 3, Beispiele von GK-*W. Schünemann*, UWG, Einl. A 10.

561 Vgl. MüKo-*Sosnitza*, UWG, Grundl. Rn. 12.

562 Vgl. (auch zum Folgenden) statt vieler etwa *Beater*, Unlauterer Wettbewerb, § 2 Rn. 21 f., auch m. w. N.

563 Vgl. *Baßeler/Heinrich*, VWL, S. 43.

564 Vgl. NK-*Götting*, UWG, Einl. Rn. 33 und *Mankiw/Taylor*, VWL, S. 574 f. zu Informations-asymmetrien.

565 *Baßeler/Heinrich*, VWL, S. 23 f. und zu Transaktionskosten im Allgemeinen *Mankiw/Taylor*, VWL, S. 257 f.

566 Vgl. NK-*Götting*, UWG, Einl. Rn. 33.

Wettbewerb in diesem Falle seiner Grundlage.[567] Darüber hinaus erweist sich auch das komplexe Zusammenspiel der unterschiedlichen Akteure, welches zu einer dynamischen Verformung des wirtschaftlichen Wettbewerbs führt, als nicht prognostizierbar.

Ähnlich ist es im Bereich eines sportlichen Wettkampfs. Wie der Verlauf und der Ausgang des Spiels sind, lässt sich zwar ungefähr (etwa anhand statistischer Berechnungen) prognostizieren; exakte Vorhersagen sind nicht möglich. Der Spielausgang sportlicher Wettbewerbe ist offen und von zahlreichen Unwägbarkeiten abhängig. So etwa von der tagesformabhängigen Leistungsfähigkeit. Andere Parameter werden aber auch bewusst nicht im Vorfeld bekannt gegeben (etwa: die Strategien der eingesetzten Spieler bzw. ihre Spielformationen). Insofern herrschen auch im sportlichen Wettbewerb Intransparenzen.[568] Und auch die dem wirtschaftlichen Verlauf innewohnende Dynamik der Entwicklung ist dem sportlichen Wettbewerb immanent und schließt genaue Prognosen aus.[569]

Diese Ähnlichkeiten müssen aber nicht zwingend für eine Identität der Wettbewerbsausprägungen streiten. Vielmehr ist es möglich, dass die Parallelen auf den gemeinsamen Ursprung der Wettbewerbsausprägungen im Fundamentalwettbewerb zurückzuführen sind. Insofern ist nun, trotz der dargelegten Gemeinsamkeiten, ein eingehender Blick auf etwaig vorhandene Unterschiede zwischen den Wettbewerbsausprägungen zu werfen. Nur die Betrachtung der Unterschiede kann offenlegen, ob tatsächlich von einer Identität der Wettbewerbsausprägungen – mit der Folge einer Anwendbarkeit des § 299 StGB – auszugehen ist oder ob nicht vielmehr unüberbrückbare Wesensunterschiede zu verzeichnen sind, die eine Unterscheidung notwendig machen und die Anwendbarkeit des § 299 StGB mit dem Argument einer „Identität der Wettbewerbe" ausschließt.

---

567 Vgl. *Morgenstern*, JoE 1935, 337 f., 344.

568 Atypisch ist indes „irrationales" Verhalten von Sportlern. Das würde bedeuten, dass sie ihre Leistungsfähigkeit nicht voll einsetzen, sondern beispielsweise zu Schonzwecken, nur zurückhaltend spielen. Derartiges Verhalten ist etwa in Freundschaftsspielen anzutreffen, wohl aber nicht in „echten" Wettbewerbs-Partien.

569 So auch NK-*Götting*, UWG, Einl. Rn. 33, auch m. w. N., zum Spiel zweier Fußballmannschaften: „Wer sowohl mit dem Spiel als auch mit den Spielern wohl vertraut sei, habe wahrscheinlich eine ziemlich genaue Vorstellung, von welchen Faktoren der Ausgang abhänge. Er werde aber gleichwohl nicht imstande sein, die tatsächlich ausschlaggebenden Faktoren zuverlässig vorherzusagen."

bb) Unüberbrückbare Unterschiede zwischen sportlichem und wirtschaftlichem Wettbewerb

Zweifel an einer Identität der Wettbewerbsausprägungen ergeben sich bereits aus dem Umstand, dass sie im allgemeinen Sprachgebrauch durch unterschiedliche adjektivische Beifügungen bezeichnet werden, die das Bestehen kennzeichnungsnotwendiger Unterschiede implizieren.

Im Rahmen der zu untersuchenden Unterschiede zwischen sportlichem und wirtschaftlichem Wettbewerb ist wie folgt – nach Themenbereichen strukturiert – vorzugehen: Zunächst werden Beginn, Ende und Bedingungen der Wettbewerbsausprägungen miteinander verglichen (sogleich (1) und (2)). Anschließend werden die Parameter der Leistungsbemessung im sportlichen und im wirtschaftlichen Wettbewerb einander gegenübergestellt (unter (3)). Abschließend ist zu untersuchen, inwiefern Funktionsweise und Ablauf der Wettbewerbsausprägungen (unter (4)) sowie deren Strukturen sich unterscheiden (abschließend unter (5)).

(1) Start und Ausgangsbedingungen, Ende des Wettbewerbs

Im Sport ist das Zusammentreffen von „angebotener" Leistung der Sportler und dem durch sie „nachgefragten" Sieg von begrenzter Zeitdauer. Beginn und Ende eines jeden Turniers oder Wettkampfs stehen von Anbeginn an fest bzw. sind im Falle von Nachspielzeiten approximativ bestimmbar.[570] Es gibt gleichsam eine „Stunde Null"[571] des sportlichen Wettbewerbs, nämlich den Start aller Konkurrenten bzw. des Spiels. Damit unterscheidet sich der sportliche Wettbewerb bereits grundlegend vom wirtschaftlichen. Zwar kann der Beginn von wirtschaftlichem Wettbewerb, ist er einmal eingetreten, an dem Markteintritt eines Akteurs auf einem zuvor monopolistischen Markt festgemacht werden. Diese Möglichkeit besteht hingegen nicht ex ante, da wirtschaftliche Akteure typischerweise ihre Informationsvorsprünge als Wettbewerbspotential für sich nutzbar machen und daher etwa geplante Expansions-, Innovations- und Investitionsvorhaben nicht öffentlich kundtun. Gleiches gilt für eine Terminierung des Endes wirtschaftlichen Wettbewerbs: Idealiter ist wirtschaftlicher Wettbewerb von unbegrenzter Zeitdauer.[572]

---

570 Vgl. *Röper*, Die Konkurrenz und ihre Fehlentwicklungen, S. 12, 13; *Knöpfle*, Der Rechtsbegriff „Wettbewerb", S. 113; *Schwintowski*, Wettbewerbsrecht, Frage 230.

571 Harte/Henning-*W. Schünemann*, UWG, § 3 Rn. 247.

572 *Röper*, Die Konkurrenz und ihre Fehlentwicklungen, S. 12; ihm zustimmend auch *Ottel*, WuW 1953, 67 f.

Richtet man den Blick auf die Ausgangsbedingungen, so fällt auf, dass sportliche Akteure von weitestgehend identischen Startbedingungen profitieren.[573] Dabei geht es nicht nur um die physische Beschaffenheit der Startbahn oder des Spielfeldes. Es geht auch um die Unterscheidung in Männer- oder Frauenmannschaften, in Gewichtsklassen, in Disziplinen (etwa: Kraul- oder Brustschwimmen).[574] Nicht entscheidend ist die Marktstärke der sportlichen Akteure (vergleichbar etwa mit der Anzahl der Fans oder, im Falle einer Börsennotierung, mit der Marktkapitalisierung). Ebenso ist es gleichgültig, ob die Sportler bzw. Vereine etabliert sind. Es kommt allein auf einen Vergleich ausschließlich körperlichen Leistungseinsatzes an.

Von einer derartigen Gleichheit der Ausgangsbedingungen kann im wirtschaftlichen Wettbewerb nicht die Rede sein. Zu Beginn des Wettbewerbs haben es Markteinsteiger in der Regel schwerer als etablierte Akteure. Marktzutrittsbarrieren gestalten sich unterschiedlich, je nach Marktstruktur, natürlichen Gegebenheiten und Subventionierung durch staatliche Beihilfen.[575] Innerhalb eines wirtschaftlichen Wettbewerbsprozesses ist es sogar so, dass zwischen den Akteuren ungleich verteilte (Geschäfts-)Chancen den wirtschaftlichen Wettbewerb beflügeln.

Wendet man den Blick dem Ende des sportlichen Wettkampfes zu, so zeigt sich ein weiterer Unterschied: Aus dem Wettkampf bzw. Turnier gehen neben Siegern auch Verlierer hervor. Für sie ist „das Spiel verloren", nicht hingegen (wie dies im wirtschaftlichen Wettbewerb durchaus häufig der Fall ist) ihre Existenz.[576] Trotz der Niederlage ist ihnen ein „Neueintritt in den Markt" durch Partizipation am nächsten Wettkampf (zumeist ohne Weiteres) möglich.[577]

Anders ist dies in der Regel im wirtschaftlichen Wettbewerb: Dort geht es nicht um ein „Spiel": Scheidet ein Unternehmen aus dem Wettbewerb aus, so ist zumeist kein zeitnaher Markteintritt mehr möglich.[578]

---

573 Baumbach/*Hefermehl*, Wettbewerbsrecht, Allg. Rn. 12; GK-*W. Schünemann*, UWG, Einl. A 11.

574 Vgl. *Röper*, Die Konkurrenz und ihre Fehlentwicklungen, S. 17.

575 *Meyer-Cording*, WuW 1962, 461, 469.

576 *Röper*, Die Konkurrenz und ihre Fehlentwicklungen, S. 16 f.; im Anschluss an diesen auch *Knöpfle*, Der Rechtsbegriff „Wettbewerb", S. 113.

577 *Von Nell-Breuning*, WuW 1952, 371, 373 f.

578 *Von Nell-Breuning*, WuW 1952, 371, 373 f.

(2) Organisation

Im nächsten Schritt sei der Blick auf die Organisation des Sports gelenkt. Auffallend sind die existenten Spielregeln,[579] welche den Handlungsradius der Akteure determinieren:[580] Die Spielregeln legen nicht nur fest, was sportlich regelkonform ist und wie Regelverstöße zu ahnden sind, definieren also nicht nur den Kreis erlaubter Handlungen; vielmehr definieren sie den Kreis der überhaupt möglichen Handlungen auf dem Spielfeld und machen die jeweilige Sportart so zum Geschöpf der sie begründenden Spielregeln[581]. Im Umkehrschluss stecken Spielregeln somit auch den Radius der „Nicht-Handlungen" ab. Gedacht sei etwa an den Versuch, beim Tennis ein Tor zu schießen: Der Sportler agiert nicht „unfair", sondern verfehlt den Sinn des Spiels insgesamt.[582]

Mit Blick auf die Sportorganisation ist der insgesamt recht statische Rahmen des Sportsgeschehens auffällig:[583] gedacht sei nur an beschränkte Teilnehmerzahlen[584], die Aufteilung in Leistungsklassen, das geordnete Aufeinandertreffen der zugelassenen Konkurrenten, ja insgesamt die straffe und strukturierte Organisation von Sportveranstaltungen[585].

Im wirtschaftlichen Wettbewerb sind hingegen lediglich (rechtliche) Rahmenbedingungen gesetzt, innerhalb derer sich der Wettbewerb abspielen kann.

---

579 Baumbach/*Hefermehl*, Wettbewerbsrecht, Allg. Rn. 12; GK-*W. Schünemann*, UWG, Einl. A 11; *Knöpfle*, Der Rechtsbegriff „Wettbewerb", S. 113; *Rittner*, Wettbewerbs- und Kartellrecht, § 1 Rn. 22, § 2 Rn. 19; *Röper*, Die Konkurrenz und ihre Fehlentwicklungen, S. 12, 13, 15; *von Nell-Breuning*, WuW 1952, 371, 373.

580 *Von Nell-Breuning*, WuW 1952, 371, 373; vgl. GK-*W. Schünemann*, UWG, Einl. A 11; *Schwintowski*, Wettbewerbsrecht, Frage 230.

581 Formulierung fast wörtlich übernommen aus *von Nell-Breuning*, WuW 1952, 371, 373. Vgl. auch GK-*W. Schünemann*, UWG, Einl. D 92; Harte/Henning-*ders.*, UWG, § 3 Rn. 235.

582 Beispiel nach GK-*W. Schünemann*, UWG, Einl. D 92; Harte/Henning-*ders.*, UWG, § 3 (in Fn. 398). Mit anderem Beispiel *Ohly*, Richterrecht und Generalklausel, S. 220 f.

583 *Röper*, Die Konkurrenz und ihre Fehlentwicklungen, S. 13, 18 f.; im Anschluss diesen auch *Knöpfle*, Der Rechtsbegriff „Wettbewerb", S. 113.

584 *Röper*, Die Konkurrenz und ihre Fehlentwicklungen, S. 13; *Rittner*, Wettbewerbs- und Kartellrecht, § 2 Rn. 19.

585 *Röper*, Die Konkurrenz und ihre Fehlentwicklungen, S. 19 formuliert treffend: „Ökonomisch ausgedrückt läuft ein *dynamischer* Prozeß [sic!] in einem statischen Rahmen ohne Modifikation der Konstanten ab.".

Eine minutiöse Aufführung rechtlich zulässiger Handlungen ist, ob ihrer Mannigfaltigkeit, schon nicht praktikabel[586] und zudem im Hinblick auf das Konzept der Wettbewerbsfreiheit nicht möglich.[587] Auch Organisationsstrukturen im wirtschaftlichen Wettbewerb, die für einen (dem sportlichen Metier vergleichbar) geordneten Ablauf sorgen, sind nicht vorhanden. Im wirtschaftlichen Bereich besteht nur die Möglichkeit, die Akteure durch gesetzliche Regeln zu bestimmten Verhaltensweisen „anzuhalten".[588] Die Absicherung der Geltung des staatlichen Rechts erfolgt repressiv durch Behörden und Gerichte, d.h. durch externe Parteien.[589] Im sportlichen Bereich hingegen erfolgt eine Spielüberwachung durch spielbeteiligte Schiedsrichter[590] sowie repressiv durch verbandsinterne Rechtsinstanzen.

(3) Parameter der Leistungsmessung

Nachdem nun der Blick auf das „Spiel" selbst sowie die Organisation im Sportbereich gelenkt wurde, sei der Blick nunmehr auf das „Wie", d.h. die Frage nach der Leistungsmessung bzw. Evaluation der Leistung gelenkt: Wenn für jede Wettbewerbsart ein Streben nach Leistung charakteristisch ist, so sind die Determination der relevanten Leistung und der zu ihrer Bemessung herangezogenen Parameter von entscheidender Bedeutung. Im Sport kommt es, je nach Sportart, auf unterschiedliche Fähigkeiten an: Entscheidend kann die Geschwindigkeit (Bsp.: Sprint), die Ausdauer (Bsp.: Langstreckenlauf), die Sprungkraft (Bsp.: Weitsprung), die Stoßkraft (Bsp.: Kugelstoßen) oder die Kombination von Fähigkeiten (z.B. Handball als Kombination von Geschwindigkeit, Ausdauer, Sprungkraft, Wurfkraft usw.) sein. Nun könnte man meinen, dass dies auch bei wirtschaftlichen Gütern der Fall sei: Die Qualität einer Glühbirne hängt von anderen Faktoren ab als die Qualität einer Jeans-Hose. Der Unterschied liegt aber darin begründet, dass im Rahmen eines sportlichen Wettkampfes bei genauer Betrachtung ausschließlich ein einziger Parameter entscheidend ist: Es geht allein um die sportliche Leistungsfähigkeit,[591] wobei die Art der zu messenden sportlichen Leistung (Sprung-, Wurfkraft etc.) divergieren kann. Hingegen spielen für

---

586 Vgl. *Schwintowski*, Wettbewerbsrecht, Frage 230; vgl. Baumbach/*Hefermehl*, Wettbewerbsrecht, Allg. Rn. 12.

587 Vgl. *Röper*, Die Konkurrenz und ihre Fehlentwicklungen, S. 13.

588 *Von Nell-Breuning*, WuW 1952, 371, 373.

589 Vgl. *von Nell-Breuning*, WuW 1952, 371, 373.

590 *Röper*, Die Konkurrenz und ihre Fehlentwicklungen, S. 15; im Anschluss an *Röper* bejahend auch *Knöpfle*, Der Rechtsbegriff „Wettbewerb", S. 113.

591 So auch *Knöpfle*, Der Rechtsbegriff „Wettbewerb", S. 114; *Rittner*, in: FS Kraft, S. 519, 526.

die Frage, wer in einem sportlichen Wettbewerb obsiegt, weder ökonomische Leistungsfähigkeit des teilnehmenden Sportvereins noch dessen Beliebtheit bei Fans eine Rolle.

Im wirtschaftlichen Wettbewerb sind hingegen neben dem Parameter der Leistung (etwa: Stärke und Leuchtdauer der Glühbirne) auch andere Parameter entscheidend:[592] Zu denken ist an das Preis-Leistungs-Verhältnis, die Produktaufmachung, bisherige Erfahrungen mit Wettbewerbern, die Innovationskraft des Unternehmens, die Vereinbarung von Gewährleistungsausschlüssen oder Haftungsbeschränkungen bis hin zu der Frage, ob das Produkt nachhaltig produziert wurde oder den eigenen „life style" widerspiegelt.[593] In die erwerbswirtschaftliche Entscheidung des Akteurs, die darauf gerichtet ist, seinen Gewinn bzw. Nutzen zu maximieren, fließen zahlreiche in monetäre Werte umrechenbare Faktoren (etwa: Gewährleistungsausschlüsse, Haftungserleichterungen, kostenfreier Kunden-Service) ein. Grund für die Mannigfaltigkeit zulässiger Parameter im Wirtschaftsleben ist, dass Akteure zwar ökonomisch handeln, ihre gebildeten Präferenzen aber frei, d. h. auch getrieben von außerökonomischen Faktoren bilden können.

Für die vorliegend zu beantwortende Frage nach einer Vergleichbarkeit ist aber nicht nur die Gegenüberstellung der Anzahl der Kriterien zur Leistungsmessung gewinnbringend, sondern auch die Art und Weise der Leistungsmessung. Im Rahmen des sportlichen Wettkampfes ist allein diejenige sportliche Leistung relevant, die von den verbindlich vorgegebenen Spielregeln als zulässig definiert wird. Die Leistungsmessung erfolgt anhand eines durch die Spielregeln vorgezeichneten objektiven Maßstabs.[594] So entscheidet der Schiedsrichter in kritischen Spielsituationen keineswegs völlig frei, sondern ist ebenfalls an die Spielregeln gebunden und muss neutral und in bestmöglichem Einklang mit diesen entscheiden.

Im wirtschaftlichen Wettbewerb stellt sich die Situation hingegen anders dar. Die relevante Leistung wird nicht objektiv durch eine Spielordnung festgelegt, sondern wird – freilich in den Grenzen des geltenden Rechts – durch die Marktgegenseite definiert, indem bestimmte Leistungen durch Eingehen

---

592 Vgl. etwa Köhler/Bornkamm-*Köhler*, Wettbewerbsrecht, Einl. UWG Rn. 1.5 und *Rittner*, in: FS Kraft, S. 519, 526.

593 Vgl. Harte/Henning-*W. Schünemann*, UWG, § 3 Rn. 238 und *Röper*, Die Konkurrenz und ihre Fehlentwicklungen, S. 15 f.

594 *Röper*, Die Konkurrenz und ihre Fehlentwicklungen, S. 14; Harte/Henning-*W. Schünemann*, UWG, § 3 Rn. 236; GK-*W. Schünemann*, UWG, Einl. D 92; *Rittner*, Wettbewerbs- und Kartellrecht, § 1 Rn. 22, § 2 Rn. 19.

oder Fortführung von Geschäftsverbindungen belohnt oder durch Ausbleiben derselben gleichsam abgestraft werden.[595] Darüber hinaus liegt neben der Definition der relevanten Leistung auch die Evaluation der Leistung in den Händen der Marktgegenseite. Die Leistungsmessung ist also im wirtschaftlichen Wettbewerb eine subjektive,[596] abhängig von der Präferenzordnung eines jeden Marktakteurs,[597] hingegen keine objektive, wie im sportlichen Wettbewerb.

(4) Funktionsweise des Wettbewerbs, Ablauf in der Realität

Nachdem der Blick auf das Spiel selbst, die Organisation und die Leistungsmessung gelenkt wurde, ist nun der Ablauf sportlichen bzw. wirtschaftlichen Wettbewerbs zu beleuchten.

Neben der Tatsache, dass die Spielregeln die sportlich relevante Leistung und den Bewertungsmaßstab definieren, legen die Spielregeln gleichsam auch den „sachlich, örtlich und zeitlich relevanten Markt" fest: Der sportliche Wettbewerb erstreckt sich nur auf die im Rahmen des konkreten Wettkampfs zur Schau gestellte Leistung, in wirtschaftswissenschaftlichen Termini gesprochen: auf ein einziges, homogenes Gut[598] auf dem abgrenzbaren „Markt" des sportlichen Wettkampfes im Stadion.[599]

Dass sich die Situation im wirtschaftlichen Wettbewerb anders präsentiert, ist offensichtlich. Grund dafür ist, dass in der wirtschaftlichen Realität Märkte ineinander übergreifen, miteinander verwoben sind und permanenten Veränderungen unterliegen.[600] Der Wettbewerb erstreckt sich nicht nur auf homogene

595 Vgl. dazu und zum Folgenden: Harte/Henning-*W. Schünemann*, UWG, § 3 Rn. 236; MüKo-*Sosnitza*, UWG, Grundl. Rn. 13; *ders.*, Wettbewerbsbeschränkungen, S. 81 f.; *Beater*, Unlauterer Wettbewerb, § 2 Rn. 10.

596 Vgl. Harte/Henning-*W. Schünemann*, UWG, § 3 Rn. 236 f.; GK-*ders.*, UWG, Einl. D 92; MüKo-*Sosnitza*, UWG, Grundl. Rn. 13; *Rittner*, Wettbewerbs- und Kartellrecht, § 2 Rn. 19; *Röper*, Die Konkurrenz und ihre Fehlentwicklungen, S. 15.

597 Dem (häufig zu lesenden und insoweit pars pro toto aufgeführten) Analogon von *Beater*, Unlauterer Wettbewerb, § 2 Rn. 10, wonach der Abnehmer „Schiedsrichterfunktion" ausübe, kann nur in Bezug auf die Fähigkeit, Entscheidungen zu treffen, zugestimmt werden. Anders als der (nach subjektiver Präferenzordnung handelnde und daher freie) Abnehmer muss der Schiedsrichter allerdings ihm vorgegebene Spielregeln beachten, ist also nur innerhalb des ihm so gesteckten Rahmens „frei".

598 Baumbach/*Hefermehl*, Wettbewerbsrecht, Allg. Rn. 12.

599 Vgl. *Röper*, Die Konkurrenz und ihre Fehlentwicklungen, S. 14; *Knöpfle*, Der Rechtsbegriff „Wettbewerb", S. 113 f.

600 Vgl. *Emmerich*, Kartellrecht, § 4 Rn. 73.

Güter, sondern auch auf Substitutions-, teilweise sogar auf heterogene Güter.[601] Die Komplexität bei Bestimmung und Abgrenzung relevanter Märkte wird schon anhand der Anzahl der dazu vertretenen Bestimmungsansätze deutlich: als ökonomische Methoden zur juristischen Bewältigung der Problemstellung werden der SSNIP-Test, die Ermittlung der Kreuzpreiselastizität, die Preiskorrelationsanalyse sowie das Bedarfsmarktkonzept angewandt.[602]

Ein Unterschied ergibt sich auch bei Betrachtung der von potentiellen Marktakteuren ausgehenden Wirkung: Im sportlichen Wettbewerb zeitigen nur die aktuell vorhandenen Akteure Effekte auf den Wettbewerb. Ob im künftigen Wettkampfturnus potentiell neue Akteure antreten, beeinflusst das Geschehen auf dem Spielfeld nicht. Die Sportler werden – jedenfalls in aller Regel[603] – versuchen, ihre Bestleistung im Wettkampf zu zeigen.

Dies ist im wirtschaftlichen Wettbewerb anders: Auch potentielle Konkurrenten beeinflussen das aktuelle Unternehmensverhalten.[604] Das liegt daran, dass potentieller Wettbewerb zwar aktuell nicht real besteht und daher keine Spannungen erzeugt, aber jederzeit in realen Wettbewerb umschlagen kann[605] und daher nach einer gleichsam präventiven Mitberücksichtigung verlangt. Dieser Vorwirkung potentiellen Wettbewerbs wird etwa durch kartellrechtliche Normen Rechnung getragen, welche nach einer Einbeziehung potentieller Wettbewerber und potentiellen Wettbewerbs verlangen.[606]

Der Gedanke, dass sportliche Leistungen unabhängig von potentiellen Mitbewerbern stets in bestmöglichem Maße erbracht werden, leitet über zum nächsten Gedanken: Ein Charakteristikum des Sports ist die Zweckfreiheit seiner Erbringung. Dies zeigt sich insbesondere daran, dass sportlicher Wettbewerb auch ohne Rationalprinzip, ohne Gewinnstreben stattfindet: Ob er unter Schulkindern, erwachsenen Amateuren oder bezahlten Berufssportlern stattfindet,

---

601 Baumbach/*Hefermehl*, Wettbewerbsrecht, Allg. Rn. 12; Köhler/Bornkamm-*Köhler*, Wettbewerbsrecht, Einl. UWG Rn. 1.9.

602 Näher zu damit verbundenen Fragen *Emmerich*, Kartellrecht, § 4 Rn. 71 f., § 9 Rn. 11 f., § 27 Rn. 11 f.

603 Situationen, in denen – etwa zwecks Schonung der sportlichen Leistungskraft – unter vermindertem Leistungseinsatz gespielt wird (etwa: Freundschaftsspiele), bleiben außer Betracht.

604 GK-*W. Schünemann*, UWG, Einl. A 11.

605 Vgl. Köhler/Bornkamm-*Köhler*, Wettbewerbsrecht, Einl. UWG Rn. 1.20.; *v. Gamm*, in: FS Pfeiffer, S. 643, 646 f.

606 Immenga/Mestmäcker-*Zimmer*, GWB, § 1 Rn. 116 f.

macht ausschließlich einen spieltechnisch qualitativen Unterschied. Sportlicher Wettbewerb findet seinen Sinn – jedenfalls im Grundsatz[607] – in sich selbst.

Wirtschaftlicher Wettbewerb ist hingegen kein Selbstzweck,[608] sondern getrieben vom Streben der Akteure nach Maximierung ihres Nutzens bzw. Gewinns. Insofern bedarf wirtschaftlicher Wettbewerb zu seiner Entstehung stets eines extrinsischen Anreizes. Es ist daher nur konsequent, wenn *Knöpfle* von dem Gewinnstreben (und damit dem Rationalprinzip) als dem „wichtigsten Motor des Wirtschaftsgeschehens" schreibt.[609] Er bildet bezüglich eines Wegfalls des Gewinnstrebens das Analogon vom Aufhören der Schwerkraft auf der Erde.[610]

Das Ziel wirtschaftlichen Wettbewerbs ist es, Angebot und Nachfrage durch Geschäftsabschlüsse zustande zu bringen. Wirtschaftlicher Wettbewerb ist folglich kein Selbstzweck, sondern dient der bestmöglichen Ressourcenallokation, d.h. der optimalen Verteilung und Nutzung von Geschäftschancen.[611] Wirtschaftlicher Wettbewerb dient der Gewinn- bzw. Nutzenmaximierung. Jedes faktische oder rechtsgeschäftliche Verhalten dient dazu, dieses Endziel vorzubereiten, zu erfüllen, jedenfalls aber zu fördern.[612]

Das Endziel sportlichen Wettbewerbs auf dem Spielfeld ist hingegen nicht das Zustandekommen von Austauschgeschäften: Das Ziel sportlichen Wettbewerbs ist die Ermittlung des Siegers. Anders als im wirtschaftlichen Wettbewerb geht es nicht um eine optimale Teilhabe an knappen Ressourcen; vielmehr gilt das Prinzip „The winner takes it all".[613]

(5) Horizontal- und Vertikalverhältnis

Will man den Ablauf wirtschaftlichen Wettbewerbs in der Realität begreifen, so ist es unumgänglich, sich mit den Begriffen des sog. Horizontal- und Vertikalverhältnisses auseinanderzusetzen. Im Anschluss an die nun folgende Erläuterung

---

607 Es kann und soll hingegen nicht bestritten werden, dass sicherlich bei der Wahl einer Profisportlerkarriere auch wirtschaftliche Gesichtspunkte eine Rolle spielen und daher die profimäßige sportliche Betätigung nicht vollkommen autotelisch ist. Der sportliche Wettkampf auf dem Spielfeld als solcher bleibt jedoch von finanziellen Erwägungen unberührt.

608 Zu den Funktionen des Wettbewerbs etwa *Beater*, Unlauterer Wettbewerb, § 2 Rn. 10 sowie Köhler/Bornkamm-*Köhler*, Wettbewerbsrecht, Einl. UWG Rn. 1.21 f.

609 *Knöpfle*, Der Rechtsbegriff „Wettbewerb", S. 18.

610 *Knöpfle*, Der Rechtsbegriff „Wettbewerb", S. 19.

611 *Schwintowski*, Wettbewerbsrecht, Frage 230.

612 Statt vieler nur *Meyer-Cording*, WuW 1962, S. 461, 463.

613 *Schwintowski*, Wettbewerbsrecht, Frage 230.

der Termini werden diese als Vergleichsmaßstab herangezogen, um weitere Differenzen zwischen wirtschaftlichem und sportlichem Wettbewerb offenzulegen.

Das Verhältnis zwischen Anbietern und Nachfragern auf einem Markt bezeichnet man als Vertikalverhältnis bzw. Austauschprozess.[614] Hier begegnen sich die Akteure, um zu Geschäftsverbindungen zu gelangen, um ihren Umsatz und bzw. oder Gewinn zu steigern. Zwar stehen die Interessen von Anbietern und Nachfragern in einem Spannungsverhältnis (insbesondere tragen Informationsasymmetrien dazu bei); ihr Ziel ist indes identisch: Das Vertikalverhältnis ist gekennzeichnet durch das Bestreben, Verträge zustande zu bringen. Es weist einen sog. kontrahierenden Charakter auf.

Das Verhältnis zwischen den Akteuren innerhalb der jeweiligen Marktseiten bezeichnet man als Horizontalverhältnis bzw. Parallelprozess.[615] Die Nachfrager streben nach demselben knappen Gut und verfolgen daher gleichgerichtete Ziele. Ihr Verhältnis ist ein Wettbewerbsverhältnis, sie sind Mitbewerber. Sie suchen sich gegenseitig zu verdrängen, um selbst an das knappe Gut zu gelangen. Kennzeichnend für den Horizontalprozess ist sein (jedenfalls in der Regel) selbstzerstörerischer, distrahierender Charakter.

Versucht man nun, diese Begrifflichkeiten auf Konkurrenzsituationen anlässlich eines Sportwettbewerbes zwischen sportlichen Kontrahenten zu übertragen, so ergeben sich Schwierigkeiten:

(a) Betrachtung des Vertikalverhältnisses

Das „Vertikalverhältnis“, d.h. das Aufeinandertreffen der „Marktgegenseiten“, welches seine Entsprechung in dem wettkampfausrichtenden Verband einerseits und den teilnehmenden Vereinsmannschaften andererseits finden könnte, ist im Zeitpunkt des sportlichen Wettkampfes nicht von einem Bestreben geprägt, Verträge zustande zu bringen. Der einzig bestehende Vertrag, der Teilnahmevertrag, ist im Zeitpunkt des Stattfindens des sportlichen Wettbewerbes auf dem Platze schon längst geschlossen. Insofern ist das „Austauschverhältnis“ im sportlichen Bereich kein Wettbewerbsverhältnis.

Nichts anderes gilt, sofern man die Entsprechung des „Vertikalverhältnisses“ in dem Aufeinandertreffen des Schiedsrichters einerseits mit den teilnehmenden Sportvereinen andererseits sehen würde: Schon das Wesen des Schiedsrichters

614 Zum Austauschprozess auch im Folgenden: Köhler/Bornkamm-*Köhler*, Wettbewerbsrecht, Einl. UWG 1.10.

615 Zum Parallelprozess auch im Folgenden: Köhler/Bornkamm-*Köhler*, Wettbewerbsrecht, Einl. UWG 1.8 f.

als unparteiischer Spielteilnehmer widerspricht der Annahme, das sportliche „Austauschverhältnis" sei von einem Kontrahierungsbestreben getrieben.[616]

Nun könnte man argumentieren, ein dem Vertragsschluss ähnelnder Zustand komme dadurch zustande, dass die Platzierungsbekanntgabe für alle Beteiligten verbindlich das (Rang-)Verhältnis der Sportvereine untereinander regele. Die Platzierungsbekanntgabe ist zwar durchaus verbindlicher Natur. An einer Vergleichbarkeit mit einem Vertragsschluss fehlt es aber bereits deshalb, da die Platzierungsbekanntgabe nicht Ausdruck von betätigter Privatautonomie eines Marktakteurs ist, sondern lediglich die verbindliche Feststellung des im Zuge des sportlichen Wettkampfs zustande gekommenen Ergebnisses darstellt. Die Platzierungsbekanntgabe hat folglich keine vertragsähnliche konstitutive Regelungs-, sondern eher eine deklaratorische Feststellungswirkung.

(b) Betrachtung des Horizontalverhältnisses

Aber auch unter Betrachtung des „Horizontalverhältnisses" (dessen Entsprechung in dem Aufeinandertreffen der kontrahierenden Vereinsmannschaften in dem sportlichen Wettkampf läge) werden grundlegende Unterschiede zwischen sportlichem und wirtschaftlichem Wettbewerb offenkundig: Während dem Horizontalverhältnis im wirtschaftlichen Wettbewerb ein eher distrahierender Charakter innewohnt, ist dieser im sportlichen Wettbewerb nicht derart umfassend zu verstehen: Sportliche Aktivität ist zwar als solche autotelisch – also von intrinsischer Zwecksetzung –, bedarf allerdings durchaus eines Forums (in Form sportlicher Wettkämpfe), im Rahmen dessen es den Sportlern ermöglicht wird, in einen sportlichen Leistungsvergleich einzutreten. Das Bestehen von Kontrahenten und von sportlichen Wettkämpfen ist somit für den Sport unerlässlich. Insofern ist der sportliche Wettbewerb also keineswegs darauf gerichtet, den sportlichen Gegner gänzlich zu eliminieren, sondern nur darauf gerichtet, ihn in dem konkreten Wettkampf zu besiegen. Mit anderen Worten ist im sportlichen „Horizontalverhältnis" der distrahierende, d. h. kompetitiv-verdrängende Charakter des Prozesses nur eines seiner beiden Gesichter:[617] Anders als das wirtschaftliche Horizontalverhältnis weist das sportliche Horizontalverhältnis zugleich eine Tendenz zur Kooperation auf und ist daher als nur begrenzt

616 Vgl. *Röper*, Die Konkurrenz und ihre Fehlentwicklungen, S. 15.

617 Vgl., auch zum Nachfolgenden: *von Nell-Breuning*, WuW 1952, 371, 374; *Röper*, Die Konkurrenz und ihre Fehlentwicklungen, S. 14; letzterem zustimmend *Knöpfle*, Der Rechtsbegriff „Wettbewerb", S. 113.

distrahierend zu charakterisieren:[618] Sportliches Geschehen ist nur so lange möglich, wie es sportliche Gegner gibt. Und da sportlicher Wettbewerb sich ausschließlich zwischen Kontrahenten im „Horizontalverhältnis" abspielt, kommt das sportliche Geschehen, sobald es nur einen Sportakteur gibt, insgesamt zum Erliegen. Lebensweltliche Folge dieser wesensprägenden Notwendigkeit des Sportes ist die weitläufige, gegenseitige freiwillige Anerkennung der sportlichen Kontrahenten.[619]

Im Wirtschaftsleben präsentiert sich das Horizontalverhältnis anders: Dort ist das Erreichen eines möglichst hohen Marktanteils erstrebenswert, da dieser die Maximierung des eigenen Gewinns verspricht und daher für den Akteur mit maximaler Bedürfnisbefriedigung verknüpft ist. Insofern wird im wirtschaftlichen Bereich (eher) ein distrahierender Charakter des Horizontalverhältnisses vorzufinden sein. Sportlicher Wettbewerb weist systemisch bedingt eine Kooperationstendenz auf, wirtschaftlicher Wettbewerb hingegen kann, muss aber eine solche Kooperationstendenz nicht aufweisen.

(c) Das Zusammenspiel von Vertikal- und Horizontalverhältnis

Betrachtet man das sportliche „Horizontalverhältnis" und vergleicht es mit dem „Vertikalverhältnis", so lässt sich formulieren, dass im sportlichen Kontext innerhalb des letzteren keinerlei Wettbewerb stattfindet. Vielmehr ist sportlicher Wettbewerb auf den Parallelprozess beschränkt.[620]

Dies ist im wirtschaftlichen Wettbewerb anders:[621] Dieser berührt nicht nur die Mitbewerber, sondern auch die Marktgegenseite[622] und zeitigt darüber hinaus sogar Auswirkungen auf die gesamte Volkswirtschaft.[623] Wettbewerb im Wirtschaftsleben spielt sich also nicht nur im Parallelprozess ab, sondern wirkt sich auch auf

618 So auch *Beisenherz*, Der professionelle Sport und das europäische Kartellrecht, S. 28.

619 *Röper*, Die Konkurrenz und ihre Fehlentwicklungen, S. 14; im Anschluss an diesen auch *Knöpfle*, Der Rechtsbegriff „Wettbewerb", S. 113.

620 Harte/Henning-*W. Schünemann*, UWG, § 1 Rn. 22.

621 Insbesondere ist die zum früheren Lauterkeitsrecht herrschende Ansicht überholt, nach der sich wirtschaftlicher Wettbewerb nur zwischen den Mitbewerbern (und damit im Horizontalverhältnis) abspiele (vgl. dazu Köhler/Bornkamm-*Köhler*, Wettbewerbsrecht, Einl. UWG Rn. 1.8). Schon im UWG 1909 setzte sich die Erkenntnis durch, dass für eine lauterkeitsrechtliche Bewertung einer Wettbewerbshandlung neben dem Horizontal- stets auch die Vertikalprozesse zu berücksichtigen seien. Im UWG 2004 wurde diese Erkenntnis schließlich in der Schutzzweckbestimmung in § 1 UWG ausdrücklich festgeschrieben. S. ebd.

622 So GK-*W. Schünemann*, UWG, Einl. A 11 f. auch m. w. N.

623 Baumbach/*Hefermehl*, Wettbewerbsrecht, Allg. Rn. 12.

den Austauschprozess aus.[624] Das bedeutet, dass Vertikal- und Horizontalverhältnis im Wirtschaftsleben von einer wechselseitigen Einflussnahme geprägt sind, welche als sog. Interdependenz bezeichnet wird.[625] In diesem interdependenten Wesenszusammenhang liegt nicht nur ein, sondern das Charakteristikum wirtschaftlichen Wettbewerbs[626], welches die Ausprägung des Fundamentalwettbewerbes in Form des wirtschaftlichen vom sportlichen Wettbewerb unterscheidet. Denn der sportliche Wettbewerb auf dem Spielfeld spielt sich ausschließlich im Horizontalverhältnis unter den Mannschaften ab. Die nach Spielende erfolgende Platzierungsbekanntgabe stellt lediglich eine deklaratorische Feststellung des im Parallelprozess selbständig zustande gekommenen Rangverhältnisses dar. Insofern fehlt dem sportlichen Wettbewerb auf dem Spielfeld *das* Charakteristikum des wirtschaftlichen Wettbewerbs: das „Amalgam“ aus dem Zusammenspiel von Parallel- und Austauschprozess.[627] Diese komplexe Verwobenheit der Marktseiten findet im sportlichen Wettkampf kein Analogon.[628]

cc) Zusammenfassung: Keine Identität der Wettbewerbsausprägungen

Aus diesem Grund folgert *Rittner*, die Deutung wirtschaftlichen anhand des sportlichen Wettbewerbs gehe „an den Realitäten so sehr vorbei, dass er die Geister nur verwirren“ könne.[629] *W. Schünemann* spricht von der „Unhaltbarkeit einer Analogisierung“[630]. Der Folgerung von *Lobe*, wonach wirtschaftlicher und sportlicher Wettbewerb vollständig vergleichbar seien, ist folglich nicht zuzustimmen.[631] Das

---

624 Seitens *W. Schünemann* wird ihm daher eine „*januskopfige Natur*“ attestiert (s. Harte/Henning-*W. Schünemann*, UWG, § 1 Rn. 23); die Begriffswahl erscheint mythologisch misslich.

625 Baumbach/*Hefermehl*, Wettbewerbsrecht, Allg. Rn. 12; Köhler/Bornkamm-*Köhler*, Wettbewerbsrecht, Einl. UWG Rn. 1.8; GK-*W. Schünemann*, UWG, Einl. A 10, A 12; Harte/Henning-*ders.*, UWG, § 1 Rn. 22 f., § 3 Rn. 235; *Hölzler/Satzky*, Wettbewerbsverzerrungen, S. 15 f.

626 Vgl. Köhler/Bornkamm-*Köhler*, Wettbewerbsrecht, Einl. UWG Rn. 1.8, 1.10; vgl. auch GK-*W. Schünemann*, UWG, Einl. A 11 f.; *Drexl*, Die wirtschaftliche Selbstbestimmung des Verbrauchers, S. 547 f.; *Hölzler/Satzky*, Wettbewerbsverzerrungen, S. 15 f.

627 Harte/Henning-*W. Schünemann*, UWG, § 1 Rn. 23 f., § 3 Rn. 235.

628 *Reichold*, AcP 193 (1993), S. 204, 231.

629 *Rittner*, in: FS Kraft, S. 519, 530.

630 GK-*W. Schünemann*, UWG, Einl. A 10 f., Einl. D 92.

631 Eine Vergleichbarkeit ablehnend auch Baumbach/*Hefermehl*, Wettbewerbsrecht, Allg. Rn. 12; GK-*W. Schünemann*, UWG, Einl. A 10 f., Einl. D 92; Harte/Henning-*ders.*, UWG, § 1 Rn. 22 f., § 3 Rn. 234 f.; *Knöpfle*, Der Rechtsbegriff „Wettbewerb“, S. 112 f.;

unmittelbare Sportgeschehen, der Wettkampf im Stadion, stellt sportlichen Wettbewerb dar.[632] Soweit gewisse Parallelen zwischen diesem und dem wirtschaftlichen Wettbewerb ausgemacht werden können,[633] liegt das allein an dem Umstand, dass beide Wettbewerbsarten Ausprägungen ein und desselben Fundamentalwettbewerbes darstellen. Gemeinsamer Wesenszug ist ihnen die „rivalry for the same thing". Abseits des gemeinsamen Ursprungs bestehen aber derart grundlegende Differenzen und Strukturunterschiede, dass nicht einmal eine normative Gleichstellung der Wettbewerbsarten angenommen werden kann. Sportlicher Wettbewerb, d.h. der Wettbewerb auf dem Spielfeld, stellt ein *aliud* zum wirtschaftlichen Wettbewerb dar.

c) Weite Betrachtungsweise: Anwendbarkeit des § 299 StGB infolge enger Verwobenheit sportlichen und wirtschaftlichen Wettbewerbs im Profisport?

Wurde nun festgestellt, dass eine Anwendbarkeit des § 299 StGB auf die untersuchten Konstellationen der Schiedsrichtermanipulation zwecks Beeinflussung des unmittelbaren Spielgeschehens jedenfalls nicht mit der Begründung vertretbar ist, sportlicher Wettbewerb auf dem Spielfeld und wirtschaftlicher Wettbewerb seien identisch, so ist zu fragen, ob eine Anwendbarkeit des § 299 StGB nicht infolge der im Profisport engen Verwobenheit der sportlichen mit der wirtschaftlichen Sphäre zu begründen ist: Diese enge Verwobenheit führe zu einem „Durchschlagen" des wirtschaftlichen auf den sportlichen Wettbewerb.[634] In Wahrheit – so könnte man argumentieren – gehe es im Profisport doch schon längst nicht mehr um das Sportgeschehen, sondern allein um wirtschaftliche Interessen. Es gehe um die Erlangung platzierungsabhängiger Siegprämien und um Vermarktungseinnahmen.

Richtig ist an dieser Argumentationslinie, dass im Bereich des Profisports nicht mehr nur von rein sportlichen Interessen gesprochen werden kann. In der Tat wird der sportliche Siegeswille von mittelbar vorhandenen, finanziellen Erwägungen begleitet. Denn mit einem Sieg – etwa in der Champions League – ist längst

---

Lux, Der Tatbestand der allgemeinen Marktbehinderung, S. 14 (Fn. 50); *Rittner*, Wettbewerbs- und Kartellrecht, § 1 Rn. 22; *Röper*, Die Konkurrenz und ihre Fehlentwicklungen, S. 11 ff; *Schwintowski*, Wettbewerbsrecht, Frage 230; *Meyer-Cording*, WuW 1962, S. 461, 463, 468 f.; *von Nell-Breuning*, WuW 1952, 371, 373 f.; *Ottel*, WuW 1953, S. 67 f.; *Reichold*, AcP 193 (1993), 204, 230 f.

632 Vgl. *Bottke*, in: FS Kohlmann, S. 85, 86, der nach regelwidrigen Beeinflussungen des Wettbewerbs „im Markt" und „im Sport" differenziert.

633 Gemeinsamkeiten auch nach Baumbach/*Hefermehl*, Wettbewerbsrecht, Allg. Rn. 12.

634 S. oben § 4 A. I. 2. a).

nicht mehr nur sportliche Anerkennung verbunden. An die – das Fundament bildende – sportliche Leistung schließt sich im Profisport eine hochprofitable und an dem Gesichtspunkt der Gewinnmaximierung betriebene wirtschaftliche Vermarktungstätigkeit an. Zu denken ist an das Geschäft mit Fernseh-, Übertragungs- und Werberechten, zu denken ist an Einnahmen durch Sponsoring-Verträge, an Eintrittskartenerlöse, an Einnahmen aus Fan-Artikel-Verkäufen usw. Diese finanziellen Einnahmen aus der Vermarktung des Sportereignisses sind wiederum erforderlich, um die Unterhaltung und das Bestehen des Sportvereins (zumindest) zu fördern. Zu denken ist nicht nur an die Ermöglichung von kostspieligen Spielereinkäufen, die Anstellung guter Trainer, sondern auch an die Finanzierung von Trainingscamps oder Trainingsgeräten.

Im Profisportbereich besteht folglich eine wechselseitige Abhängigkeit zwischen dem sportlichen Geschehen auf dem Spielfeld und den darauf basierenden wirtschaftlichen Vermarktungsgeschäften: Der Sieg in einem Wettkampf fördert nicht nur das finanzielle Fortkommen des Sportvereins, indem Sponsorengelder, Werbeeinnahmen, Zuschauereinnahmen zufließen. Diese Einnahmen fördern oftmals auch das sportliche Fortkommen des Vereins, indem Mittel für Spielerkäufe, den Einkauf externen Know-hows, Übungsgeräte etc. erzielt werden. Es gilt: Ohne Sportbetrieb keine Vermarktungseinnahmen, ohne Vermarktungseinnahmen kein Sportbetrieb. Wer also einen Schiedsrichter mit dem Ziel manipuliert, das unmittelbare Sportgeschehen zugunsten der eigenen Mannschaft zu beeinflussen, der wirkt in unlauterer Weise auf das sportliche Geschehen ein, bewirkt aber zugleich den mittelbaren Zufluss – erwünschter, zum Teil sogar notwendiger – finanzieller Mittel. Bei Adoption einer weiten Betrachtungsweise könnte man daher wie folgt argumentieren: Der zuwendungsgewährende Täter bewirke durch die Schiedsrichtermanipulation eine unlautere Beeinflussung des sportlichen *und* – aufgrund der Interdependenzrelation – zugleich des wirtschaftlichen Wettbewerbs, was die Anwendbarkeit des § 299 StGB nach sich ziehe.

d) Enge Betrachtungsweise: Anwendbarkeit des § 299 StGB nur bei unmittelbarer Betroffenheit gerade wirtschaftlichen Wettbewerbs

In ihrem Ausgangspunkt sind diese Erwägungen korrekt: In einem ersten Schritt sind sportlicher und wirtschaftlicher Wettbewerb aufgrund ihrer unüberbrückbaren Divergenzen voneinander zu trennen. Im Bereich des Profisports kann allerdings in einem zweiten Schritt eine enge Verwobenheit der Wettbewerbsformen aufgrund ihrer wechselseitigen Abhängigkeit nicht geleugnet werden. Insofern ist also von einer Dichotomie des Profisports auszugehen, welche allerdings eine enge Verschränkung von sportlichem und wirtschaftlichem Wettbewerb nicht ausschließt. Diese Verwobenheit des sportlichen mit dem wirtschaftlichen Geschehen im Profisportbereich darf aber – entgegen der soeben dargelegten weiten Betrachtungsweise – nicht darüber hinwegtäuschen, dass es auf etwaige mittelbare finanzielle Folgewirkungen einer Schiedsrichtermanipulation für die Frage nach der Anwendbarkeit des § 299 StGB nicht ankommen kann. Vielmehr ist eine enge Betrachtungsweise geboten: Für die Anwendbarkeit des § 299 StGB ist allein entscheidend, zwecks unmittelbarer Beeinflussung welchen Wettbewerbes die Zuwendungsgewährung erfolgt.[635] Im Falle einer Schiedsrichtermanipulation zur Beeinflussung von dessen Spielleitungsentscheidungen auf dem Spielfeld wird unmittelbar die Lauterkeit des sportlichen Wettbewerbs, hingegen allenfalls mittelbar die Lauterkeit wirtschaftlichen Wettbewerbs gefährdet. Auf diese mittelbaren Folgewirkungen kommt es jedoch im Rahmen des Tatbestandes der Bestechlichkeit und Bestechung im geschäftlichen Verkehr nicht an.

aa) Stützung des Unmittelbarkeitsgedankens

Gestützt werden kann der Unmittelbarkeitsgedanke durch die Gegenüberstellung von Schiedsrichtermanipulationen im Amateur- bzw. im Profisport: Während für erstere stillschweigend Straflosigkeit angenommen wird, soll für letztere § 299 StGB greifen. Doch wie lässt sich die Divergenz der Ergebnisse bei Zugrundelegung eines nahezu identischen Sachverhalts erklären?

Betrachtet man den intendierten Effekt der Vorteilsgewährung, so soll – sowohl im Amateur- als auch im Profisportumfeld – in die Lauterkeit sportlichen Wettbewerbs zwischen den sportlichen Kontrahenten in unlauterer Weise eingegriffen werden. Dies soll mittels der Beeinflussung der – sowohl im Amateur- als auch im Profisport – rein sportlichen Entscheidungsfindung des Schiedsrichters erfolgen. Die intendierten Effekte und die dazu ergriffene Maßnahme der Schiedsrichtermanipulation gleichen sich also in beiden Fällen.

Der einzige Unterschied zwischen einer Schiedsrichtermanipulation im Amateur- und im Profisportbereich liegt in den veränderten Rahmenbedingungen, innerhalb derer sich der sportliche Wettbewerb entfaltet:[636] Im Bereich des Amateursports besteht unter den Sportlern allein eine sportliche Konkurrenz. Das Spiel unter Sportlern, die Entscheidungen der Schiedsrichter, die Methoden der

---

635 Vgl. *Krack*, ZIS 2011, 475, 476, 477 f. (zum Tatbestandsmerkmal „im geschäftlichen Verkehr") sowie NK-*Dannecker*, StGB, § 299 Rn. 24; MüKo-*Krick*, StGB, § 299 Rn. 7; LK-*Tiedemann*, StGB, § 299 Rn. 19 (zum Tatbestandsmerkmal „geschäftlicher Betrieb").

636 Vgl. *Krack*, ZIS 2011, 475, 478; *Hirsch*, in: FS Szwarc, S. 559, 581.

Trainer sind sowohl im Amateur- als auch im Profisport verbleiben sportliche Handlungen und Entscheidungen. Der sportliche Wettbewerb auf dem Spielfeld vollzieht sich in unveränderter Weise und ist unabhängig vom Vorhandensein kommerzialisierter Rahmenbedingungen. Dasjenige lebensweltliche Geschehen, welches durch die Zuwendungsgewährung unmittelbar beeinflusst werden soll – das sportliche Geschehen auf dem Spielfeld, der sportliche Wettbewerb –, ist sowohl im Fall des Amateursports als auch des Profisports identisch.

Sanktioniert der Tatbestand des § 299 StGB – wie durch die Auslegung ermittelt – allein die Einflussnahme auf den wirtschaftlichen Wettbewerb, so ist im Falle der Manipulation eines Schiedsrichters zur Beeinflussung des Spielgeschehens auf dem Spielfeld festzuhalten, dass die Manipulation unmittelbar nicht auf die Beeinflussung des wirtschaftlichen Wettbewerbs abzielt, sondern unmittelbar auf die Beeinflussung des sportlichen Wettbewerbs auf dem Spielfeld. Der Schiedsrichter soll in das sportliche Geschehen eingreifen und der seitens des Zuwendenden favorisierten Mannschaft zum sportlichen Sieg verhelfen. Der Anwendungsbereich des § 299 StGB ist folglich nicht eröffnet.

bb) Trennung auch in der Lebens- und Rechtswirklichkeit

Dass eine Trennung zwischen sportlichem und wirtschaftlichem Wettbewerb auch in der Praxis des Profisports möglich ist, zeigt sich in der Lebens- und Rechtswirklichkeit daran, dass (Profi-)Sportvereine und Sportverbände, die sportlichen von den wirtschaftlichen Tätigkeiten organisatorisch abtrennen. Dies geht dabei nicht nur so weit, dass unterschiedliche Bereiche eines Betriebes befasst werden. Vielmehr ist es sogar so, dass Sportvereine und Sportverbände zur Auslagerung wirtschaftlicher Annextätigkeiten auf organisatorisch verselbständigte Gesellschaften übergehen. So ist etwa die Europäische Handballföderation (EHF) mit der „Durchführung und Organisation von Sportwettkämpfen“ befasst, während ihre 100%ige Tochtergesellschaft, die EHF Marketing GmbH, mit der Vermarktung des Sportwettbewerbes (etwa der Champions League) betraut ist.

cc) Ähnliche Trennungsgedanken auch in der rechtswissenschaftlichen Literatur

Die Notwendigkeit einer Trennung zwischen den Sphären im Profisport wird auch in der rechtwissenschaftlichen Realität gespiegelt.

So war der Schweizer *Kummer* einer der ersten Autoren des deutschsprachigen Raumes, der sich mit der Fragestellung nach der Reichweite der (staatlichen)

Justiziabilität von Sportverbandsregeln befasste.[637] In dessen Tradition der Unterscheidung zwischen Spiel- und Rechtsregeln ist auch die Unterscheidung von *Pfister* Anfang der 1990er Jahre zu sehen:[638] Er differenziert danach, ob die zu untersuchenden Maßnahmen nur unmittelbare Effekte auf die Sportausübung (Binnenwirkung) oder auch auf außersportliche Bereiche (Außenwirkung) zeitigen. Des Weiteren unterscheidet er nach dem status sportivus, status extrasportivus und dem status oeconomicus eines Sportlers. Dabei soll gelten: Je sport-typischer die Verbandsregel bzw. -maßnahme, desto weitergehender die Verbandsautonomie.[639]

Die Gedanken von *Kummer* und *Pfister* dienen Autoren bis heute als Grundlage[640] zur Beantwortung etwa der Frage nach dem Umfang der Anwendbarkeit europäischen Kartellrechts auf den Sportbereich.[641] So ist nach *Heermann* entscheidend, ob die in Rede stehende Regelung verbandsinterne oder verbandsexterne Parteien betrifft.[642] Ebenfalls aus kartellrechtlicher Sicht unterscheidet *Beisenherz* zwischen sportinternen und sportexternen Märkten.[643] Sportinterne Märkte seien diejenigen, auf denen sich lediglich Akteure des Sportsektors (d.h. Vereine, Verbände und die Sportler) als Anbieter und Nachfrager gegenüberstehen. Gedacht sei an Dopingregeln oder Regeln bezüglich der Zusammensetzung von Mannschaften. Sportextern seien solche Märkte, auf denen als Anbieter oder Nachfrager sport-externe Parteien (etwa Sponsoren) auftreten. Solche seien betroffen, wenn Verbandsregeln das Auftreten der am internen

637 *Kummer*, Spielregel und Rechtsregel.

638 *Heermann*, CaS 2009, 90.

639 *Pfister*, in: FS Lorenz, S. 171, 177 f., 179 f.; vgl. *ders.*, SpuRt 2007, 58, 59 (diesbezüglich stellt *Heermann*, CaS 2009, 90, 94 treffend eine spürbare Beeinflussung von *Pfister* durch die EuGH-Urteile *Meca-Medina* und *Majcen* fest).

640 Vgl. *Heermann*, CaS 2009, 90, 94.

641 Der EuGH geht inzwischen – denkbar weit – von einer Anwendbarkeit des EG-Vertrages auf verbandsrechtliche Regelwerke insoweit aus, „als sie einen Teil des Wirtschaftslebens darstellen“ (statt vieler nur EuGH, Rs. 36/74, Slg. 1974, 1405 (*Walrave und Koch*); Rs. C-415/93, Slg. 1995 I-4921 (*Bosman*); Rs. C-519/04 P, Slg 2006, I-6991 f. (*Meca-Medina und Majcen*)). Die großzügige Annahme der eigenen Prüfungskompetenz durch den EuGH vermag nicht zu überraschen, ist aber kritisch zu betrachten, birgt sie doch die Gefahr einer Einmischung auch in Bereiche, die keinen unmittelbaren wirtschaftlichen Bezug aufweisen; vgl. *Heermann*, CaS 2009, 90, 93.

642 *Heermann*, CaS 2006, 345, 359 f.; *ders.*, WRP 2009, 285, 287.

643 Dazu und im Folgenden *Beisenherz*, Der professionelle Sport und das europäische Kartellrecht, S. 38 f.

Sportmarkt auftretenden Akteure gegenüber sportexternen Parteien (etwa Fernsehsendern oder Werbepartnern) regelten.

Die referierten Ansichten sind auf die vorliegende Problematik der Grenzen des Strafrechts bei der Bewältigung von Schiedsrichtermanipulationen nicht übertragbar, betreffen sie doch eine andere Fragestellung: Die erste Grenzziehung zwischen Sport und Recht durch *Kummer* und *Pfister* war eine noch recht allgemeine. Später befassten sich Autoren mit der Frage nach der Grenzziehung zwischen Sport und Kartellrecht (d. h. Sportautonomie und Einflussbereich des Rechts). Das Kartellrecht untersucht Verhalten und Vereinbarungen von Wirtschaftssubjekten auf ihre Zulässigkeit hin. Dafür ist eine exakte Bestimmung des relevanten Marktes, auf welchem sich das Verhalten oder die Vereinbarung auswirkt, erforderlich. Das kartellrechtliche Interesse an Marktabgrenzungen lenkt den Blick damit notwendigerweise auf den Wirkradius einer verbandsrechtlichen Regelung; aus kartellrechtlicher Sicht geht es um die Bestimmung der Reichweite der Verbandsautonomie. Vorliegend geht es jedoch allein um die Frage nach der Reichweite des Strafrechts.

Für die im Rahmen der vorliegenden Abhandlung zu untersuchende Fragestellung nach der Reichweite des Strafrechts ist eine tatbestandsbezogene Antwort zu suchen. So ist etwa der Anwendungsbereich des Tatbestandes der Bestechung im geschäftlichen Verkehr nur für Sachverhalte eröffnet, die einen wirtschaftlichen Wettbewerb betreffen. Ob ein derartiger wirtschaftlicher oder nicht vielmehr ein sportlicher Wettbewerb betroffen ist, kann – wie dargelegt – nicht im Wege einer weiten Betrachtungsweise beantwortet werden. Der in den Blick genommene Tatbestand verlangt vielmehr nach einer engen Betrachtungsweise: Entscheidend ist, welche der im Profisport miteinander verwobenen Wettbewerbsausprägungen durch die Zuwendungsgewährung an den Schiedsrichter unmittelbar beeinflusst werden soll. Während sich also die Grenzziehung zwischen Sport und Kartellrecht nach dem Wirkradius der verbandsrechtlichen Vorschrift richtet, hängt die Abgrenzung von Sport und § 299 StGB davon ab, auf welchen Wettbewerb unmittelbar eingewirkt werden soll. Insofern sind kartellrechtliche Marktabgrenzungen für die vorliegende Fragestellung nur bedingt hilfreich: Die zur Abgrenzung entwickelten Kriterien können zwar nicht direkt übernommen werden; die referierten Ansichten vermögen den vorliegend vertretenen engen Blickwinkel aber insofern zu stützen, als auch sie stillschweigend von der Notwendigkeit einer Abgrenzung zwischen sportlicher und rechtlich relevanter Sphäre ausgehen.

dd) Erzielung sachgerechter Ergebnisse

Schließlich lassen sich unter Anwendung des vorliegend vertretenen Unmittelbarkeitsgedankens auch sachgerechte Ergebnisse in Konstellationen des Profisports erzielen:

Wird ein Schiedsrichter zwecks unlauterer Beeinflussung des Spielgeschehens manipuliert, so soll er in das sportliche Geschehen eingreifen und der seitens des Zuwendenden favorisierten Mannschaft zum sportlichen Sieg verhelfen. Unmittelbar betroffen ist allein der sportliche Wettbewerb. Der Anwendungsbereich des § 299 StGB ist nicht eröffnet.

Wird hingegen nicht der Schiedsrichter, sondern der Angestellte der Marketing-Gesellschaft bestochen, damit die Sportler des Sportvereins für das Produkt des Zuwendungsgewährenden, nicht hingegen für das Produkt eines anderen werben, so wird die Lauterkeit wirtschaftlichen Wettbewerbs zwischen den Produktherstellern gefährdet. Damit ist gerade dasjenige Rechtsgut betroffen, dessen Schutz der Tatbestand der Bestechlichkeit und Bestechung im geschäftlichen Verkehr zu dienen bestimmt ist. Vorbehaltlich der Erfüllung übrigen Tatbestandsmerkmale des § 299 StGB kann also eine Strafbarkeit in derartigen Fällen unmittelbarer Betroffenheit wirtschaftlichen Wettbewerbs durchaus in Betracht kommen.

e) Zusammenfassung zur Handhabung von Schiedsrichtermanipulationsfällen

Zusammenfassend kann zum Wettbewerb im Profisport Folgendes gesagt werden: In einem ersten Schritt sind der Wettbewerb auf dem Sportfeld, d. h. der sportliche, und der Wettbewerb im Bereich von Vermarktungsgeschäften, d. h. der wirtschaftliche, voneinander zu trennen. Bezogen auf die vorzufindenden Wettbewerbsformen kann insoweit durchaus von einer Dichotomie des Profisports gesprochen werden. Die zunächst erforderliche Trennung der Wettbewerbsausprägungen kann allerdings in dieser Strenge nicht durchgehalten werden. Vielmehr ist im Profisport eine enge Verwobenheit, ja sogar eine gegenseitige Abhängigkeit, eine Interdependenz zwischen sportlicher und wirtschaftlicher Sphäre zu konstatieren. Vor dem Hintergrund der vorliegend zu klärenden Frage nach einer etwaigen Strafbarkeit des Geschäftsführers gemäß § 299 Abs. 2 StGB infolge der Gewährung von Vorteilen an Schiedsrichter zwecks Beeinflussung des sportlichen Wettkampfgeschehens war nach einem Weg zu suchen, diesen Befund der Sphärenverwobenheit juristisch handhabbar zu machen. Geboten ist eine enge Betrachtungsweise im Sinne eines Unmittelbarkeitsgedankens nach Maßgabe der folgenden „Test-Fragen“: Der unmittelbaren Beeinflussung welchen Wettbewerbs (des sportlichen oder des wirtschaftlichen) sollte die Zuwendungsgewährung dienen? Manipulationshandlungen, die unmittelbar auf eine unlautere Beeinflussung des sportlichen Geschehens abzielen, werden auch dann nicht zu einer Straftat gegen den durch § 299 StGB geschützten wirtschaftlichen Wettbewerb, wenn sie mittelbar positive Folgeeinnahmen nach sich ziehen oder auch nur potentiell nach sich ziehen könnten. Denn insoweit ergibt sich kein Unterschied zwischen Amateur- und Profisport: Sowohl die Art der Einflussnahme als auch die Art der Bevorzugungshandlung bleiben unverändert: Beabsichtigt wird eine Manipulation des sportlichen Geschehens durch die Einflussnahme auf den Schiedsrichter, der dort grundsätzlich allein unter sportlichen, nicht auch unter wirtschaftlichen Gesichtspunkten entscheidet. Die phänotypischen Unterschiede in der Einkleidung des Profi- gegenüber dem Amateursport, d. h. die unterschiedlichen Rahmenbedingungen, dürfen nicht über den unveränderten gemeinsamen Kern-Wesenszug hinwegtäuschen. Manipulationshandlungen, die hingegen nicht unmittelbar auf die Beeinflussung des sportlichen Spielgeschehens, sondern auf eine sachwidrige Beeinflussung des wirtschaftlichen Wettbewerbs der Sportvereine untereinander abzielen – etwa: im Bereich ihrer Marketing-Annexgeschäfte – können durchaus durch § 299 StGB pönalisiert werden.

3. *Zusammenfassung zur Konturierung und zu Implikationen des tatbestandlich relevanten Wettbewerbsbegriffs*

Die vorangegangenen Untersuchungen zum tatbestandlich relevanten Wettbewerbsbegriff haben ergeben, dass im Zusammenhang mit § 299 StGB ein wirtschaftlicher Wettbewerb gemeint ist. In lebensweltlichen Bereichen, in denen wirtschaftlicher und andere Wettbewerbsausprägungen nebeneinanderstehen und zugleich auch miteinander verwoben sind, fällt die Beurteilung dessen, ob gerade die Lauterkeit des wirtschaftlichen Wettbewerbes durch die Zuwendungsgewährung gefährdet wird, nicht einfach. Ob gerade der wirtschaftliche Wettbewerb tangiert wird, sollte in einer engen Auslegung beurteilt werden. Diese enge Betrachtungsweise – an dieser Stelle in ihrer Spielart als sog. Unmittelbarkeitsgedanke – wird sich auch durch die weitere Auslegung und Anwendung des Tatbestandes ziehen und insgesamt den Schlüssel zu einer sachgerechten Handhabung von Schiedsrichtermanipulationen zur Beeinflussung des Spielgeschehens vor dem Hintergrund des § 299 StGB bereitstellen.

II. Angestellter oder Beauftragter eines geschäftlichen Betriebes

Abseits der explizit wettbewerbsbezogenen Tatbestandsmerkmale fragt sich, inwiefern der tatbestandlich relevante wirtschaftliche Wettbewerb auch Implikationen auf die Auslegung derjenigen Tatbestandsmerkmale zeitigt, die mit diesem bereits nach dem Wortsinn thematisch verwoben sind: Dabei geht es zum einen um den Prinzipal des Angestellten bzw. Beauftragten, der gerade „geschäftlicher Betrieb“ sein muss (dazu unter 2.) sowie um die Frage, ob die Zuwendungsgewährung gerade „im geschäftlichen Verkehr“ erfolgt (dazu unter III). Vorab ist allerdings (unter 1.) zu klären, ob der Schiedsrichter überhaupt als „Angestellter“ oder „Beauftragter“ im Sinne des § 299 StGB anzusehen ist.

1. Der Schiedsrichter als „Angestellter“ oder „Beauftragter“

Die Begrifflichkeiten sind weit auszulegen. Für ihre Einordnung sind nicht etwa zivilrechtliche Wertungen und Abgrenzungskriterien, sondern die tatsächlichen Verhältnisse maßgeblich.[644]

a) Der Schiedsrichter als „Angestellter“?

Angestellter im Sinne des § 299 StGB ist, wer in einem Dienst-, Werk- oder Auftragsverhältnis zum Geschäftsinhaber steht und dessen Weisungen unterworfen ist.[645]

Ist die Weisungsabhängigkeit für den Angestelltenbegriff prägend,[646] so bereitet die Einstufung des Schiedsrichters als „Angestellter“ Schwierigkeiten. Denn dieser ist allenfalls in den Rahmenbedingungen seiner Tätigkeit (etwa: Terminierung der Spiele, zu tragenden Kleidung, zu beachtende Regeln) weisungsgebunden. Im genuin eigenen Tätigkeitsbereich des Schiedsrichters, d.h. im Rahmen seiner Spielleitungsleistung, agiert er hingegen voll eigenverantwortlich und weisungsfrei: Die Bewertung einer Spielsituation als „kritisch“ obliegt ausschließlich ihm. Ein weiter Ermessensspielraum kommt ihm auch bei dem Ob und der Auswahl der konkret zu treffenden Maßnahme zu, ist der Schiedsrichter doch – abseits der zu beachtenden Spielregeln inklusive Fairnessgebot – frei und nur seinem Wissen und Gewissen verpflichtet.

Folglich entspricht die Tätigkeit eines Schiedsrichters nicht dem Leitbild eines „Angestellten“, sondern allenfalls demjenigen eines „Beauftragten“.

---

644 NK-*Dannecker*, StGB, § 299 Rn. 22; *Fischer*, StGB, § 299 Rn. 8, 10; von Heintschel-Heinegg-*Momsen*, StGB, § 299 Rn. 10. Aus der Rechtsprechung: BGH GSSt NJW 2012, 2530, 2532 f.

645 MüKo-*Krick*, StGB, § 299 Rn. 4; *Fischer*, StGB, § 299 Rn. 9; S/S-*Heine/Eisele*, StGB, § 299 Rn. 7; LK-*Tiedemann*, StGB, § 299 Rn. 11.

646 NK-*Dannecker*, StGB, § 299 Rn. 19: „Fehlt es an der Weisungsgebundenheit, so kann es sich lediglich um einen Beauftragten handeln.“

b) Der Schiedsrichter als „Beauftragter" des den Wettkampf ausrichtenden Verbandes

Beauftragter ist, wer befugtermaßen für den Betrieb dauernd oder gelegentlich geschäftlich tätig wird und unmittelbar oder mittelbar auf die betrieblichen Bezugsentscheidungen Einfluss[647] nehmen kann, ohne dabei Angestellter oder selbst Inhaber eines (anderen) geschäftlichen Betriebes zu sein.[648]

Die Einordnung des Schiedsrichters als „Beauftragter" präsentiert sich auf den ersten Blick als recht einfach: Die bereits dargelegte Weisungsunabhängigkeit, die Eigenverantwortlichkeit, die Selbständigkeit der Aufgabenwahrnehmung und die Ausstattung des Schiedsrichters mit Ermessensspielraum führen dazu, dass dieser bei Auslegung nach der maßgeblichen faktischen, nicht auch zivilrechtlichen[649] Betrachtungsweise nicht als „Angestellter" des ihn nominierenden wettkampfausrichtenden Verbandes einzustufen ist. Zudem kann der Schiedsrichter durch seine Entscheidungen auf dem Spielfeld unmittelbar Einfluss auf die Entscheidungen seines Prinzipals nehmen: Seine Entscheidungen sind für den wettkampfausrichtenden Verband und die am Spiel Beteiligten endgültig und bindend; insbesondere gibt es keinen „Oberschiedsrichter" als Kontrollinstanz.[650] Für den Beauftragtenbegriff – der im Übrigen weit auszulegen ist und als Auffangtatbestand[651] fungiert – ist insbesondere auch irrelevant, dass Schiedsrichter (zum Teil) nur „auf Abruf" für Einzelspiele nominiert werden und somit keiner dauerhaften Beschäftigung (im engeren Sinne) nachgehen.

Mögen diese Gesichtspunkte für eine Einordnung des Schiedsrichters als „Beauftragter" des ausrichtenden Verbandes sprechen, so verbleiben dennoch folgende drei Problemfragen zu klären:

---

647 Die Einflussnahme auf Unternehmensentscheidungen, d.h. solche, die den Bezug von Waren oder gewerblichen Leistungen bzw. den Leistungsaustausch betreffen, ist somit nach der *ratio legis* typisch sowohl für den Angestellten als auch für den Beauftragten, vgl. NK-*Dannecker*, StGB, § 299 Rn. 19; *Fischer*, StGB, § 299 Rn. 9 f.; S/S-*Heine/Eisele*, StGB, § 299 Rn. 7 f.; *Lackner/Kühl*, StGB, § 299 Rn. 2; LK-*Tiedemann*, StGB, § 299 Rn. 11 sowie zum UWG GK-*Otto*, UWG § 12 Rn. 22, 42 f.

648 Vgl. NK-*Dannecker*, StGB, § 299 Rn. 22; MüKo-*Krick*, StGB, § 299 Rn. 5; *Fischer*, StGB, § 299 Rn. 10; S/S-*Heine/Eisele*, StGB, § 299 Rn. 8; LK-*Tiedemann*, StGB, § 299 Rn. 16.

649 NK-*Dannecker*, StGB, § 299 Rn. 22; LK-*Tiedemann*, StGB, § 299 Rn. 16.

650 Vgl. etwa explizit XI. 2.2.2 des Reglements für Europameisterschaften der EHF, abrufbar unter http://ebook.eurohandball.com/2012-regulations-MCL/MCL/Regulations_CLRegulations.pdf (letzter Abruf: 08.12.2015).

651 *Fischer*, StGB, § 299 Rn. 8, 10; NK-*Dannecker*, StGB, § 299 Rn. 22.

Zum ersten (unter aa)) ist zu untersuchen, ob neben dem ausrichtenden Verband nicht vielleicht auch ein anderer Prinzipal (etwa: ein Sportverein) in Betracht kommt. Diese Bedenken ergeben sich – in den Worten des Großen Senats des BGH in Strafsachen – aus dem Folgenden: „Schon vom Wortsinn ist dem Begriff des Beauftragten die Übernahme einer Aufgabe im Interesse des Auftraggebers immanent.“[652] Zwar handelt der Schiedsrichter im Rahmen seiner Spielleitungsleistung durchaus im Interesse des ausrichtenden Verbandes: Er überwacht die Regeleinhaltung und sorgt für einen fair ablaufenden Sportwettkampf im Einklang mit den Statuten des den Wettbewerb ausrichtenden Verbands. Das Fairnessgebot ist aber überdies auch in den Satzungen der einzelnen Sportvereine enthalten und von diesen zu achten. Die Überwachung der Regelgerechtigkeit des Spiels durch den Schiedsrichter erfolgt also nicht nur im Interesse des ausrichtenden Verbandes, sondern zugleich im Interesse der Sportvereine. Insofern könnte man erwägen, den Schiedsrichter nicht nur als „Beauftragten“ des ausrichtenden Verbandes, sondern auch der kontrahierenden „Sportvereine“ anzusehen.

Zum zweiten erscheint problematisch, dass definitorisch dann kein „Beauftragter“ vorliegen soll, wenn der Zuwendungsempfänger selbst „Betriebsinhaber“ ist und die Vorteilsgewährung in dieser Funktion entgegennimmt. Angesichts der weitgehenden Eigenständigkeit des Schiedsrichters im Rahmen seiner Spielleitungstätigkeit sind Zweifel angebracht, auf die (unter bb)) einzugehen ist.

Zum dritten (unter cc)) ist zu untersuchen, inwiefern eine Einordnung als „Beauftragter“ eventuell daran scheitert, dass der Schiedsrichter in einem sportlichen Wettkampf als neutrale Figur fungiert, also überparteilich ist. Insofern könnte – mangels Vorliegen einer Tätigkeit im Partikularinteresse (irgend-)eines Auftraggebers – das Tatbestandsmerkmal insgesamt zu verneinen sein.

aa) „Beauftragter“ auch der Sportvereine?

Einer Einordnung des Schiedsrichters als „Beauftragter“ der Sportvereine steht nicht schon entgegen, dass zwischen ihnen keine unmittelbaren Rechtsbeziehungen bestehen und dass der Schiedsrichter nicht in die Organisation der

---

652 BGH GSSt NJW 2012, 2530, 2533. Der Große Senat für Strafsachen urteilte darin (u. a.), dass ein niedergelassener, für die vertragsärztliche Versorgung zugelassener Arzt bei der Verordnung von Arzneimitteln nicht als „Beauftragter“ der gesetzlichen Krankenkassen im Sinne von § 299 StGB handelt (zur Verfahrensgeschichte *ebd.*, 333 f.). Einige Erwägungen des Urteils werden in entsprechender Weise herangezogen, um die vorliegend zu klärende Frage nach der Einordnung des Schiedsrichters zu beantworten.

Sportvereine eingebunden ist.[653] Im Unterschied zum Angestellten ist der Beauftragte sogar typischerweise nicht in den Betrieb des Prinzipals eingegliedert.[654]

Allerdings spricht gegen eine Einordnung des Schiedsrichters als „Beauftragter zweier Herren“, nämlich des ausrichtenden Verbandes *und* der Sportvereine, die erforderliche faktisch-wertende Betrachtung:[655] Der Schiedsrichter wird gerade durch den ausrichtenden Verband nominiert. Es ist auch gerade der ausrichtende Verband, der die Terminierung des Spiels, die zu tragende Kleidung, die einzuhaltenden Spielregeln und ähnliche Modalitäten vorgibt. Überdies liegt es vor allem im Interesse des ausrichtenden Verbandes, dass der durchgeführte Wettkampf fair und manipulationsfrei abläuft: Zweifelsohne erzielt er gerade aus der Vermarktung des sportlichen Events finanzielle Folgeeinnahmen und hat daher ein Interesse, gewinnmindernde Imageschäden verhindern. Zu den Sportvereinen besteht hingegen keine Nähebeziehung. Vielmehr kommen die Sportvereine ausschließlich im Rahmen des Spiels auf dem Spielfeld mit dem Schiedsrichter in Berührung. Der nominierte Schiedsrichter wird den Sportvereinen seitens des ausrichtenden Sportverbands faktisch „vorgesetzt“. Folglich ist der Schiedsrichter keinesfalls als „Beauftragter zweier Herren“ anzusehen, sondern allenfalls als „Beauftragter“ des ausrichtenden Verbands.[656]

bb) Kein „Beauftragter“, da „Betriebsinhaber“ bzw. „eigene Wirtschaftsstufe“?

Allerdings könnte einer Einordnung des Schiedsrichters als „Beauftragter“ entgegenstehen, dass er selbst einen geschäftlichen Betrieb innehat und in dieser Funktion die Zuwendung entgegennimmt. Für das Vorliegen einer Betriebsinhaberschaft bzw. für eine Klassifikation als „eigene Wirtschaftsstufe“[657] könnte der Umstand sprechen, dass der Schiedsrichter bei seiner Spielleitungsleistung ihm obliegende (rechtliche) Pflichten erfüllt und daher (auch) im eigenen Interesse handelt. Insofern könnte man erwägen, die Gewährung von Vorteilen an den Schiedsrichter als Teil seiner (erlaubten) Preisverhandlung und Ausdruck seiner Privatautonomie anzusehen, sodass eine Pönalisierung gemäß § 299 StGB

653 BGH GSSt NJW 2012, 2530, 2533.

654 Achenbach/Ransiek/Rönnau-*Rönnau*, Handbuch Wirtschaftsstrafrecht, III 2 Rn. 12; *Fischer*, StGB, § 299 Rn. 10a; LK-*Tiedemann*, StGB, § 299 Rn. 16.

655 Vgl. BGH GSSt NJW 2012, 2530, 2532 f.

656 Auch *Krack*, ZIS 2011, 475, 478 f. verneint alternative Geschäftsherren des Schiedsrichters.

657 Terminologie nach NK-*Dannecker*, StGB, § 299 Rn. 23b.

nicht in Betracht käme.[658] Nach *Dannecker* kommt es für eine Klassifikation als eigene Wirtschaftsstufe entscheidend auf zweierlei an: Zum einen, inwiefern der in Rede Stehende als eigenständiges Unternehmen auftritt und *eigene* Interessen verfolgt, was insbesondere der Fall sei, wenn er ein „ganzes Bündel an Leistungen" erbringe.[659] Zum zweiten spricht für eine Einordnung als eigenständige Wirtschaftsstufe die Fähigkeit, selbst Preise aushandeln zu können.[660]

Zweifel an einer Einstufung als eigene Wirtschaftsstufe ergeben sich bereits dann, wenn man nach rein natürlichem Begriffsverständnis Beispiele für eine „Wirtschaftsstufe" (im Sinne einer „Absatzstufe") bildet: zu denken ist an Hersteller, Großhändler und sonstige Absatzmittler, Einzelhändler, nicht hingegen an einen Schiedsrichter.

Der Schiedsrichter erbringt auch – anders als nach *Dannecker* erforderlich – kein ganzes Bündel an unterschiedlichen Leistungen. Zwar mag sich die Leistung des Schiedsrichters aus zahlreichen Einzelstücken (etwa: Zeitnehmen, Überwachung der Regeleinhaltung, Verhängung von Strafen) zusammensetzen; bei wertender Betrachtung liegt jedoch nur eine einzige Leistung, nämlich die Spielleitungsleistung, vor. Auch das zweite von *Dannecker* genannte Kriterium der „Fähigkeit zur eigenständigen Preisverhandlung" gegenüber allen Parteien ist durch Schiedsrichter nicht erfüllt: denkbar – wenn auch fernliegend – ist dies noch gegenüber dem Vertragspartner des Schiedsrichters, dem den Wettbewerb ausrichtenden Verband; gegenüber den Sportvereinen spielen hingegen – jedenfalls abseits der pathologischen Manipulationsfälle – nur sportliche, nicht auch finanzielle Aspekte eine Rolle.

---

658 Vgl. NK-*Dannecker*, StGB, § 299 Rn. 23b; Achenbach/Ransiek/Rönnau-*Rönnau*, Handbuch Wirtschaftsstrafrecht, III 2 Rn. 18: Bekannt wurden die sog. Media-Agentur-Fälle, in denen Werbetreibende sog. Media-Agenturen mit der Vermittlung ihrer Werbung an TV-Vermarkter beauftragten. Die Media-Agenturen erhielten seitens der TV-Vermarkter Rabattvorteile, wenn sie bevorzugt wurden. Ist die Media-Agentur als Beauftragte des Werbetreibenden anzusehen, so kommt eine Strafbarkeit gemäß § 299 StGB in Betracht; straflos ist sie hingegen im Falle einer Einordnung als *„eigene Wirtschaftsstufe"*.

659 So, teilweise wörtlich übernommen, NK-*Dannecker*, StGB, § 299 Rn. 23b. Media-Agenturen übernehmen etwa nicht die bloße Vermittlungstätigkeit, sondern auch Planung, Platzierung und Kontrolle von Werbekampagnen.

660 S. NK-*Dannecker*, StGB, § 299 Rn. 23b.

Der Schiedsrichter ist folglich nicht als „eigene Wirtschaftsstufe“ und auch nicht als „eigener Betrieb“ anzusehen, sodass dessen Einordnung als „Beauftragter“ des ausrichtenden Verbandes – vorbehaltlich des nun zu behandelnden letzten Problempunktes – nichts im Wege steht.

cc) Kein „Beauftragter“ wegen Verfolgung eines Gemeininteresses?

Zweifeln könnte man an einer Einordnung des Schiedsrichters als „Beauftragter“ deshalb, weil der Schiedsrichter kein Partikularinteresse, sondern ein Gemeininteresse aller Sportbeteiligten an einem fairen Spielablauf verfolgt. Da ein Beauftragter bei natürlichem Begriffsverständnis doch gerade im Partikularinteresse nur der ihn beauftragenden Partei handele, scheide – so könnte man auf den ersten Blick meinen – eine Einordnung als Beauftragter aus, sobald Gemeininteressen verfolgt werden.

Und solche Gemeininteressen verfolgt der Schiedsrichter durchaus im Rahmen seiner Tätigkeit: Er agiert zwar im Rahmen seiner Spielleitungstätigkeit durchaus eigenständig und fällt seine Entscheidungen weisungsfrei, unter Beachtung nur der Spielregeln und des Fairnessgebots. Diese Leitlinien sind aber nicht nur für den Schiedsrichter verbindliche Vorgaben; ihre Wahrung obliegt ebenso den teilnehmenden Vereinen und ihren Sportlern. Auch der ausrichtende Verband wacht – etwa durch Dopingkontrollen – über die Regeleinhaltung. Die Spielleitungsleistung des Schiedsrichters erfolgt mithin keinesfalls „exklusiv“ im Sinne einer Seite, sondern sowohl im eigenen Interesse des Schiedsrichters als auch im fremden Interesse des ausrichtenden Verbandes wie auch im fremden Interesse der Sportvereine an einem fairen Wettkampf. Das Interesse an einem fairen Wettkampf ist also durchaus ein Gemeininteresse aller am Wettkampf Beteiligten.

Verfolgt der Zuwendungsempfänger nun ein derartiges Gemeininteresse, so kommen im Prinzip alle das Interesse Teilenden als Geschäftsherren in Betracht, handelt der Zuwendungsempfänger doch im Interesse eines jeden von ihnen und zugleich im Interesse aller. Der für den Tatbestand des § 299 StGB relevante Geschäftsherr kann aber nur derjenige sein, auf dessen betriebliche Entscheidung der Zuwendungsempfänger vorteilsbedingt Einfluss zu nehmen beabsichtigt und auf dessen Entscheidung der Zuwendungsempfänger Einfluss nehmen kann. Es ist gerade diese Möglichkeit zur Einflussnahme auf betriebliche Entscheidungen, die für die Einordnung als geeigneter Zuwendungsempfänger im Rahmen des § 299 StGB definitorisch von entscheidender Bedeutung ist. Die Schiedsrichterleistung, auf die manipulationsbedingt Einfluss genommen werden soll, entfaltet im Rahmen eines sportlichen Wettkampfes Wirkung, der gerade vom ausrichtenden Verband organisiert und durchgeführt wird.[661] Es soll gerade der Entscheidungsprozess innerhalb des ausrichtenden Verbandes (nicht auch innerhalb der Sportvereine) durch die Zuwendungen an den Schiedsrichter beeinflusst werden.

Folglich ist der Schiedsrichter als „Beauftragter" des ihn nominierenden, wettkampfausrichtenden Verbandes anzusehen.

c) Zusammenfassung zur Stellung als „Beauftragter"

Werden einem Schiedsrichter zwecks Beeinflussung seiner Spielleitungsentscheidungen Vorteile gewährt, so erscheint aber – vor dem Hintergrund des zur Abgrenzung zwischen wirtschaftlichem und sportlichem Wettbewerb Gesagten – das für einen „Beauftragten" definitorische Erfordernis eines „geschäftlichen" Tätigwerdens für einen Auftraggeber in Form eines „geschäftlichen Betriebes" problematisch:[662] Im Rahmen einer Spielleitungsentscheidung entscheidet der Schiedsrichter nicht aus ökonomischen Erwägungen, sondern – jedenfalls soweit er manipulationsfrei ist – aus rein sportlichen Erwägungen. Er beachtet die Regeln des Spiels und entscheidet im Übrigen unter Fairnessgesichtspunkten. Unmittelbar – und nur darauf kommt es wie bereits gesehen an – ist mithin allein die Lauterkeit sportlichen Wettbewerbs zwischen den Kontrahenten auf dem Spielfeld betroffen. Dass die Schiedsrichtertätigkeit auf dem Platze gegenüber den kontrahierenden Mannschafen rein sportlicher Natur ist und daher nicht im geschäftlichen Bereich erfolgt, zeigt sich etwa bei einem Vergleich mit der Parallelsituation unter Amateuren, die als nicht-geschäftlich eingestuft wird.[663] Was die Schiedsrichtertätigkeit als solche angeht, unterscheidet sie sich nicht von derjenigen im Rahmen eines Spiels unter Amateuren; verändert haben sich allein die Rahmenbedingungen, in welchen sich das sportliche Geschehen entfaltet. Diese Zweifel an dem Vorliegen einer geschäftlichen Tätigkeit des Schiedsrichters leiten

---

661 Inwiefern die Spielleitungsleistung des Schiedsrichters als Leistung des geschäftlichen Betriebes von diesem durch den Zuwendungsgewährenden (bzw. Dritten) bezogen wird, ist keine Frage des Beauftragtenbegriffs, sondern eine Frage der Unrechtsvereinbarung: Entscheidend ist, ob die Vorteilsgewährung mit der Zielsetzung erfolgt, dass der Zuwendungsempfänger den Zuwendenden (bzw. einen Dritten) bei dem Bezug von Waren oder gewerblichen Leistungen vom Prinzipal des Angestellten bzw. Beauftragten (d. h. vom geschäftlichen Betrieb) in unlauterer Weise bevorzuge. Dazu näher unter § 4 B. II.

662 Vgl. *Krack*, ZIS 2011, 475, 477 f.; NK-*Dannecker*, StGB, § 299 Rn. 30; LK-*Tiedemann*, StGB, § 299 Rn. 23.

663 Vgl. *Krack*, ZIS 2011, 475, 478; *Hirsch*, in: FS Szwarc, S. 559, 581.

über zu der Untersuchung, ob der Prinzipal des Schiedsrichters – der den Wettkampf ausrichtende Verband – überhaupt als tatbestandsrelevanter geschäftlicher Betrieb anzusehen ist.

2. *Der Prinzipal des Schiedsrichters als „geschäftlicher Betrieb"*

Auch im Rahmen der nun folgenden Betrachtungen, inwiefern der Prinzipal des Schiedsrichters gerade als „geschäftlicher Betrieb" zu klassifizieren ist, werden Gedanken virulent, die dem Leser bereits bekannt vorkommen dürften. Im Sinne einer einheitlichen Handhabung des Tatbestandes bietet es sich an, Erwägungen, die sich bereits im Rahmen der Konturierung des tatbestandlich relevanten Wettbewerbsbegriffs (unter I.) als tragfähig erwiesen haben, in geringfügig abgewandelter Form erneut fruchtbar zu machen. Insofern werden die Topoi der Dichotomie des Profisports, der Verwobenheit der Sphären und der engen Betrachtungsweise auch im Rahmen der nun folgenden Ausführungen von wesentlicher Bedeutung sein.

Als tatbestandlich relevanter Prinzipal des Schiedsrichters kommt in Schiedsrichtermanipulationsfällen – wie herausgestellt – allein der den Wettkampf ausrichtende Verband in Betracht. Dieser müsste als „geschäftlicher Betrieb" im Sinne von § 299 StGB anzusehen sein. Geschäftlicher Betrieb ist dabei jedes auf gewisse Dauer angelegte Unternehmen, das seine wesensgemäße Tätigkeit dadurch vollzieht, dass es durch Austausch von Leistungen am Wirtschaftsleben teilnimmt.[664]

Einzig problematisch an der genannten Definition ist, inwiefern wettkampfausrichtende Verbände durch Leistungsaustausch gerade „am Wirtschaftsleben" partizipieren. Für Zwecke der nachfolgenden Ausführungen ist zwischen Sportverbänden zu unterscheiden, die als „dichotom im weiteren Sinne" und solchen, die als „dichotom im engeren Sinne" zu kennzeichnen sind:

Es gibt wettbewerbsausrichtende Verbände, deren wesenstypische Aufgabe sich nach ihrer Satzung darauf beschränkt, Sportwettkämpfe zu organisieren und durchzuführen;[665] im Gegenzug werden typischerweise Teilnahmegebühren[666]

---

664 NK-*Dannecker*, StGB, § 299 Rn. 24; S/S-*Heine/Eisele*, StGB, § 299 Rn. 6; MüKo-*Krick*, StGB, § 299 Rn. 16; *Fischer*, StGB, § 299 Rn. 4 f. LK-*Tiedemann*, StGB, § 299 Rn. 19 f. Vgl. zu § 12 UWG a. F.: SK-*Reimer*, Wettbewerbsrecht, Kapitel 54 Rn. 4.

665 Vgl. für den Fall des Verbandes, der die Handball-Champions-League ausrichtet (EHF), 1.2 und 12.1. Nr. 4 ihrer Satzung, vgl. Fn. 381.

666 Für die Teilnahme an Handball-Champions-League-Endrunden ist ein Solidaritätsbeitrag i. H. v. 4.500 Euro an einen Sonderfonds der EHF zu zahlen, s. II. 2.5.1 des Reglements für Europameisterschaften, vgl. Fn. 650.

erhoben (fortan sog. Organisatorin). Andere als diese bloße Organisationstätigkeiten – insbesondere: Vermarktungstätigkeiten – werden nicht von dem ausrichtenden Verband selbst erledigt, sondern sind auf (gewöhnlicherweise einhundertprozentige) Tochtergesellschaften ausgelagert (sog. Marketing-Gesellschaft).[667] Diese gesellschaftsrechtliche Organisation vollzieht die Trennung der zwei Sphären des Profisports – wirtschaftlicher und sportlicher Sphäre –, die Trennung zwischen wirtschaftlichen Annexaktivitäten und sportlicher Organisationstätigkeit gesellschaftsrechtlich nach. Da die zwei Sphären nicht (mehr) innerhalb einer Gesellschaft vorzufinden sind, sondern auf zwei Gesellschaften aufgeteilt sind, werden derartige Sportverbände vorliegend als „dichotom im weiteren Sinne" bezeichnet.

Die Ausführungen deuten es bereits an: Die Dichotomie im Profisport wird längst nicht von allen Verbänden auch gesellschaftsrechtlich nachvollzogen. Verbände, die sich nicht nur mit der Organisation und Durchführung, sondern zugleich mit der Vermarktung des ausgerichteten Wettbewerbs beschäftigen, somit wirtschaftliche und sportliche Aktivitäten unter einem Dach vereinen, werden vorliegend als „dichotom im engeren Sinne" bezeichnet.

Diese beiden Typen von wettkampfausrichtenden Verbänden sind nun – getrennt voneinander – auf ihre Eigenschaft als „geschäftlicher Betrieb" hin zu untersuchen, wobei zunächst mit denjenigen Sportverbänden zu beginnen ist, die sportliche und wirtschaftliche Sphäre gesellschaftsrechtlich trennen.

a) Im weiteren Sinne dichotome Betriebe als „geschäftlicher Betrieb"?

Die Definition des Tatbestandsmerkmals des geschäftlichen Betriebes begnügt sich nicht mit irgendeinem Leistungsaustausch, sondern verlangt, dass in diesem eine Teilnahme am Wirtschaftsleben zum Ausdruck kommt. Gerade im Hinblick auf den insoweit zu Tage tretenden Bezug des Merkmals auf wirtschaftliche Sachverhalte erheben sich im Hinblick auf einen Verband, dessen wesensgemäße Tätigkeit ausschließlich in der Organisation und Durchführung von Sportwettbewerben liegt, Zweifel an dessen Einordnung als geschäftlicher Betrieb im Sinne von § 299 StGB. Vielmehr könnte ein „sportlicher Betrieb" vorliegen, dessen Tatbestandsmäßigkeit vor dem Hintergrund des Analogieverbots zu verneinen ist.

667 So etwa die EHF Marketing GmbH als Tochtergesellschaft der EHF (s. dazu http://www.ehfmarketing.com).

aa) Begriffskonturierung durch Negativ-Abgrenzungen

Der Begriff des geschäftlichen Betriebes wird in der Literatur vor allem mit Hilfe von zwei Negativabgrenzungen (dem – vorliegend irrelevanten und daher nicht näher behandelten – hoheitlichen und dem rein privaten Handeln) konturiert: Das Vorliegen eines geschäftlichen Betriebes wird bei rein privatem Handeln verneint.[668] Privat sind solche Tätigkeiten, die außerhalb der Berufsausübung und der Erwerbstätigkeit liegen.[669] Zwar können auch private Handlungen auf den Wettbewerb einwirken. Nach Ansicht des Gesetzgebers sind diese Implikationen jedoch typischerweise nicht gravierend, sodass eine Tatbestandsrelevanz in Folge teleologischer Betrachtung[670] zu verneinen ist. Der einen sportlichen Wettbewerb ausrichtende Verband erfüllt durch Erbringung seiner Organisationsleistung gerade seinen satzungsmäßigen Unternehmensgegenstand und Erwerbszweck, sodass ein „rein privates" Handeln nicht vorliegt.

Folglich könnte man meinen, dass der den sportlichen Wettbewerb ausrichtende Verband – rechtstechnisch im Wege eines Umkehrschlusses aus den nicht erfüllten zwei Ausnahmen – „durch Leistungsaustausch am Wirtschaftsleben" teilnehme. An der Zulässigkeit eines derartigen Umkehrschlusses bestehen aber Zweifel, setzt doch die Möglichkeit eines argumentum e contrario logisch voraus, dass die Ausnahmefälle als abschließende Enumeration zu verstehen sind.[671] Ist die Aufzählung hingegen nicht als abschließend konzipiert oder ist die legislative Intention nicht ermittelbar, so ist der Umkehrschluss aus den – dann als beispielhaft zu begreifenden – Ausnahmetatbeständen logisch fehlerhaft.[672] Für die sich vorliegend stellende Frage, ob in einem Leistungsaustausch nur dann keine „Teilnahme am Wirtschafsleben" zum Ausdruck kommt, wenn sie privater oder hoheitlicher Natur ist, wäre also erforderlich, die angeführten Bereiche als abschließende Aufzählung zu verstehen. Für eine solche Interpretation geben jedoch weder der Wortlaut des § 299 StGB noch gesetzgeberische Ausführungen oder die einschlägige Literatur Anlass. Vielmehr ergibt eine teleologische Folgenbetrachtung, dass der Grund für die Entstehung der genannten Ausnahmebereiche – eine Gefahr für die Lauterkeit des wirtschaftlichen Wettbewerbes könne in diesen Bereichen bereits abstrakt ausgeschlossen bzw. vernachlässigt werden – möglicherweise auch

668 *Fischer*, StGB, § 299 Rn. 6.

669 RGSt 66, 380, 384; BGHSt 2, 396, 403 (*Sub-Post-Ingenieur*).

670 Mit teleologischem Ansatz auch BGHSt 2, 396, 402 (*Sub-Post-Ingenieur*).

671 Vgl. *Larenz*, Methodenlehre, S. 390.

672 So *Larenz*, Methodenlehre, S. 390 verweisend auf die Herleitung durch *Klug*, Juristische Logik, S. 129 f. mit Zusammenfassung auf S. 133.

auf andere lebensweltliche Konstellationen übertragbar ist: So ist etwa im Falle der vorliegend untersuchten Schiedsrichtermanipulationen zwecks Beeinflussung des Spielgeschehens unmittelbar nur der sportliche, nicht auch der wirtschaftliche Wettbewerb betroffen. Es wird der Maßstab des sportlichen Leistungsvergleichs, nicht auch eines wirtschaftlichen Leistungsvergleichs verschoben. Ob diese Betrachtung als sachgerecht einzustufen ist mit der Folge, dass die Ausnahmetrias des Privaten, des Hoheitlichen und des Sportlichen entstünde, bedarf nun einer eingehenden Betrachtung.

bb) Begriffskonturierung durch Positivdefinition

Rechtstechnisch erfolgt die nun folgende Konkretisierung des Tatbestandsmerkmales des „geschäftlichen Betriebes", genauer: die Konkretisierung des Erfordernisses eines „Leistungsaustauschs als Ausdruck einer Teilnahme am Wirtschaftsleben" in Abkehr von der bis dato praktizierten Konturierung mit Hilfe von Negativdefinitionen (d.h. der Statuierung von Ausnahmebereichen): Es soll der Versuch einer Positivkonturierung des Begriffs unternommen werden.

(1) Irrelevanz der Gewinnerzielungsabsicht

Denkt man an einen „Leistungsaustausch als Ausdruck einer Teilnahme am Wirtschaftsleben", so könnte man zunächst eine „Wirtschaftlichkeit" der Unternehmung (d.h. einen Ertragsüberschuss über die Aufwendungen[673]) verlangen, zumindest jedoch eine Gewinnerzielungsabsicht für notwendig erachten. Insbesondere für Betriebe, die gemeinnützig und damit nicht gewinnorientiert agierten, wäre damit eine Teilnahme am Wirtschaftsleben – und damit auch das Vorliegen eines geschäftlichen Betriebes – *stets* zu verneinen. Ein Blick in die Kommentarliteratur[674] stellt indes klar, dass (nicht einmal) eine Gewinnerzielungsabsicht zur Bejahung eines geschäftlichen Betriebes erforderlich ist.[675]

---

673 Vgl. *Gabler*, Wirtschaftslexikon, S. 3508, Eintrag „Wirtschaftlichkeit" bzw. „Wirtschaftlichkeitsprinzip".

674 Statt vieler nur MüKo-*Krick*, StGB, § 299 Rn. 16; *Fischer*, StGB, § 299 Rn. 4; LK-*Tiedemann*, StGB, § 299 Rn. 19.

675 Liegt eine Gewinnerzielungsabsicht vor, so indiziert sie allerdings das Vorliegen eines geschäftlichen Betriebes. Geht es primär um den Schutz der Lauterkeit des Wettbewerbs, so ist irrelevant, ob das am Markt agierende Unternehmen profitabel agiert oder zu agieren beabsichtigt. Entscheidend ist allein die Frage nach der Wettbewerbsimplikation der in Frage stehenden Handlung. Zudem sollen auch reine Vorbereitungshandlungen und sonstige Maßnahmen, die zunächst verlustbringend und erst später rentabel sind, tatbestandlich umfasst werden.

(2) „Teilnahme am Wirtschaftsleben" nur bei „Tätigkeit nach den Grundsätzen eines Erwerbsgeschäfts"

Ist keine Gewinnerzielungsabsicht erforderlich, so könnte eine erste Subsumtion ergeben, dass ausnahmslos alle Unternehmen – d.h. auch solche mit rein karitativen, kulturellen oder sportlichen Zwecken – „geschäftliche Betriebe" sind.[676]

Eine derartige Folgerung auch für ideelle Betriebe offenbart indes ein zu weites Begriffsverständnis, ist eine Pönalisierung doch nur als ultima ratio einzusetzen, d.h. wenn und soweit zum Schutze des tatbestandlich geschützten Rechtsgutes erforderlich. Diese verfassungsrechtliche Vorgabe berücksichtigend wird daher durch die Gerichte und die Literatur folgende Einschränkung vorgenommen: Ideelle Betriebe seien tatbestandlich nur insoweit erfasst, als sie wirtschaftliche Tätigkeiten entfalten.[677] Diese Einschränkung hilft zwar bei dem vorliegend verfolgten Anliegen nach einer Positivdefinition des Tatbestandsmerkmals des geschäftlichen Betriebes (genauer: des Leistungsaustauschs als Ausdruck einer „Teilnahme am Wirtschaftsleben") nicht direkt weiter, da sie lediglich zu einem Zirkelschluss führt (eine Teilnahme am Wirtschaftsleben soll im Falle ideeller Betriebe nur insoweit vorliegen, als sie eine wirtschaftliche Tätigkeit entfalten); die Einschränkung ist aber gleichwohl von mittelbarem Nutzen, indem sie verdeutlicht, dass ideelle Betriebe wirtschaftliche Tätigkeiten verrichten können, dies aber nicht müssen. Es kann also offenbar innerhalb eines Betriebes Bereiche geben, deren Leistungsaustausch Ausdruck einer Teilnahme am Wirtschaftsleben ist, ebenso wie andere Bereiche, deren Leistungsaustausch keine Teilnahme am Wirtschaftsleben darstellt. Wenn aber § 299 StGB dem Schutz der Lauterkeit wirtschaftlichen Wettbewerbs dient, so sind für das Tatbestandsmerkmal des „geschäftlichen Betriebes" nur solche Bereiche relevant, die geeignet sind, die Lauterkeit gerade und unmittelbar dieses wirtschaftlichen Wettbewerbs abstrakt zu gefährden.

Zu fragen ist mithin danach, welche betrieblichen Tätigkeiten typischerweise Implikationen auf den wirtschaftlichen Wettbewerb zeitigen. Eine parallel gelagerte Frage ist diejenige, ob öffentliche Unternehmen einen geschäftlichen Betrieb

---

676 Beispiele aus der Rechtsprechung: gemeinnützige Genossenschaften und Konsumvereine (RGSt 50, 118 f.; RGSt 68, 263 f.), eine Kriegslederaktiengesellschaft, die militärischen und sozialen Zwecken diente (RGSt 55, 31 f.).

677 BGH NJW 1962, 629 f. (*Fußball-Programmheft*); Achenbach/Ransiek/Rönnau-*Rönnau*, Handbuch Wirtschaftsstrafrecht, III 2 Rn. 9; *Fischer*, StGB, § 299 Rn. 4; NK-*Dannecker*, StGB, § 299 Rn. 24, 29; LK-*Tiedemann*, StGB, § 299 Rn. 22. Einschränkend auch LK-*Tiedemann*, StGB, § 299 Rn. 22: Geschäftlicher Betrieb im Sinne des § 299 StGB „sind daher auch Unternehmen sportlicher Zielsetzung, da und soweit sie einem wirtschaftlichen Zweck dienen."

i. S. v. § 299 StGB darstellen. Auch dort „kollidieren" zwei Typen von Tätigkeiten (hoheitliche und wirtschaftliche) und führen zu dem Vorliegen eines – wenn man so will – „gemischten" Unternehmens. Die Kommentarliteratur beurteilt ihre Geschäftlichkeit danach, ob sie sich an den Grundsätzen eines Erwerbsgeschäfts[678] bzw. an kaufmännischen Grundsätzen[679] orientieren. Sind diese Kriterien geeignet, um zu untersuchen, ob ein öffentliches Unternehmen als tatbestandsrelevanter geschäftlicher Betrieb zu qualifizieren ist, so eignen sie sich auch zur Überprüfung der Tatbestandsrelevanz anderer „gemischter" Unternehmen (also etwa zur Beurteilung der Einordnung eines wirtschaftlich und sportlich agierenden Sportverbandes) als geschäftlicher Betrieb im Sinne des Tatbestandes des § 299 StGB.

Nach der Kommentarliteratur ist eine Tätigkeit nach den Grundsätzen eines Erwerbsgeschäfts in der Regel dann zu bejahen, sobald und soweit unter den Marktteilnehmern wirtschaftlicher Wettbewerb um die durch den geschäftlichen Betrieb erbrachten bzw. nachgefragten Waren bzw. Leistungen entsteht.[680] Bezüglich der vorliegend untersuchten Schiedsrichtermanipulationen ist somit zu fragen, ob der Prinzipal des bestochenen Beauftragten, hier also der den Wettkampf ausrichtende Verband, nach ebendiesen Grundsätzen handelt (dazu unter (b)). Doch was macht eine Tätigkeit aus, die nach den „Grundsätzen eines Erwerbsgeschäfts" erfolgt? Zur Klärung dieser Frage ist ein exkursartiger (sogleich unter (a)) Rückgriff auf volkswirtschaftliche Grundzusammenhänge unumgänglich.

(a) Exkurs: Beleuchtung volkswirtschaftlicher Zusammenhänge

Die Volkswirtschaftslehre findet ihren Ausgangspunkt im Menschen, der als natürliches Wesen voller Bedürfnisse steckt, nach deren Befriedigung er strebt.[681] Mittel zur Befriedigung seiner Bedürfnisse sind Güter. Auch wenn eine Quantifizierung menschlicher Bedürfnisse tatsächlich nicht durchführbar ist, kann die Knappheits-These als „Grundgesetz der Ökonomie"[682] als gesichert angesehen

---

678 Vgl. zu öffentlichen Behörden und Körperschaften bei erwerbswirtschaftlichem Tätigwerden S/S-*Heine/Eisele*, StGB, § 299 Rn. 6; ähnlich NK-*Dannecker*, StGB, § 299 Rn. 26; LK-*Tiedemann*, StGB, § 299 Rn. 19.

679 Müller-Gugenberger/Bieneck-*Blessing*, Handbuch Wirtschaftsstrafrecht, § 53 Rn. 68 f.

680 Vgl., wenn auch zu öffentlichen Behörden und Körperschaften bei erwerbswirtschaftlichem Tätigwerden: Achenbach/Ransiek/Rönnau-*Rönnau*, Handbuch Wirtschaftsstrafrecht, III 2 Rn. 9; NK-*Dannecker*, StGB, § 299 Rn. 26; MüKo-*Krick*, StGB, § 299 Rn. 16; *Fischer*, StGB, § 299 Rn. 6; S/S-*Heine/Eisele*, StGB, § 299 Rn. 6; LK-*Tiedemann*, StGB, § 299 Rn. 19.

681 Vgl. *Ritschl*, VWL I, S. 44 f. (auch zum gesamten Absatz).

682 So wörtlich *Baßeler/Heinrich*, VWL, S. 20.

werden: Die Menge an verfügbaren Gütern reicht (in aller Regel) nicht aus, um alle Bedürfnisse zu befriedigen. Das liegt daran, dass die meisten Güter nicht frei, sondern knapp sind, was wiederum damit zusammenhängt, dass die zugrundeliegenden Produktionsfaktoren knapp sind.[683]

Dieses Datum bewirkt, dass die Akteure am Markt, d.h. die Anbieter wie auch die Nachfrager, die knappen Güter bzw. Faktoren in planmäßiger Weise zur Bedürfnisbefriedigung einsetzen.[684] Planmäßig bedeutet dabei, dass der Einsatz unter Befolgung des ökonomischen Prinzips erfolgt. Jeder Marktteilnehmer wird versuchen, bei einem gegebenen Input einen maximalen Output zu erreichen.[685] Nur so agiert er ökonomisch rational. Aufseiten der Nachfrager wird Nutzenmaximierung, auf Seiten der Anbieter Gewinnmaximierung angestrebt.[686] Maßgebend ist stets die jeweils eigene Präferenzordnung des betreffenden Marktakteurs. Dieser entscheidet sich demnach (bei unterstellt rationalem Handeln) für jene Handlungsoption, die (bei durch Restriktionen begrenzten Wahlmöglichkeiten) den höchsten Nutzen nach Maßgabe seiner eigenen Präferenzen verspricht (sog. Maximierung des Erwartungsnutzens).[687]

Zusammenfassen lässt sich mithin: Die Knappheit des angebotenen Guts sowie der planmäßige, d.h. durch ökonomische Handlungsentscheidungen getriebene Einsatz desselben durch seinen Anbieter führt zur Entstehung wirtschaftlichen Wettbewerbes zwischen den Akteuren auf der Marktgegenseite, die ihrerseits – ebenfalls wie die Anbieter des knappen Gutes – nach Bedürfnisbefriedigung streben.

(b) Tätigkeit einer Organisatorin nach „Grundsätzen eines Erwerbsgeschäfts"?

Nach diesem Exkurs ist nun zu der Ausgangsfrage zurückzukehren, ob diejenige Gesellschaft eines im weiteren Sinne dichotomen Verbandes, die ausschließlich mit der Organisation und Durchführung des sportlichen Wettbewerbs befasst ist, nach den „Grundsätzen eines Erwerbsgeschäfts" agiert, ob also in ihrem

683 *Mankiw/Taylor*, VWL, S. 1; *Siebert*, VWL, S. 16, 33 f.; *Ritschl*, VWL I, S. 45.

684 Zum rationalen Entscheiden von Menschen: *Mankiw/Taylor*, VWL, S. 6 f.; *Siebert*, VWL, S. 16 f., 39.

685 Vgl. *Ritschl*, VWL I, S. 47; *Siebert*, VWL, S. 39. Falsch hingegen ist die Formulierung „bei minimalem Input, maximalen Output" erzeugen zu wollen. Eine Funktion mit zwei Unbekannten führt zu unendlich vielen Lösungen; Vergleichbarkeit setzt einen fixen Maßstabswert voraus.

686 *Siebert*, VWL, S. 39; *Mankiw/Taylor*, VWL, S. 353.

687 Siehe *Kirchgässner*, Homo oeconomicus, S. 13 f.

Leistungsaustausch eine „Teilnahme am Wirtschaftsleben" zum Ausdruck kommt und sie daher als „geschäftlicher Betrieb" im Sinne des § 299 StGB anzusehen ist. Entscheidend ist, ob der ausrichtende Verband als tatbestandsrelevanter Prinzipal des Schiedsrichters betriebliche Entscheidungen trifft, die gerade von ökonomischen Erwägungen getrieben sind.

(aa) Handlungs-„Entscheidung" des Betriebes?

Die Annahme des Vorliegens einer Handlungs-*Entscheidung* seitens eines geschäftlichen Betriebes setzt dessen Option voraus, anders handeln zu können. Dies gilt in besonderem Maße für wirtschaftliche Sachverhalte, die durch eine (grundsätzliche[688]) Entscheidungsfreiheit der Akteure[689] (bezogen auf das Ob und die Frage, mit welchem Akteur der Marktgegenseite kontrahiert wird) gekennzeichnet sind. Denn nur, wer die eine Handlungsoption gegenüber einer anderen wählt, entscheidet. Es liegt also keine Entscheidung vor, wenn das künftige Handeln bereits im Vorhinein vollständig determiniert ist.

Kehrt man nun zu der Frage zurück, ob die Organisatorin eines sportlichen Wettbewerbs als „geschäftlicher Betrieb" anzusehen ist, so stellt man schnell fest, dass diese in ihrem Handeln bezüglich der Frage, welcher der teilnehmenden Sportvereine als Sieger aus dem sportlichen Wettkampf hervorgeht – und nur bezüglich dieser Frage konkurrieren die Sportvereine –, nicht frei ist: Sie ist während des Spiels an den faktischen Spielverlauf, an die geltenden verbindlichen (Handball-) Spielregeln, an die Schiedsrichter-Entscheidungen und an den faktischen Spielstand bei Abpfiff gebunden. Diejenige Mannschaft mit den meisten Toren bzw. Punkten nach Ablauf der Spielzeit ist Siegerin der Spielpartie bzw. des Wettkampfs.

Nun könnte man einwenden, dass es auch im Wirtschaftsleben nicht unüblich sei, dass Regelungen (insbesondere Rechtnormen) Handlungsoptionen wirtschaftlicher Akteure ausschließen. Zwar ist es durchaus richtig, dass Marktakteure an geltendes Recht gebunden sind; die wirtschaftliche Entfaltungs- und Handlungsfreiheit wird nur innerhalb der rechtlichen Grenzen gewährleistet. Der Unterschied ist indes, dass das geltende Recht die Handlungsfreiheit der wirtschaftlichen Akteure zwar beschränkt, typischerweise aber nicht auf eine einzige zulässige Handlung reduziert. Die ökonomische Handlungsentscheidung wird in der Regel nach wie vor durch den Betrieb, jedoch nicht durch das

---

688 Selbstredend sind rechtliche Regelungen zu beachten.

689 Vgl. *Hutzschenreuter*, BWL, S. 11 f.; Köhler/Bornkamm-*Köhler*, Wettbewerbsrecht, Einl. UWG 1.17.

Gesetz, faktisch an Stelle des Unternehmens, getroffen. Im Bereich eines sportlichen Wettkampfes ist hingegen das Ergebnis des Spieles, die „Entscheidung" über den Sieg, vollständig durch den tatsächlichen Spielverlauf determiniert. Von einer Handlungs-Entscheidung des ausrichtenden Verbandes über den Sieg in dem Wettkampf kann also nicht die Rede sein.[690]

(bb) „Ökonomische" Handlungsentscheidung des Betriebes?

Die exkursartigen Ausführungen zu volkswirtschaftlichen Zusammenhängen haben – über das Erfordernis einer Handlungs-Entscheidung des Betriebes hinausgehend – verdeutlicht, dass die die Handlungsentscheidung treibenden Erwägungen gerade *ökonomischer* Natur sein müssen. Erst beide Komponenten zusammen machen ein „Handeln nach den Grundsätzen eines Erwerbsgeschäfts" aus.

Bezogen auf die vorliegend untersuchten Fallkonstellation liegt in dem Erfordernis einer gerade „ökonomischen" Handlungsentscheidung ein weiterer Problempunkt: Während die seitens wirtschaftlicher Akteure getroffenen Handlungsentscheidungen am ökonomischen Prinzip ausgerichtet sind und durch die Präferenzordnung des jeweiligen Marktakteurs motiviert sind, ist der Sieg in einem Sportwettkampf nicht das Ergebnis eines Kosten-Nutzen-Kalküls, sondern ausschließlich Folge der durch den Spiel-Endstand bzw. Tabellen-Stand verkörperten Leistungsstärke der Vereinsmannschaften. Sieger ist, wer sich im Sinne einer Bestenauslese behauptet hat.[691] Der ausrichtende Verband kalkuliert nicht, der Sieg einer welchen Spielmannschaft ihm „günstiger käme". Solche Erwägungen gingen auch ins Leere, sind doch in den Satzungen der wettkampfausrichtenden Verbände in aller Regel Vorschriften zu finden, die fixe, nicht auch aushandelbare Sieg-Prämien für Erst-, Zweit- und Drittplatzierte vorsehen.

Insofern ist bezogen auf den Sieg in einem sportlichen Wettkampf nicht nur das Vorliegen einer Handlungs-*Entscheidung*, sondern auch ihre Natur als *ökonomische* Entscheidung zu verneinen.

---

690 Hingegen kann es an dieser Stelle nicht darauf ankommen, dass der Schiedsrichter im Rahmen seiner Spielleitungsleistung sehr wohl Handlungsoptionen hat und Entscheidungen treffen kann: Vorliegend ist allein die Frage danach zu beantworten, ob der ausrichtende Verband – nicht auch der Schiedsrichter – als „geschäftlicher Betrieb" anzusehen ist.

691 Anders, nämlich unter ökonomischen Gesichtspunkten, werden indes Entscheidungen bezüglich der Annexgeschäfte (etwa: dem Abschluss von Sponsoren- oder Werbeverträgen) getroffen. Denn dort geht es, anders als beim Spiel im Stadion, nicht um leistungsmäßige Überlegenheit, sondern um ökonomische Sinnhaftigkeit.

(c) Zwischenergebnis zur Tätigkeit einer Organisatorin

Nach diesem genaueren Blick auf diejenigen Elemente, welche für eine „Tätigkeit nach den Grundsätzen eines Erwerbsgeschäfts" konstitutiv sind, ist festzuhalten, dass die Organisatorin eines sportlichen Wettbewerbes weder Handlungs-Entscheidungen noch gerade ökonomisch getriebene Handlungsentscheidungen trifft. Denn im Rahmen der sportlichen Bestenauslese in einem Sportwettkampf spielen wirtschaftliche Erwägungen keine Rolle, wirken doch der faktische Spielverlauf bzw. der Spielendstand vollständig determinierend. Der im Stadion zum Ausdruck gelangende Wettbewerb um den Sieg ist ein rein sportlicher Wettbewerb zwischen den kontrahierenden Mannschaften. Insofern steht fest, dass ein Verband, dessen wesensmäßige Tätigkeit sich allein auf die Ausrichtung eines sportlichen Wettkampfes (d.h. die Siegerermittlung) beschränkt, nur rein sportliche Leistungen erbringt. Bei isolierter Betrachtung nur der „Organisatorin" ist das Vorliegen eines „geschäftlichen Betriebes" im Sinne des § 299 StGB folglich zu verneinen.[692]

cc) Ergebnis: Organisatorin eines im weiteren Sinne dichotomen Betriebes kein geschäftlicher Betrieb

Die vorstehend abgehandelten Fragen stellten sich im Zuge der Erörterung, ob der Prinzipal des zuwendungsempfangenden Schiedsrichters, d.h. der ihn nominierende Sportverband, als tatbestandlich relevanter „geschäftlicher Betrieb" einzuordnen ist. Zunächst wurden dabei solche Sportverbände in den Blick genommen, die als dichotom im weiteren Sinne zu bezeichnen sind. Zu klären war, ob ein Betrieb, dessen ausschließliche wesensgemäße Tätigkeit sich auf die Ausrichtung sportlicher Wettkämpfe beschränkt, als „geschäftlicher Betrieb" anzusehen ist. Besonderer Auslegung bedurfte dabei, ob in dem Leistungsaustausch seitens derartiger ausschließlich wettkampforganisierender Verbände eine Teilnahme gerade „am Wirtschaftsleben" zu erkennen ist. Die Abgrenzung erfolgte bis dato mit Hilfe zweier Negativdefinitionen (nicht-privat, nicht-hoheitlich), nicht hingegen durch die vorliegend herausgearbeitete Positivdefinition. Als wesentlich stellte sich dabei das Vorliegen einer „Tätigkeit nach den Grundsätzen eines Erwerbsgeschäfts" heraus. Ein Verband, der ausschließlich Sportwettbewerbe organisiert und durchführt, agiert dabei nicht nach diesen Grundsätzen, sondern allein – wenn man so will – nach den Grundsätzen eines „sportlichen Betriebes". Daran ändert auch die gesellschaftsrechtliche Beteiligung an einer

---

692 Ob eine derartige isolierte Betrachtungsweise zulässig ist, begegnet Bedenken. Dazu unmittelbar im Anschluss.

Marketing-Gesellschaft nichts, die geschäftlicher Betrieb ist. Denn die „Geschäftlichkeit“ ist bei einem Konglomerat von Gesellschaften im Wege einer engen Betrachtungsweise für jede der Gesellschaften isoliert zu beurteilen, wobei die Natur derjenigen Gesellschaft tatbestandlich relevant ist, die Prinzipal des Zuwendungsempfängers ist.

b) Im engeren Sinne dichotome Betriebe als „geschäftliche Betriebe“?

Die Trennung des sportlichen vom wirtschaftlichen Tätigkeitsbereich muss und wird von Sportverbänden allerdings nicht zwingend durch eine Auftrennung in zwei Gesellschaften vollzogen. Vielmehr kann eine Trennung auch durch die innerbetriebliche Organisation erfolgen, indem also wirtschaftliche und sportliche Tätigkeiten innerbetrieblich voneinander getrennt werden. Schematisch gesprochen befasst sich dann eine Betriebsabteilung des ausrichtenden Verbandes ausschließlich mit der Organisation und Durchführung des sportlichen Wettbewerbes, eine andere Betriebsabteilung ausschließlich mit der Bewältigung von Vermarktungsgeschäften. Bei einem derartigen als „dichotom im engeren Sinne“ zu bezeichnenden Verband stellt sich – nun in einer neuen Facette – die Frage, ob dieser als „geschäftlicher Betrieb“ im Sinne des § 299 StGB anzusehen ist.

aa) Weite, sog. generalisierende Betrachtungsweise?

Im Wege einer weiten Betrachtungsweise wäre danach zu fragen, welche Tätigkeiten dem Betrieb insgesamt sein Gepräge verleihen. Die Tätigkeit des Betriebes wäre dann entweder insgesamt als geschäftlich oder insgesamt als nicht-geschäftlich (etwa: sportlich) anzusehen. Diese Betrachtungsweise wird daher vorliegend als generalisierende Betrachtungsweise bezeichnet.

Eine derartige generalisierende Betrachtungsweise wird etwa im Bereich des Vereinsrechts[693] zu der Frage des Nebenzweckprivilegs vertreten:[694] Danach steht der Einordnung eines Vereins als nicht-wirtschaftlich dessen unternehmerische

---

693 Vereine können als wirtschaftliche (vgl. § 22 BGB) und als nicht-wirtschaftliche Vereine (vgl. § 21 BGB, sog. Idealverein) organisiert sein. Unterschiede ergeben sich im Hinblick auf die Erlangung der Rechtsfähigkeit: Während ein wirtschaftlicher Verein dazu eines staatlichen Verleihungsaktes bedarf, reicht für einen nicht-wirtschaftlichen eine Eintragung ins Vereinsregister aus. Da die Eintragung ins Vereinsregister leichter zu erreichen ist als eine Konzessionierung, besteht seit jeher eine Präferenz für nicht-wirtschaftliche Vereine. Problematisch wurde die Abgrenzung in Fällen, in denen nicht-wirtschaftliche Vereine zur Erreichung ihrer idealen Ziele wirtschaftliche Tätigkeiten entfalteten.

694 S. *Krack*, ZIS 2011, 475, 476.

Tätigkeit solange nicht entgegen, wie diese dem verfolgten nicht-wirtschaftlichen Hauptzweck zu- und untergeordnet, also bloßes Hilfsmittel zu dessen Erreichung ist.[695] Entscheidend soll sein, ob das geschäftliche oder aber das ideelle Tätigkeitsfeld dem konkreten Verein sein Gepräge gibt.[696]

Für die vorliegende Frage aus dem Bereich des Strafrechts erweist sich eine derartige Abgrenzung jedoch als wenig trennscharf. Soll für einen Verband, der zugleich Wettkämpfe ausrichtet, aber auch Rechte daran vermarktet, dessen organisatorische oder aber vermarktende Tätigkeit entscheidend sein? Ohne den sportlichen Wettkampf sind keine Marketing-Einnahmen denkbar. Aber ohne die Marketing-Einnahmen ist auch die kostenintensive Organisationsleistung nicht zu erbringen.[697] Es ist vielmehr – wie bereits dargelegt – von einer wechselseitigen Abhängigkeit, einer Interdependenz-Relation, auszugehen, die eine Gleichgewichtigkeit der Bereiche nahelegt.

bb) Enge, sog. sektorielle Betrachtungsweise

Geeigneter ist aus strafrechtlicher Sicht eine enge, sog. sektorielle Betrachtungsweise. Entscheidend für die Einordnung des im engeren Sinne dichotomen Verbandes, der gemischte (nämlich sportliche und wirtschaftliche) Tätigkeiten verrichtet, als „geschäftlicher" oder „nicht-geschäftlicher Betrieb" muss die Natur desjenigen Tätigkeitsbereichs sein, auf dessen Beeinflussung die Vorteilsgewährung unmittelbar abzielt.[698] Soll durch die Zuwendungsgewährung seitens eines Fernsehsenders an den Angestellten des Verbandes eine Bevorzugung bei der Vergabe der Übertragungsrechte erreicht werden, so ist der geschäftliche Tätigkeitsbereich des Betriebes betroffen; soll hingegen mit der Zuwendung unmittelbar die

---

695 Palandt-*Heinrichs*, BGB, § 21 Rn. 7.

696 MüKo-*Reuter*, BGB, §§ 21, 22 Rn. 8.

697 Die Gesamtbetrachtung im Zusammenhang mit dem Nebenzweckprivileg findet ihren Ursprung im Vereinsrecht. Auch im Bereich von (im engeren Sinne dichotomen) Sportvereinen, die noch als Verein organisiert sind, präsentieren sich entsprechende Schwierigkeiten: denn auch dort ist ohne Marketing-Einnahmen (etwa aus Werbe-, Sponsorenverträgen) kein Profisportbetrieb denkbar: so würde etwa der Spieler-Kader veralten und kein Know-how guter Trainer eingekauft werden können. Diese Abgrenzungsschwierigkeiten sind für Profisportvereine paradigmatisch und führen innerhalb des Schrifttums zum Nebenzweckprivileg seit Jahren zu lebhaften Diskussionen. Im Schrifttum wird zunehmend bestritten, dass (als nichtwirtschaftliche Vereine verfasste) Sportvereine noch das Nebenzweckprivileg in Anspruch nehmen können. S. dazu Bamberger/Roth-*Schöpflin*, BGB, § 21 Rn. 106; MüKo-*Reuter*, BGB, § 22 Rn. 26, auch m. w. N.

698 S. hierzu bereits § 4 A. I. 2. d).

sportliche Entscheidung des Schiedsrichters auf dem Spielfeld beeinflusst werden, ist allein der sportliche, nicht-geschäftliche Tätigkeitsbereich betroffen.

Für die sektorielle Betrachtungsweise spricht zunächst, dass durch diese eine kohärente Handhabung der Auslegung des Tatbestandes ermöglicht würde: Entscheidend wäre sowohl für die Frage nach dem zu beeinflussenden Wettbewerb als auch nach der Einordnung des Prinzipals eine enge Betrachtungsweise nach dem Unmittelbarkeitskriterium. Zudem ist zu beachten, dass im Falle einer unterschiedlichen Handhabung der Merkmalsauslegung die Gefahr droht, die enge Auslegung des „Wettbewerbs"-Merkmals durch eine weite Auslegung des „Betriebs"-Merkmals zu unterlaufen.

Für die sektorielle Betrachtung spricht auch ein weiteres systematisches Argument: Im Rahmen der bereits dargestellten Frage, ob ideelle Betriebe einen „geschäftlichen Betrieb" darstellen, wird seitens der Kommentarliteratur definiert, dies sei der Fall, insoweit sie wirtschaftliche Tätigkeiten entfalteten. Semantisch wird durch Verwendung des Begriffs „insoweit" statt „wenn" deutlich, dass ideelle Betriebe wirtschaftlich, d. h. geschäftlich, agieren können, dies aber nicht stets müssen. Folglich soll gerade *keine* generalisierende Betrachtungsweise – die gleichsam aus einer Vogelperspektive auf alle Tätigkeiten des Betriebs blickt – adoptiert werden; entscheidend soll offenbar vielmehr eine enge, eine sektorielle Betrachtung sein.

cc) Ergebnis: Im engeren Sinne dichotomer Betrieb kein geschäftlicher Betrieb

Nachdem feststeht, dass zur Beurteilung der Natur eines im engeren Sinne dichotomen Betriebs als geschäftlicher oder nicht-geschäftlicher Betrieb eine enge, sektorielle Betrachtungsweise zu adoptieren ist, ist nun zur Lösung der zugrundeliegenden Fallkonstellation zurückzukehren: Durch die Zuwendungsgewährung an den Schiedsrichter sollte unmittelbar bewirkt werden, dass der Schiedsrichter in kritischen Spielsituationen im Stadion zugunsten des Zuwendenden entscheide. Betroffen ist folglich unmittelbar der sportliche, nicht hingegen der geschäftliche Teilbereich des im engeren Sinne dichotomen Prinzipals. Aus diesem Grunde ist der im engeren Sinne dichotome Betrieb in Konstellationen der Schiedsrichtermanipulation zur Beeinflussung des Spielgeschehens im Profisport nicht als „geschäftlicher Betrieb" im Sinne des Tatbestandes des § 299 StGB anzusehen, sondern als „sportlicher Betrieb".

c) *Zusammenfassung zur Einordnung von Sportverbänden als „geschäftliche Betriebe" im Sinne des § 299 StGB*

Sportverbände können in zweierlei Form rechtlich organisiert sein: Denkbar ist, erstens, eine Organisation als dichotomer Betrieb im weiteren Sinne, sodass die Durchführung und Organisation der Wettbewerbe als sportliche Tätigkeit durch die Muttergesellschaft, die wirtschaftlichen Annexgeschäfte durch die Tochter-, die Marketing-Gesellschaft, erledigt werden. Denkbar ist, zweitens, eine Trennung der sportlichen und der wirtschaftlichen Sphäre innerhalb nur einer (dann im engeren Sinne dichotomen) Gesellschaft. Für beide Organisationsstrukturen ist entscheidend, welcher Tätigkeitsbereich durch die Zuwendungsgewährung unmittelbar beeinflusst werden soll. Soll der „nicht-geschäftliche", da „sportliche" Tätigkeitsbereich unmittelbar beeinflusst werden, so ist das Vorliegen eines „geschäftlichen Betriebes" im Sinne von § 299 StGB zu verneinen.

Folge der Anwendung dieser engen Betrachtungsweise ist, dass es auf die gesellschaftsrechtliche Organisation des Prinzipals des Angestellten bzw. Beauftragten im Ergebnis nicht mehr ankommt: Es spielt keine Rolle, ob der den Wettkampf ausrichtende Verband ein im weiteren Sinne dichotomer oder aber (zufälligerweise) ein im engeren Sinne dichotomer Betrieb ist. In Konstellationen der Manipulation von Schiedsrichtern zwecks Beeinflussung des Spielgeschehens auf dem Spielfeld ist das Vorliegen eines „geschäftlichen Betriebes" im Sinne des § 299 StGB, unabhängig von der gesellschaftsrechtlichen Organisation des Sportverbandes, zu verneinen.[699]

III. Vornahme der Tathandlung „im geschäftlichen Verkehr"

Als letztes Tatbestandsmerkmal des ersten Problemkreises, der sich mit dem sachlichen Anwendungsbereich des § 299 StGB befasst, ist dasjenige der Vornahme der Tathandlung „im geschäftlichen Verkehr" zu beleuchten. Mit diesem Tatbestandsmerkmal wird die Aufmerksamkeit von dem – soeben untersuchten – Tätigkeitsfeld des „geschäftlichen Betriebes" insoweit abgewendet, als nun zu betrachten ist, in welchem Tatumfeld der Täter die Tathandlung begeht. Im Rahmen dieses Tatbestandsmerkmals ist mithin nach der Tatsituation[700], nach der

---

699 I. E. wie hier: *Schlösser*, NStZ 2005, 423, 424; NK-*Dannecker*, StGB, § 299 Rn. 25; *Fischer*, StGB, § 299 Rn. 6; SK-*Rogall*, StGB, § 299 Rn. 18. A. A. *Krack*, ZIS 2011, 475, 476 f., der allerdings im Ergebnis – mangels Handelns „im geschäftlichen Verkehr" (*ebd.*, 477 f.) und mangels alternativ in Betracht kommender Geschäftsherren (*ebd.*, 478 f.) – ebenfalls Straflosigkeit annimmt.

700 Achenbach/Ransiek/Rönnau-*Rönnau*, Handbuch Wirtschaftsstrafrecht, III 2 Rn. 23.

Ausgestaltung der „Beziehungen [zwischen dem Zuwendenden (bzw. Dritten)] zu einem Betrieb“[701] zu fragen: Erfolgt die Vorteilsgewährung „im geschäftlichen Verkehr“ oder „im nicht-geschäftlichen Verkehr“?

Im geschäftlichen Verkehr handelt, wer eine Maßnahme unternimmt, die auf die Förderung eines beliebigen (eigenen oder fremden) Geschäftszwecks gerichtet ist, was der Fall ist bei jeder selbständigen, der Verfolgung eines wirtschaftlichen Zwecks dienenden Tätigkeit, in der eine Teilnahme am (wirtschaftlichen) Wettbewerb[702] irgendwie zum Ausdruck kommt. Entscheidend ist folglich die Einordnung der Beziehung zwischen dem Prinzipal des Zuwendungsempfängers und dem künftig zu Bevorzugenden. Auf die vorliegend betrachtete Konstellation übertragen: Die Beziehungen zwischen dem ausrichtenden Verband und dem Sportverein müssten gerade geschäftlicher Natur sein, sollen doch nur solche Kontakte tatbestandlich relevant sein.[703]

Die diesbezüglichen Ausführungen können sich an dieser Stelle – unter Verweis auf das bereits Ausgeführte – knapp halten: Eine Vorteilsgewährung erfolgt – nach allgemeiner Ansicht – dann nicht im geschäftlichen Verkehr, wenn sie im privaten, im internen oder im hoheitlichen Verkehr erfolgt.[704] Hinzuzufügen ist ein weiterer Ausnahmebereich: wie bereits herausgestellt wurde,[705] handelt auch nicht im geschäftlichen Verkehr, wer „im sportlichen Verkehr“ agiert, ist in diesen Fällen doch eine unmittelbare Gefährdung der Lauterkeit wirtschaftlichen Wettbewerbs ausgeschlossen.[706]

Gerade ein solches Handeln im nicht-geschäftlichen, nämlich im sportlichen Bereich liegt aber im Falle einer Vorteilsgewährung an Schiedsrichter zwecks

---

701 NK-*Dannecker*, StGB, § 299 Rn. 28; ähnlich *Fischer*, StGB, § 299 Rn. 12.

702 Vgl. NK-*Dannecker*, StGB, § 299 Rn. 28; S/S-*Heine/Eisele*, StGB, § 299 Rn. 9; *Lackner/Kühl*, StGB, § 299 Rn. 3; *Mitsch*, BT I, § 3 Rn. 242; Arzt/Weber-*Heinrich*, BT, § 49 Rn. 57. Andere Autoren schreiben – ohne damit jedoch einen sachlichen Unterschied auszudrücken – von einer „Teilnahme am Erwerbsleben“, so etwa MüKo-*Krick*, StGB, § 299 Rn. 17; LK-*Tiedemann*, StGB, § 299 Rn. 21; *Maurach/Schroeder/Maiwald*, BT II, § 68 Rn. 11.

703 *Fischer*, StGB, § 299 Rn. 12.

704 Vgl. zu § 12 UWG a. F.: SK-*Reimer*, Wettbewerbsrecht, Kapitel 54 Rn. 2.

705 Vgl. die parallel gelagerte Fragestellung oben unter § 4 A. II. 2.

706 Dabei spielt es keine Rolle, ob der Sportverein, zwecks dessen Bevorzugung im sportlichen Wettbewerb seitens des Geschäftsführers gehandelt wurde, eine betriebliche Struktur aufweist, die als dichotom im engeren Sinne oder aber als dichotom im weiteren Sinne zu bezeichnen ist: in beiden Fällen kommt es allein auf den *unmittelbar* zu beeinflussenden Bereich der Tätigkeit an. Eine Tatbestandsrelevanz der Handlung des Geschäftsführers ist folglich in jedem Fall zu verneinen.

Beeinflussung des sportlichen Spielgeschehens im Stadion vor:[707] Die Vorteilsgewährung dient – und erneut kommt es nur auf diese enge Betrachtungsweise an – unmittelbar der Verfolgung sportlicher Zwecke. Damit ist der Umstand etwaiger mittelbarer geschäftlicher Reflexwirkungen irrelevant. Denn durch das Abstellen auf mittelbar intendierte (Fern-)Zwecke könnte die weit überwiegende Anzahl von Handlungen – quasi durch die Hintertür – in „geschäftliche Handlungen" umgedeutet werden: Nur sehr wenige Handlungen sind heutzutage nicht in irgendeiner Art und Weise wirtschaftlich motiviert.

IV. Zusammenfassung der Ergebnisse zu Konturierung und Implikationen des tatbestandlich relevanten Wettbewerbsbegriffs

Die Ausführungen zu der Frage nach einer Erfassung von Schiedsrichtermanipulationen durch Geschäftsführer von Sportvereinen zwecks Beeinflussung des Spielgeschehens im Profisport durch den Tatbestand der Bestechung im geschäftlichen Verkehr hat mit der Beleuchtung der Tatbestandsmerkmale des „Wettbewerbs" begonnen. Die mittels Auslegung erfolgte Konturierung des tatbestandlich relevanten *wirtschaftlichen* Wettbewerbs leitete über zu dem wesentlichen neuralgischen Punkt: Wird durch Schiedsrichtermanipulationen gerade die Lauterkeit wirtschaftlichen oder nicht vielmehr nur sportlichen Wettbewerbs gefährdet? Die Beantwortung der Frage fällt für den Profisportbereich nicht ganz leicht: Denn dieser weist die Besonderheit auf, dass die sportliche und die wirtschaftliche Sphäre eng miteinander verwoben sind, sodass Profisportverbände quasi „gemischte Betriebe" darstellen. Als Lösung zur Handhabung dieser Fälle wurde vorliegend eine enge Betrachtungsweise gewählt: Welcher Wettbewerb soll unmittelbar beeinflusst werden? In ihrer Spielart als sektorielle Betrachtung wurde der Unmittelbarkeitsgedanke auch auf die Frage nach der Natur des Prinzipals als „geschäftlicher Betrieb" übertragen: Welcher Tätigkeitsbereich des Prinzipals sollte durch die Zuwendungsgewährung unmittelbar beeinflusst werden? Und auch für die Frage nach dem Vorliegen einer Vorteilgewährung gerade „im geschäftlichen Verkehr" führte der Unmittelbarkeitsgedanke zu sachgerechten Ergebnissen: Da in Manipulationsfällen unmittelbar die sportliche, nicht auch die geschäftliche Sphäre bzw. der wirtschaftliche Wettbewerb tangiert werden soll, scheidet eine

707 So auch *Nöckel*, ZJS 2013, 50, 52; *Krack*, ZIS 2011, 475, 477; letzterem zustimmend *Ferragina*, Betrügereien im Profifußball, S. 106 f. Vgl. Harte/Henning-*Keller*, UWG, § 2 Rn. 29: „Allein der Wettbewerb [von Sportlern] um ein Preisgeld stellt noch keinen geschäftlichen Verkehr dar".

Strafbarkeit des zuwendenden Geschäftsführers gemäß § 299 Abs. 2 StGB bereits unter Betrachtung dieser Tatbestandsmerkmale aus.

B. Das auf Schiedsrichtermanipulationen unpassende Beziehungsgeflecht des § 299 StGB

Abseits dieses ersten Problemkreises des sachlichen Anwendungsbereichs des § 299 StGB bereitet bei der Untersuchung, inwiefern Schiedsrichtermanipulationen im Profisport zur Beeinflussung des unmittelbaren Sportgeschehens durch den Tatbestand des § 299 StGB erfasst werden können, auch das unpassende Beziehungsgeflecht[708] Schwierigkeiten: Die sich hinter diesem Topos verbergenden Problempunkte ranken sich allesamt um das Erfordernis der sog. Unrechtsvereinbarung. Darunter ist die Absicht zu verstehen, zu einer Übereinkunft zu gelangen bzw. die tatsächliche Willensübereinkunft zwischen Täter und Zuwendungsempfänger[709] darüber, dass der gewährte Vorteil gerade als Gegenleistung für die künftige[710] Bevorzugung des Täters oder des Dritten gewährt werde.[711] Die anvisierte Bevorzugung durch den Zuwendungsempfänger, d.h. die Besserstellung des Täters bzw. Dritter, auf die – aus der Sicht des Täters im Zeitpunkt der Vorteilsgewährung – kein Anspruch besteht,[712] muss dabei im Rahmen des Bezuges von Waren[713] oder gewerblichen Leistungen[714] (fortan: Gütern) gegenüber Mitbewerbern erfolgen. Zudem muss aus der Sicht des Täters im Zeitpunkt

---

708 Zum Begriff s. bereits Fn. 481.

709 Dabei ist ein Zustandekommen der Unrechtsvereinbarung unter Einschaltung von Mittelsmännern unschädlich, sofern klar ist, von wem und zu welchem Zweck die Zuwendung gewährt wird. Die Einschaltung von Mittelsmännern berührt die Strafbarkeit ihrer (untechnisch gesprochen) Hintermänner als Täter nicht.

710 Die Zukunftsgewandtheit des Merkmals ergibt sich aus der grammatikalischen Konstruktion des § 299 Abs. 2 StGB („bevorzuge"), vgl. NK-*Dannecker*, StGB, § 299 Rn. 43, 66.

711 Vgl. MüKo-*Krick*, StGB, § 299 Rn. 24 f., 35; *Fischer*, StGB, § 299 Rn. 13; vgl. NK-*Dannecker*, StGB, § 299 Rn. 72.

712 NK-*Dannecker*, StGB, § 299 Rn. 43; MüKo-*Krick*, StGB, § 299 Rn. 25, 35; *Fischer*, StGB, § 299 Rn. 14 f.; S/S-*Heine/Eisele*, StGB, § 299 Rn. 18.

713 Waren sind alle wirtschaftlichen Güter, die Gegenstand des geschäftlichen Verkehrs bzw. Handels (s. S/S-*Heine/Eisele*, StGB, § 299 Rn. 22 zum StGB und GK-*Jacobs*, UWG, § 2 Rn. 11 zum UWG) sein können. Mit Beispielen MüKo-*Krick*, StGB, § 299 Rn. 26, 35.

714 Gewerbliche Leistungen sind alle unkörperlichen geldwerten Leistungen des geschäftlichen Verkehrs bzw. Handels, NK-*Dannecker*, StGB, § 299 Rn. 54; MüKo-*Krick*, StGB, § 299 Rn. 26, 35. Zum UWG: GK-*Jacobs*, UWG, § 2 Rn. 14.

der Vorteilsgewährung die Vorstellung bestehen, dass sich der künftige Bezug zwischen Mitbewerbern, d. h. in einem wirtschaftlichen Wettbewerbsverhältnis, abspielen werde. Das Merkmal des Bezuges meint dabei das gesamte wirtschaftlich auf die Erlangung[715] oder aber auf die Erbringung von Gütern gerichtete Geschäft, also beide Lieferrichtungen.[716] Entscheidend für das Bezugsmerkmal ist allerdings, dass der Bezug stattfindet zwischen – einerseits – dem zuwendenden Täter bzw. dem Dritten und – andererseits – dem geschäftlichen Betrieb, dessen Angestellter bzw. Beauftragter Zuwendungsempfänger ist; nicht ausreichend ist hingegen, dass der Angestellte bzw. Beauftragte selbst die Güter bezieht oder erbringt.[717] Bezugsparteien sind also der Täter bzw. Dritte einerseits und der geschäftliche Betrieb andererseits, nicht auch der Zuwendungsempfänger. Dieser Bezug bzw. diese Erbringung des Gutes muss dabei seitens des geschäftlichen Betriebes gerade dessen geschäftliche Angelegenheit darstellen.[718] Daher müssen auch die bezogenen bzw. erbrachten Güter Gegenstand des geschäftlichen Verkehrs bilden, sodass implizit eine Handelbarkeit des Gutes erforderlich ist.

Versucht man die im Rahmen dieser Abhandlung untersuchte Konstellation der Schiedsrichtermanipulation unter dieses Merkmalskonglomerat zu subsumieren, so verwirren bereits die – jedenfalls auf den ersten Blick – zahlreich als tatbestandlich relevant erscheinenden, seitens des den Wettbewerb ausrichtenden Verbandes erbrachten Güter: So könnte der Dritte, für den der Geschäftsführer handelt,[719] entweder den Sieg selbst oder einen Pokal bzw. Medaillen oder aber das Preisgeld beziehen. Zu denken ist aber auch an die Möglichkeit, an dem sportlichen Wettkampf überhaupt teilzunehmen.

Inwiefern diese „Güter" tatbestandlich relevante „Waren" oder „gewerbliche Leistungen" darstellen, bildet den ersten Schwerpunkt (unter I.). Im Anschluss

---

715 Alle wirtschaftlichen Vorgänge von der Bestellung über die Abwicklung der Lieferung (Abnahme, Prüfung, Beanstandung) bis zur Bezahlung, s. *Fischer*, StGB, § 299 Rn. 14; LK-*Tiedemann*, StGB, § 299 Rn. 31; *Pfeiffer*, in: FS von Gamm, S. 129, 138.

716 BGHSt 2, 396, 401 (*Sub-Post-Ingenieur*); Achenbach/Ransiek/Rönnau-*Rönnau*, Handbuch Wirtschaftsstrafrecht, III 2 Rn. 38; LK-*Tiedemann*, StGB, § 299 Rn. 31. Vgl. zu § 12 UWG a. F.: SK-*Reimer*, Wettbewerbsrecht, Kapitel 54 Rn. 8.

717 So Müller-Gugenberger/Bieneck-*Blessing*, Handbuch Wirtschaftsstrafrecht, § 53 Rn. 74; Achenbach/Ransiek/Rönnau-*Rönnau*, Handbuch Wirtschaftsstrafrecht, III 2 Rn. 38; NK-*Dannecker*, StGB, § 299 Rn. 55, 55b, 66; LK-*Tiedemann*, StGB, § 299 Rn. 31 f.

718 RGSt 72, 132, 133; NK-*Dannecker*, StGB, § 299 Rn. 55; MüKo-*Krick*, StGB, § 299 Rn. 26, 35 (auch m. w. N.); zum UWG: GK-*Otto*, UWG, § 12 Rn. 33.

719 In den vorliegend betrachteten Konstellationen ist „der Dritte" also der Sportverein, dessen Geschäftsführer die Zuwendungen gewährt.

ist näher auf die Bezugsparteien und Bezugsströme einzugehen, die verdeutlichen werden, dass das Beziehungsgeflecht einer Wirtschaftsbestechung und einer Bestechung im sportlichen Wettbewerb nicht kongruent sind (unter II.).

I. Bezug von „Waren" oder „gewerblichen Leistungen"?

Wie bereits dargelegt, kommen auf den ersten Blick als Bezugsobjekte Pokal bzw. Medaillen, das Preisgeld, der Sieg als solcher und die Teilnahmemöglichkeit am sportlichen Wettbewerb in Betracht. Bezüglich aller dieser „Güter" – auf eine genaue Einordnung als „Ware" oder „gewerbliche Leistung" im Sinne des Tatbestandes wird mangels Ergebnisrelevanz vorliegend verzichtet – fehlt es an der Handelbarkeit: Zur Beurteilung der Handelbarkeit der Güter ist – erneut im Wege einer engen Betrachtungsweise – der konkrete Kontext, in welchem sich der „Waren-" bzw. „Leistungs-"Bezug abspielen soll, entscheidend:

1. Pokale, Medaillen und Preisgelder

Betrachtet man den konkreten Kontext der Pokal- und Medaillenverleihung, so geht es um eine Siegerehrung im Rahmen eines sportlichen Wettkampfes. Die Pokale und Medaillen dienen der (deklaratorischen) Ehrung der im sportlichen Wettkampf ermittelten und im Anschluss an den Wettkampf zum Sieger geehrten Sportler. In diesem konkreten Kontext sind die Pokale und Medaillen keine handelbaren Güter des geschäftlichen Verkehrs. Anders mag zu beurteilen sein, ob Pokale und Medaillen im Rahmen des Erwerbs derselben seitens des ausrichtenden Verbandes von dem ursprünglichen Hersteller als handelbare Waren im Sinne des Tatbestandes anzusehen sind. Auf diesen Kontext kommt es aber im Rahmen der vorliegend untersuchten Frage nach einer Handelbarkeit von Pokalen bzw. Medaillen im Rahmen deren Verleihung im Anschluss an den sportlichen Wettkampf nicht an. Entsprechendes gilt für die verliehenen Preisgelder, die die im Wettkampf ermittelten Platzierten belohnen sollen.

Angemerkt sei, dass eine Anknüpfung an diese Güter auch aus einem weiteren Grunde überaus zweifelhaft erscheint, fehlt es doch an dem erforderlichen Finalzusammenhang der Unrechtsvereinbarung: Die Vorteilsgewährung an den zuwendungsempfangenden Schiedsrichter muss nämlich gerade als Gegenleistung für eine beabsichtigte künftige unlautere Bevorzugung bei einem Bezug intendiert sein. Indes gewährt der manipulierende Geschäftsführer dem Schiedsrichter die Vorteile, damit dieser im Rahmen des sportlichen Wettbewerbs auf dem Spielfeld „seine" Mannschaft in kritischen Spielsituationen bevorzuge, nicht aber, um eine Bevorzugung im Rahmen des Bezuges von Pokalen,

Medaillen oder der Preisgeldauszahlung – etwa durch eine schnellere Verleihung oder schnellere Überweisung – zu erreichen.

2. *Die „Teilnahmemöglichkeit“ an einem sportlichen Wettkampf*

Zweifeln könnte man auf den ersten Blick hingegen, ob nicht die „Möglichkeit zur Teilnahme an einem sportlichen Wettkampf“ ein handelbares Gut darstellt, werden doch seitens der teilnehmenden Sportvereine zumeist Gebühren entrichtet, um beim Wettkampf überhaupt antreten zu dürfen. Dies mag zwar durchaus richtig sein, entscheidend ist dies allerdings nicht: Zwar wird durch die Zahlung von Teilnahmegebühren (enthalten etwa in Mitgliedschaftsbeiträgen an den Dachverband) in gewissem Maße durchaus die Teilnahme „erkauft“. Letztlich ist für die Teilnahmemöglichkeit allerdings immer die sportliche Leistung im Rahmen der Qualifikationsspiele entscheidend. Zwar ist die Zahlung der Teilnahmegebühren notwendig, um teilnehmen zu dürfen; ohne die sportliche Leistungskraft reicht aber auch jede finanzielle Leistungskraft eines Sportvereins nicht aus, um dem Sportverein eine „Teilnahme“ an einem bestimmten sportlichen Wettkampf zu ermöglichen.

Überdies ist im Hinblick auf die Konstellationen der Schiedsrichtermanipulation anzumerken, dass diese regelmäßig nicht erst der Ermöglichung der Teilnahme an einem sportlichen Wettkampf dienen werden, sondern der Bevorzugung in kritischen Spielsituationen innerhalb des bereits stattfindenden sportlichen Wettkampfes.

Sofern man darauf abstellt, dass die Schiedsrichtermanipulation (etwa in einem Halbfinal-Rückspiel) der Ermöglichung der Teilnahme an der Finalpartie dienen soll, gilt nichts anderes: Die Qualifikation für höhere Spielrunden soll allein durch Einsatz rein sportlicher Leistungskraft erreicht werden, nicht hingegen durch den Einsatz finanzieller Mittel. Dass dies in „pathologischen“ (Manipulations-)Fällen anders sein mag, kann nichts daran ändern, dass die Teilnahmemöglichkeit an sportlichen Wettkämpfen kein auf Märkten handelbares Gut darstellt, sondern das Produkt rein sportlicher Leistungsbemessung.

3. *Der „Sieg“ in einem Wettkampf*

Entsprechendes gilt für den „Sieg“ in einem sportlichen Wettkampf, der (bei ordnungsgemäßem Wettkampf) ausschließlich Produkt des Einsatzes körperlicher Leistungskraft ist, nicht auch Produkt eines wirtschaftlichen Wettbewerbes der kontrahierenden Sportvereine bzw. Mannschaften untereinander. Ein Sieg kann – jedenfalls nach dem Ideal sportlicher Betätigung – nicht „erkauft“ werden, sondern wird allein durch sportliche Leistungsstärke „verdient“.

4. *Zusammenfassung: Fehlende Handelbarkeit*

Die aufgezeigte fehlende Handelbarkeit der soeben betrachteten „Güter“ ist letztlich wenig überraschend, wenn man sich die zum ersten Problemkreis[720] erarbeiteten Befunde vor Augen führt: Der sportliche Wettbewerb auf dem Spielfeld ist nicht Teil des wirtschaftlichen Wettbewerbs und des geschäftlichen Verkehrs. Auch wenn man die wirtschaftlichen Folgewirkungen einer Schiedsrichtermanipulation in den Blick nimmt, die etwa das Vorankommen des Vereins nicht nur in sportlicher, sondern auch in finanzieller Sicht fördern bzw. absichern, so geht es dem Täter im Zeitpunkt der Vorteilsgewährung an den Schiedsrichter - und dieser Zeitpunkt ist entscheidend - unmittelbar nur um die Beeinflussung des Spielgeschehens auf dem Spielfeld, d.h. um die Beeinflussung des sportlichen Wettbewerbs. „Waren“ oder „gewerbliche Leistungen“ im Sinne von § 299 StGB sind folglich nicht gegeben.[721]

II. Die Bezugsparteien und Bezugsströme

Wendet man den Fokus von den bezogenen Gütern ab und den Bezugsparteien zu, so ergibt sich eine weitere Schwierigkeit: Das Beziehungsgeflecht[722], wie von § 299 StGB voraussetzt, ist zur Erfassung von Manipulationsfällen der vorliegenden Art schlichtweg unpassend. Denn erforderlich ist ein Bezugsverhältnis zwischen - einerseits - dem Täter bzw. Dritten (hier: dem Sportverein) und - andererseits - demjenigen geschäftlichen Betrieb, dessen Angestellter bzw. Beauftragter Zuwendungsempfänger ist.[723] Beispielhaft sei dies an zwei „Gütern“ erläutert: der „Spielleitungsleistung des Schiedsrichters“[724] (sogleich unter a)) und den verliehenen Pokalen und Medaillen des ausrichtenden Verbandes (anschließend unter b)).[725]

---

720 S. dazu § 4 A.

721 *Hirsch*, in: FS Szwarc, S. 559, 581: „Sportliche Leistungen sind weder [Waren, *Anm. d. Verf.*] noch [gewerbliche Leistungen, *Anm. d. Verf.*].“

722 Zum Begriff s. bereits Fn. 481.

723 S. Fn. 717 und 732. Nur so kann sich die tatbestandlich erforderliche Möglichkeit zur Einflussnahme des Angestellten bzw. Beauftragten auf betriebliche Entscheidungen seines Prinzipals realisieren. Ausgeblendet sei, dass kein „geschäftlicher Betrieb“ im Sinne des Tatbestandes vorliegt.

724 Begriff nach *Krack*, ZIS 2011, 475, 478.

725 Der Umstand fehlender Handelbarkeit sei an dieser Stelle ignoriert.

1. *Die Spielleitungsleistung des Schiedsrichters*

In Alltagssprache formuliert, erfolgt die Schmiergeldzahlung aus der Sphäre eines Vereins, um bei der Schiedsrichterentscheidung gegenüber dem anderen Verein bevorzugt zu werden. Daher ist zunächst auf die Spielleitungsleistung[726] des Schiedsrichters abzustellen. Diese ist allerdings nur dann als tatbestandsmäßig anzusehen, wenn sie als Leistung des ausrichtenden Verbandes an den Vorteilsgeber anzusehen wäre.[727]

Auf diese rein rechtliche Betrachtungsweise soll es aber für die Beurteilung der Bezugsverhältnisse nicht ankommen.[728] Für deren Beurteilung ist vielmehr eine wertende Gesamtbetrachtung der Situation vorzunehmen und danach zu fragen, als wessen Leistung sich die Schiedsrichterleistung präsentiert. Dabei sind rechtliche Wertungen zwar durchaus zu berücksichtigen, müssen aber nicht zwingend ausschlaggebend sein. Die Betrachtung ergibt, dass die Schiedsrichterleitung als eine Leistung des Schiedsrichters und nicht als Leistung des wettbewerbsausrichtenden Verbandes anzusehen ist.

Erster Grund für die Zuordnung der Leistung an den Schiedsrichter ist seine Sonderstellung: Trotz seiner schuldrechtlichen Anbindung an den ausrichtenden Verband wird er gerade nicht im einseitigen Interesse einer Partei, sondern im Gemein-Interesse aller involvierten Parteien an einem „fairen" Spielablauf tätig. Dieser Umstand verbietet es, die Spielleitungsleistung einer Parteiseite (etwa: dem ausrichtenden Verband) zuzuordnen.

Zweiter – fast noch wesentlicherer – Grund für die Bewertung der Schiedsrichterleistungen auf dem Spielfeld als „eigene" dürfte sein, dass dessen Entscheidungen von dessen höchstpersönlicher Wahrnehmung und Bewertung abhängen.[729] Dem wird insofern Rechnung getragen, als Schiedsrichterentscheidungen auf dem Spielfeld nur in sehr engem Rahmen überprüfbar sind.

Bezieht man also – wie es herrschend praktiziert wird – neben den rechtlichen auch wirtschaftlich-faktische Kriterien in die Ermittlung der Bezugsparteien und Bezugsströme[730] ein, so erscheint die Spielleitungsleistung nicht als

---

726 Begriff nach *Krack*, ZIS 2011, 475, 478.

727 Vgl. NK-*Dannecker*, StGB, § 299 Rn. 55b und LK-*Tiedemann*, StGB, § 299 Rn. 32a.

728 NK-*Dannecker*, StGB, § 299 Rn. 55a.

729 NK-*Dannecker*, StGB, § 299 Rn. 55b. Dabei sind seine Entscheidungen selbstverständlich insoweit verobjektiviert, als er an die Spielregeln gebunden ist und neutral zu entscheiden hat.

730 Ganz herrschend kommt es auf eine wirtschaftlich-faktische Auslegung an, die jedoch zugleich rechtliche Wertungen mitberücksichtigt, vgl. nur LK-*Tiedemann*, StGB, § 299 Rn. 32.

Leistung des ausrichtenden Verbandes, sondern stets als „Leistung des Schiedsrichters".

Gegen dieses Ergebnis spricht auch nicht, dass der Schiedsrichter nach dem bereits Ausgeführten als tatbestandlich relevanter „Beauftragter" des Prinzipals eingeordnet wurde. Zwar ist auch im Rahmen des Beauftragten-Merkmals eine wertende Gesamtbetrachtung entscheidend, um zu beurteilen, in wessen Auftrag der Schiedsrichter agiert. Während für das Beauftragtenmerkmal aber maßgeblich ist, inwiefern seitens des Zuwendungsempfängers auf betriebliche Entscheidungen des Prinzipals Einfluss genommen werden kann, ist für das vorliegend untersuchte Bezugsmerkmal entscheidend, als wessen Waren bzw. gewerbliche Leistung sich dasjenige Gut präsentiert, im Rahmen dessen Bezuges eine Bevorzugung in unlauterer Weise erfolgen soll. Die Ergebnisse der beiden Fragen fallen auseinander: zwar ist der Schiedsrichter „Beauftragter" im Sinne des Tatbestandes; seine Spielleitungsleistung ist aber eine „eigene", nicht auch eine solche seines Prinzipals.

2. Pokale, Medaillen

Während soeben auf ein „Gut"[731] abgestellt wurde, dessen „Bezug" bei laienhafter Betrachtung am nächsten lag, so sei nun mit dem „Pokal" und den „Medaillen" auf ein „Gut" abgestellt, welches durchaus als solches des Prinzipals zu klassifizieren ist. Bezüglich dieser „Güter" fehlt es allerdings – wie bereits ausgeführt – an dem notwendigen Finalzusammenhang der Unrechtsvereinbarung: Die Vorteilsgewährung an den Schiedsrichter erfolgt nicht, um zeitlich bevorzugt die Pokale und Medaillen verliehen zu bekommen, sondern allein, um in kritischen Spielsituationen durch den Schiedsrichter im Rahmen seiner Spielleitungsleistung bevorzugt zu werden.

3. Zusammenfassung zu Bezugsparteien und Bezugsströmen

Die Ausführungen zeigen: Dasjenige „Gut", zwecks dessen Bevorzugung beim Bezug der Vorteil gewährt wird (die Schiedsrichterleistung), ist keines, welches gerade seitens des Prinzipals des Zuwendungsempfängers erbracht wird. Die seitens des Prinzipals erbrachten „Güter" (etwa: Pokal, Medaillen) sind keine, zwecks deren Bevorzugung beim Bezug der Vorteil gewährt wird. Das Beziehungsgeflecht des § 299 StGB und dasjenige im Rahmen von Schiedsrichtermanipulationen im

---

731 Die Anführungsstriche sollen verdeutlichen, dass mangels Handelbarkeit eine „Ware" oder „gewerbliche Leistung" im Sinne des Tatbestandes nicht vorliegt.

Profisport zur Beeinflussung des unmittelbaren Spielgeschehens stimmen nicht miteinander überein.

III. Zusammenfassung der Ergebnisse zum Problemkreis des Beziehungsgeflechts

Der Versuch einer Subsumtion der Konstellation der Schiedsrichtermanipulation zwecks Beeinflussung des unmittelbaren Spielgeschehens unter das Merkmalskonglomerat der Unrechtsvereinbarung muss nach alledem als gescheitert angesehen werden,[732] wofür folgende Punkte als maßgeblich zu bewerten sind:

Zum einen passt § 299 StGB schon aus dem Grunde nicht auf Fälle der vorliegenden Art, da es an einem wirtschaftlichen Wettbewerbsverhältnis unter den im Stadion konkurrierenden Sportmannschaften fehlt und folglich auch keine tatbestandlich relevanten Güter bezogen bzw. erbracht werden.

Zum zweiten müsste das (hypothetisch angenommen) tatbestandlich relevante Gut seitens des Prinzipals des Bestochenen bezogen oder erbracht werden: Die – jedenfalls prima facie – tatbestandsrelevante Spielleitungsleistung[733] des Schiedsrichters wird nicht durch den geschäftlichen Betrieb (den Prinzipal) erbracht, sondern allein durch den Schiedsrichter selbst. Bezogen auf „Waren", die seitens des Prinzipals erbracht werden (Pokal, Medaillen), fehlt es am erforderlichen Finalzusammenhang der Unrechtsvereinbarung.

Diese Gesichtspunkte führen zu dem Ergebnis, dass das Beziehungsgeflecht[734] des § 299 StGB ungeeignet ist, Schiedsrichtermanipulationen zur Beeinflussung des Sportgeschehens zu erfassen.

C. Zusammenfassung der Ergebnisse zur Strafbarkeit wegen Bestechung im geschäftlichen Verkehr

Der Geschäftsführer eines Sportvereins, der Schiedsrichtern zwecks Beeinflussung des unmittelbaren Sportgeschehens im Sinne „seiner" Sportmannschaft

---

732 So auch *Hirsch*, in: FS Szwarc, S. 559, 581. *Schroeder*, in: Sport und Recht, S. 21, 36, 37 zweifelt am Handeln „im geschäftlichen Verkehr", verneint aber jedenfalls den Waren/Leistungs-Bezug. Letzteres ebenfalls verneinend *Schlösser*, NStZ 2005, 423, 424. Ablehnend auch NK-*Dannecker*, StGB, § 299 Rn. 55b; LK-*Tiedemann*, StGB, § 299 Rn. 32a. Straflos auch der (durch Verlustprämien) manipulierte Sportler: *Ferragina*, Betrügereien im Profifußball, S. 58; *Paringer*, Korruption im Profifußball, S. 241 f., 244; *Schattmann*, Betrug des Leistungssportlers, S. 107.

733 Begriff nach *Krack*, ZIS 2011, 475, 478.

734 Zum Begriff s. bereits Fn. 481.

vermögenswerte Vorteile gewährt, macht sich nicht gemäß § 299 Abs. 2 StGB strafbar.[735] Grund dafür sind die zwei durch die vorliegende Abhandlung herausgestellten Problempunkte:

Zum einen ist unmittelbar durch derartige Schiedsrichtermanipulationen der sportliche Wettbewerb auf dem Spielfeld betroffen, der mit wirtschaftlichem Wettbewerb weder identisch noch diesem normativ gleichzustellen ist. Vielmehr wurden grundlegende Strukturunterschiede zwischen den beiden Ausprägungen des Fundamentalwettbewerbes aufgezeigt. Insofern hat sich die eingangs aufgestellte These, dass eine Differenzierung zwischen den beiden Sphären des Profisports geboten sei, als richtig erwiesen: Die Differenzierung ist nicht bloß lebensweltlich anzutreffendes Phänomen; sie ist vielmehr eine rechtliche Notwendigkeit, die – für den Tatbestand der Bestechlichkeit und Bestechung im geschäftlichen Verkehr – ihren Ausdruck in dem Unmittelbarkeitsgedanken findet. Dieser tragende Gedanke ist auch bei der Subsumtion von Sachverhalten unter die Tatbestandsmerkmale des „geschäftlichen" Betriebes und des „geschäftlichen" Verkehrs maßgeblich und ist so der Schlüssel zu einer kohärenten Tatbestandsauslegung.

Der zweite Grund für die Untauglichkeit des § 299 StGB, Sachverhalte der vorliegenden Art zu erfassen, liegt darin begründet, dass das tatbestandlich vorausgesetzte Beziehungsgeflecht nicht demjenigen Beziehungsgeflecht entspricht, welches im Rahmen von Schiedsrichtermanipulationsfällen im Profisport vorzufindenden ist.

---

735 Wie hier für eine Straflosigkeit von *Schiedsrichter*manipulationen gemäß § 299 StGB alle Autoren, die sich mit dem Thema befassen, s. Achenbach/Ransiek/Rönnau-*Rönnau*, Handbuch Wirtschaftsstrafrecht, III 2 Rn. 108; Dölling/Duttke-*Bannenberg*, StGB, § 299 Rn. 4; *Fischer*, StGB, § 299 Rn. 6; Matt/Renzikowski-*Sinner*, StGB, § 299 Rn. 9; *Ferragina*, Betrügereien im Profifußball, S. 106 f.; *Paringer*, Korruption im Profifußball, S. 235 f.; *Pragal*, Die Korruption innerhalb des privaten Sektors, S. 203; *Schattmann*, Betrug des Leistungssportlers, S. 107; *Krack*, ZIS 2011, 475, 479; *Bannenberg/Rössner*, in: Korruption im Sport, S. 214, 215 f. („Die Bestechung von Spielern oder Schiedsrichtern selbst ist [..] straflos."); *Rössner*, in: Doping im Sport, S. 118, 130; *Schlösser*, NStZ 2005, 423, 424. Implizit für eine Straflosigkeit durch Befassung mit der Lage de lege ferenda: S. die Nachweise in Fn. 737 sowie Fn. 758. Für Straflosigkeit von *Spieler*manipulationen gemäß § 299 StGB: NK-*Dannecker*, StGB, § 299 Rn. 55b; LK-*Tiedemann*, StGB, § 299 Rn. 32a. Für eine Straflosigkeit gemäß § 299 StGB in *Doping*konstellationen: *Pflanz*, Die sportethische und strafrechtliche Bedeutung des Dopings, S. 237. *Bottke*, in: FS Kohlmann, S. 85, 103: „De lege lata ist die Wettbewerblichkeit rechter Sportwettkämpfe nicht strafgesetzlich geschützt."

Der Bewertung des Tatgeschehens als Bestechung im geschäftlichen Verkehr durch die 5. Strafkammer des Landgerichts Kiel ist folglich nicht zuzustimmen. Die „Schiedsrichterbestechung“ ist de lege lata keine Bestechung im rechtlichen Sinne.

§ 5 Zusammenfassung und Ausblick

Anliegen der vorliegenden Abhandlung war es, zu untersuchen, inwiefern Schiedsrichtermanipulationen im Profisport durch Gewährung von Schmiergeldern durch Geschäftsführer von Sportvereinen ohne Beteiligung von Wettanbietern strafrechtlich relevant sind. Während derartige Manipulationshandlungen zunächst im Lichte der Vermögensdelikte des Betruges und der Untreue betrachtet wurden, schloss die Untersuchung mit Ausführungen zu einer etwaigen Strafbarkeit wegen Bestechung im geschäftlichen Verkehr ab.

Zusammengefasst ist festzuhalten, dass der Betrugstatbestand in aller Regel ungeeignet ist, derartiges Manipulationsverhalten zu erfassen. Zwar wird man eine Täuschungshandlung des Geschäftsführers gegenüber dem ausrichtenden Verband und dem Preisspender noch annehmen können; bereits gegenüber dem gegnerischen Verein fehlt es aber an einer solchen. Als problematisch hat sich auch erwiesen, inwiefern überhaupt ein Irrtum angenommen werden kann. Auch das Vorliegen eines verfügungsbedingten Vermögensschadens aufseiten der potentiellen Betrugsopfer bereitet – nicht nur in puncto praktischer Nachweisbarkeit – erhebliche Schwierigkeiten. Überdies fehlt es jedenfalls an der Stoffgleichheit des (etwaig) erstrebten Vermögensvorteils mit dem (etwaigen) Vermögensschaden.

Die Untersuchungen der Manipulationshandlungen im Lichte des Untreuetatbestandes haben ergeben, dass im Falle eines Einsatzes von Vereinsmitteln durchaus eine Untreuestrafbarkeit des Geschäftsführers gegenüber „seinem" Sportverein ausgelöst werden kann. Allerdings ist in praxi genau zu prüfen, inwiefern nicht die mittels Zuwendungsgewährung erlangte Aussicht darauf, Mehreinnahmen zu erzielen, den zuwendungsbedingten Vermögensabfluss vollständig zu kompensieren geeignet ist.

Fälle der Schiedsrichtermanipulation durch Geschäftsführer von Profisportvereinen zur Beeinflussung des unmittelbaren Spielgeschehens lassen sich also mit Blick auf die Vermögensdelikte nur in Einzelfällen strafrechtlich erfassen. Anders sieht dies, den Bereich der Vermögensdelikte verlassend, im Hinblick auf den Tatbestand des § 299 Abs. 2 StGB aus. Dort ist das Urteil klar und eindeutig: Das Verhalten des Geschäftsführers ist straflos.

Dieses Ergebnis eines im Einzelfall durch die Vermögensdelikte in umfassenderem Maße gewährleisteten Opferschutzes, obgleich doch – laienhaft gesprochen – eine „Bestechung" vorliege, mag auf den ersten Blick überraschen. Es ist indes logische Konsequenz dessen, dass Vermögensschädigungen nicht stets mit der Gefährdung der Lauterkeit wirtschaftlichen Wettbewerbs einhergehen müssen. Vielmehr sind – je nach Delikt – geschütztes Rechtsgut und pönalisierte Angriffsform auf das Rechtsgut streng zu unterscheiden. Insbesondere ist darauf zu achten, dass bei präziser Auslegung (hier: der Vermögensdelikte) zu Tage tretende Strafbarkeitslücken keinesfalls zum Anlass genommen werden dürfen, diesen – etwaig als unbefriedigend empfundenen – Zustand durch eine unzulässige analoge Auslegung und Anwendung des § 299 Abs. 2 StGB zu lasten des Täters zu beheben. In den Worten des Großen Senats des BGH in Strafsachen:

> „Die Anwendung bestehender Strafvorschriften, deren Tatbestandsstruktur und Wertungen der Erfassung bestimmter Verhaltensweisen [...] als strafrechtlich relevant entgegenstehen, auf der Grundlage allein dem Gesetzgeber vorbehaltener Strafwürdigkeitserwägungen ist der Rechtsprechung [und jedem Rechtsanwender, *Anm. d. Verf.*] [...] versagt."[736]

Das Ergebnis der nur in Einzelfällen möglichen Pönalisierung von Schiedsrichtermanipulationen wird in der Literatur in der Tat zum Teil als unzureichend eingestuft.[737] Ob den Autoren allerdings in ihrer Bewertung gefolgt werden kann und

---

736 BGH GSSt NJW 2012, 2530, 2535.

737 Für eine Pönalisierung von Schiedsrichtermanipulationen etwa LK-*Tiedemann*, StGB, § 299 Rn. 74 unter Verweis auf den 2003 eingeführten polnischen Straftatbestand der Sportkorruption, vgl. dazu ausführlich *Szwarc*, in: FS Tiedemann, S. 939 f.; *Pragal*, Die Korruption innerhalb des privaten Sektors, S. 203 mit Verweis auf *Jähnke*, in: DJT-Verhandlungen II/2, L 87: „Es ist *Jähnke* daher zuzustimmen, dass „die Optik verschoben scheint, wenn Fälle wie der „Bundesliga-Skandal" nur unter dem Gesichtspunkt der Untreue des Vereinskassierers zu erfassen sind."; *König*, SpuRt 2010, 106 f. Zu Vorschlägen de lege ferenda S. Fn. 758.
Gegen eine Pönalisierung von Sportmanipulationen (durch Doping und/oder Zuwendungsgewährungen) *de lege ferenda*: Achenbach/Ransiek/Rönnau-*Rönnau*, Handbuch Wirtschaftsstrafrecht, III 2 Rn. 108; *Ferragina*, Betrügereien im Profifußball, S. 212; kritisch: *Kühl*, in: FS Tiedemann, S. 29, 46; *Glocker*, Die strafrechtliche Bedeutung von Doping, S. 297 f. (vgl. auch S. 295 in Fn. 1985); *Schattmann*, Betrug des Leistungssportlers, S. 188 f., 193; *Bottke*, in: FS Kohlmann, S. 85, 103 f., 109; *Hirsch*, in: FS Szwarc, S. 559, 583; *Beukelmann*, NJW-Spezial 2010, 56 f.; *Fischer*, NJW 2005, 1028 f. (insb. unter Verweis auf bestehende, aber wirkungslose Spezialstraftatbestände im Ausland); *Heger*, SpuRt 2001, 92, 95; *ders.*, JA 2003, 76, 82 f.; *Jahn*, SpuRt 2005, 141, 146; *ders.*, ZIS 2006, 57, 62; *Kargl*, NStZ 2007, 489, 495 f.; *Kindhäuser*, ZIS 2011, 461, 468 f.; *Kudlich*, SpuRt 2010, 108 f.; *Leipold*, NJW-Spezial 2006, 423, 424. Aus verfassungsrechtlicher Sicht gegen die Schaffung eines Doping-Tatbestandes: *Mestwerdt*, SpuRt 1997, 119, 124; *Steiner*, NJW 1991, 2729, 2733, vgl. für weitere Nachweise *Cherkeh/Momsen*, NJW 2001, 1745, 1746 (in Fn. 8).

eine systemische Schwäche des Strafrechts zu konstatieren ist, erscheint fragwürdig.[738] Die im Vorfeld der Normschaffung zu führende rechtspolitische Diskussion hat sorgfältig zwischen Strafwürdigkeit und Strafbedürftigkeit des Manipulationsverhaltens zu differenzieren: Während die Strafwürdigkeit nach der Unvereinbarkeit eines Verhaltens mit einem „vorstrafrechtlichen Verhaltensgebot"[739] fragt, ist im Rahmen der Strafbedürftigkeit ein „Zweckmäßigkeitsdiskurs"[740] zu führen.

Die Strafwürdigkeit von Schiedsrichtermanipulationen im Profisport leuchtet ein, betrachtet man – mit den überzeugenden Ausführungen von *Bannenberg*[741] – ihre außer Frage stehende Sozialschädlichkeit: Manipulationen im Sport wirken sich negativ auf die Sportkultur der Bevölkerung, auf den Fairplay-Gedanken und auf die Erziehung zu Werten wie Fairness und Loyalität aus. Insbesondere birgt die Koppelung des „Vorteils" des „schnell und einfach zu verdienenden Geldes" an Vorteilsgewährungen an Schiedsrichter anstelle von langwierigem Training die Gefahr der Perpetuierung manipulativer Verhaltensweisen.[742] Am Schlusspunkt einer Kette sich wiederholender Manipulationen stünde, dass der Grundpfeiler des Sports, die Leistungsmessung nach dem reinen Leistungsprinzip", umgestoßen würde.

Diese skizzierte Sozialschädlichkeit ist allerdings nur notwendige, nicht auch hinreichende Bedingung für eine Verhaltensinkriminierung.[743] „Öffentliches Empörungspotential allein kann kein hinreichender Grund sein."[744] In puncto Strafbedürftigkeit ist dem Gedanken des „Strafrecht als ultima ratio" und dem Verhältnismäßigkeitsprinzip Rechnung zu tragen.[745] Strafrecht ist ein Teilbereich

---

738 Im Jahre 2003 wurde etwa in Polen der Straftatbestand der Sportkorruption eingeführt; dazu *Szwarc*, in: FS Tiedemann, S. 939 f.

739 NK-*Hassemer/Neumann*, StGB, vor § 1 Rn. 51.

740 NK-*Hassemer/Neumann*, StGB, vor § 1 Rn. 52.

741 Zum gesamten Absatz s. Wabnitz/Janovsky-*Bannenberg*, Handbuch Wirtschaftsstrafrecht, Kap. 10 Rn. 137 sowie *dies./Rössner*, in: Korruption im Sport, S. 214, 217.

742 Ähnlich auch *Cherkeh/Momsen*, NJW 2001, 1745. Vgl. auch *Pragal*, in: Korruption im Sport, S. 206 f. (auch m. w. N.), der zur Begründung des Reizes von Wettmanipulationen auf das von dem amerikanischen Kriminologen *Donald R. Cressey* entwickelte Modell des „Betrugsdreieckes" zurückgreift. Dessen Modell führt das Auftreten und die Triebfelder von Wirtschaftskriminalität auf die Faktoren Tatgelegenheit, Anreiz und Möglichkeit zur inneren Rechtfertigung (sog. Neutralisation) zurück.

743 Besonders darauf hinweisend: *Bottke*, in: FS Kohlmann, S. 85, 107 f.

744 *Beukelmann*, NJW-Spezial 2010, S. 56, 57.

745 NK-*Hassemer/Neumann*, StGB, vor § 1 Rn. 72 f.

der sozialen Kontrolle[746] – aber eben nur ein Teil-Bereich. Insofern ist genau zu untersuchen, inwiefern ein Einschreiten, (insbesondere) des Strafgesetzgebers, erforderlich ist und nicht auf „Selbstheilungskräfte" des betroffenen Lebensbereichs vertraut werden kann: Profisportverbände haben ein (vermarktungsgetriebenes) genuines Interesse an der „Reinhaltung" des Sports, verfügen im Rahmen ihrer Verbandsautonomie über Rechtssetzungsbefugnisse und daher über das nötige Instrumentarium zur Ermöglichung interner Kontrollen sowie zur Intensivierung verbandsgerichtlicher Reaktionen auf regelwidriges Verhalten.[747] Höchst zweifelhaft ist zudem, ob wettbewerbsverfälschendes Verhalten im Profisport von nur annährend vergleichbarem Gewicht wie wettbewerbsverfälschendes Verhalten im Geschäftsleben ist:[748] Letzteres zeitigt erhebliche Auswirkungen auf das marktwirtschaftliche Gefüge und damit auch auf die gesamtökonomische Situation einer Gesellschaft.[749]

Will man ein Strafbedürfnis bejahen, so bereitet schließlich auch die konkrete Normgestaltung Schwierigkeiten. Zum einen ist auf die Effizienz der (etwaigen) strafrechtlichen Gegensteuerung zu achten: Unterstellt man, dass die Manipulatoren nach Maßgabe eines individuellen Kosten-Nutzen-Kalküls handeln,[750] so müsste eine effektive Gegensteuerung die Kosten der unlauteren Beeinflussung des Sportspiels (etwa durch Straftataufklärung[751]) derart erhöhen, dass der Nutzen aus dem Spiel aufgezehrt und die Akteure (bei unterstelltem rationalen Verhalten) von den Manipulationen Abstand nehmen würden.[752]

---

746 Vgl. NK-*Hassemer/Neumann*, StGB, vor § 1 Rn. 155.

747 Darauf verweisend etwa auch *Beukelmann*, NJW-Spezial 2010, S. 56, 57; *Hirsch*, in: FS Szwarc, S. 559, 583. An der Effektivität mangels (strafprozessualer) Zwangsmittel zweifelnd Wabnitz/Janovsky-*Bannenberg*, Handbuch Wirtschaftsstrafrecht, Kap. 10 Rn. 137; *Rössner*, in: FS Mehle, S. 567, 577.

748 So aber *König*, SpuRt 2010, 106, 107: „Unrechtsgehalt und Strafwürdigkeit solchen Verhaltens stehen hinter der Bestechung / Bestechlichkeit im geschäftlichen Verkehr (§ 299 StGB) nicht zurück, übertreffen sie vielmehr sogar häufig."

749 Eine Vergleichbarkeit zutreffend verneinend etwa *Hirsch*, in: FS Szwarc, S. 559, 583 und *Krack*, ZIS 2011, 475, 480.

750 So explizit *Bannenberg*, Handbuch Wirtschaftsstrafrecht, Kap. 10 Rn. 137.

751 Dabei sind die Schwierigkeiten bei der Aufklärung der oftmals undurchsichtigen Lebenssachverhalte zu berücksichtigen. Es sei an die eingangs unter § 1 C. dargelegten Nachweisschwierigkeiten im Fall des THW Kiel erinnert.

752 S. insgesamt zu diesem Absatz *Bannenberg*, Handbuch Wirtschaftsstrafrecht, Kap. 10 Rn. 138.

Zum zweiten ist über das – nach richtiger, herrschender Ansicht notwendige – zu schützende Rechtsgut zu befinden:[753] Jedenfalls ist dringend von einem Rückgriff auf das unbestimmte und diffuse Gebilde der „sportlichen Fairness" abzuraten. Stellte man dennoch auf die „Integrität des Sports" ab, so dürfte die Inkriminierung konsequenterweise nicht nur auf den Profisportbereich beschränkt bleiben.[754] Zudem müssten dann konsequenterweise – abseits korrupten Verhaltens – alle durch Täuschung bewirkten Wettbewerbsverfälschungen erfasst werden.[755] Ein – ebenfalls denkbares – Abstellen auf das „Vertrauen der Allgemeinheit in einen fairen Sportwettkampf" als Rechtsgut beseitigte praktische Nachweisschwierigkeiten: Ob die Manipulation kausal für den Sieg wird, non-kausal oder erfolglos verbleibt oder ob Vermögensschäden entstehen, wäre irrelevant.[756] Freilich bleibt es dem – mit weiter Einschätzungsprärogative ausgestatteten – Gesetzgeber unbenommen, die durchaus vorhandenen Gemeinsamkeiten und insbesondere die Verwobenheit sportlichen und wirtschaftlichen Wettbewerbs im Profisport zum Anlass zu nehmen, künftig auch Angriffe auf die „Lauterkeit des sportlichen Wettbewerbs" zu pönalisieren.[757]

Folgerichtig wird daher von den Befürwortern einer Pönalisierung auch eine Orientierung des zu schaffenden Tatbestandes an § 299 StGB vorgeschlagen.[758] Ein fragwürdiges Vorgehen, vergegenwärtigt man sich die zahlreichen

---

753 Vgl. zu denkbaren Rechtsgütern *Bottke*, in: FS Kohlmann, S. 85, 92 f.; Achenbach/Ransiek/Rönnau-*Rönnau*, Handbuch Wirtschaftsstrafrecht, III 2 Rn. 108 tritt einem strafrechtlichen Schutz des „lauteren Wettbewerbs im Sport" mangels hinreichender Gewichtigkeit des Rechtsguts und mangels Konturenschärfe entgegen.

754 Darauf hinweisend *Szwarc*, in: FS Tiedemann, S. 939, 947; zustimmend *Hirsch*, in: FS Szwarc, S. 559, 582.

755 So zutreffend *Hirsch*, in: FS Szwarc, S. 559, 582.

756 S. zu dieser Differenzierung bereits oben unter § 2 A. I. 1. b) bb) (1), Fn. 67 und vgl. *Beukelmann*, NJW-Spezial 2010, 56.

757 Dafür könnte die unter § 1 A. von *Bannenberg* beschriebene „doppelte Angriffsrichtung" von Manipulationshandlungen im Sport angeführt werden.

758 Vgl. zu Vorschlägen *de lege ferenda*: Entwurf eines Gesetzes zur Bekämpfung des Dopings und der Korruption im Sport des Landes Bayern, SpuRt 2010, 104 f., vgl. auch *Krack*, ZIS 2011, 475, 479 f.; Wabnitz/Janovsky-*Bannenberg*, Handbuch Wirtschaftsstrafrecht, Kap. 10 Rn. 138; *Bannenberg/Rössner*, in: Korruption im Sport, S. 214, 225 f.; *Rössner*, in: FS Mehle, S. 567, 577 f.; vgl. auch die Grundlinien für einen künftigen Doping-Tatbestand in *Cherkeh/Momsen*, NJW 2001, 1745, 1748, 1751 und *Fritzweiler*, SpuRt 1998, 234, 235; vgl. *Schattmann*, Betrug des Leistungssportlers, S. 187 f., der fremde Pönalisierungs-Vorschläge (insb. der Rechtskommission des Sports gegen Doping) referiert, selbst aber eine Inkriminierung ablehnt (s. *ebd.*, S. 188 f.; 193).

Handhabungsschwierigkeiten, die bereits de lege lata im Rahmen von § 299 StGB bestehen.[759] Gewohnt pointiert formuliert *Samson*:[760]

> Der Tatbestand der Bestechlichkeit und Bestechung im geschäftlichen Verkehr „stellt ein drastisches Beispiel für die schwindenden Fähigkeiten des Strafgesetzgebers dar, Straftatbestände klar, rechtsgutsbezogen und unter Vermeidung unsinniger Ergebnisse zu formulieren.“

Vorgeschlagen wird aber auch die Schaffung eines Tatbestandes, der das Strafbarkeitsverdikt bereits an die bloße Teilnahme an einem zuvor manipulierten Wettbewerb anknüpft.[761]

Doch alle diese Erwägungen liegen – wie eingangs dargelegt – außerhalb des Erkenntnisbereichs der vorliegenden Abhandlung. Zielsetzung derselben war es zu untersuchen, inwiefern Schiedsrichtermanipulationen im Profisport durch Gewährung von Schmiergeldern durch Geschäftsführer von Sportvereinen ohne Beteiligung von Wettanbietern de lege lata strafrechtlich relevant sind. Die Fragen nach der Strafwürdigkeit, der Strafbedürftigkeit und der Konturierung einer spezifisch strafrechtlichen Gegensteuerung verweisen in den Bereich der Rechtspolitik:

Letztlich ist allein der Gesetzgeber dazu berufen, auf den vorliegend herausgearbeiteten Befund gegenwärtig nur lückenhafter strafrechtlicher Erfassung von Schiedsrichtermanipulationen im Profisport zu reagieren. Von nicht unwesentlicher Bedeutung dürften dabei auch Entwicklungen auf europäischer Ebene sein.[762] Auf den weiteren Verlauf der Diskussion und etwaige gesetzgeberische Schritte darf man gespannt bleiben.

---

759 Ebenso etwa *Kudlich*, SpuRt 2010, 108 f.; *Krack*, ZIS 2011, 475, 479 f.; *Beukelmann*, NJW-Spezial 2010, 56, 57.

760 *Samson*, in: FS Sootak, S. 225.

761 So für den Bereich des Dopingstrafrechts ein aktueller Gesetzesentwurf des Landes Baden-Württemberg zur Verbesserung der strafrechtlichen Dopingbekämpfung, der den Tatbestand des – terminologisch fragwürdigen –„Dopingbetruges“ mit ebendieser Tatbestandsstruktur enthält: § 95 Abs. 1a Nr. 3 i. V. m. § 6a Abs. 4 bzw. 5 AMG-E: „Mit Freiheitsstrafe bis zu fünf Jahren oder mit Geldstrafe wird bestraft, wer entgegen § 6a Abs. 4 oder 5 an einem berufssportlichen Wettkampf teilnimmt.“ Gesetzesentwurf abrufbar unter: http://www.baden-wuerttemberg.de/fileadmin/redaktion/dateien/PDF/Entwurf-eines-Gesetzes-zur-Verbesserung-der-strafrechtlichen-Dopingbek%C3%A4mpf ung-9-4-2013.pdf (letzter Abruf: 08.12.2015).

762 Es liegt eine Entschließung des Europäischen Parlaments zu Ergebnisabsprachen und Korruption im Sport (Aktenzeichen 2013/2567(RSP)) mit Datum vom 14.03.2013 und Dokumentnummer P7_TA (2013)0098 vor, abrufbar unter http://www.europarl.europa.eu/sides/getDoc.do?pubRef=-//EP//NONSGML+TA+P7-TA-2013-0098+0+DOC+PDF+V0//DE (letzter Abruf: 08.12.2015).

Literaturverzeichnis

Achenbach, Hans/ Ransiek, Andreas/ Rönnau, Thomas: Handbuch Wirtschaftsstrafrecht, 4. Auflage, Heidelberg 2015.
Zitiert: Achenbach/Ransiek/Rönnau-*Bearb.*, Handbuch Wirtschaftsstrafrecht.

Altenburg, Johannes: Die Unlauterkeit in § 299 StGB. Ein Beitrag zur Harmonisierung von Strafrecht und Wettbewerbsrecht, Frankfurt am Main 2012.
Zitiert: *Altenburg*, Die Unlauterkeit in § 299 StGB.

Amelung, Knut: Irrtum und Zweifel des Getäuschten beim Betrug, GA 1977, S. 1–17.

AnwaltKommentar Strafgesetzbuch: Leipold, Klaus/ Tsambikakis, Michael/ Zöller, Mark A. (Hrsg.), Kommentar zum Strafgesetzbuch, 2. Auflage, Heidelberg u. a. 2015.
Zitiert: AnwaltKo-*Bearb.*, StGB.

Arzt, Gunther: Zur Untreue durch befugtes Handeln, in: Frisch, Wolfgang/ Schmid, Werner (Hrsg.): Festschrift für Hans-Jürgen Bruns zum 70. Geburtstag, Köln 1978, S. 365–383.
Zitiert: *Arzt*, in: FS Bruns.

–/ Weber, Ulrich/ Heinrich, Bernd/ Hilgendorf, Eric: Strafrecht, Besonderer Teil, Lehrbuch, 3. Auflage, Bielefeld 2015.
Zitiert: Arzt/Weber-*Bearb.*, BT.

Bamberger, Heinz Georg/ Roth, Herbert: Kommentar zum Bürgerlichen Gesetzbuch BGB, Band 1: §§ 1–610, CISG, 3. Auflage, München 2012.
Zitiert: Bamberger/Roth-*Bearb.*, BGB.

Bannenberg, Britta/ Rössner, Dieter: Straftat gegen den Wettbewerb. Plädoyer für den Einsatz des Strafrechts bei Dopingverstößen, in: Weinreich, Jens (Hrsg.): Korruption im Sport. Mafiose Dribblings, Organisiertes Schweigen, Leipzig 2006, S. 214–227.
Zitiert: *Bannenberg/Rössner*, in: Korruption im Sport.

Baßeler, Ulrich/ Heinrich, Jürgen/ Utecht, Burkhard: Grundlagen und Probleme der Volkswirtschaft, 17. Auflage, Stuttgart 2002.
Zitiert: *Baßeler/Heinrich*, VWL.

Baumbach, Adolf (Begr.)/ Hefermehl, Wolfgang: Kommentar zum Wettbewerbsrecht. Gesetz gegen den unlauteren Wettbewerb, Zugabeverordnung, Rabattgesetz und Nebengesetze, 22. Auflage, München 2001.
Zitiert: Baumbach/*Hefermehl*, Wettbewerbsrecht.

Beater, Axel: Unlauterer Wettbewerb, München 2002.
Zitiert: *Beater*, Unlauterer Wettbewerb.

Becher, Carl: Wettbewerbsrecht unter besonderer Berücksichtigung des Namens-, Firmens-, Patent- und Warenzeichenrechts, Kommentar, Berlin 1928.
Zitiert: *Becher*, Wettbewerbsrecht.

Beckemper, Katharina: Untreue durch Zuwendungen aus dem Vermögen einer Aktiengesellschaft zur Förderung von Kunst, Wissenschaft, Sozialwesen und Sport, NStZ 2002, S. 322–326.

Beisenherz, Maja: Der professionelle Sport und das europäische Kartellrecht. Zwischen ökonomischem Wettbewerb und sportlichem Wettkampf, Köln 2011.
Zitiert: *Beisenherz*, Der professionelle Sport und das europäische Kartellrecht.

Beukelmann, Stephan: Das Strafrecht und die Lauterkeit des sportlichen Wettbewerbs, NJW-Spezial 2010, S. 56 f.

Beulke, Werner: Wirtschaftslenkung im Zeichen des Untreuetatbestands, in: Müller, Henning-Ernst/ Sander, Günther M./ Válková, Helena (Hrsg.): Festschrift für Ulrich Eisenberg zum 70. Geburtstag, München 2009, S. 245–269.
Zitiert: *Beulke*, FS Eisenberg.

Bockelmann, Paul: Abschluss einer „Spätwette" nach Kenntnis des Rennergebnisses; Auslagenerstattung bei Freispruch, NJW 1961, S. 1934–1936.

–: Betrug verübt durch Schweigen, in: ders./ Gallas, Wilhelm (Hrsg.): Festschrift für Eberhard Schmidt zum 70. Geburtstag, Göttingen 1971, S. 437–458.
Zitiert: *Bockelmann*, in: FS E. Schmidt.

–: Strafrecht Besonderer Teil, Band 1 (Vermögensdelikte), München 1976.
Zitiert: *Bockelmann*, BT I.

Borst, Kurt: Der zukünftige Betrugsbetriff. Eine Kritik der Rechtsprechung des RG und zugleich ein Beitrag zur Reform, JW 1935, S. 1221–1226.

Bottke, Wilfried: Doping als Straftat?, in: Hirsch, Hans Joachim/ Wolter, Jürgen/ Brauns, Uwe (Hrsg.): Festschrift für Günter Kohlmann zum 70. Geburtstag, Köln 2003, S. 85–109.
Zitiert: *Bottke*, in: FS Kohlmann.

Brammsen, Joerg: Vorstandsuntreue. Aktienrechtliche Unternehmensführung auf dem Prüfstand des § 266 StGB, wistra 2009, S. 85–91.

Bringewat, Peter: Finanzmanipulationen im Ligafußball – ein Risikogeschäft?, JZ 1977, S. 667–672.

Brüning, Janique: Anmerkung zu BGH, Beschluss vom 18.2.2009 – 1 StR 731/08, ZJS 2009, S. 300–304.

Bürger, Sebastian: § 299 StGB – eine Straftat gegen den Wettbewerb?, wistra 2003, S. 130–136.

Bydlinski, Franz: Juristische Methodenlehre und Rechtsbegriff, 2. Auflage, Wien 1991.
Zitiert: *Bydlinski*, Methodenlehre.

Cherkeh, Rainer Tarek: Betrug (§ 263 StGB) verübt durch Doping im Sport, Frankfurt am Main 2000.
Zitiert: *Cherkeh*, Betrug verübt durch Doping im Sport.

-/ Momsen, Carsten: Doping als Wettbewerbsverzerrung? Möglichkeiten der strafrechtlichen Erfassung des Dopings unter besonderer Berücksichtigung der Schädigung von Mitbewerbern, NJW 2001, S. 1745–1752.

Cramer, Peter: Grenzen des Vermögensschutzes im Strafrecht – OLG Hamburg, NJW 1966, 1525, JuS 1966, S. 472–477.

–: Vermögensbegriff und Vermögensschaden im Strafrecht, Bad Homburg 1968.
Zitiert: *Cramer*, Vermögensbegriff und Vermögensschaden.

Diener, Sarah/ Hoffmann-Holland, Klaus: Sportliche Leistung, Jura 2009, S. 946–953.

Dierlamm, Alfred: Neue Entwicklungen bei der Untreue – Loslösung des Tatbestandes von zivilrechtlichen Kategorien?, StraFo 2005, S. 397–404.

Ditz, Walter: Doping im Pferderennsport. Eine kriminologisch-empirische Untersuchung zur Problematik der künstlichen Leistungsveränderung im Pferderennsport, Pfaffenweiler 1986.
Zitiert: *Ditz*, Doping im Pferderennsport.

Dölling, Dieter: Betrug und Bestechlichkeit durch Entgeltannahme für eine vorgetäuschte Dienstpflichtverletzung? – BGH, NJW 1980, 2203, JuS 1981, S. 570–574.

-/ Duttge, Gunnar/ Rössner, Dieter: Gesamtes Strafrecht, StGB, StPO, Nebengesetze, Handkommentar, 2. Auflage, Baden-Baden 2011.
Zitiert: Dölling/Duttge/Rössner-*Bearb.*, StGB.

Drexl, Josef: Die wirtschaftliche Selbstbestimmung des Verbrauchers. Eine Studie zum Privat- und Wirtschaftsrecht unter Berücksichtigung gemeinschaftsrechtlicher Bezüge, Tübingen 1998.
Zitiert: *Drexl*, Die wirtschaftliche Selbstbestimmung des Verbrauchers.

Ellmer, Manfred: Betrug und Opfermitverantwortung, Berlin 1986.
Zitiert: *Ellmer*, Betrug und Opfermitverantwortung.

Ellscheid, Günter: Das Problem der bewussten Selbstschädigung beim Betrug, GA 1971, S. 161–168.

Emmerich, Volker: Kartellrecht. Ein Studienbuch, 12. Auflage, München 2012.
Zitiert: *Emmerich*, Kartellrecht.

–: Unlauterer Wettbewerb. Ein Studienbuch, 9. Auflage, München 2012.
Zitiert: *Emmerich*, Unlauterer Wettbewerb.

Engländer, Armin: Anmerkung zu BGH, Urteil vom 15.12.2006 – 5 StR 181/06, JR 2007, S. 471–479.

Eser, Albin: Strafrecht IV. Schwerpunkt Vermögensdelikte, 4. Auflage, München 1983.
Zitiert: *Eser*, Strafrecht IV.

Faber, Alexander: Doping als unlauterer Wettbewerb und Spielbetrug, Zürich 1974.
Zitiert: *Faber*, Doping.

Feinendegen, Markus: Sportwettenbetrug durch Spielmanipulationen – Fußballwettskandal, NJW 2007, S. 782–788.

Ferragina, Domenico: Betrügereien im Profifußball in Deutschland und Italien, Hamburg 2012.
Zitiert: *Ferragina*, Betrügereien im Profifußball.

Fikentscher, Wolfgang: Neuere Entwicklungen der Theorie zum Tatbestandsmerkmal der Wettbewerbsbeschränkung in § 1 GWB, WuW 1961, S. 788–801.

Fischer, Thomas: Strafgesetzbuch mit Nebengesetzen, 62. Auflage, München 2015.
Zitiert: *Fischer*, StGB.

Fischer, Ulrich: Über den galoppierenden Unschuldsverlust des Sports oder: die Welt will betrogen sein, NJW 2005, S. 1028 f.

Fritzweiler, Jochen: Ein § 299a StGB als neuer Straftatbestand für den sich dopenden Sportler?, SpuRt 1998, S. 234 f.

–/ Pfister, Bernhard/ Summerer, Thomas: Praxishandbuch Sportrecht, 2. Auflage, München 2007.
Zitiert: Fritzweiler/Pfister-*Bearb.*, Praxishandbuch Sportrecht.

Gabler: Wirtschaftslexikon, S – Z, 15. Auflage, Wiesbaden 2000.
Zitiert: *Gabler*, Wirtschaftslexikon.

Gaede, Karsten: Betrug durch den Abschluss manipulierter Fußballwetten: Das Hoyzer-Urteil als Sündenfall der Ausdehnung des Betrugstatbestandes?, HRRS 2007, S. 18–22.

Gamm, Otto-Friedrich Freiherr von: Potentieller Wettbewerb – Substitutionswettbewerb, in: ders./ Raisch, Peter/ Tiedemann, Klaus (Hrsg.): Strafrecht, Unternehmensrecht, Anwaltsrecht. Festschrift für Gerd Pfeiffer zum Abschied aus dem Amt als Präsident des Bundesgerichtshofes, Köln 1988, S. 643–657.
Zitiert: *von Gamm*, in: FS Pfeiffer.

Gauger, Michael: Die Dogmatik der konkludenten Täuschung: Zugleich eine Abhandlung über die Täuschungshandlung des Betrugstatbestands, Frankfurt am Main 2001.
Zitiert: *Gauger*, Die Dogmatik der konkludenten Täuschung.

Gerhold, Thomas: Zweckverfehlung und Vermögensschaden, Berlin 1988.
Zitiert: Gerhold, Zweckverfehlung und Vermögensschaden.

Giehring, Heinz: Prozessbetrug im Versäumnis- und Mahnverfahren; zugleich ein Beitrag zur Auslegung des Irrtumsbegriffs, GA 1973, S. 1–26.

Glocker, Moritz: Die strafrechtliche Bedeutung von Doping: de lege lata und de lege ferenda, Frankfurt am Main 2009.
Zitiert: *Glocker*, Die strafrechtliche Bedeutung von Doping.

Graul, Eva: Wider die Zweckverfehlungslehre beim Vermögensschaden: Zur teleologischen Reduktion des § 263 StGB bei bewusster Selbstschädigung, in: Pfeiffer, Gerd/ Kummer, Joachim/ Scheuch, Silke (Hrsg.): Festschrift für Hans Erich Brandner zum 70. Geburtstag, Köln 1996, S. 801–829.
Zitiert: *Graul*, in: FS Brandner.

Gropp, Walter: Strafrecht Allgemeiner Teil, 4. Auflage, Berlin 2015.
Zitiert: *Gropp*, AT.

Großkommentar zum Gesetz gegen den unlauteren Wettbewerb mit Nebengesetzen: Jacobs, Rainer/ Lindacher, Walter F./ Teplitzky, Otto (Hrsg.), Erster Band: Einleitung, §§ 1 bis 12; Berlin 2006.
Zitiert: GK-*Bearb*., UWG.

Günther, Hans-Ludwig: Die Untreue im Wirtschaftsrecht, in: Heinrich, Bernd/ Hilgendorf, Eric/ Mitsch, Wolfgang/ Sternberg-Lieben, Detlev (Hrsg.): Festschrift für Ulrich Weber zum 70. Geburtstag, 18. September 2004, Bielefeld 2004, S. 311–317.
Zitiert: *Günther*, in: FS Weber.

Gutheil, Ulrike: Doping – Die Haftungsrechtliche und sportrechtliche Verantwortung von Sportler, Trainer, Arzt und Sportverband, Hamburg 1996.
Zitiert: *Gutheil*, Doping.

Hansen, Uwe: Der objektive Tatbestand des Betruges (§ 263 StGB) – viergliedrig oder dreigliedrig?, Jura 1990, S. 510–515.

Harte-Bavendamm, Henning/ Henning-Bodewig, Frauke: Kommentar zum Gesetz gegen den unlauteren Wettbewerb mit Preisangabenverordnung, 2. Auflage, München 2009.
Zitiert: Harte/Henning-*Bearbeiter*, UWG.

Heermann, Peter W.: „Status sportivus“ und „status extra-sportivus“ – eine Standortbestimmung, CaS 2009, S. 90–94.

–: Sportsponsoring und Kartellrecht, WRP 2009, S. 285–299.

–: Verbandsautonomie versus Kartellrecht, CaS 2006, S. 345–358.

Heger, Martin: Die Strafbarkeit von Doping nach dem Arzneimittelgesetz, SpuRt 2001, S. 92–95.

–: Zur Strafbarkeit von Doping im Sport, JA 2003, S. 76–83.

Heintschel-Heinegg, Bernd von: Strafgesetzbuch, Kommentar, 2. Auflage, München 2015.
Zitiert: von Heintschel-Heinegg-*Bearb.*, StGB.

Hellmann, Uwe/ Beckemper, Katharina: Wirtschaftsstrafrecht, 4. Auflage, Stuttgart 2013.
Zitiert: *Hellmann/Beckemper*, Wirtschaftsstrafrecht.

Herzberg, Rolf Dietrich: Bewusste Selbstschädigung beim Betrug, MDR 1972, S. 93–97.

–: Funktion in Bedeutung des Merkmals „Irrtum" in § 263 StGB, GA 1977, 289–298.

–: Garantenpflichten aufgrund gerechtfertigten Vorverhaltens, JuS 1971, S. 74–77.

–: Konkurrenzverhältnisse zwischen Betrug und Erpressung (BGHSt 23, 294), JuS 1972, S. 570–576.

Hilgendorf, Eric: Zweckverfehlung und Vermögensschaden beim Betrug (BayOLG NJW 1994, 208), JuS 1994, S. 466–469.

Hillenkamp, Thomas: Risikogeschäft und Untreue, NStZ 1981, S. 161–168.

Hilpert, Horst: Das Fußballstrafrecht des Deutschen Fußball-Bundes (DFB), Kommentar zur Rechts- und Verfahrensordnung des Deutschen Fußball-Bundes (RuVO) nebst Erläuterungen von weiteren Rechts-bereichen des DFB, der FIFA, der UEFA, der Landesverbände, Berlin 2009.
Zitiert: *Hilpert*, Das Fußballstrafrecht des DFB.

–: Sportrecht und Sportrechtsprechung im In- und Ausland, Berlin 2007.
Zitiert: *Hilpert*, Sportrecht und Sportrechtsprechung.

Hirsch, Hans Joachim: Zu strafrechtlichen Fragen des Sportrechts, in: Joerden, Jan C./ Scheffler, Uwe/ Sinn, Arndt/ Wolf, Gerhard (Hrsg.): Vergleichende Strafrechtswissenschaft, Frankfurter Festschrift für Andrzej J. Szwarc zum 70. Geburtstag, Berlin 2009, S. 559–583.
Zitiert: *Hirsch*, in: FS Szwarc.

Hohmann, Olaf: Betrug bei Sportwetten (Fall Hoyzer), NJ 2007, S. 131–133.

Hohn, Kristian: Die „äußersten" Grenzen des erlaubten Risikos bei Entscheidungen über die Verwendung von Gesellschaftsvermögen, Anmerkung zum Urteil des BGH im sog. Mannesmann-Verfahren, wistra 2006, S. 161–164.

Hölzler, Heinrich/ Satzky, Horst: Wettbewerbsverzerrungen durch nachfragemächtige Handelsunternehmen. Wettbewerbsverzerrungen durch nachfragemächtige Handelsunternehmen. Möglichkeiten und Grenzen ihrer Kontrolle, Köln 1980.
Zitiert: *Hölzler/Satzky*, Wettbewerbsverzerrungen.

Hutzschenreuter, Thomas: Allgemeine Betriebswirtschaftslehre. Grundlagen mit zahlreichen Praxisbeispielen, 2. Auflage, Wiesbaden 2008.
Zitiert: *Hutzschenreuter*, BWL.

Immenga, Ulrich/ Mestmäcker, Ernst-Joachim: Wettbewerbsrecht, Band 2: GWB. Kommentar zum Deutschen Kartellrecht, 4. Auflage, München 2007.
Zitiert: Immenga/Mestmäcker-*Bearb.*, GWB.

–: Wettbewerbsrecht, Band 1: EU/ Teil 1. Kommentar zum Europäischen Kartellrecht, 5. Auflage, München 2012.
Zitiert: Immenga/Mestmäcker-*Bearb.*, EUV.

Jahn, Matthias: Doping zwischen Selbstgefährdung, Sittenwidrigkeit und staatlicher Schutzpflicht, ZIS 2006, S. 57–62.

Jahn, Matthias: Strafrecht BT: Doping als Sportbetrug. Erste obergerichtliche Entscheidung zum Betrug durch einen dopenden Berufssportler, JuS 2012, S. 181–184.

–: Ein neuer Straftatbestand gegen eigenverantwortliches Doping, SpuRt 2005, S. 141–146.

–/ Maier, Stefan: Der Fall Hoyzer – Grenzen der Normativierung des Betrugstatbestandes, JuS 2007, S. 215–219.

Jähnke, Burkhard: Diskussionsbeitrag am 18.9.1996 auf dem 61. Deutschen Juristentag, Karlsruhe 1996, in: Ständige Deputation des Deutschen Juristentages (Hrsg.), Verhandlungen des 61. Deutschen Juristentages, Band II/2 (Sitzungsberichte – Diskussion und Beschlussfassung), München 1996, S. L 87 – L 90.
Zitiert: *Jähnke*, in: DJT-Verhandlungen II/2.

Jaques, Henning: Die Bestechungstatbestände unter besonderer Berücksichtigung des Verhältnisses der §§ 331 ff. StGB zu § 12 UWG, Frankfurt am Main 1996.
Zitiert: *Jaques*, Bestechungstatbestände.

Jescheck, Hans-Heinrich: Lehrbuch des Strafrechts. Allgemeiner Teil, 3. Auflage, Berlin 1978.
Zitiert: *Jescheck*, AT.

Joerden, Jan C.: Anmerkung zu OLG Köln, Beschluss vom 16.01.1987 – Ss 754/86, JZ 1988, S. 101–105.

Kargl, Walter: Begründungsprobleme des Dopingstrafrechts, NStZ 2007, S. 489–496.

Kempermann, Eugen: Wesen und Unrechtsgehalt des Betruges, ZStW 57 (1938), S. 126–157.

Kempf, Eberhard: Bestechende Untreue?, in: Michalke, Regina/ Köberer, Wolfgang/ Pauly, Jürgen/ Kirsch, Stefan (Hrsg.): Festschrift für Rainer Hamm zum 65. Geburtstag am 24. Februar 2008, Berlin 2008, S. 255–267.
Zitiert: *Kempf*, in: FS Hamm.

Kerner, Hans-Jürgen/ Trüg, Gerson: Referendarexamensklausur – Strafrecht: Betrugsstrafrechtliche Relevanz des Dopings, JuS 2004, S. 140–145.

Kindhäuser, Urs: Betrug als vertypte mittelbare Täterschaft, in: Schulz, Joachim (Hrsg.): Festschrift für Günter Bemmann: Zum 70. Geburtstag am 15. Dezember 1997, Baden-Baden 1997, S. 339–361.
Zitiert: *Kindhäuser*, in: FS Bemmann.

–: Strafrecht, Besonderer Teil II, Straftaten gegen Vermögensrechte, 8. Auflage, Baden-Baden 2014.
Zitiert: *Kindhäuser*, BT II.

–: Voraussetzungen strafbarer Korruption in Staat, Wirtschaft und Gesellschaft, ZIS 2011, S. 461–469.

–: Konkludentes Täuschen, in: Sieber, Ulrich/ Dannecker, Gerhard/ Kindhäuser, Urs/ Vogel, Joachim/ Walter, Tonio (Hrsg.): Strafrecht und Wirtschaftsstrafrecht: Dogmatik, Rechtsvergleich, Rechtstatsachen: Festschrift für Klaus Tiedemann zum 70. Geburtstag, Köln 2008, S. 579–593.
Zitiert: *Kindhäuser*, in: FS Tiedemann.

Kirchgässner, Gebhard: Homo oeconomicus. Das ökonomische Modell individuellen Verhaltens und seine Anwendung in den Wirtschafts- und Sozialwissenschaften, 4. Auflage, Tübingen 2013.
Zitiert: *Kirchgässner*, Homo oeconomicus.

Klimke, Olaf: Anmerkung zu BGH, Urteil vom 19.12.1979 – 3 StR 313/79, JZ 1980, S. 581 f.

Klug, Ulrich: Juristische Logik, 2. Auflage, Berlin 1951.
Zitiert: *Klug*, Juristische Logik.

Knöpfle, Robert: Der Rechtsbegriff „Wettbewerb" und die Realität des Wirtschaftslebens, Köln 1966.
Zitiert: *Knöpfle*, Der Rechtsbegriff „Wettbewerb".

Koepsel, Anne: Bestechlichkeit und Bestechung im geschäftlichen Verkehr (§ 299 StGB). Eine Fallanalyse zur Ermittlung von Anwendungsbereich und Grenzen der Norm, Göttingen 2006.
Zitiert: *Koepsel*, Bestechlichkeit und Bestechung.

Köhler, Helmut/ Bornkamm, Joachim: Kommentar zum Wettbewerbsrecht: Gesetz gegen den unlauteren Wettbewerb, Preisangabenverordnung, Unterlassungsklagengesetz, Dienstleistungs-Informationspflichten-Verordnung, 33. Auflage, München 2015.
Zitiert: Köhler/Bornkamm-*Bearb.*, Wettbewerbsrecht.

Kohlrausch, Eduard: Vermögensverbrechen im Wandel der Rechtsprechung und der Gesetzgebung, in: Bumke, Erwin/ Hedemann, J. Wilhelm/ Wilke, Gustav (Hrsg.): Beträge zum Recht des neuen Deutschland, Festschrift für Franz Schlegelberger zum 60. Geburtstag, Berlin 1936, S. 203–223.
Zitiert: *Kohlrausch*, in: FS Schlegelberger.

Komorowski, Alexis von/ Bredemeier, Barbara: Fußball, Vermögensstrafrecht und Schiedsrichterverhalten. Teil 1: Der Schiedsrichter als Beteiligter, SpuRt 2005, S. 181–184.

König, Peter: Sportschutzgesetz Pro und Contra. Pro: Argumente für ein Sportschutzgesetz, SpuRt 2010, S. 106 f.

Krack, Ralf: Bestechlichkeit und Bestechung von Sportschiedsrichtern – eine Straftat? Zu § 299 StGB und 6 SportSG-E, ZIS 2011, S. 475–481.

–: Betrug durch Wettmanipulationen. Das Urteil des BGH zum Schiedsrichterskandal, ZIS 2007, S. 103–112.

Krey, Volker/ Hellmann, Uwe/ Heinrich, Manfred: Strafrecht Besonderer Teil, Band 2, Vermögensdelikte, 16. Auflage, Stuttgart 2012.
Zitiert: *Krey/Hellmann/Heinrich*, BT II.

Kubiciel, Michael: Gesellschaftsrechtliche Pflichtwidrigkeit und Untreuestrafbarkeit, NStZ 2005, S. 353–361.

–: Wetten und Betrug – Zur konkludenten Täuschung, HRRS 2007, S. 68–71.

Kudlich, Hans: Sportschutzgesetz Pro und Contra. Contra: Argumente gegen ein Sportschutzgesetz, SpuRt 2010, S. 108 f.

Kühl, Kristian: Fragmentarisches und subsidiäres Strafrecht, in: Sieber, Ulrich/ Dannecker, Gerhard/ Kindhäuser, Urs/ Vogel, Joachim/ Walter, Tonio (Hrsg.): Strafrecht und Wirtschaftsstrafrecht – Dogmatik, Rechtsvergleich, Rechtstatsachen – Festschrift für Klaus Tiedemann zum 70. Geburtstag, Köln 2008, S. 29–46.
Zitiert: *Kühl*, in: FS Tiedemann.

–: Strafrecht, Allgemeiner Teil, 7. Auflage, München 2012.
Zitiert: *Kühl*, AT.

Kummer, Max: Spielregel und Rechtsregel, Bern 1973.
Zitiert: *Kummer*, Spielregel und Rechtsregel.

Küper, Wilfried: Anmerkung zu BGH, Beschluss vom 18.02.2009 (1 StR 731/08, JZ 2009), S. 799–804.

–/ *Zopfs, Jan*: Strafrecht Besonderer Teil, Definitionen mit Erläuterungen, 9. Auflage, Heidelberg 2015.
Zitiert: *Küper/Zopfs*, BT.

Lackner, Karl/ Kühl, Kristian: Strafgesetzbuch Kommentar, 28. Auflage, München 2014.
Zitiert: *Lackner/Kühl*, StGB.

Lampe, Ernst-Joachim: Die strafrechtliche Bewertung des „Anzapfens" nach § 240 StGB und § 12 UWG, in: Küper, Wilfried/ Welp, Jürgen (Hrsg.): Beiträge zur Rechtswissenschaft: Festschrift für Walter Stree und Johannes Wessels zum 70. Geburtstag, Heidelberg 1993, S. 449–465.
Zitiert: *Lampe*, in: FS Stree/Wessels.

Langen, Eugen/ Bunte, Hermann-Josef: Kommentar zum deutschen und europäischen Kartellrecht, Band 1: Deutsches Kartellrecht, 11. Auflage, Köln 2011.
Zitiert: Langen/Bunte-*Bearb.*, Kartellrecht.

Larenz, Karl: Methodenlehre der Rechtswissenschaft, 6. Auflage, Berlin 1991.
Zitiert: *Larenz*, Methodenlehre.

Leipold, Klaus: Strafrechtliche Aspekte des Doping, NJW-Spezial 2006, S. 423 f.

Leipziger Kommentar zum Strafgesetzbuch: Jescheck, Hans-Heinrich/ Ruß, Wolfgang/ Willms, Günther (Hrsg.), Band 6: §§ 263–302a StGB, 10. Auflage, Berlin 1988.
Zitiert: LK-*Bearb.*, StGB, 10. Auflage.

–: Laufhütte, Heinrich Wilhelm/ Rissing-van Saan, Ruth/ Tiedemann, Klaus (Hrsg.), Band 9: §§ 263–283d, Teilband 1: §§ 263–266b StGB, 12. Auflage, Berlin 2010.
Zitiert: LK-*Bearb.*, StGB.

Leipziger Kommentar zum Strafgesetzbuch: Laufhütte, Heinrich Wilhelm/ Rissing-van Saan, Ruth/ Tiedemann, Klaus (Hrsg.), Band 10: §§ 284–305a StGB, 12. Auflage, Berlin 2008.
Zitiert: LK-*Bearb.*, StGB.

Lenckner, Theodor: Kausalzusammenhang zwischen Täuschung und Vermögensschaden bei Aufnahme eines Darlehens für einen bestimmten Verwendungszweck, NJW 1971, S. 599–601.

–: Vermögensschaden bei Fehlen zugesicherter Sacheigenschaft. Anmerkung zu BGH, Beschluss vom 18.07.1961 – 1 StR 606/60, NJW 1962, S. 59.

Linck, Joachim: Doping aus juristischer Sicht, MedR 1993, S. 55–62.

–: Doping und staatliches Recht, NJW 1987, S. 2545–2551.

Lobe, Adolf: Die Bekämpfung des unlauteren Wettbewerbs, Band I: Der unlautere Wettbewerb als Rechtsverletzung nach dem Bürgerlichen Gesetzbuch und den Nebengesetzen, Leipzig 1907.
Zitiert: *Lobe*, Der unlautere Wettbewerb.

Looschelders, Dirk: Schuldrecht: Schuldrecht Allgemeiner Teil, 13. Auflage, München 2015.
Zitiert: *Looschelders*, Schuldrecht AT.

Lüderssen, Klaus: „Nützliche Aufwendungen" und strafrechtliche Untreue, in: Britz, Guido/ Jung, Heike/ Koriath, Heinz/ Müller, Egon (Hrsg.): Grundfragen staatlichen Strafens, Festschrift für Heinz Müller-Dietz zum 70. Geburtstag, München 2001, S. 467–477.
Zitiert: *Lüderssen*, in: FS Müller-Dietz.

–: Die Sperrung der fehlenden Vermögensbetreuungspflicht gemäß § 266 StGB für die Bestrafung nach § 263 StGB wegen unterlassener Aufklärung, in: Hirsch, Hans-Joachim/ Wolter, Jürgen/ Brauns, Uwe (Hrsg.): Festschrift für Günter Kohlmann zum 70. Geburtstag, Köln 2003, S. 177–185.
Zitiert: *Lüderssen*, in: FS Kohlmann.

Lux, Jochen: Der Tatbestand der allgemeinen Marktbehinderung, Tübingen 2006.
Zitiert: *Lux*, Der Tatbestand der allgemeinen Marktbehinderung.

Maaß, Wolfgang: Betrug gegenüber einem Makler – BGHSt 31, 178, JuS 1984, S. 25–28.

–: Betrug verübt durch Schweigen, Gießen 1982.
Zitiert: *Maaß*, Betrug verübt durch Schweigen.

–: Die Abgrenzung von Tun und Unterlassen beim Betrug, GA 1984, S. 264–284.

Mahnkopf, Hans-Jürgen/ Sonnberg, Anke: Versendung einer als Rechnung gekennzeichneten Anzeigenofferte, NStZ 1997, S. 187 f.

Mankiw, N. Gregory/ Tavlor, Mark P.: Grundzüge der Volkswirtschaftslehre, 5. Auflage, Stuttgart 2012.
Zitiert: *Mankiw/Taylor*, VWL.

Matt, Holger: Missverständnisse zur Untreue – Eine Betrachtung auch zum Verhältnis von (Straf-)Recht und Moral, NJW 2005, S. 389–392.

–/ Renzikowski, Joachim: Strafgesetzbuch, Kommentar, München 2013.
Zitiert: Matt/Renzikowski-*Bearb.*, StGB.

Maurach, Reinhart/ Schroeder, Friedrich-Christian/ Maiwald, Manfred: Strafrecht, Besonderer Teil, Teilband 1, Straftaten gegen Persönlichkeits- und Vermögenswerte, 9. Auflage, Heidelberg 2009.
Zitiert: *Maurach/Schroeder/Maiwald*, BT I.

–: Strafrecht, Besonderer Teil, Teilband 2, Straftaten gegen Gemeinschaftswerte, 10. Auflage, Heidelberg 2012.
Zitiert: *Maurach/Schroeder/Maiwald*, BT II.

Mestwerdt, Thomas: Doping. Sittenwidrigkeit und staatliches Sanktionsbedürfnis?, Hamburg 1997.
Zitiert: *Mestwerdt*, Doping.

–: Notwendigkeit und verfassungsrechtliche Grundlagen eines staatlichen Dopingverbots, SpuRt 1997, S. 119–124.

Meyer-Cording, Ulrich: Die Grundbegriffe des Wettbewerbsrechts, WuW 1962, S. 461–474.

Mezger, Edmund/ Blei, Hermann: Strafrecht 2. Besonderer Teil, 8. Auflage, München 1964.
Zitiert: *Metzger/Blei*, Strafrecht II.

Mitsch, Wolfgang: Strafrecht, Besonderer Teil 2, Vermögensdelikte (Kernbereich), Teilband 1, 2. Auflage, Berlin 2003.
Zitiert: *Mitsch*, BT II/1.

Mitsch, Wolfgang: Strafrecht, Delikte gegen Rechtsgüter der Person und Gemeinschaft, 2. Auflage, Berlin 2001.
Zitiert: *Mitsch*, BT I.

Mittelbach, Hans-Hermann: Anmerkung zu BGH, Urteil vom 20.6.1961 - 5 StR 184/61, S. 506–507.

Mohrbotter, Kurt: Grenzen des Vermögensschutzes beim Betrug, GA 1975, S. 41–52.

Mölders, Simone: Bestechung und Bestechlichkeit im internationalen geschäftlichen Verkehr: Zur Anwendbarkeit des § 299 StGB auf Sachverhalte mit Auslandsbezug, Frankfurt am Main 2009.
Zitiert: *Mölders*, § 299 StGB im internationalen geschäftlichen Verkehr.

Momsen-Pflanz, Gundula: Die sportethische und strafrechtliche Bedeutung des Dopings. Störung des wirtschaftlichen Wettbewerbs und Vermögensrelevanz, Frankfurt am Main 2005.
Zitiert: *Momsen-Pflanz*, Die sportethische und strafrechtliche Bedeutung des Dopings.

Morgenstern, Oskar: Vollkommene Voraussicht und wirtschaftliches Gleichgewicht, Journal of Economics (Zeitschrift für Nationalökonomie) 1935, S. 337–357.
Zitiert: *Morgenstern*, JoE 1935.

Müller-Christmann, Bernd: Problematik des Vermögensschadens beim Betrug im Falle eines vereinbarten Rücktrittsrechts - BGH NJW 1987, 388, JuS 1988, S. 108–114.

Müller-Gugenberger, Christian/ Bieneck, Klaus: Wirtschaftsstrafrecht, Handbuch des Wirtschaftsstraf- und -ordnungswidrigkeitenrechts, 5. Auflage, Köln 2011. Zitiert: Müller-Gugenberger/Bieneck-*Bearb.*, Handbuch Wirtschaftsstrafrecht.

Münchener Kommentar zum Bürgerlichen Gesetzbuch: Säcker, Franz Jürgen/ Rixecker, Roland / Oetker, Hartmut/ Limperg, Bettina (Hrsg.), BGB, Band 1: Allgemeiner Teil, §§ 1–240, ProstG, AGG, 7. Auflage, München 2015.
Zitiert: MüKo-*Bearb.*, BGB.

–: Säcker, Franz Jürgen/ Rixecker, Roland / Oetker, Hartmut/ Limperg, Bettina (Hrsg.), BGB, Band 2: Schuldrecht Allgemeiner Teil, §§ 241–432, 7. Auflage, München 2016.
Zitiert: MüKo-*Bearb.*, BGB.

–: Säcker, Franz Jürgen/ Rixecker, Roland / Oetker, Hartmut (Hrsg.), Band 4: Schuldrecht Besonderer Teil II, §§ 611–704 EFZG, TzBfG, KSchG, 6. Auflage, München 2012.
Zitiert: MüKo-*Bearb.*, BGB.

–: Säcker, Franz Jürgen/ Rixecker, Roland / Oetker, Hartmut (Hrsg.), Band 5: Schuldrecht Besonderer Teil III (§§ 705–853), PartGG, ProdHaftG, 6. Auflage, München 2013.
Zitiert: MüKo-*Bearb.*, BGB.

Münchener Kommentar zum Lauterkeitsrecht: Heermann, Peter W./ Hirsch, Günter (Hrsg.), Band 1, Grundlagen des Wettbewerbsrechts, internationales Wettbewerbs- und Wettbewerbsverfahrensrecht, europäisches Gemeinschaftsrecht – Grundlagen und sekundärrechtliche Maßnahmen; §§ 1–4 UWG, München 2006.
Zitiert: MüKo-*Bearb.*, UWG.

Münchener Kommentar zum Strafgesetzbuch: Joecks, Wolfgang/ Miebach, Klaus (Hrsg.), Band 5, §§ 263–358 StGB, 2. Auflage, München 2014.
Zitiert: MüKo-*Bearb.*, StGB.

Münchener Kommentar zum Strafgesetzbuch: Joecks, Wolfgang/ Miebach, Klaus (Hrsg.), Band 4, §§ 263–358 StGB, §§ 1–8, 105, 106 JGG, 1. Auflage, München 2006.
Zitiert: MüKo-*Bearb.*, StGB.

Nell-Breuning, Oswald von: Kritisches zum Begriff „Wettbewerbsordnung“, WuW 1952, S. 371–375.

Nestoruk, Igor Bartosz: Strafrechtliche Aspekte des unlauteren Wettbewerbs, Strafrecht und Schutz der Wirtschaftsordnung, Heidelberg 2003.
Zitiert: *Nestoruk*, Strafrechtliche Aspekte des unlauteren Wettbewerbs.

Noak, Torsten: Betrugstäterschaft bzw. -teilnahme von Ärzten beim Bezug von Röntgenkontrastmitteln? Ein Beitrag aus dem Grenzbereich von Strafrecht und Vertragsarztrecht, MedR 2002, S. 76–83.

Nöckel, Anja: Grundprobleme zu § 299 StGB, Bestechlichkeit und Bestechung im geschäftlichen Verkehr, ZJS 2013, S. 50–56.

Nomos Kommentar zum Strafgesetzbuch: Kindhäuser, Urs/ Neumann, Ulfrid/ Paeffgen, Hans-Ullrich (Hrsg.), Band 3, Besonderer Teil §§ 232–358; 4. Auflage, Baden-Baden 2013.
Zitiert: NK-*Bearb.*, StGB.

Nomos Kommentar zum UWG: Götting, Horst-Peter/ Nordemann, Axel (Hrsg.), Baden-Baden 2010.
Zitiert: NK-*Bearb.*, UWG.

Nordemann, Axel/ Nordemann, Jan Bernd/ Nordemann-Schiffel, Anke: Nomos-Anwalt, Wettbewerbsrecht, Markenrecht, 11. Auflage, Baden-Baden 2012.
Zitiert: *Nordemann*, Wettbewerbsrecht.

Ohly, Ansgar: Richterrecht und Generalklausel im Recht des unlauteren Wettbewerbs, Köln 1997.
Zitiert: *Ohly*, Richterrecht und Generalklausel.

Oppermann, Bernd H./ Müller, Sandra: Wie verbraucherfreundlich muss das neue UWG sein? – Eine Synopse lauterkeitsrechtlicher Instrumente, GRUR 2005, S. 280–285.

Ordemann, W.: Zum Betrug bei Spätwetten, MDR 1962, S. 623–625.

Ottel, Fritz: Wettbewerb als sozialistische Wirtschaftspolitik?, WuW 1953, S. 67–82.

Otto, Harro: Untreue durch Übernahme der mit einem Strafverfahren verbundenen Aufwendungen für Unternehmensangehörige durch ein Unternehmen, in: Sieber, Ulrich/ Dannecker, Gerhard/ Kindhäuser, Urs/ Vogel, Joachim/ Walter, Tonio (Hrsg.): Strafrecht und Wirtschaftsstrafrecht – Dogmatik, Rechtsvergleich, Rechtstatsachen – Festschrift für Klaus Tiedemann zum 70. Geburtstag, Köln 2008, S. 693–711.
Zitiert: *Otto*, in: FS Tiedemann.

–: Zur Strafbarkeit des Doping – Sportler als Täter und Opfer, SpuRt 1994, S. 10–15.

–: Grundkurs Strafrecht. Die einzelnen Delikte, 7. Auflage, Berlin 2005.
Zitiert: *Otto*, BT.

Palandt, Otto: Bürgerliches Gesetzbuch, Kommentar, 74. Auflage, München 2015.
Zitiert: Palandt-*Bearb.*, BGB.

Paringer, Martin: Korruption im Profifußball. Eine Überprüfung unlauteren Verhaltens von Vereinsfunktionär und Spieler unter dem Aspekt der §§ 263 und 298 ff. StGB am Beispiel des sog. Bundesligaskandals, Frankfurt am Main 2001.
Zitiert: *Paringer*, Korruption im Profifußball.

Pawlik, Michael: Das unerlaubte Verhalten beim Betrug, Köln 1999.
Zitiert: *Pawlik*, Das unerlaubte Verhalten beim Betrug.

–: Täuschung durch die Ausnutzung fremder Organisationsmängel? Zur Risikoverteilung gemäß § 263 StGB in den „Fehlbuchungsfällen" und verwandten Fallkonstellationen, in: Dölling, Dieter (Hrsg.): Jus humanum: Grundlagen des Rechts und Strafrecht, Festschrift für Ernst-Joachim Lampe zu 70. Geburtstag, Berlin 2003, S. 689–708.
Zitiert: *Pawlik*, in: FS Lampe.

Pfeiffer, Gerd: Das strafrechtliche Schmiergeldverbot nach § 12 UWG, in: Erdmann, Willi/ Mees, Hans-Kurt/ Piper, Henning/ Teplitzky, Otto (Hrsg.): Festschrift für Otto-Friedrich Freiherr von Gamm, Köln 1990, S. 129–146.
Zitiert: *Pfeiffer*, in: FS von Gamm.

Pfister, Bernhard: Autonomie des Sports, sport-typische Verhalten und staatliches Recht, in: ders./ Will, Michael R. (Hrsg.): Festschrift für Werner Lorenz zum 70. Geburtstag, Tübingen 1991, S. 171–192.
Zitiert: *Pfister*, in: FS Lorenz.

–: Meca-Medina, kein Schritt zurück!, SpuRt 2007, S. 58–60.

Piper, Henning/ Ohly, Ansgar: Gesetz gegen den unlauteren Wettbewerb mit Preisangabenverordnung, 4. Auflage, München 2006.
Zitiert: Piper/Ohly-*Bearb.*, UWG.

–/ Sosnitza, Olaf: Gesetz gegen den unlauteren Wettbewerb mit Preisangabenverordnung, Kommentar, 5. Auflage, München 2010.
Zitiert: Piper/Ohly/Sosnitza-*Bearb.*, UWG.

Pragal, Oliver: § 299 StGB – keine Straftat gegen den Wettbewerb!, ZIS 2006, S. 63–80.

–: Das Betrugsdreieck, Zur Bekämpfung der Strukturen von Wettmanipulationen im Fußball, in: Weinreich, Jens (Hrsg.): Korruption im Sport. Mafiose Dribblings, Organisiertes Schweigen, Leipzig 2006, S. 206–213.
Zitiert: *Pragal*, in: Korruption im Sport.

–: Die Korruption innerhalb des privaten Sektors und ihre strafrechtliche Kontrolle durch § 299 StGB. Erscheinungsformen, Rechtsgut, Tatbestandsauslegung und ein Reformvorschlag, Köln 2006.
Zitiert: *Pragal*, Die Korruption innerhalb des privaten Sektors.

Radtke, Henning: Sportwettenbetrug und Quotenschaden, Jura 2007, S. 445–451.

Ransiek, Andreas/ Reichling, Tilmann: Zum Vermögensnachteil bei betrügerisch veranlasstem Eingehen eines Risikogeschäfts (Entscheidungsanmerkung zu BGHSt 53, 199), ZIS 2009, S. 315–318.

Raupach, Arndt: Fußball – das Spiel zwischen Idealismus und Kommerz, SpuRt 2008, S. 241–246.

Reichold, Hermann: Lauterkeitsrecht als Sonderdeliktsrecht. Zur Rolle zivilistischen Denkens bei der Anwendung von § 1 UWG, AcP 193 (1993), S. 204–239.

Reimer, Dietrich: Das Recht des unlauteren Wettbewerbs in den Mitgliedstaaten der Europäischen Wirtschaftsgemeinschaft, Band 3, Deutschland, in: Ulmer, Eugen (Hrsg.), Das Recht des unlauteren Wettbewerbs in den Mitgliedstaaten der Europäischen Wirtschaftsgemeinschaft, München 1968.
Zitiert: *Reimer*, in: Unlauterer Wettbewerb.

Reinhart, Michael: Das „Hoyzer"-Urteil des BGH: Genugtuung für den Sport oder Gefahr für die Betrugsdogmatik?, SpuRt 2007, S. 52–56.

Rengier, Rudolf: Strafrecht Besonderer Teil, Band 1, Vermögensdelikte mit Fällen und Aufbauschemata, 17. Auflage, München 2015.
Zitiert: *Rengier*, BT I.

Richtsfeld, Stefan: Geld zurück oder gar Schadenersatz bei ausgefallenen Sportveranstaltungen, SpuRt 1995, S. 153 f.

Ritschl, Hans: Theoretische Volkswirtschaftslehre, Erster Band: Grundlagen und Ordnungen der Volkswirtschaft, Tübingen 1947.
Zitiert: *Ritschl*, VWL I.

Rittner, Fritz: Drei Grundfragen des Wettbewerbs, in: Hönn, Günther/ Konzen, Horst/ Kreutz, Peter (Hrsg.): Festschrift für Alfons Kraft zum 70. Geburtstag, Neuwied 1998, S. 519–536.
Zitiert: *Rittner*, in: FS Kraft.

–: Wettbewerbs- und Kartellrecht. Eine systematische Darstellung des deutschen und europäischen Rechts für Studium und Praxis, 6. Auflage, Heidelberg 1999.
Zitiert: *Rittner*, Wettbewerbs- und Kartellrecht.

Rönnau, Thomas: Einrichtung „schwarzer" (Schmiergeld-)Kassen in der Privatwirtschaft – eine strafbare Untreue?, in: Sieber, Ulrich/ Dannecker, Gerhard/ Kindhäuser, Urs/ Vogel, Joachim/ Walter, Tonio (Hrsg.): Strafrecht und Wirtschaftsstrafrecht – Dogmatik, Rechtsvergleich, Rechtstatsachen – Festschrift für Klaus Tiedemann zum 70. Geburtstag, Köln 2008, S. 713–736.
Zitiert: *Rönnau*, in: FS Tiedemann.

–: Grundwissen Strafrecht: Sozialadäquanz, JuS 2011, S. 311–313.

–: Untreue als Wirtschaftsdelikt, ZStW 119 (2007), S. 887–926.

–: Untreuevorwurf wegen Verletzung aktienrechtlicher Pflichten – Mannesmann/ Vodafone, NStZ 2006, S. 214–221.

–/ *Golombek, Tine*: Die Aufnahme des „Geschäftsherrenmodells" in den Tatbestand des § 299 StGB – in Systembruch im deutschen StGB, ZRP 2007, 193–195.

–/ *Hohn, Kristian*: Die Festsetzung (zu) hoher Vorstandsvergütungen durch den Aufsichtsrat – ein Fall für den Staatsanwalt, NStZ 2004, S. 113–123.

–/ *Soyka, Till*: Der „Quotenschaden" im Fall „Hoyzer" – ein Verstoß gegen das Bestimmtheitsgebot? NStZ 2009, S. 12–14.

Röper, Burkhardt: Die Konkurrenz und ihre Fehlentwicklungen. Untersuchungen über Störungen der Marktwirtschaft, Berlin 1952.
Zitiert: *Röper*, Die Konkurrenz und ihre Fehlentwicklungen.

Rössner, Dieter: „Sportbetrug" und Strafrecht. Notwendige Differenzierungen und kriminalpolitische Überlegungen, in: Hiebl, Stefan/ Kassebohm, Nils/ Lilie, Hans; (Hrsg.): Festschrift für Volkmar Mehle zum 65. Geburtstag am 11.11.2009, Baden-Baden 2009, S. 567–579.
Zitiert: *Rössner*, in: FS Mehle.

–: Doping aus kriminologischer Sicht – brauchen wir ein Anti-Dopinggesetz?, in: Digel, Helmut; Dickhuth, Hans-Hermann (Hrsg.): Doping im Sport, Tübingen 2002, S. 118–139.
Zitiert: *Rössner*, in: Doping im Sport.

Roxin, Claus: Finalität und objektive Zurechnung, in: Dornseifer, Gerhard/ Horn, Eckhard (Hrsg.): Gedächtnisschrift für Armin Kaufmann, Köln 1989, S. 237–251.
Zitiert: *Roxin*, in: GS Kaufmann.

–: Strafrecht, Allgemeiner Teil, Band I, Grundlagen, Der Aufbau der Verbrechenslehre, 4. Auflage, München 2006.
Zitiert: *Roxin*, AT I.

–: Strafrecht, Allgemeiner Teil, Band II, Besondere Erscheinungsformen der Straftat, München 2003.
Zitiert: *Roxin*, AT II.

Saliger, Frank: Gibt es eine Untreuemode? Die neuere Untreuedebatte und Möglichkeiten einer restriktiven Auslegung, HRRS 2006, S. 10–23.

–: Parteiengesetz und Strafrecht. Zur Strafbarkeit von Verstößen gegen das Parteiengesetz insbesondere wegen Untreue gemäß § 266 StGB, Tübingen 2005.
Zitiert: *Saliger*, Parteiengesetz und Strafrecht.

–: Parteienuntreue durch schwarze Kassen und unrichtige Rechenschaftsberichte, NStZ 2007, S. 545–552.

–/ *Gaede, Karsten*: Rückwirkende Ächtung der Auslandskorruption und Untreue als Korruptionsdelikt – Der Fall Siemens als Startschuss in ein entgrenztes internationalisiertes Wirtschaftsstrafrecht?, HRRS 2008, S. 57–76.

–/ *Rönnau, Thomas/ Kirch-Heim, Claudio*: Täuschung und Vermögensschaden beim Sportwettenbetrug durch Spielteilnehmer – Fall „Hoyzer", NStZ 2007, S. 361–368.

Samson, Erich: Die Angestelltenbestechung. Vom Niedergang deutscher Gesetzgebungskunst, in: Parmas, Andres; Pruks, Peep (Hrsg.): Nullum ius sine

scientia. Festschrift für Jaan Sootak zum 60. Geburtstag am 16. Juli 2008, Tallinn 2008. S. 225–242.
Zitiert: *Samson*, in: FS Sootak.

–: Grundprobleme des Betrugstatbestandes (1. Teil), JA 1978, S. 469–475.

–: Strafrecht II, 3. Auflage, Frankfurt am Main 1980.
Zitiert: *Samson*, Strafrecht II.

–/ Horn, Eckhard: Steuerunehrlichkeit und Steuerhinterziehung durch Unterlassen, NJW 1970, S. 593–597.

Satzger, Helmut/ Schmitt, Bertram/ Widmaier, Gunter: Strafgesetzbuch, Kommentar, Köln 2009.
Zitiert: Satzger/Schmitt/Widmaier-*Bearb.*, StGB.

Sauer, Wilhelm: System des Strafrechts, Besonderer Teil, Köln 1954.
Zitiert: *Sauer*, BT.

Schattmann, Matthias: Betrug des Leistungssportlers im Wettkampf. Zur Einführung eines Straftatbestandes im sportlichen Wettbewerb, Frankfurt am Main 2008.
Zitiert: *Schattmann*, Betrug des Leistungssportlers.

Scherrer, Urs: Sportrecht. Eine Begriffserläuterung, Zürich 2001.
Zitiert: *Scherrer*, Sportrecht.

Schild, Wolfgang: Doping in strafrechtlicher Sicht, in: ders. (Hrsg.): Rechtliche Fragen des Dopings, Konstanzer Arbeitskreis für Sportrecht, Herbsttagung 1985 vom 31. Oktober bis 2. November an der Deutschen Sporthochschule Köln, Heidelberg 1986, S. 13–34.
Zitiert: *Schild*, in: Rechtliche Fragen des Dopings.

Schlösser, Jan: Der „Bundesliga-Wettskandal" – Aspekte einer strafrechtlichen Bewertung, NStZ 2005, S. 423–429.

–: Zum Schaden beim betrügerisch veranlassten Eingehen eines Risikogeschäfts (Entscheidungsanmerkung zu BGHSt 53, 199), NStZ 2009, S. 663–667.

Schmitt, Bertram: Zur Untreue durch Kreditbewilligung, in: Habersack, Matthias/ Joeres, Hans-Ulrich/ Krämer, Achim (Hrsg.): Entwicklungslinien im Bank- und Kapitalmarktrecht. Festschrift für Gerd Nobbe, Köln 2009, S. 1009–1026.
Zitiert: *Schmitt*, in: FS Nobbe.

Schmitz, Alexandra: Auslandsgeschäfte unter Berücksichtigung des Korruptionsstrafrechts, RiW 2003, S. 189–195.

Schneider-Grohe, Christa: Doping. Eine kriminologische und kriminalistische Untersuchung zur Problematik der künstlichen Leistungssteigerung im Sport und zur rechtlichen Handhabung dieser Fälle, Lübeck 1979.
Zitiert: *Schneider-Grohe*, Doping.

Schönke, Adolf / Schröder, Horst: Strafgesetzbuch Kommentar, 29. Auflage, München 2014.
Zitiert: S/S-*Bearb.*, StGB.

Schreiber, Hans-Ludwig/ Beulke, Werner: Untreue durch Verwendung von Vereinsgeldern zu Bestechungszwecken (BGH NJW 1975, 1234 ff.), JuS 1977, S. 656–661.

Schröder, Rainer/ Bedau, Maren: Doping: Zivilrechtliche Ansprüche des Konkurrenten gegen den gedopten Sportler, NJW 1999, S. 3361–3367.

Schroeder, Friedrich-Christian: Sport und Strafrecht, in: ders./ Kauffmann, Hans (Hrsg.): Sport und Recht, Berlin 1972, S. 21–41.
Zitiert: Schroeder, in: Sport und Recht.

Schröter, Helmuth/ Jakob, Thinam/ Mederer, Wolfgang: Kommentar zum Europäischen Wettbewerbsrecht, Baden-Baden 2003.
Zitiert: Schröter/Jakob/Mederer-*Bearb.*, Kommentar zum europäischen Wettbewerbsrecht.

Schünemann, Bernd: Der Begriff des Vermögensschadens als archimedischer Punkt des Untreuetatbestandes (Teil 1), StraFo 2010, S. 1–10.

–: Die „gravierende Pflichtverletzung" bei der Untreue: dogmatischer Zauberhut oder taube Nuss?, NStZ 2005, S. 473–476.

Schwab, Dieter: Zivilrechtliche Haftung beim Doping, in: Schild, Wolfgang (Hrsg.): Rechtliche Fragen des Dopings, Konstanzer Arbeitskreis für Sportrecht, Herbsttagung 1985 vom 31. Oktober bis 2. November an der Deutschen Sporthochschule Köln, Heidelberg 1986, S. 35–50.
Zitiert: *Schwab*, in: Rechtliche Fragen des Dopings.

Schwintowski, Hans-Peter: Wettbewerbs- und Kartellrecht, Grundwissen im GWB und UWG, 4. Auflage, München 2007.
Zitiert: *Schwintowski*, Wettbewerbsrecht.

Seelmann, Kurt: Betrug beim Handel mit Rohstoffoptionen, NJW 1980, S. 2545–2551.

–: Betrug durch Warentermingeschäft, NJW 1981, S. 2131–2133.

–: Grundfälle zu den Straftaten gegen das Vermögen als Ganzes (Fortsetzung aus JuS 1982, S. 268–272), JuS 1982, S. 509–512.

–: Grundfälle zu den Straftaten gegen das Vermögen als Ganzes (Fortsetzung aus JuS 1982, S. 748–751), JuS 1982, S. 914–918.

Sehling, Michael/ Pollert, Reinhold/ Hackfort, Dieter: Doping im Sport, München 1989.
Zitiert: *Sehling/Pollert/Hackfort*, Doping im Sport.

Siebert, Horst: Einführung in die Volkswirtschaftslehre, 14. Auflage, Stuttgart 2003.
Zitiert: *Siebert*, VWL.

Soergel, Hans-Theodor: Bürgerliches Gesetzbuch mit Einführungsgesetz und Nebengesetzen, Band 2: Allgemeiner Teil 2, §§ 104–240 BGB, 13. Auflage, Stuttgart 1999.
Zitiert: *Soergel*-Bearb., BGB.

Sosnitza, Olaf: Wettbewerbsbeschränkungen durch die Rechtsprechung: Erscheinungsformen und Ursachen auf dem Gebiet des Lauterkeitsrechts, Baden-Baden 1995.
Zitiert: *Sosnitza*, Wettbewerbsbeschränkungen.

Soyka, Till: Untreue zum Nachteil von Personengesellschaften, Berlin 2008.
Zitiert: *Soyka*, Untreue zum Nachteil von Personengesellschaften.

Staudinger, Julius von: Kommentar zum Bürgerlichen Gesetzbuch mit Einführungsgesetz und Nebengesetzen, Zweites Buch, Recht der Schuldverhältnisse, §§ 677–704 (Geschäftsbesorgung), 13. Auflage, Berlin 2006.
Zitiert: Staudinger-*Bearb.*, BGB.

–: Kommentar zum Bürgerlichen Gesetzbuch mit Einführungsgesetz und Nebengesetzen, Erstes Buch, Allgemeiner Teil, §§ 134–163 (Allgemeiner Teil 4a), 13. Auflage, Berlin 2011.
Zitiert: Staudinger-*Bearb.*, BGB.

Steiner, Udo: Verfassungsfragen des Sports, NJW 1991, S. 2729–2736.

Systematischer Kommentar zum Strafgesetzbuch: Wolter, Jürgen (Hrsg.): Band IV, §§ 212–266b StGB, 8. Auflage, Köln 2012.
Zitiert: SK-*Bearb.*, StGB.

–: Wolter, Jürgen (Hrsg.): Band V, §§ 267–358 StGB, 8. Auflage, Köln 2012.
Zitiert: SK-*Bearb.*, StGB.

Systematischer Kommentar zum Wettbewerbs- und Warenzeichenrecht: Reimer, Eduard/ von Gamm, Otto Friedrich Freiherr (Hrsg.): 2. Band, Wettbewerbsrecht, 4. Auflage, Köln 1972.
Zitiert: SK-*Bearb.*, Wettbewerbsrecht.

Szebrowski, Nickel: Kick-Back, Köln 2005.
Zitiert: *Szebrowski*, Kick-Back.

Szwarc, Andrzej J.: Strafbarkeit der Korruption im Sport im Lichte des polnischen Strafrechts, in: Sieber, Ulrich/ Dannecker, Gerhard/ Kindhäuser, Urs/ Vogel, Joachim/ Walter, Tonio (Hrsg.): Strafrecht und Wirtschaftsstrafrecht – Dogmatik, Rechtsvergleich, Rechtstatsachen – Festschrift für Klaus Tiedemann zum 70. Geburtstag, Köln 2008, S. 939–948.
Zitiert: *Szwarc*, in: FS Tiedemann.

Tiedemann, Klaus: Wettbewerb als Rechtsgut des Strafrechts, in: Britz, Guido/ Jung, Heike/ Koriath, Heinz/ Müller, Egon (Hrsg.): Grundfragen staatlichen Strafens, Festschrift für Heinz Müller-Dietz zum 70. Geburtstag, München 2001, S. 905–918.
Zitiert: *Tiedemann*, in: FS Müller-Dietz.

–: Wirtschaftsstrafrecht, Besonderer Teil mit wichtigen Gesetzes- und Verordnungstexten, 3. Auflage, Köln 2011.
Zitiert: *Tiedemann*, Wirtschaftsstrafrecht BT.

–: Wirtschaftsstrafrecht, Einführung und Allgemeiner Teil mit wichtigen Rechtstexten, 4. Auflage, Köln 2014.
Zitiert: *Tiedemann*, Wirtschaftsstrafrecht AT.

Triffterer, Otto: Abgrenzungsprobleme beim Betrug durch Schweigen – OLG Hamburg, NJW 1969, 335, JuS 1971, S. 181–184.

–: Vermögensdelikt im Bundesligaskandal, NJW 1975, S. 612–617.

Turner, George: Doping und Zivilrecht, NJW 1992, S. 720–723.

–: Rechtsprobleme beim Doping im Sport, MDR 1991, S. 569–575.

Tsagkaraki, Eirini: Die Bildung der sog. „schwarzen Kassen“ als strafbare Untreue gemäß § 266 StGB, Berlin 2013.
Zitiert: *Tsagkaraki*, Die Bildung der sog. „schwarzen Kassen“.

Ulbricht, Julia: Bestechung und Bestechlichkeit im geschäftlichen Verkehr: § 299 StGB, Hamburg 2007.
Zitiert: *Ulbricht*, Bestechung und Bestechlichkeit.

Ulmer, Eugen: Sinnzusammenhänge im modernen Wettbewerbsrecht. Ein Beitrag zum Aufbau des Wettbewerbsrechts, Berlin 1932.
Zitiert: *Ulmer*, Sinnzusammenhänge.

Valerius, Brian: Schneller, höher, reicher? Strafbarkeit von Wett-Betrugsfällen im Sport, SpuRt 2005, S. 90–93.

Vogel, Joachim: Betrug durch konkludente Täuschung: „Recht auf Wahrheit“ oder kommunikative Verkehrssicherungspflichten?, in: Strafrechtsprofessoren der Tübinger Juristenfakultät und vom Justizministerium Baden-Württemberg (Hrsg.), Gedächtnisschrift für Rolf Keller, Tübingen 2003, S. 313–324.
Zitiert: *Vogel*, in: GS Keller.

Volk, Klaus: Täuschung durch Unterlassen beim Betrug – OLG Köln, NJW 1980, 2336, JuS 1981, S. 880–883.

Vormbaum, Thomas: Probleme der Korruption im geschäftlichen Verkehr. Zur Auslegung des § 299 StGB, in: Hoyer, Andreas (Hrsg.): Festschrift für Friedrich-Christian Schroeder zum 70. Geburtstag, Heidelberg 2006, S. 649–658.
Zitiert: *Vormbaum*, in: FS Schroeder.

Wabnitz, Heinz-Bernd/ Janovsky, Thomas: Handbuch des Wirtschafts- und Steuerstrafrechts, 3. Auflage, München 2007.
Zitiert: Wabnitz/Janovsky-*Bearbeiter*, Handbuch Wirtschaftsstrafrecht.

Wassermann, Martin: Verschleierte Schmiergelder und ähnliches, GRUR 1931, S. 549–556.

Weimann, Thomas: Die Strafbarkeit der Bildung sog. schwarzer Kassen gem. § 266 StGB (Untreue), Tübingen 1996.
Zitiert: *Weimann*, Die Strafbarkeit der Bildung sog. schwarzer Kassen.

Weise, Klaus-Peter: Finanzielle Beeinflussungen von sportlichen Wettkämpfen durch Vereinsfunktionäre: Überlegungen zur Missbrauchsuntreue auf der Grundlage des sog. Bundesliga-Skandals, Gießen 1982.
Zitiert: *Weise*, Finanzielle Beeinflussungen von sportlichen Wettkämpfen.

Welzel, Hans: Das deutsche Strafrecht. Eine systematische Darstellung, 3. Auflage, Berlin 1954.
Zitiert: *Welzel*, Strafrecht.

–: Studien zum System des Strafrechts, ZStW 58 (1939), S. 491–566.

Wessels, Johannes/ Beulke, Werner/ Satzger, Helmut: Strafrecht. Allgemeiner Teil. Die Straftat und ihr Aufbau, 45. Auflage, Heidelberg 2015.
Zitiert: *Wessels/Beulke/Satzger*, AT.

– */ Hillenkamp, Thomas:* Strafrecht. Besonderer Teil 2. Straftaten gegen Vermögenswerte, 38. Auflage, Heidelberg 2015.
Zitiert: *Wessels/Hillenkamp*, BT II.

Wittig, Petra: § 299 StGB durch Einschaltung von Vermittlerfirmen bei Schmiergeldzahlungen, wistra 1998, S. 7–10.

–: Das tatbestandsmäßige Verhalten des Betrugs. Ein normanalytischer Ansatz, Frankfurt am Main 2005.
Zitiert: *Wittig*, Das tatbestandsmäßige Verhalten des Betrugs.

Wollschläger, Sebastian: Der Täterkreis des § 299 Abs. 1 StGB und Umsatzprämien im Stufenwettbewerb, Heidelberg 2009.
Zitiert: *Wollschläger*, Der Täterkreis des § 299 Abs. 1 StGB.

Wolters, Gereon: Die Änderungen des Strafgesetzbuchs durch das Gesetz zur Bekämpfung der Korruption, JuS 1998, S. 1100–1106.

Zippelius, Reinhold: Juristische Methodenlehre, 11. Auflage, München 2012.
Zitiert: *Zippelius*, Methodenlehre.

www.ingramcontent.com/pod-product-compliance
Ingram Content Group UK Ltd.
Pitfield, Milton Keynes, MK11 3LW, UK
UKHW021844290926
8980IPUK00005B/643

9 783631 671962